꿈해몽
대백과

인간생활의 길흉(吉凶)을 예지하는 꿈풀이 총서!

꿈해몽 대백과

천운 이우영 엮음

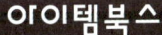
아이템북스

책머리에

  우리는 잠을 잘 때 누구나 꿈을 꾼다.
  우리가 잠을 자면서 꾸는 꿈은 현실에서 실현 불가능할 수도 있고, 단지 몽상에 불과할 수도 있다. 실현 불가능한 꿈과 희망을 가지고 사는 사람을 몽상가라고 하는 것을 보면 꿈에 대한 이런 선입견은 분명 틀린 것은 아니다.
  현실에서 강렬히 바라는 희망이 꿈속에서 실현되는 것을 우리는 종종 경험한다. 꿈에서라도 자신의 희망이 이루어졌다면 그 순간은 가장 행복한 순간인 것이다. 꿈속에서라도 자신의 희망이 이루어지기를 바라는 마음으로 하루하루를 살아간다면, 이러한 삶이야말로 진짜 신명나는 삶이라고 할 수 있을 것이다.
  그래서 대부분의 사람들은 자기의 꿈에서 어떤 정보나 지침을 이끌어 내려고 애를 쓰게 된다. 그것을 조리있게 하는 사람도 있고, 그저 되는 대로 하는 사람도 있다.

 사실 꿈을 대수롭지 않게 생각하는 사람들도 더러 있다. 그런 사람들은 다음 날이면 거의 꿈을 기억하지도 못한다. 그러나 대개의 사람들은 자신들이 꾼 꿈에 들어 있는 정보에 대한 반응이 분명하여 꿈을 알아두면 반드시 유익하다는 것을 믿는다.

 물론 문제는 '꿈이란 도대체 무엇이며, 어떻게 파악해야 하는가' 라는 점이다.

 꿈은 자연 발생적인 것으로 여겨져서 옛날 사람들은 꿈을 신으로부터 혹은 어떤 영혼으로부터 오는 메시지라고 생각했다. 어쩌면 그들의 생각이 맞을지도 모른다. 우리가 그것을 깨닫든 못하든 간에 우리 모두는 영혼을 가지고 있다.

 꿈속의 풍경은 신비로 가득 차 있다고 해도 좋을 것이다. 꿈의 세계에서는 뜻하지 않는 장소에서 모르는 사람들과 생각지도 않던 일을 하고 있는 자신을 발견하기 마련이다.

 꿈에 낯선 거리, 풍경, 우주 공간은 물론 태고의 세계로부터 미래의 세계, 어떤 영상이라도 비춰 낼 수 있는 것은 억눌려 있는 잠재의식 속에서 육체가 잠듦에 따라서 해방되며, 우주의 파동과 합류에 의하여 꿈을 꾸게 된다. 또 꿈에 전세의 기억이 되살아난다고 하는 것도 이것이 이유이기 때문인 것이다. 다만 꿈은 있는 그대로의 영상을 비추어 준다고는 할 수 없다.

언뜻 보기에는 의미가 없는 듯한 꿈에, 실은 미래의 운세나 여러 가지 정보가 감추어져 있으며, 더욱이 그것은 대단히 중요한 정보인 경우가 많기 때문에 우리는 '꿈 해몽'을 바르게 해야만 한다.

꿈을 해석할 때 중요한 것은 좋은 꿈이라면 그 꿈을 소중히 해야 한다. 그렇게 하면 행운의 꿈은 항상 당신을 따라다닐 것이다.

반대로 나쁜 꿈일지라도 필요 이상으로 받아들이면 안 된다. 어디까지나 인생에 대한 충고로 인식하고 일상생활 가운데서 나쁜 면은 개선해 가면 되는 것이다.

꿈의 운세는 마음가짐 하나로 불운이 행운으로 변화해 가는 법이다. 그러므로 해몽이라는 것은 꾼 꿈을 판단하는 것도 물론 중요하지만 좋은 꿈을 선택하여 좋은 운세만 받아 우리들의 인생을 살리는 일이야말로 가장 훌륭한 활용법이 되는 것이다.

꿈은 크게 나누어 다음의 5가지 종류가 있다. 이것으로 당신이 꾼 꿈이 중대한 의미를 가지는지를 판단할 수가 있다.

- 심몽心夢 : 평소에 생각하고 있는 것이 비추어지는 꿈으로, 반복해서 꾸는 꿈이 이것에 해당된다.
- 정몽正夢 : 이것은 본 일도 없고, 느낀 적도 없으며, 마음먹은 바

도, 생각한 바도 없는데 갑자기 꿈에 뚜렷하게 나타나고, 깨어나서도 꿈의 전후 현상이 기억에 생생히 남아 있는 경우다. 또한 어떤 목적, 사정을 위하여 극히 심려하고 있을 때 그것이 실현되거나 그에 대한 독특한 결과가 이루어지려는 경우에 나타난다.

- **허몽虛夢** : 심신이 쇠태할 때에 꾸는 기분이 나쁜 꿈. 우울한 꿈이 많은 것이다.
- **잡몽雜夢** : 욕망에 관한 꿈으로서 꿈 판단에는 그다지 의미가 없는 것이다.
- **영몽靈夢** : 신화적, 영적인 꿈. 선조가 나타나 경고하는 중대한 의미를 갖는 꿈으로 많은 사람이 일생에 한 번 꿀까 말까 하는 꿈.

이 중에 해몽에서 중요시되어 있는 것은 심몽인 것이다. 따라서 이 책에서는 심몽을 중심으로 모든 사람에게 타당하고, 또 이해될 수 있는 일반적인 사항에 근거를 두고 꿈풀이를 했다.

이 책을 통하여 꿈을 판단하고 해석하는 기본적인 방법을 터득하게 되기를 바라마지 않는다.

목차

■ **책머리에** _ 9

■ **자연에 관한 꿈** _ 27

천둥에 관한 꿈 •29 / 고목나무에 관한 꿈 •32 / 관상 식물에 관한 꿈 •33 / 해초를 먹는 꿈 •34 / 해초에 휘감기는 꿈 •35 / 안개에 관한 꿈 •35 / 호박에 관한 꿈 •36 / 아침에 관한 꿈 •37 / 비에 관한 꿈 •37 / 싸라기눈에 관한 꿈 •40 / 폭풍에 관한 꿈 •40 / 돌에 관한 꿈 •41 / 딸기에 관한 꿈 •43 / 감자·고구마에 관한 꿈 •44 / 정원수에 관한 꿈 •44 / 매화에 관한 꿈 •45 / 올리브에 관한 꿈 •46 / 카네이션에 관한 꿈 •46 / 해초류에 관한 꿈 •46 / 백합에 관한 꿈 •47 / 새벽에 관한 꿈 •47 / 밤에 관한 꿈 •48 / 사과에 관한 꿈 •48 / 레몬에 관한 꿈 •49 / 솟아나는 물에 관한 꿈 •50 / 혹성에 관한 꿈 •52 / 물망초에 관한 꿈 •52 / 별을 보는 꿈 •53 / 모래에 관한 꿈 •56 / 버섯에 관한 꿈 •57 / 국화에 관한 꿈 •58 / 배추와 고추에 관한 꿈 •58 / 오이에 관한 꿈 •62 / 가을 안개에 관한 꿈 •63 / 화초에 관한 꿈 •64 / 과일에 관한 꿈 •64 / 구름에 관한 꿈 •69 / 양귀비에 관한 꿈 •72 / 연기에 관한 꿈 •73 / 홍수에 관한 꿈 •74 / 곡물에 관한 꿈 •75 / 물레방아에 관한 꿈 •

79 / 석류나무, 무화과나무에 관한 꿈 • 79 / 연어에 관한 꿈 • 80 / 선인장에 관한 꿈 • 80 / 벚꽃에 관한 꿈 • 80 / 잔디밭에 관한 꿈 • 81 / 땅울림에 관한 꿈 • 82 / 신기루에 관한 꿈 • 82 / 수박에 관한 꿈 • 82 / 제비꽃에 관한 꿈 • 83 / 하늘에 관한 꿈 • 83 / 태양(해)에 관한 꿈 • 87 / 대나무에 관한 꿈 • 89 / 회오리에 관한 꿈 • 90 / 씨에 관한 꿈 • 91 / 양파에 관한 꿈 • 92 / 달에 관한 꿈 • 92 / 담쟁이 덩굴에 관한 꿈 • 96 / 이슬에 관한 꿈 • 97 / 독초에 관한 꿈 • 97 / 토마토에 관한 꿈 • 98 / 유성(별똥별)에 관한 꿈 • 98 / 가지에 관한 꿈 • 99 / 무지개에 관한 꿈 • 99 / 당근에 관한 꿈 • 100 / 잎에 관한 꿈 • 101 / 꽃에 관한 꿈 • 101 / 바나나에 관한 꿈 • 104 / 불에 관한 꿈 • 104 / 장미에 관한 꿈 • 110 / 무에 관한 꿈 • 112 / 소나무에 관한 꿈 • 112 / 포도에 관한 꿈 • 113 / 낮에 관한 꿈 • 113 / 풍경에 관한 꿈 • 114 / 먼지에 관한 꿈 • 114 / 모란에 관한 꿈 • 114 / 콩에 관한 꿈 • 115 / 귤에 관한 꿈 • 116 / 나뭇가지에 관한 꿈 • 116 / 단풍에 관한 꿈 • 117 / 전나무에 관한 꿈 • 117 / 복숭아에 관한 꿈 • 118 / 석양에 관한 꿈 • 118 / 눈(雪)에 관한 꿈 • 119 / 산에 관한 꿈 • 123 / 쌀 · 벼 · 보리 등 오곡에 관한 꿈 • 126 / 땅 · 흙에 관한 꿈 • 128 / 동굴에 관한 꿈 • 130 / 담장에 관한 꿈 • 131 / 바람에 관한 꿈 • 133

■ 인물 · 신체에 관한 꿈 _ 136

우상(偶像)에 관한 꿈 • 140 / 아기에 관한 꿈 • 140 / 발에 관한 꿈 • 142 / 머리에 관한 꿈 • 144 / 여동생에 관한 꿈 • 146 / 우주인에 관한 꿈 • 147 / 팔 · 손에 관한 꿈 • 147 / 점쟁이에 관한 꿈•150 / 운전기사에 관한 꿈•150 / 임금(왕)에 관한 꿈•150 / 공주·여왕에 관한 꿈•151 / 요괴·마녀에 관한 꿈•152 / 과거의 인물에 관한 꿈•153 / 가족에 관한 꿈•155 / 스님에 관한 꿈•158 / 여승에 관한 꿈•160 / 외국인에 관한 꿈•160 / 신령에 관한 꿈•161 / 머리카락에 관한 꿈•167 / 기자에 관한 꿈•169 / 기술자에 관한 꿈•169 / 기인·괴짜에 관한 꿈•170 / 손님에 관한 꿈•170 / 거인에 관한 꿈•170 / 입·입술에 관한 꿈•171 / 목에 관한 꿈•172 / 군중에 관한 꿈•174 / 군인에 관한 꿈•176 / 원시인에 관한 꿈•177 / 연인에 관한 꿈•177 / 의사·간호원에 관한 꿈•180 / 요정에 관한 꿈•182 / 경찰관에 관한 꿈•183 / 목소리에 관한 꿈•184 / 허리에 관한 꿈•185 / 아이에 관한 꿈•186 / 죄인에 관한 꿈•186 / 상사에 관한 꿈•188 / 비서에 관한 꿈•188 / 심장에 관한 꿈•188 / 신체 장애에 관한 꿈•189 / 죽은 사람에 관한 꿈•190 / 스파이에 관한 꿈•193 / 성기(性器)에 관한 꿈•193 / 세일즈맨에 관한 꿈•197 / 선생님에 관한 꿈•197 / 여행에 관한 꿈•198 / 쌍둥이에 관한 꿈•200 / 강도에 관한 꿈•200 / 형제·자매에 관한 꿈•202 / 부모에 관한 꿈•204 / 부랑자에 관한 꿈•207 / 탐정에 관한 꿈•208 / 아는 사람에 관한 꿈•209 / 친구에 관한 꿈•209 / 피를 흘리는 사람에 관한 꿈•210 / 손톱에 관한 꿈•210 / 손·손가락에 관한 꿈•212 / 적·라이벌에 관한 꿈•213 / 치아에 관한 꿈•214 / 알몸에 관한 꿈•215 / 코에 관한 꿈•217 / 영웅에 관한 꿈•218 / 피에로에 관한 꿈•219 / 병(病)에 관한 꿈•219 / 무사에 관한 꿈•221 / 눈(目)에 관한 꿈•222 / 유명인에 관한 꿈•223 / 임산부에 관한 꿈•224 / 노예에 관한 꿈•224 / 도둑에 관한 꿈•225 / 주정꾼에 관한 꿈·226 / 도깨비·유령에 관한 꿈·227 / 입에 관한 꿈·230 / 얼굴에 관한 꿈·231 / 낯선 사람에 관한 꿈·234 / 동행자에 관한 꿈·235 / 또 하나의 자신에 관한 꿈·236 / 무장한 사람에 관한 꿈·237 / 부부에 관한 꿈·238 / 대통령에 관한 꿈·240 / 목(목구멍)에 관한 꿈·241

■ **동물에 관한 꿈** _ 243

공작새에 관한 꿈·248 / 곰에 관한 꿈·250 / 거미에 관한 꿈·251 / 동물의 털에 관한 꿈·253 / 바퀴벌레에 관한 꿈·253 / 작은 새에 관한 꿈·254 / 카나리아에 관한 꿈·254 / 금붕어에 관한 꿈·255 / 소에 관한 꿈·256 / 고릴라에 관한 꿈·261 / 전갈에 관한 꿈·262 / 원숭이에 관한 꿈·262 / 꼬리에 관한 꿈·266 / 심해어에 관한 꿈·266 / 참새에 관한 꿈·266 / 코끼리에 관한 꿈·268 / 진드기에 관한 꿈·270 / 물고기·조개에 관한 꿈·270 / 알에 관한 꿈·276 / 동물과 대화하는 꿈·276 / 진귀한 동물과 대화하는 꿈·276 / 동물에 습격당하는 꿈·277 / 동물로 변신하는 꿈·277 / 동물의 새끼에 관한 꿈·278 / 동물을 타는 꿈·278 / 호랑이에 관한 꿈·278 / 파리에 관한 꿈·281 / 고양이에 관한 꿈·282 / 백조에 관한 꿈·284 / 백마에 관한 꿈·285 / 벌에 관한 꿈·286 / 양에 관한 꿈·287 / 새에 관한 꿈·289 / 올빼미에 관한 꿈·289 / 돼지에 관한 꿈·290 / 애완동물에 관한 꿈·294 / 뱀·뱀장어에 관한 꿈·295 / 뱀을 무서워하고 있는 꿈·300 / 펭귄에 관한 꿈·300 / 벌레에 관한 꿈·300 / 염소에 관한 꿈·300 / 낙타에 관한 꿈·301 / 사자에 관한 꿈·302 / 악어에 관한 꿈·303 / 다람쥐에 관한 꿈·304 / 용(龍)에 관한 꿈·304 / 독수리에 관한 꿈·308 / 오징어에 관한 꿈·309 / 개에 관한 꿈·309 / 토끼에 관한 꿈·312 / 송충이에 관한 꿈·314 / 구더기에 관한 꿈·314 / 말(馬)에 관한 꿈·316 / 새우에 관한 꿈·317 / 앵무새에 관한 꿈·318 / 늑대에 관한 꿈·318 / 조개에 관한 꿈·319 / 괴수에 관한 꿈·320 / 개구리에 관한 꿈·320 / 두꺼비에 관한 꿈·322 / 투구벌레·풍뎅이에 관한 꿈·323 / 거북에 관한 꿈·323 / 까마귀에 관한 꿈·325 / 캥거루에 관한 꿈·326 / 공룡에 관한 꿈·326 / 기린에 관한 꿈·327 / 닭에 관한 꿈·328 / 쥐에 관한 꿈·330 / 봉황에 관한 꿈·332 / 학에 관한 꿈·333 / 여우에 관한 꿈·335

■ **물건에 관한 꿈** _ 336

안경에 관한 꿈·337 / 선물에 관한 꿈·338 / 모자에 관한 꿈·340 / 보석·금붙이에 관한 꿈·342 / 문패, 간판, 네온에 관한 꿈·346 / 옷에 관한 꿈·347 / 예복에 관한 꿈·349 / 스커트에 관한 꿈·350 / 제복에 관한 꿈·350 / 벨트, 띠에 관한 꿈·350 / 초에 관한 꿈·351 / 편지에 관한 꿈·352 / 러브레터에 관한 꿈·352 / 전화에 관한 꿈·352 / 고기요리에 관한 꿈·354 / 뉴스에 관한 꿈·354 / 인형에 관한 꿈·354 / 바늘에 관한 꿈·355 / 빵에 관한 꿈·357 / 손수건, 헝겊에 관한 꿈·357 / 권총에 관한 꿈·358 / 얼음에 관한 꿈·358 / 비늘에 관한 꿈·359 / 조명기구에 관한 꿈·359 / 커피에 관한 꿈·360 / 소포에 관한 꿈·360 / 컴퓨터에 관한 꿈·360 / 지갑에 관한 꿈•361 / 소금에 관한 꿈•362 / 내의에 관한 꿈•362 / 주스에 관한 꿈•363 / 융단에 관한 꿈•363 / 우유에 관한 꿈•364 / 식기에 관한 꿈•364 / 비누에 관한 꿈•365 / 난방기구에 관한 꿈•366 / 지도에 관한 꿈•366 / 밥공기, 단지에 관한 꿈•367 / 통장, 카드에 관한 꿈•367 / 책상, 테이블에 관한 꿈•368 / 향수에 관한 꿈•369 / 홍차, 차에 관한 꿈•369 / 외투에 관한 꿈•370 / 장롱에 관한 꿈•370 / 원고지에 관한 꿈•372 / 그림, 사진에 관한 꿈•372 / 유리에 관한 꿈•374 / 달력에 관한 꿈•374 / 통조림에 관한 꿈•375 / 기계에 관한 꿈•375 / 표에 관한 꿈•376 / 교과서에 관한 꿈•376 / 금고에 관한 꿈•376 / 쇠사슬에 관한 꿈•377 / 약에 관한 꿈•377 / 신발에 관한 꿈•379 / 양말에 관한 꿈•382 / 장난감에 관한 꿈•383 / 열쇠에 관한 꿈•383 / 거품에 관한 꿈•384 / 목걸이에 관한 꿈•384 / 연필, 펜에 관한 꿈•385 / 과자에 관한 꿈•386 / 술에 관한 꿈•386 / 커튼에 관한 꿈•389 / 종이에 관한 꿈•390 / 칼에 관한 꿈•391 / 가구에 관한 꿈•392 / 국수류에 관한 꿈•394 / 냉장고에 관한 꿈•394 / 실, 끈에 관한 꿈•394 / 의치에 관한 꿈•394 / 그림에 관한 꿈•395 / 앞치마에 관한 꿈•396 / 아이스크림에 관한 꿈•397 / 반지에 관한 꿈•397 / 귀걸이에 관한 꿈•398 / 위패, 불단에 관한 꿈•399 / 의자에 관한 꿈•399 / 꽃병에 관한 꿈•402 / 우산에 관한 꿈•402 / 악기에 관한 꿈•402 / 가방에 관한 꿈•403 / 금·은, 기타 보석에 관한 꿈•404 / 돈, 유가증권에 관한 꿈•406 / 화장하는 꿈•411 / 문서·책·서신에 관한 꿈•413 / 필기도구·도장에 관한 꿈•415

■ **장소에 관한 꿈** _ 418

빈집, 공터에 관한 꿈 • 420 / 동굴에 관한 꿈 • 421 / 아파트에 관한 꿈 • 423 / 황무지에 관한 꿈 • 424 / 암실에 관한 꿈 • 424 / 산(山)에 관한 꿈 • 424 / 집에 관한 꿈 • 426 / 일층집에 관한 꿈 • 428 / 이층집에 관한 꿈 • 428 / 삼층집에 관한 꿈 • 429 / 유원지에 관한 꿈 • 429 / 창(窓)에 관한 꿈 • 430 / 복도에 관한 꿈 • 430 / 지하실에 관한 꿈 • 431 / 문에 관한 꿈 • 432 / 입구, 현관에 관한 꿈 • 433 / 부엌에 관한 꿈 • 434 / 샘, 우물에 관한 꿈 • 435 / 시골, 고향에 관한 꿈 • 436 / 유적지에 관한 꿈 • 436 / 우주, 미래, 과거에 관한 꿈 • 437 / 바다에 관한 꿈 • 437 / 뒤뜰에 관한 꿈 • 441 / 영화관에 관한 꿈 • 441 / 역(驛)에 관한 꿈 • 442 / 개찰구에 관한 꿈 • 442 / 횡단보도에 관한 꿈 • 442 / 언덕에 관한 꿈 • 443 / 해안에 관한 꿈 • 444 / 외국에 관한 꿈 • 444 / 강에 관한 꿈 • 444 / 낭떠러지에 서 있는 꿈 • 445 / 낭떠러지에서 떨어지는 꿈 • 446 / 교회, 절에 관한 꿈 • 446 / 화산(火山)에 관한 꿈 • 448 / 운동장에 관한 꿈 • 448 / 교도소에 관한 꿈 • 449 / 교실에 관한 꿈 • 450 / 공원에 관한 꿈 • 450 / 공장에 관한 꿈 • 451 / 강당, 홀에 관한 꿈 • 450 / 병원에 관한 꿈 • 450 / 콘서트에 관한 꿈 • 451 / 비탈길에 관한 꿈 • 453 / 좌석에 관한 꿈 • 454 / 사막에 관한 꿈 • 454 / 정글에 관한 꿈 • 454 / 상점가에 관한 꿈 • 455 / 성(城)에 관한 꿈 • 455 / 전쟁터에 관한 꿈 • 456 / 초원에 관한 꿈 • 457 / 폭포에 관한 꿈 • 457 / 백화점에 관한 꿈 • 459 / 무인도에 관한 꿈 • 459 / 농가에 관한 꿈 • 460 / 전철이나 버스를 타고 있는 꿈 • 460 / 파티장에 관한 꿈 • 460 / 바, 디스코테크에 관한 꿈

• 461 / 폐허에 서 있는 꿈 • 461 / 묘지에 관한 꿈 • 462 / 다리에 관한 꿈 • 463 / 옥상에 관한 꿈 • 465 / 별장에 관한 꿈 • 466 / 침대에 관한 꿈 • 466 / 북극·남극에 관한 꿈 • 468 / 제사에 관한 꿈 • 448 / 호수에 관한 꿈 • 469 / 항구에 관한 꿈 • 470 / 숲에 관한 꿈 • 470 / 궁궐·용궁·관청에 관한 꿈 • 472 / 낯선 곳에 관한 꿈 • 474 / 밭에 관한 꿈 • 474 / 외딴집에 관한 꿈 • 475 / 길에 관한 꿈 • 476 / 화장실에 관한 꿈 • 482 / 다방에 관한 꿈 • 483 / 화장터에 관한 꿈 • 484

■ **행동에 관한 꿈** _ 485

남을 쳐다보는 꿈 • 486 / 자신을 더럽히는 꿈 • 487 / 기뻐하고 있는 꿈 • 487 / 여행에 관한 꿈 • 488 / 이별에 관한 꿈 • 488 / 웃음에 관한 꿈 • 488 / 비행기에 관한 꿈 • 489 / 배(船)에 관한 꿈 • 490 / 자전거에 관한 꿈 • 492 / 목욕에 관한 꿈 • 493 / 잠을 자고 있는 꿈 • 494 / 산이나 나무에 오르는 꿈 • 494 / 차·버스·전철 등에 관한 꿈 • 496 / 달리는 꿈 • 500 / 발광하는 꿈 • 501 / 인사하는 꿈 • 501 / 사랑하거나, 사랑받는 꿈 • 504 / 악수하는 꿈 • 504 / 놀고 있는 꿈 • 504 / 사죄하는 꿈 • 506 / 씻는(청소) 꿈 • 506 / 걷고 있는 꿈 • 507 / 아르바이트하는 꿈 • 509 / 허둥대고 있는 꿈 • 510 / 누군가를 안내하는 꿈 • 510 / 장난을 치는 꿈 • 510 / 자기 의사를 발표하는 꿈 • 510 / 이사하는 꿈 • 511 / 누군가의 집을 방문하는 꿈 • 512 / 땀에 관한 꿈 • 513 / 새로운 생각이 떠오르는 꿈 • 514 / 성교(性交)에 관한 꿈 • 516 / 나는 꿈 • 520 / 건물과 관계된 행동에 관한 꿈 • 522 / 우는 꿈·웃는 꿈 • 525 / 취미·오락에 관한 꿈 • 528 /

싸움·살상에 관한 꿈•534 / 빠지는 꿈•538 / 손을 흔드는 꿈•539 / 추락하는 꿈•540

■ **신이나 영적 존재에 관한 꿈** _ 542

하느님·옥황상제에 관한 꿈•543 / 성인에 관한 꿈•546 / 부처·보살에 관한 꿈•547 / 예수·성모 마리아·천사에 관한 꿈•552 / 신령에 관한 꿈•554 / 신선·선녀에 관한 꿈•558

■ **배설물·분비물에 관한 꿈** _ 561

대변·소변에 관한 꿈•561 / 피에 관한 꿈•569 / 눈물에 관한 꿈•573 / 가래침·고름에 관한 꿈•574

■ **음식물·취사 도구에 관한 꿈** _ 576

음식물에 관한 꿈•576 / 독·뒤주에 관한 꿈•587 / 솥에 관한 꿈•588 / 식기·소반에 관한 꿈•590 / 병·쟁반·함지박·주전자에 관한 꿈•594

■ **죽음에 관한 꿈** _ 597

사망에 관한 꿈•598 / 장례·제사에 관한 꿈•601 / 송장·해골에 관한 꿈•605 / 관에 관한 꿈•608 / 무덤에 관한 꿈•610

■ **색·숫자·소리·맛에 관한 꿈** _ 614

전체적으로 밝게 빛나고 기분 좋게 느끼는 색의 꿈•619 / 꿈

전체가 어두운 색, 탁하고, 희미하게 느끼는 꿈 • 619 / 금색에 관한 꿈 • 620 / 은색에 관한 꿈 • 620 / 빨간색에 관한 꿈 • 620 / 파란색에 관한 꿈 • 620 / 노란색에 관한 꿈 • 621 / 흰색에 관한 꿈 • 621 / 검은색에 관한 꿈 • 621 / 보라색에 관한 꿈 • 623 / 녹색에 관한 꿈 • 623 / 분홍색에 관한 꿈 • 623 / 감색에 관한 꿈 • 623 / 크림색에 관한 꿈 • 623 / 중간색에 관한 꿈 • 623 / 소리에 관한 꿈 • 624 / 음악에 관한 꿈 • 624 / 기하학 모양에 관한 꿈 • 624 / 오후에 관한 꿈 • 624 / 오전에 관한 꿈 • 625 / 사이렌에 관한 꿈 • 625 / 외침소리에 관한 꿈 • 626 / 웅성거리는 소리에 관한 꿈 • 626 / 사계절에 관한 꿈 • 626 / 신디사이저음에 관한 꿈 • 628 / 숫자 0에 관한 꿈 • 628 / 숫자 1에 관한 꿈 • 629 / 숫자 2에 관한 꿈 • 629 / 숫자 3에 관한 꿈 • 629 / 숫자 4에 관한 꿈 • 630 / 숫자 5에 관한 꿈 • 630 / 숫자 6에 관한 꿈 • 630 / 숫자 7에 관한 꿈 • 630 / 숫자 8에 관한 꿈 • 631 / 숫자 9에 관한 꿈 • 631 / 숫자 10에 관한 꿈 • 631 / 숫자 11에 관한 꿈 • 632 / 숫자 12에 관한 꿈 • 632 / 숫자 13에 관한 꿈 • 632 / 숫자 22에 관한 꿈 • 632 / 숫자 100에 관한 꿈 • 633 / 연속 숫자에 관한 꿈 • 633 / 도형에 관한 꿈 • 634 / 이름이 불리는 꿈 • 636 / 괴로움에 관한 꿈 • 636 / 하프소리에 관한 꿈 • 636 / 판토마임에 관한 꿈 • 636 / 살이 찌는 꿈 • 637 / 방향에 관한 꿈 • 637 / 방향의 지시에 관한 꿈 • 639 / 물방울 무늬에 관한 꿈 • 639 / 미래에 있는 꿈 • 640 / 여위는 꿈 • 640 / 꿈을 꾸고 있는 꿈 • 640 / 달다고 느끼는 꿈 • 641 / 암호에 관한 꿈 • 641 / 맵고 짜다고 느끼는 꿈 • 642 / 시다고 느끼는 꿈 • 642

- **태몽胎夢에 관한 꿈** _ 645

  민속으로 전해지는 태몽

- **예언몽·예지몽에 관한 꿈** _ 667

  복권 당첨자들이 꾼 꿈•668 / 무지개가 번쩍이는 꿈•670 / 또렷한 색이 보이는 꿈•670 / 빛나는 보석의 꿈•672 / 별이 총총한 하늘아래 피어있는 꽃의 꿈•672 / 만월을 바라보는 꿈•672 / 본 적이 없는 옷을 입는 꿈•672 / 유령, 죽은 사람의 꿈•673 / 새벽을 맞는 꿈•673 / 이상형의 사람과 이야기를 주고받는 꿈•674 / 혹성, 은하에 관한 꿈•674 / 보물찾기하는 꿈•675 / 천사의 꿈•676 / 하늘로 오르는 꿈•676 / 천변지변이 일어나는 꿈•676 / 새처럼 하늘을 나는 꿈•677 / 하늘이 붉게 타고 있는 꿈•677 / 유적이나 명소에서 생활하는 꿈•678 / 우주에 있는 꿈•678 / 아름다운 풍경 속에 있는 꿈•678 / 아름다운 멜로디의 꿈•679 / 해저에 관한 꿈•679 / 거울에 관한 꿈•679 / 태양이 한층 더 빛을 발하는 꿈•680 / 과거로 돌아가는 꿈•680 / 종소리에 관한 꿈•680 / 신과 대화하는 꿈•681 / 맑게 갠 창공에 관한 꿈•681 / 고층 건물 옥상에 있는 꿈•682 / 시각에 관한 꿈•682 / 자기 이외의 이름에 관한 꿈•682 / 출산에 관한 꿈•683 / 선조에 관한 꿈•683

제 1 부
주제별 꿈풀이

자연에 관한 꿈

숲은 일반적으로 기업체·관공서·공장·백화점·연구소 등을 상징한다. 숲 속으로 걸어 들어가면 학문 연구·직무 수행·독서·견학 등의 일과 깊은 관계가 있다.

꿈속에서 자기가 숲 속에 있는 것을 발견하는 일이 있는데, 그것은 혼란이나 길을 잃고 집으로 돌아가는 길을 찾을 수 없음을 의미하는 것일 수도 있다. 그것은 우리가 나무만 보고 숲은 볼 수 없거나, 혹은 그 반대를 의미하는 것일 수도 있다.

땅 모양 역시 아주 중요한 경우가 있다. 꿈속에서 오르고 있는 언덕이나 산은 거의 틀림없이 우리가 그것을 향해서 분투하고 있는 야망을 상징한다. 만약에 아주 질펀한 흙탕 속에 있다면 그것

은 일반적으로 우리가 정서적으로, 사회적으로 수렁 속에 빠져 있음을 상징한다.

힘들게 산을 올라가는 꿈은 현실적으로 어떤 어려운 일에 봉착하고 있다는 것을 뜻한다. 언덕을 내려가는 꿈은 '내리막길만이 있음'을 상징할 수도 있다.

평원에 농장이 있는 것은 생활 속에서 생산적이면서도 매일 매일의 지양이 되는 영역이다.

바람과 비, 번개와 벼락은 대체로 정서적 격랑이 다양한 측면을 의미한다.

비는 우울한 분위기를 의미할 수도 있지만, 대개는 청신함과 상쾌함과 충전의 상징이다.

무지개는 다가올 일의 기대이다. 어떤 꿈에서는 무지개가 공상적인 금항아리를 가지고 자기 자신을 놀리고 있음을 의미할 수도 있다.

물은 색깔도 없고 모양도 없다. 물은 그릇에 따라 모양을 이루고, 그 내용에 따라 색을 띤다. 그래서 물의 상징적 의미는 정의하기가 어렵다. 더러운 물은 나쁜 건강 상태와 관련된다. 물은 그것이 나타내는 이야기 속에서 의미를 뜻하는 일이 많은 하나의 상징이다.

바다는 활동 무대의 원대함, 무역 여행 등을 나타낸다. 넓은 바다에서 헤엄을 치는 꿈은 외부로부터 혜택을 받거나, 사업이 순조롭게 풀리고, 혹은 해외로 진출하게 된다.

눈은 동면 속에서 사물이 얼어붙어 있는 상황을 의미한다. 눈

은 비의 경우처럼 우울과 관계가 있을 수 있고, 중단된 활동 상태로 우리의 내부에 잠들어 있는 재질과 능력을 의미하는 것일 수도 있다. 폭풍을 동반하는 눈은 냉랭한 분노의 표출일 수도 있다.

꿈속에서 폭풍의 주된 상징은 불이다. 이것은 거의 예외없이 분노와 관계가 있다. 다소간 색다른 꿈들에서는 불이 분노나 그 밖에 우리가 원하지 않는 태도들을 제거하는 청소나 정화 작용을 의미할 수도 있다.

바위나 돌은 흔들리지 않는 마음과 굳은 결심을 상징한다. 꿈에 나타나는 바위는 기반의 견고함, 굳은 의지, 절대적인 권력 혹은 고집 불통의 상징이지만 일반적으로 길몽이다.

천둥에 관한 꿈

천둥이 요란하게 치거나 번갯불이 번쩍거리면 대부분의 사람들은 공포에 떤다. 그것이 기상 현상인 줄 알면서도 양심이 있는 사람이라면 잠시나마 자신의 행적을 반성해 본다. 꿈의 상징은 세상 사람들을 깜짝 놀라게 할 업적·사건·권력·명성·위험성

등을 나타낸다.

천둥은 돌발적으로 행복한 일이 일어날 행운의 신호이다. 천둥이 사라진 뒤에는 거짓말처럼 활짝 갠다는 대역전과 같은 현상이 강조되는 꿈이다. 여하튼 예기치 않은 일의 성공을 보거나 일이 비약적으로 진전되기도 하고, 인맥이 넓어지기도 하곤 한다. 주위를 놀라게 할 만한 기쁜 일이 당신에게 약속되어 있다.

- **천둥이 치며 번갯불이 번쩍하는 순간에 새로운 물체가 보이는 꿈**
  새로운 생명체가 탄생될 징조이고 새로운 변화와 희소식이 온다.

- **천둥과 번갯불이 번쩍하는 순간 벼락에 맞아 죽는 꿈**
  권력이 생기고 부귀 영화를 누리게 된다.
  새로운 삶이 시작된다.

- **번갯불이 하늘을 가르고 구름바다가 곱다랗게 보이는 꿈**
  훌륭한 문학, 예술 작품을 창작하게 되고, 영상미디어를 완성한다.

- **높은 산이 벼락을 맞아 황금빛 산으로 변한 꿈**
  어려움을 극복하고 새롭게 태어나 부귀 영화를 누린다.

- **맑고 푸른 하늘에 천둥소리가 요란하게 들리는 꿈**
  집안에 경사스러운 일이 있고, 기쁜 소식을 듣고 소망을 이룬다.

- **나무가 벼락을 맞아 시커멓게 타죽는 꿈**
  어려움을 겪고 고난을 당하게 된다. 일을 하다가 중단하게 된다.

◀•· 벼락을 맞은 나무가 다시 살아나는 꿈

어려움을 딛고 일어선다. 새로운 사업을 일으킨다.

◀•· 벼락이 땅에 떨어져 불이 나는 꿈

투자한 자금을 거두어들인 생산업에다 투자하여 사업 성과를 올린다. 경사·기쁨·행운 등이 있다.

◀•· 번갯불이 자기 몸을 환하게 비추는 꿈

크게 부귀할 대길몽이다. 신분의 고하를 막론하고 평소 원하던 최대의 소망이 이루어질 것이다.

◀•· 번갯불이 방 안을 환히 비추는 꿈

기쁜 소식이 오거나 기다리던 귀인이 찾아오며, 장차 운이 활짝 트여 눈부신 발전이 있게 될 것이다.

◀•· 번갯불이 산 위에서 환히 비추는 꿈

만사 대길할 길몽이며, 특히 장차 큰 인물이 될 아들을 잉태할 태몽이다.

벼락이 자신에게 떨어지는 꿈
더할 나위 없이 좋은 길몽으로서 생각지 않은 횡재를 하거나 출세, 성공을 하게 될 것이다.

자기 집에 벼락이 떨어지는 꿈
장차 집안에 큰 액이 있을 흉조이므로 미리 예방을 하는 것이 좋다.

고목나무에 관한 꿈
나무는 경제적 기반의 상징이다. 그 나무의 가지가 시들어 있다는 것은 당신의 경제적 기반이 흔들리고 있든가 앞으로 위협받는다는 신호임에 틀림없다. 이것은 낭비가 지나침을 훈계하고 있음과 동시에 매일의 꾸준한 노력을 게을리 하고 있음을 나무라고 있는 꿈이다. 물론 자신이 자신을 나무라고 있는 것이다.

심한 바람으로 고목이 쓰러지거나 꺾어지는 꿈
훌륭한 인재 · 기업체 · 재산 · 신분 등이 어떤 압력으로 급속히 몰락한다.

고목에서 순이 나거나 꽃이 피는 꿈
생명 · 사업 · 부귀 영화 등이 활기를 되찾고 재생된다.

관상 식물에 관한 꿈

평온한 나날이 계속되고 이렇다 할 사건이나 시비도 없다. 평화롭기 때문에 왠지 모르게 모자라는 기분이 든다. 그렇게 다소 사치스러운 번민이 있고 권태를 느끼고 있는 시기이다. 계획을 바꾸거나 발상을 바꾸어 변화를 연출해 봐야 한다. 일이 다른 형태로 발전해 간다. 만일 수험생이 이 꿈을 꾸었을 경우에는 그런 대로 합격선에 이르렀다는 신호이다.

◀ 꽃이 우수수 떨어지는 꿈

좋지 못한 일이 생길 징조이니 주의 요망. 가정에 우환이 생기거나 가족과의 이별이 있을 수 있다.

◀ 뜰에 난초가 활짝 피어 있는 꿈

노인이 이 꿈을 꾸었다면 손자나 손녀를 얻을 태몽이다. 신혼부부 역시 자녀를 임신할 태몽이다.

◀ 매화꽃이 만발한 꿈

명성을 떨치고 집안이 융성할 길몽이다.

- **흰 매화가 만발한 숲 속으로 들어가는 꿈**
  이성의 깊은 유혹에 빠져 헤어나지 못하게 되니 주의 요망.

- **붉은 매화를 꺾는 꿈**
  귀인을 만나 좋은 일이 생길 길몽이다.

- **자신이 꽃 속으로 들어가는 꿈**
  세상 사람들에게 존경받을 일이 생길 길몽이다. 처녀가 이러한 꿈을 꾸었다면 훌륭한 배우자와 결혼하여 부귀 영화를 누린다.

- **누군가 책상 위에 꽃병을 갖다 놓은 꿈**
  장차 기쁘고 희망찬 일이 생긴다.

- **화분의 화초에 열매가 맺어 있는 꿈**
  장차 부귀 장수할 귀한 아들을 낳을 태몽이다.

- **배꽃이 만발한 것을 감상하는 꿈**
  장차 명예로운 일이 생길 길몽이다.

- **복숭아꽃이나 살구꽃이 만발한 곳을 거니는 꿈**
  자신의 신분이 명예로워지거나 이성간에 사랑을 맺게 될 것이다.

해초를 먹는꿈
건강 상태가 다소 저하되고 있는 신호다. 특히 빈혈·냉증·어깨 결림에 주의하고 신체가 바라고 있는 것을 가르쳐 주고 있음.

해초에 휘감기는 꿈

바라지 않는 인간 관계를 강요당한 데다 피해까지 입는다는 상서롭지 못한 신호다. 예를 들면 보증인이 되었기 때문에 결국은 빚을 떠맡게 되는 것과 같은 유사한 사건이 미래에 일어날 것이라는 암시다.

안개에 관한 꿈

꿈속 장면에 안개가 끼어 있다면 운세는 정체 중이다. 불운한 사건이 당신을 기다리고 있을 것이다. 어딘가 모르게 애매하고 분명치 않은 성격이나 겉치레뿐인 교제가 대인적 신뢰와 마음의 교류를 빼앗아 갈 것이다. 마음이 드러나지 않는다. 상황을 읽을 수 없는 이런 상태에서 무엇을 하더라도 잘 되지 않는 것은 당연하다. 성의 있는 언동과 태도가 요구된다.

🔊 **물에서 잉어·용·뱀 등이 안개를 휘감고 나타나는 꿈**

큰 인물이나 위대한 작품이 은밀히 탄생되거나, 세상에 감동을 줄 일이 생긴다.

🔊 **안개가 시야를 가로막아 형체를 분간할 수 없는 꿈**

유행성 질병·근심·재난 등의 일이 생긴다.

🔊 **부분적으로 안개가 덮이는 꿈**

불미스러운 사건이 생기거나, 세상에 소문낼 일이 생긴다.

🔊 **산허리에 실안개가 도는 꿈**

가까운 사람이 행방 불명되거나 소식이 두절되는 일이 생긴다.

호박에 관한 꿈

건강 증진, 기력 충실, 에너지가 넘치는 생활이 시작될 것 같다. 아이디어나 영감, 직감력 등이 예민해지는 시기이다. 안정감을 잃지 않게 땅에 발을 확고히 붙인 생활을 소중히 하면서 한편으로는 신선한 발상과 아이디어를 구사한다. 이것이 당신에게 있어서 가장 이상적인 인생관임을 알리는 꿈이다.

🔊 **호박이나 수박이 여기저기 수없이 열린 꿈**

재물의 획득, 작품이나 일의 성과 등을 그 수효만큼 얻거나 관리하게 된다.

아침에 관한 꿈

아침 기분을 느끼는 꿈은 일의 시작이나 생기 발랄한 생명력을 나타낸다. 지금 당신이 하고 있는 일은 매우 순조롭게 성장, 발전하고 있는 것 같다. 능력이 향상되고 좋은 협력자도 나타나 업무 면의 성공이 약속된다고 생각하기 바란다. 연애면에서는 새 연인과 만난다는 기쁜 암시도 나타나 있는 것 같다.

◁◁ **내일 아침 또는 새벽을 나타내는 꿈**

다음 날 아침, 새벽, 명년 봄, 신년 초, 첫 번째 등을 상징한다.

비에 관한 꿈

연애운이 강조된다. 부슬부슬 내리는 부드러운 비의 경우는 상대가 당신과 진심으로 교제하고 있음을 가르쳐 주고 있다. 억수같이 쏟아지는 비의 경우는 상대가 그다지 진심이 아닌 것 같다. 당신이 그것을 어렴풋이 깨닫고 있기 때문에 꾸는 꿈이다. 단호히 헤어지느냐 이대로 계속하느냐의 선택은 당신 하기 나름이다.

◀ 빗방울이 가끔 뚝뚝 떨어지는 꿈

하는 일마다 시원스럽게 돌아가지 않고 중간중간 맥이 끊어지고 신통치 않다.

◀ 진눈깨비가 내리는 꿈

남에게 놀림을 당한다.

◀ 궂은 비를 흠뻑 맞고 걸어가는 꿈

신변에 어려움을 겪고 고난을 당한다. 감기를 얻어 고생을 한다.

◀ 그릇에다 빗물을 받아 놓은 꿈

신에게 정성을 다해 기도를 한다. 경험 축적·자금 축적·기술 축적·정보 축적 등이 있다.

◀ 궂은 장마가 계속되는 꿈

하는 사업에 어려움을 겪고 부도가 난다. 매사에 지지부진하고 어려워진다.

◀ 빗줄을 타고 하늘로 오르는 꿈

신분이 높아지고 입신 양명하여 출세하게 된다. 입학·승진·취득, 사업의 성공 등의 경사가 있다.

◀ 빗물이 괴어 저수지가 되는 꿈

작은 장사로부터 시작하여 큰 사업을 일으킨다. 재물이 생긴다.

◀ 세차게 쏟아지는 비가 온몸을 흠뻑 적시는 꿈

남으로부터 큰 은혜를 입게 된다. 비를 촉촉이 맞으면 자비로운 사랑이나 은혜를 받게 된다.

◀• 빗줄기가 창문으로 마구 들이치는 꿈

자신의 사업이나 연구 업적, 작품 등이 사회적인 평가를 받아 명예를 얻게 된다.

◀• 비를 피하여 처마 밑으로 들어가는 꿈

진행 중인 일에 뜻밖의 장애가 생긴다. 무언가 남의 눈총을 살 일이 생긴다.

◀• 비를 맞으며 농사짓는 꿈

사회적인 협조를 받아 계획하고 진행하는 일이 순조롭게 성취될 것이다.

◀• 비가 와서 논에 물이 가득 차는 꿈

명성을 크게 떨치거나 재물이 생길 재수꿈이다.

◀• 비 오는 밤에 우산을 쓰고 걸어가는 사람을 보는 꿈

꿈에서 본 사람이나 혹은 아는 사람에게 좋지 않은 일이 생길 것이다.

◀ **우산을 쓰고 가는데 다른 사람이 우산 속으로 뛰어들어 같이 쓰는 꿈**
자신의 권리를 남에게 일부 빼앗기거나, 어떤 이익을 남과 나누어 갖게 될 것이다.

◀ **폭우가 쏟아져 홍수가 나는 것을 보는 꿈**
만사가 뜻대로 되지 않고, 부부 중 한 사람에게 구설수가 생길 것이다.

싸라기눈에 관한 꿈

예기치 않은 돌발적인 재난을 의미하지만 잠깐 동안일 뿐이며 오래 지속되는 재난은 아니다. 요컨대 일시적으로 상태가 나쁘다거나 일시적인 불운이다. 이 가운데는 타인으로부터의 중상 모략 등도 포함된다. 짧은 기간이므로 잠시 인내력으로 헤쳐 나간다.

◀ **싸락눈이 내리는 것을 하염없이 바라보는 꿈**
시끄러운 일이 생기거나, 진행 중인 일이 성과 없는 결과로 돌아가기 쉽다.

폭풍에 관한 꿈

당신이 소중히 여기고 있는 것을 잃어버리려 하고 있다. 큰돈을 잃어버릴지도 모르고, 또는 그것과 비슷한 토지·가옥·주식·보석 등 또는 가장 중요한 가족의 애정인지도 모른다. 여하튼 마음의 지주를 잃게 될 위험이 가까워지고 있다. 이 시기에는 결코 투자·노름에 손대지 말 것.

◀ 태풍이 불어서 나무가 무수히 꺾어진 꿈

친분이 두터운 훌륭한 인재나 재산을 잃게 된다.

◀ 태풍이 불어 바닷물이 뒤집히거나, 육지의 온갖 식물이 꺾어지는 등 아수라장이 된 꿈

자신의 능력이나 재산 따위를 자랑하다가 큰 봉변을 당하거나 몰락하게 된다.

돌에 관한 꿈

인간 관계에 있어서의 불화의 신호이다. 아마 당신은 친구와 잘 지내고 있지 않을 것이다. 우정에 금이 가도 감정적인 응어리가 남아 있지 않은가. 돌은 당신의 완고한 마음을 나타내는 것이다. 우정을 되찾으려면 마음을 유연하게 하고, 당신 쪽에서 양보해야 한다. 그것 이외에는 방도가 없다.

◀ 맑은 냇가에 차돌이 쫙 깔려 있는 꿈

새로운 아이디어가 떠오른다. 재물과 돈이 들어온다.

◀ 산 고개 마루에 돌을 쌓아 놓은 꿈

마음에 신앙심을 갖고 기도를 드린다. 푼돈 모아 목돈 만든다.

◀ 개울가에서 예쁜 차돌을 주워 들어오는 꿈

태몽으로 똘똘한 아들을 낳는다.

◀ 여러 곳에 흐트러진 돌을 주워 모아 그릇에 담는 꿈

여러 곳에 깔아 놓은 외상값을 받는다. 농산물·곗돈·물품 등을 거두어 들인다.

◀ 깊은 물 속에서 돌덩어리를 건져내는 꿈

사업에 투자하여 많은 돈을 벌게 된다. 횡재·선물·물품과 먹거리가 생긴다.

◀ 하늘에서 떨어지는 돌을 손으로 받는 꿈

신의 선물로 확실한 복을 받는다. 뜻밖에 윗사람의 도움으로 사업에 성공한다.

◀ 방 안에 푸른 차돌이 가득한 꿈

호박이 덩굴째로 굴러 들어오는 격이다. 영세업을 하다가 많은 돈을 벌게 된다.

◀ 땅에서 돌을 주워 보니 황금으로 변해 빛나는 꿈

복권에 당첨될 확률이 높고, 눈먼 돈이 들어올 징조다.

◀ 높은 돌산을 우러러보는 꿈

앞으로 큰 계획을 뜻대로 성취하게 된다. 귀인을 만나 도움을 받는다.

◁· 돌을 안거나 짊어지고 집으로 들어오는 꿈
 재물이나 이익을 얻게 된다.

◁· 큰 돌을 보고 그것을 운반하겠다고 생각하는 꿈
 부귀를 얻을 길몽이다.

◁· 돌 위에 편안하게 누운 꿈
 매사에 대길할 길몽이다.

◁· 조약돌을 가지고 노는 꿈
 아들을 낳을 태몽이다.

◁· 쌓아 놓은 돌무더기가 힘없이 허물어지는 꿈
 현재 계획하거나 추진 중에 있는 일은 하자가 커서 중도에 실패하거나 와해될 징조의 예시이니 주의 요망.

딸기에 관한 꿈

기본적으로는 당신의 매력이 더해지고 인기가 상승한다는 예고인데, 중요한 것은 딸기의 맛이다. 달콤한 인상이 남아 있다면

인기가 오를 뿐 아니라 몸도 마음도 행복한 나날을 보낼 것이 약속된다. 시다는 인상이거나 미각을 느끼지 못했을 경우에는 나쁜 암시는 되지 않지만 매력이 더해지고 있는데 비해 행복감이 다소 부족하다.

◀◀ **딸기가 잘 익어서 먹음직스럽게 보이는 꿈**

매사가 순조롭고 하던 일에 좋은 결실을 거두게 된다.

◀◀ **신맛이 나는 딸기를 먹는 꿈**

병에 걸릴 암시이므로 주의 요망.

감자 · 고구마에 관한 꿈

고구마 · 감자는 식욕, 건강 증진의 상징이다. 육체의 충실을 가르쳐 주고 있다. 아픈 사람이라면 병세 회복의 전조가 된다. 꿈속에서 감자를 봤을 경우 그것이 크냐 작으냐로 판단해야 한다. 큰 감자는 풍부한 인연과 경제력을 나타내고, 작은 감자는 그 반대 신호이다.

◀◀ **정원이나 마당에 감자꽃이 활짝 핀 꿈**

사업상 또는 기타의 일로 집안이 경사로워진다.

정원수에 관한 꿈

분재도 포함한다. 아름답게 다듬어진 정원수라면 일은 순조롭게 진전, 조정이 되어 잘 진척될 것이다. 반대로 정원수가 시들어 있거나 너무 무성해서 부조화적인 상태라면 일이 지나쳐서 과로

해질 기미다. 인간 관계가 너무 넓어져 조정할 수 없는 상태가 되어 있다. 그 밖에 영양 과다, 비만도 경고하고 있으므로 주의를 요한다.

매화에 관한 꿈

붉은 매화는 충족된 행복을, 흰 매화는 정신만의 만족감을 나타낸다. 예를 들면 붉은 매화의 꿈은 새로운 이성과의 만남, 더욱이 오래 교제해 갈 이성과의 만남을 예고하고, 인생이 행복에 둘러싸이는 암시가 된다. 흰 매화의 꿈은 예를 들면 사랑하고 정신적으로 충족되어 있더라도 진전이 좀 부족하다. 정신적 만족감뿐인 사랑이 되고 말 것이다. 지나치게 소극적이라는 얘기다.

◀ **매화가 말라 있는 꿈**
모친이 병에 걸린다.

올리브에 관한 꿈

당신에게는 애인을 소망하는 마음이 있는지도 모른다. 이 꿈에는 불륜, 삼각 관계를 용인하고 있는 마음이 반영되어 있다. 자기 마음대로 되어 버리면 일직선, 어떤 의미에서는 정직하게 생활하는 사람이라고 생각되지만 마지막에는 막다른 사랑이 될 것 같다. 그것이 행복인지 불행인지는 당신 마음가짐 여하로 결정된다.

카네이션에 관한 꿈

신뢰의 상징이다. 누군가가 당신을 신뢰하고 있는 증거. 그리고 당신과 친해지고 싶어하고 있다는 신호이다. 당신의 고운 인품, 거짓 없는 언동이 부지불식 중에 주위 사람들을 따뜻하게 감싸 주어 감사와 존경을 받고 있다는 얘기다. 좋은 꿈이다.

해초류에 관한 꿈

미역이나 다시마 꿈, 바다에 잠수하여 미역이나 다시마를 보고 있으면 어려운 인간 관계를 나타내는 꿈이 된다. 예를 들면 당신은 교제하고 싶지 않은데도 상대가 끈질기게 달라붙는다든가 의지하게 된다. 이와 같이 바라지 않는 인간 관계를 강요당하게 될 것 같다.

▶ **연못 속에 뛰어들어 몸에 풀이 감겨 나오지 못하는 꿈**
직장에서 승진하려 하나 뜻을 이루지 못한다.

◀· 바위에 이끼가 끼고 꽃이 피는 꿈

집안에 경사가 있거나 오랜 연구의 결실로 유명해진다.

◀· 바다에서 김·미역·파래 등을 건지는 꿈

사업장에서 재물과 관계되는 일에 부딪치게 된다.

백합에 관한 꿈

청순, 순결의 상징이다. 당신이 혼기임에도 불구하고 이성과 만나게 되었을 때 지나친 결벽이 애로 사항이 된다. 청순함으로 말미암아 고독감이 따라다니는 일도 있는 법이다. 남자가 이 꿈을 꾸었을 때는 아내로 어울리는 청순한 여자와 만날 수 있다는 신호.

그것이 흰 백합이라면 청순함이 강조되고, 노란색이면 귀여운 타입의 여자와 만날 수 있다는 것이다.

새벽에 관한 꿈

아침의 예감은 행운의 전조이다. 새로운 하루가 시작되기 직전의 꿈이므로 당연히 행운의 암시이다. 당신의 계획을 실행에 옮

길 때다. 뭔가 새로운 일을 시작할 계획이라면 지금이 기회라는 것이다.

전직, 독립 등 새로운 출발은 모두 길하다. 연애면에서도 상대와 새로운 출발을 할 수 있다는 암시가 된다.

밤에 관한 꿈

밤은 불분명, 미개척, 암흑세계, 불의, 불법, 범죄세계, 내리막 등을 상징한다.

운세는 지금이 최악의 상태이다. 실로 당신은 현재 슬럼프가 한창때인 것 같다. 무엇을 해도 잘 안 되어 예상이 틀어져 버리는 상태이다. 이럴 때는 어느 정도 대담한 변화가 필요하다. 다만 일어날 불화, 장애를 예상하고 무슨 일이든 행동을 신중하게 하기 바란다. 조심스러운 태도와 언동에 투철하자. 가만히 참고 견딜 때, 아침은 반드시 오게 될 테니까.

사과에 관한 꿈

여러 가지 의미가 있지만 새로운 사랑이 찾아올 것 같다. 목표 달성, 매력이나 재능의 상승, 모든 행운이 쏟아지는 것이 아니라 해도 어떤 은혜인가를 받게 될 것이다. 자만해도 좋은 것은 인품이다. 이성에게든 동성에게든 호의적으로 받아들여지는 꾸밈없는 인품이 결국은 신상을 도울 것이다.

사과를 나무에서 따거나 먹는 꿈
자녀를 임신할 태몽이다.

상자나 수레에 사과를 싣고 집으로 들어오는 꿈
앞으로 막대한 사업 자금이 순조롭게 마련된다.

사과가 썩어 먹을 수 없다고 생각하는 꿈
좋은 일이 생기려다 아쉽게 취소되거나, 현재 추진 중인 일에 생각지 않은 장애가 생겨 애를 먹게 된다.

레몬에 관한 꿈

레몬은 비타민 C가 풍부하여 산뜻한 기분을 갖게 하지만, 동시에 시큼해서 엉겁결에 얼굴을 찡그린다. 이것이 강조된 꿈이라고 할 수 있다. 당신 자신이나 친한 사람의 신상에 난처한 일이 일어날 암시이다. 다만 그다지 큰 불화는 아니므로 걱정할 필요는 없다.

솟아나는 물에 관한 꿈

샘솟는 맑은 물은 대지로부터 돈이 넘쳐 흐르고 있는 것을 의미한다. 당신에게 행운을 주겠다는 신의 배려인지도 모른다. 어떤 형태로 얻을 것인가는 분명하지 않지만 여하튼 우연히 돈을 얻을 찬스가 당신에게 올 것만은 확실하다. 기뻐하라.

- **웅덩이에서 물이 펑펑 솟아나고, 그 옆 수도에서도 물이 콸콸 쏟아지는 꿈**
  사회사업과 기관 또는 회사로 인하여 치부하게 된다.

- **분수가 높이 치솟는 꿈**
  사업이나 업적을 과시하며 선전 광고를 계속할 일이 생긴다.

- **공중에 기둥 같은 호스가 뻗어 물이 온 동네에 뿌려지는 꿈**
  잡지나 신문 등에 작품이 실려 세상 사람에게 감명을 줄 일이 생긴다.

- **산 밑에서 샘물이 솟아나는 꿈**
  정부 기관이나 큰 기업체에서 정신적, 물질적 도움을 얻는다.

- **샘물이 솟아 산과 들을 덮는 꿈**
  문학이나 학문 연구로 명성을 떨친다.

- **기름이 솟아 흐르는 꿈**
  진리나 사상을 널리 전파할 일이 생기게 된다.

◀· 깊은 심산유곡에서 샘물을 발견하는 꿈

오래 된 자료들이 새롭게 빛을 내고 사업 구상에 옛날것이 재창조된다.

◀· 수염이 긴 백발 노인이 샘물을 떠 주는 꿈

근심과 만병이 사라지고 기운과 힘이 솟구친다. 생각지 않던 재물이 생긴다.

◀· 땅을 파 보니 맑은 샘물이 하늘로 솟구치는 꿈

생산업에 투자하여 사업 성과를 올리고 번창하게 된다.

◀· 부엌에서 샘물이 솟아나는 꿈

곡식과 먹거리가 생긴다. 살림살이를 장만하고 생활이 넉넉해진다.

◀· 동네 가운데에 우물이 있는 꿈

동업하던 사업에 이익 배당금을 차지한다. 외상값을 받거나 돈이 생긴다.

🔊 수풀이 무성한 곳에서 샘물이 나는 꿈

학생은 정신이 맑아지고 부진하던 일들이 풀린다. 정신 문화의 발달이 있다. 신규 사업·투자·재물·돈·횡재 등이 있다.

🔊 우물에서 물을 퍼올려 그릇에다 담는 꿈

사업에 투자하여 성과를 올리고 돈을 많이 번다. 직장, 사회 등에서 승진을 하게 된다.

혹성에 관한 꿈

혹성이나 별 꿈은 희망이나 목표를 상징하는 행운의 꿈이다. 그것이 꿈속에서 빛나면 빛날수록 당신의 희망이나 목표가 높고 또한 그것이 실현될 것을 약속하고 있다. 별에 타는 꿈, 별을 손에 쥐고 있는 꿈이라면 더욱 행운으로, 그것들을 확실히 손에 넣는 것을 의미하며, 아울러 강한 권력을 갖는 것도 암시한다. 이런 꿈들은 영몽인 경우가 많고, 당신이 우주의 율동과 무의식 중에 교신하고 있을 가능성이 크다.

물망초에 관한 꿈

과거의 상처, 고생, 쓸쓸함을 회상하고 있는 꿈이다. 이 꿈을 꾸었다면 다시 그것들을 맛보게 될 것 같다. 누군가와 헤어지거나 혹은 익숙해진 일을 다시 겪게 될는지도 모른다. 그러나 이것은 나쁜 꿈이라고 단언할 수 없다. 시련이 당신의 정신을 단련시킨다. 어른이 되기 위해 거쳐야 하는 길일 것이다.

별을 보는 꿈

천상에 군림하는 별. 단순한 인기인이 아니라 구름 위의 존재와 같은 화려한 별의 꿈을 꾸면 최고의 행운이다. 행운도 금전운도 사업운도 상승할 기미다. 당신의 감성이 뛰어나기 때문에 꾸는 꿈으로, 즐거운 나날이 찾아올 것 같다.

혜성이 나타나 반짝거리는 꿈
뜻밖에 복과 행운을 맞이하여 귀한 신분이 되고 영예를 얻게 된다. 자기가 원하는 소원 성취가 이루어진다.

별이 양쪽 어깨에서 반짝거리는 꿈
군, 경찰은 승진과 특진을 하게 된다. 상훈과 임명장을 받고 부귀 공명하고 입신 출세한다.

맑은 물 속에서 수많은 별들이 물 위로 떠오르는 꿈
많은 공적과 업적으로 귀한 신분이 된다. 새로운 물질을 발명하여 세상에 드러낸다.

◀· **별을 따서 앞가슴에 넣는 꿈**

훌륭한 아들을 낳을 태몽이다.

◀· **맑은 냇가에서 별을 줍는 꿈**

진리를 탐구하고 문학 작품을 창작한다. 문화사업에 투자하여 사업 성과를 올린다.

◀· **큰 별을 타고 우주를 왕복하거나 하늘을 나는 꿈**

마음먹은 대로 소원 성취하게 된다. 입학·승진·당선·합격·취득·승리 등의 경사가 있다.

◀· **하늘로 올라가 별을 따먹는 꿈**

권력을 잡게 되고 입신 출세한다. 외상값을 받거나 선물을 받는다. 임신·재물·돈·횡재 등이 있다.

◀· **샛별이 유난히 찬란하게 빛나고 있는 것을 본 꿈**

이름을 떨칠 일이 생기거나, 사업을 도울 사람이 갑자기 나타나게 된다.

◀· **별이 낙엽처럼 떨어진 것을 본 꿈**

사업상 손해를 입을 일이 생기거나, 정신적 피해를 입는 일이 생긴다.

◀· **고정되어 있던 별 몇 개가 갑자기 날아다니는 꿈**

배우자가 바람을 피우게 되니 조심해야 된다.

◁• **많은 별 속에서 유난히 밝게 빛나는 별을 본 꿈**

어떤 단체에서 가장 높은 자리에 앉게 되거나, 자기 작품에 대해 좋은 평가를 받게 된다.

◁• **동쪽 하늘에서 밝은 별이 세 차례 반짝거리다가 사라지고, 그 곳으로 비행 물체가 지나가는 것을 본 꿈**

거의 비슷한 일을 세 차례 겪고 난 다음, 좋은 일을 얻게 된다.

◁• **자신이 별 네 개를 단 대장이 된 꿈**

사회적으로 적어도 네 가지 이상의 공로를 인정받아서 각종 단체의 장으로 추대된다.

◁• **하늘에서 무수한 별이 쏟아져 땅에 쌓인 꿈**

연구 자료를 수집할 일이 생기거나 창작 작품을 발표하게 된다.

◁• **밤하늘에 유난히 많은 별이 네온사인처럼 요란하게 빛난 꿈**

하는 일마다 만사 형통이며, 많은 사람들로부터 인정을 받게 되는 길몽이다.

모래에 관한 꿈

공허한 마음의 상징이다. 운세적으로는 다방면으로 막혀 어쩔 수도 없는 상태라고 하면 좋을 것이다.

연애운·건강운·금전운·사업운 등 어느 것도 상승할 기미는 없다. 이런 때는 나쁜 운수를 그대로 보내는 수밖에 없으며, 얌전히 생활하기 바란다.

◀· **모래를 손에 쥐고 길을 걷는 꿈**
자신도 모르는 사이에 재산이 점점 줄어들 우려가 있으니 주의 요망.

◀· **모래를 짊어지고 한없이 걷는 꿈**
몹시 고달픈 일에 종사하게 된다. 짊어진 모래가 다 새어 버리면 어려운 일, 즉 병의 고통이나 어떤 부담감에 시달리게 된다.

◀· **모래밭에 발자국을 뚜렷이 남기는 꿈**
어떤 일에 지울 수 없는 흔적을 남기게 되는 꿈이다.

◀· **모래 속에서 귀중한 물건을 캐내는 꿈**
얻기 어려운 소중한 물건을 얻거나 인재를 얻게 된다.

◀· **모래밭에 씨앗을 뿌리는 꿈**
현재 귀하가 세운 계획은 실효성이 없는 허망한 꿈에 불과하니 다른 계획으로 바꾸는 것이 좋겠다.

◀ **사막에서 오아시스를 발견한 꿈**

사업·금전·직장 및 여러 가지 일이 난관에 부딪혔다가 귀인을 만나거나 기발한 아이디어가 창출되어 어려움에서 순조롭게 풀려날 것이다.

◀ **아득한 사막을 하염없이 걷는 꿈**

현재 목표를 잃고 방황하고 있는 것을 의미한다. 지금 상태로서는 귀하의 판단은 오류를 범하기 쉬우므로 정신적인 안정을 취하면서 친한 벗이나 윗사람의 도움을 받는 것이 좋겠다. 아울러 원대한 포부를 갖고 차근차근 치밀하게 생각해서 행동하시기를.

버섯에 관한 꿈

별다른 의미는 없다. 지금까지의 인생과 같이 앞으로도 당신에게 어울리는 인간 관계에 둘러싸여 똑같은 인생이 계속되어 갈 것이다. 매일매일의 반복이 계속된다는 꿈이라고 하면 좋을 것이

다. 좋은 인간 관계를 쌓는 것도 나쁜 인간 관계를 쌓는 것도 모두 당신이 하기 나름이라는 얘기다.

🔊 독버섯을 보거나 먹는 꿈

성적인 유혹에 빠질 암시. 혹은 이미 유혹에 넘어가 있다는 것을 나타낸다. 또한 어떤 음모나 계략에 저도 모르게 휘말려들 수 있으므로 주의를 요하는 꿈이다.

국화꽃에 관한 꿈

국화는 장례식이나 부처님을 장식한다는 관습 때문에 그다지 좋은 의미로 해석될 수 없다. 본래 꽃 꿈은 전반적으로 행복한 암시가 있는 법이지만 이 꽃만은 특별한 것 같다. 슬픈 소식, 실연, 이별 등을 암시한다. 유감스럽지만 당신의 생활에 슬픈 사건이 일어날 것 같다.

🔊 활짝 핀 국화에 관한 꿈

탐스럽고 흐드러지게 피어 있는 국화를 본 꿈은 순조로운 연애, 부부 사이의 원만한 애정을 나타낸다.

배추와 고추에 관한 꿈

배추 꿈은 임신이나 아이와의 즐거운 한때를 나타내는 꿈. 그러므로 이 꿈을 꾸면 임신의 전조라고 할 수 있다. 그리고 장래 그 아이를 중심으로 평화로운 가정생활이 찾아온다는 것을 예고하고 있는 것이다. 또 연하와의 연애운도 의미하므로 그런 기회

가 찾아올는지도 모른다.

◁‥ **파밭 근처에 배추밭이 있는 꿈**
　친구나 애인을 만나거나 남녀 간에 혼담이 성사된다.

◁‥ **물에 떠내려오는 시든 배추를 건지는 꿈**
　병이 들거나 부고·송사·싸움 등 집안에 불길한 일이 생긴다.

◁‥ **배추를 소금에 절이는 꿈**
　병이 들거나 사망하고, 또 사업이 적자를 보고 재물이 달아난다.

◁‥ **좋은 배추를 고르는 꿈**
　생산·유통·식품업 등에 투자하여 돈을 벌고 재물, 연구 등에서 이익이 얻어진다.

◁‥ **배추가 무성한 꿈**
　재물과 돈이 들어오고 먹을 것이 생기며, 계약·사업·혼담 등이 성사된다.

◀ 밭에서 신선한 배추를 보는 꿈

남의 도움으로 생산·유통·식품·출판 등 사업이 발전하여 재미를 보게 된다.

◀ 배추밭에 꽃이 활짝 핀 꿈

사업이 새로운 작품과 연관되어 경사스러운 일이 생긴다.

◀ 배추를 시장에서 사 오는 꿈

태아가 미래에 재물·권리·일을 얻음을 의미한다.

◀ 길쭉한 채소나 청과물이 보이는 꿈

남성의 성기와 비슷하여 남아가 생긴다고 하나 속단은 금물이다.

◀ 붉은 고추를 바구니에 가득 따 오는 꿈

태아가 장차 사업이나 작품에 관련있는 일에서 재물을 얻게 됨을 의미한다.

◀ 고추를 집 마당에 널어 놓은 꿈

사업을 벌이게 되고, 소년이나 소녀는 싸움·창피·초경 등을 경험하게 된다.

◀ 고추·파·마늘 같은 자극성이 있는 채소를 본 꿈

일의 자료, 성과 등을 얻게 된다. 일이 잘 되고 귀인을 만나 도움을 받게 된다.

◀ 고추를 얻거나 본 꿈

모든 면에서 남의 이목을 한몸에 받게 된다.

◁ 고추가 집 마당에 가득 널려 있는 꿈
새로운 사업 계획을 세운다.

◁ 마른 배추밭을 본 꿈
일의 성과를 올리는 데 지금이 가장 적절한 시기임을 암시한다.

◁ 물에 떠 있는 시든 배추를 건진 꿈
집안에 좋지 않은 일이 생길 흉몽이니 주의 요망.

◁ 배추를 바다에서 건져 온 꿈
재물로 인한 시비가 있다.

◁ 배추를 좋은 것으로 고른 꿈
연구·사업·재물 등에 좋은 성과가 생긴다.

◁ 채소밭에 줄 퇴비나 건초 더미를 만든 꿈
여러 방면으로 자본이 순조롭게 축적된다.

◁ 밭의 신선한 채소를 본 꿈
남의 도움을 얻어 사업이 크게 발전한다.

채소밭에 꽃이 만발한 꿈
사업 성과·작품 등을 통해서 경사스러운 일이 생긴다.

시원한 청과류를 많이 보유한 꿈
조만간에 사업 성과·재물 등에 만족할 만한 일이 생긴다.

바구니에 붉은 고추를 가득 따 온 꿈
태몽이라면 사업·예술 등에 재주가 있는 자손을 얻는다.

오이에 관한 꿈
이것은 불륜이라든가 헛된 사랑을 의미한다. 특히 여자가 꾼 경우는 그 의미가 강해진다. 대부분 수분이고 영양가가 그다지 높지 않은 오이의 꿈은 아무래도 불륜의 사랑, 도덕적으로 잘못된 사랑, 또는 삼각 관계 등을 나타낸다. 오래 계속되지 못할 사랑이라고 할 수도 있을 것이다.

꿈에 오이를 먹는 꿈
선남선녀가 호젓한 곳에서 음양의 조화를 이루는 남녀 관계를 의미한다.

뱀이 큰 오이를 감고 있는 꿈
배우자 외에 다른 사람과 불륜의 관계를 맺게 된다.

꿈속에서 오이, 호박 등이 보이는 꿈
사건의 연대성, 연결성 혹은 시작과 종말을 뜻한다.

- **꿈속에서 늙은 오이가 보이는 꿈**

  미혹과 번뇌를 떨쳐 버리고 마음의 정리를 하게 된다.

- **오이나 참외가 주렁주렁 열렸는데 그 중에 한두 개를 따서 먹는 꿈**

  추진 중인 일이 잘 이루어진다. 젊은 남녀에게는 태몽일 수도 있다.

- **오이가 줄기 위에 툭 솟아 있는 것이 보이는 꿈**

  아내(남편)에게 좋지 못한 일이 생길 징조이니 주의 요망.

가을 안개에 관한 꿈

가로막히고 상황 판단을 할 수 없다는 것으로 일의 악화를 암시하는 꿈이다. 집중력의 저하, 공부나 일의 무계획성도 강조되므로 당신 자신의 반성이 필요하다. 더욱이 타인에게서 짓궂은 일을 당할 가능성도 있다. 여하튼 성가신 문제가 일어날 암시이므로 신변의 일을 사전에 정리해 두는 것이 현명할 것이다.

화초에 관한 꿈

작은 화초는 당신이 주위 사람들로부터 사랑받아 그 사람들에게 없어서는 안 될 존재임을 가르쳐 주고 있다. 가정운도 좋고 밖에서도 단체나 연구일, 배우는 일에도 서서히 성과를 나타낼 것이다. 당신은 중심 인물이기보다는 보좌적인 역할을 담당할 타입이다.

과일에 관한 꿈

둥근 모양의 과일은 애정의 결실을 나타낸다. 싱싱하게 익을수록 신뢰도 더 두터워져 그 애정이 깊어지고 있음을 알려주고 있다. 다만 바나나처럼 뾰족한 모양의 것. 자극적인 맛의 과일, 상한 것은 실연, 애정 파탄을 나타낸다.

◀ **나무에 올라 과일을 따 먹는 꿈**
입학·승진·합격·당선·승리·취득·경사 등의 일을 나타낸다.

◀ **붉은 대추를 많이 따 온 꿈**
재물이 생기고 여러 가지의 사업 성과를 나타낸다.

◀ **꽃은 졌는데 열매를 맺지 않는 꿈**
여지껏 하는 일이 발전이 없거나 궁지에 몰리게 된다.

◀ **집안에 심은 과일나무에 과일이 주렁주렁 열린 꿈**
결혼·사업·작품 등이 열매가 열릴 때가 됐음을 나타낸다.

◁ **감을 차에 싣고 운반한 꿈**
출판된 서적 및 영상미디어가 판매 방영된다.

◁ **나무 밑에 떨어진 상수리를 많이 줍는 꿈**
여러 방면에서 행운의 핑크빛으로 많은 재물이 들어온다.

◁ **여러 개의 배나무를 단계적으로 심는 꿈**
집안에 경사가 생기고 순리대로 사업이 이루어진다.

◁ **누런 과일과 푸른 과일을 몰래 훔친 꿈**
중매로 선남선녀의 혼담이 이루어진다.

◁ **노란꽃 화분을 방 안에 들여왔는데 열매를 맺은 꿈**
태몽이라면 예술 작품으로 세인의 이목을 받을 자손을 얻는다.

◁ **나무 중간에 열린 과일을 따는 꿈**
태몽이라면 별 어려움 없이 일을 추진해 나갈 자손을 얻는다.

◁ **배나무에 배가 주렁주렁 달린 것을 본 꿈**
하루 온종일 일이 잘 되고 마음이 후련하며, 일이 순리대로 풀린다.

- 과일 나무에 과일이 주렁주렁 달린 꿈

  깊은 학문을 탐구하고 사업 성과, 창작 활동 등 결실을 나타낸다.

- 전신주에 달린 과일을 모르는 사람이 따다 버린 꿈

  그동안 공들여 왔던 계약이 깨지고 사람이 행방 불명된다.

- 잘 익은 과일을 따 먹는 꿈

  사업이 번창하고 봉사 및 자선사업을 책임지고 성사시킨다.

- 앵두과에 속하는 작은 열매의 꿈

  재물과 돈이 생기고 먹거리가 풍족하다. 키스, 일의 성과 등을 나타낸다.

- 감나무에 오르거나 감을 따 먹는 꿈

  일이 단계적으로 차근차근 진행되어 나가고 있음을 나타낸다.

- 쪼개진 과일을 얻은 꿈

  비정상적인 과정을 겪게 되며, 확실하지 않은 사업에 손을 댄다.

- 밤알을 벅찰 정도로 많이 가져온 꿈

  태몽이라면 부귀 영화를 누릴 자손을 얻는다. 행운의 꿈이다.

- 산 중턱에서 과일을 따 온 꿈

  태몽이라면 운세가 서서히 호전되어 일을 성취시키는 자손을 얻는다.

붉게 익은 사과를 여러 개 따 온 꿈
유통업·제조업·문화사업 등 여러 가지 일에 종사하여 성과를 얻는다.

과일을 통째로 삼킨 꿈
신분이 높아지고 입신 출세한다. 권력·명예·부귀 등을 얻는다.

여러 그루의 감나무에서 떨어진 감을 주워 모은 꿈
여러 기업체, 여러 작품 등에서 좋은 성과를 얻는다.

꽃이 달린 채 떨어진 풋감을 주워 담는 꿈
훌륭한 인재를 고르게 된다. 연구 자료를 수집하거나 자본을 구하게 된다.

선악과라고 생각되는 나무 열매를 따 먹는 꿈
옳고 그름을 판단하고 학문을 탐구하여 진리를 깨닫는다.

곶감꽂이에서 곶감을 한 개씩 빼먹는 꿈
마무리 단계에 있는 일을 맡게 된다. 재산이 조금씩 줄어든다.

◉ 뽕나무 열매를 따 가지는 꿈

성교·입학·계약이 이루어진다. 귀한 자식을 낳을 태몽.

◉ 상수리나무를 돌로 쳐서 상수리가 우수수 쏟아진 꿈

신상 문제·체험담·독서·기관·재물 등과 관계된다.

◉ 혼담이나 사업상의 일로 썩은 과일을 얻어 온 꿈

결혼, 사업 등이 불행을 가져온다.

◉ 배를 따 온 꿈

태몽이라면 비범한 자손을 얻는다. 돈·물품·선물·명예·횡재 등이 있다.

◉ 앵두과에 속하는 열매를 따 먹는 꿈

사랑하는 애인을 만나 열애, 성교 등이 이루어진다.

◉ 방안에 심은 과일나무의 과일이 익어 그 과일을 따 먹는 꿈

약혼이 성립되거나 사랑의 고백을 받거나 성교와 관계된 꿈이 될 수 있다.

◉ 잘 익은 복숭아를 따 먹는 꿈

분위기 있는 공간에서 연애, 성교 등이 이루어진다.

◉ 뽕나무의 열매를 따서 먹는 꿈

새로운 아이디어를 개발하거나 잉태·성교·입학 등이 뜻대로 진행된다.

◀· 밤송이가 누렇게 벌어진 것을 본 꿈

행운이 다가온다. 사업·작품·결혼 등이 곧 이루어진다.

◀· 떨어진 연시를 주워서 먹는 꿈

창피당할 일이 있거나 소녀는 곧 초경을 치른다.

◀· 깨어진 과일을 얻고서 혼담이 오가는 꿈

애인이 변심하거나 혼사는 파기되거나 불행해진다.

◀· 붉은 과일이 딱 한 개 열려 있던 것을 따서 먹는 꿈

사랑하는 여자의 정조를 점령한다.

◀· 남이 따 주는 과일을 받는 꿈

계약·혼약·청탁 일거리 등의 일과 관계한다.

구름에 관한 꿈

적란운처럼 크고 아름다운 꿈이라면 당신이 하고 있는 일이 좋은 방향으로 향해 가는 상징이다. 예기치 않은 발탁을 받을 일이

있을지도 모른다. 비행운처럼 가늘고 가냘픈 구름의 경우는 운세는 중상中上 정도. 무리를 하면 실패하지만 이대로 가더라도 그럭저럭 괜찮을 것이다. 구름에 타는 꿈, 구름 속에 있는 꿈, 또는 하늘에서 구름에 둘러싸여 있는 꿈이라면 대단히 재수 좋다. 일간 제법 큰 행운이 날아들어 소원이 이루어질 암시이다.

- **신선처럼 구름을 타고 다닌 꿈**
  어떤 모임이나 단체에서 책임자의 자리에 앉게 되며, 현재 하고 있는 사업도 승승장구한다.

- **청천 하늘이 갑자기 흐려지며 밤처럼 어둡게 변한 꿈**
  나라에 큰 혼란이 일어나거나 가정이 시끄러워지게 된다.

- **휘황 찬란한 오색구름을 본 꿈**
  모든 사람들이 부러워하고 긍정적인 생각으로 받아들일 사업을 벌이게 된다.

- **먹구름이 끼고 연속으로 번개가 치는 꿈**
  어떤 회사에서 귀찮을 정도로 입사를 권고하거나 신문지상 등에 자기에 대한 좋은 기사가 실리게 된다.

- **넓은 하늘에 온통 먹구름뿐이었던 꿈**
  무슨 일을 하든 불쾌감과 불안감이 동반하게 된다.

- **푸른 하늘에 용 형상의 구름이 뽀얗게 떠 있는 꿈**
  어떤 일에 좋은 길조가 보인다. 비가 내리고 농사일이 잘 된다. 여행을 간다.

맑은 하늘에 뽀얀 뭉게구름이 산뜻하게 떠 있는 꿈
기쁜 소식을 몰아 온다. 문예 작품의 발표회를 열어 대중 앞에 찬사를 받는다.

새털구름 사이로 햇빛이 내리비치는 꿈
사업운이 새로 트이고 발전을 한다. 집안에 경사가 있고, 마음 먹은 대로 소원 성취한다.

안개구름이 낮게 떠 있어 눈앞이 보이지 않는 꿈
하는 일마다 막히고 앞뒤가 안 보인다. 눈뜬 장님으로 어려움을 겪는다.

구름 속을 뚫고 밝은 햇살이 쏟아지는 꿈
신으로부터 축복을 받고 만사가 형통한다. 교통 체증이 뚫리듯 시원한 일이 생긴다.

낮은 하늘에 떠 있는 조개구름을 손으로 잡는 꿈
새로운 일거리를 맡게 된다. 어떤 좋은 일에 일손이 잡힌다. 행운을 낚는다.

◁ **하얀 덩어리 구름이 흩어지는 꿈**

한 조직이 해산되거나 거래처가 뿔뿔이 흩어진다. 재물과 돈이 나간다. 헤어진다.

양귀비꽃에 관한 꿈

유혹에 주의하라. 누군가가 당신을 유혹하더라도 그 이성은 당신에게는 어울리지 않는 상대다. 진지한 사랑이라고 믿더라도 결국은 아픔을 당할 것을 예고하고 있는 것이다. 당신 자신이 불장난을 바라고 있다면 나쁜 꿈이라고 단언할 수 없지만 진지한 연애를 바란다면 그만두는 것이 좋을 것이다.

◁ **양귀비 꽃다발을 한아름 안고 있는 꿈**

젊은 남녀가 아름다운 곳에서 사랑을 속삭인다.

◁ **거실 탁자 위 화분에 양귀비꽃이 곱게 피어 있는 꿈**

집안에 화기애애한 분위기가 감돌고 기쁜 일이 생긴다.

◁ **양귀비꽃을 꺾어서 치마 폭 속에 감추는 꿈**

딸을 낳을 태몽으로서 그 딸이 장차 커서 유명한 스타가 된다. 경사 · 재물 · 소유 · 횡재 등이 있다.

◁ **달이 떨어져 양귀비꽃이 되는 꿈**

길몽이다. 태몽으로 아기가 훌륭한 인물로 태어나 부귀 영화하고 입신 출세한다.

◀· 시골 오솔길에 양귀비꽃이 곱게 피어 있는 꿈

친구나 애인을 만나 사랑과 진실을 나눈다.

연기에 관한 꿈

불운, 불행의 상징이다. 건강 상태도 저하 중이어서 병이 체내에 남아 있는 것을 나타낸다. 또 현재의 생활에 불만을 가지고 있으며, 날고 싶어도 날 수 없는 심리 상태도 나타내고 있는 꿈이다. 욕구 불만과 스트레스를 가지고 있는 것 같다. 운세는 정체 중이다. 특히 금전운이 달아날 최악의 신호이므로 주의를 요하는 시기라고 할 수 있을 것이다.

◀· 높고 큰 굴뚝으로 연기가 기운차게 뿜어 나오는 꿈

기관에서 선전 광고가 잘 되거나 세상 사람들에게 설득력을 가질 일이 생긴다.

◀· 물건이 타는데 불길은 없고 연기만 나는 꿈

공연한 헛소문만 난다.

◀ 산 너머, 지붕 너머로 검은 연기가 하늘로 오르는 것을 보는 꿈

어느 지방에 변란이나 환란이 일어난 소식을 듣는다.

◀ 집에 불이 났으나 불길은 보이지 않고 검은 연기만 피어 오르는 꿈

집안 또는 직장에 불길한 일이 생긴다.

◀ 벽이 갈라진 곳으로 많은 연기가 새어 나오는 꿈

음성적인 사업이나 불쾌한 일을 체험하게 된다.

홍수에 관한 꿈

감정을 참을 수 없어 주위 사람에게 분풀이하며 히스테리를 일으키겠다는 암시이다. 인내가 한계를 넘을 지경일 때에 꾸기 쉬운 꿈이다.

일상생활에 있어서 감정이 앞선 나머지 절도를 지키지 못하는, 도에 지나친 행위를 하게 된다. 이런 행동을 예고함과 동시에 나무라고 있는 꿈으로서 현실에서 발산할 수 없는 불만을 꿈에서 해소하려는 심리가 작용한 꿈이라고 할 수 있다.

◀ 물바다가 된 들판 가운데 서 있는 꿈

고귀한 신분이나 세력가와 인연을 맺어 큰 도움을 받아 평소에 원하던 것을 이루게 된다.

◀ 자신이 물 속에서 있는데 그 물이 점점 불어나는 것을 보는 꿈

세력을 얻거나 치부할 수 있는 길몽이다. 그러나 그 물이 무서워 빠져 나왔다면 길몽으로서의 효력이 없고 현실에서 무언가 아쉬운 일을 만난다.

🔊 넓은 들판에 물이 가득 차 있는 것을 보는 꿈

앞으로 운이 환하게 트여 나갈 길몽이다.

🔊 홍수가 나 붉은 흙탕물이 뒤섞인 큰 물을 보는 꿈

부부 사이에 다툼이 생기고 만사가 뜻대로 되지 않는다. 그러나 맑은 큰물이 자기 집이나 논밭으로 밀어닥치는 것을 보았다면 국가 시책이나 사회적인 흐름, 유행 따위가 자신에게 유리한 방향으로 전개되어 뜻밖의 성공을 거둘 수 있다.

🔊 밀어닥치는 홍수가 무서워서 피하는 꿈

모처럼 온 좋은 기회를 놓칠 가능성이 많다.

곡물에 관한 꿈

보리나 쌀 등의 꿈. 쌀 즉 밥을 먹는 꿈은 당신의 건강 증진, 정력 향상의 징후이다. 보리도 거의 같은 의미이다. 벼를 베는 꿈은 수확을 얻는 암시이다. 당신의 재산이 늘 것을 예고한다.

그것은 돈인지도 모르고 정신적인 보배, 예를 들면 우정, 신뢰

등인지도 모른다. 여하튼 전반적으로 행운의 메시지이다. 뭔가가 저축되거나 증진하기도 하고, 구비되기도 하며 모든 운수가 상승세인 때이다.

◀ **논 가운데 풀이 푸르게 나 있는 꿈**
집안에 재물과 돈이 생기고 물질적으로 풍요를 얻어 하는 일마다 길하다.

◀ **농사를 짓는 꿈**
집안에 살림살이를 장만하거나 재물을 얻고 사업이 순조롭다.

◀ **전답이 황폐한 꿈**
길고 어두운 터널을 벗어나 행운이 찾아오며 길하다.

◀ **자기 손수 논에 벼를 심는 꿈**
출타할 징조. 벼를 베는 꿈도 역시 출타할 징조이다.

◀ **논에 모내기하는 것을 구경하는 꿈**
관리는 지위가 오르고, 상인은 장사에 이득이 생긴다.

◀ **남으로 하여금 농사를 짓게 하는 꿈**
집안이 물질적으로 풍요롭고 재수가 있고, 사람을 채용하게 되고 대길하다.

◀ **산중에 농사짓는 집이 있는 꿈**
의·식·주가 풍족하며, 여유있게 살 수 있다.

◀◈· 오곡이 무성해 보이는 꿈

하고자 하는 일이 잘 풀리고 재수가 있고 재물과 행복을 얻는다.

◀◈· 벼나 보리가 풍년이 들어 결실이 잘 된 꿈

작은 영세업을 하다가 큰 결실을 맺는다. 몸이 평안하고 재물이 생긴다.

◀◈· 쌀과 보리를 넓은 지역에 뿌리는 꿈

애쓴 보람이 있어 큰돈이 들어오게 된다.

◀◈· 오곡이 잘 익어서 수확하는 꿈

식품 · 농업 · 유통업에 투자하여 성과를 올리고 채권이나 주식이 생긴다.

◀◈· 곡식이 창고에 가득 찬 꿈

사업이 번창하고 혼담이 성립되며 소송에 승소한다.

◀ **오곡이 풍족하나 아직 익지 않은 꿈**

현재는 어려우나 마음먹은 대로 소원 성취하고 점차 부자가 될 꿈이다.

◀ **보리 혹은 벼의 이삭이 나와 있는 꿈**

큰 재물을 얻고 신규 사업을 하여 생각지 않은 복이 들어온다.

◀ **남에게서 미곡을 얻는 꿈**

밝은 미래가 보이고 길한 일이 많다. 쌀섬을 보는 것도 길하다.

◀ **쌀이 하늘에서 비오듯 쏟아지는 꿈**

학식과 덕망있는 사람의 도움을 받아 대길하며, 만사가 형통한다.

◀ **미곡 등을 되와 말로 계량하는 꿈**

협의하는 일이 성립되고, 쌀을 사들여 오면 병이 물러간다.

◀ **지붕 위에 벼 포기가 나 있는 꿈**

입학 · 당선 · 합격 · 승리 등 관직에 오르고 재운이 생긴다.

◀ **꿈에 콩이나 보리쌀을 보는 꿈**

자손에게 나쁜 일이 생기거나 어려움이 생긴다.

◀ **콩 종류를 먹는 꿈**

집안에 질병이 생기고 자손에게 해롭고 집안에 분쟁이 일어난다.

◀ **팥이 쌓여 있는 것을 보는 꿈**

불길 · 도둑 · 실물수 등의 사고가 생겨 그 집이 차츰 기울고 흩어진다.

허수아비, 소리내는 깡통 꿈

대길하고 모든 일이 다 좋으나 다만 겨울에 이 꿈을 꾸면 도난의 염려가 있다.

물레방아에 관한 꿈

남자는 자기보다 신분이 높은 여인과 인연을 맺어 뜻밖에 좋은 일이 있으며, 여자는 아랫사람한테서 신임을 받는다. 그러나 다만 구설수가 있으니 조심하라.

석류나무, 무화과나무에 관한 꿈

남자가 이 꿈을 꾼 경우 여자와 밀애의 시작이라는 신호이다. 일간 유혹당할 가능성이 있다. 여자가 꾼 경우는 반대로 남자를 유혹하고 싶다, 혹은 타인의 애인을 가로채고 싶다는 소망의 발로이다. 소망뿐 아니라 실행에 옮겨 버릴 위험성까지 암시되어 있다.

🔊 석류를 보거나 먹는 꿈

익지 않은 석류를 우물거리며 먹는 꿈은 흉운을 예지한다. 일반적으로는 자신의 신상에 좋지 않은 일이 생기고 자식이나 가족들에게 걱정거리가 발생할 징조, 또는 병에 대한 암시이니 요주의.

연어에 관한 꿈

크고 훌륭한 연어의 꿈은 당신이 장래에 출세할 것을 예고하고 있다. 다만 거침없이 출세하는 것이 아니라 몇 가지의 곤란을 극복하고 간신히 이루는 형이다. 당신의 노력을 칭찬받는 꿈이지만 그 노력, 인내야말로 인간의 고귀함이라고 가르쳐 주고 있는 것이다.

선인장에 관한 꿈

가시로 몸을 지키면서 가만히 참고 말하지 않는 선인장은 도대체 무슨 생각을 감추고 있는 것일까. 정말 진의가 드러나지 않는 존재이다. 이 꿈이 나타내는 것은 비난과 중상. 이유없는 욕, 소문에 의해서 당신을 깎아 내리려고 하는 존재가 있다. 그러나 약해지지 말고 의연한 태도로 임하기 바란다.

벚꽃에 관한 꿈

직감력 등 당신의 감각이 향상되고 매사가 원활히 발전해 감을 알리는 꿈이다. 더욱이 당신에게 있어서 숙명적인 만남이 기다리

고 있다는 것도 알리고 있다. 그 상대는 당신에게 있어서 둘도 없는 사람. 꿈속에서 벚꽃이 만개하면 어쩌면 전생에서 약속을 주고받은 사람일 가능성이 크다. 그 시기는 영적인 파동이 너무 강하기 때문에 언제의 일인지까지는 판단할 수 없다. 내일인지도 모르고 일 년 후인지도 모른다. 운명을 기다릴 뿐이다.

잔디밭에 관한 꿈

파란 풀은 기본적으로 행복한 꿈이다. 건강하고 풍요로운 경제, 따뜻한 가정생활을 암시해 주는 것이다. 잔디밭의 경우는 잘 정리되어 있다는 의미이므로, 이것에 덧붙여 정신의 안정이 잘 되고 있음을 알리고 있다.

분별력이 있는 당신은 많은 사람으로부터 존경받을 존재가 될 것이다.

◀ 잔디밭에 누워 있는 꿈

학원에서 연구에 몰두하거나, 오래 기다릴 일이 생긴다.

🔊 무덤이 금잔디로 잘 다듬어져 있는 꿈

친지나 협조기관의 혜택으로 영화로워진다.

땅울림에 관한 꿈

꿈속에서 땅울림 같은 소리를 들었을 때는 불길한 일이 일어날 전조이다. 특히 사고나 질병에 주의를 요한다. 가족의 죽음이라는 슬픈 사건이 일어날지도 모른다. 당분간은 생명이 위협받을 위험성이 있으므로 매일의 생활 중에서 신중히 행동하도록 하기 바란다. 중대한 경고 꿈이다.

신기루에 관한 꿈

당신이 하려고 하는 일은 모두 실체가 없는 일이다. 허무한 꿈을 쫓고 있음에 틀림없다. 이 꿈은 나아가야 할 길이 애초부터 잘못되어 있음을 알리는 꿈으로 적성에 맞는 방향이 아니므로 수정할 필요가 있다고 가르쳐 주고 있다.

수박에 관한 꿈

연애의 소식, 자식이 많다는 기쁜 암시이다. 더욱이 장래 태어날 아이는 효성스럽고 다정다감한 성격인 것도 가르쳐 주고 있다. 이것은 지금은 독신일지라도 장래의 당신과 관계된다는 암시이다. 연애면에 있어서는 달콤한 로맨스로 몸과 마음을 녹일 듯한 느낌에 젖는다는 암시로서 기쁜 꿈이다.

제비꽃에 관한 꿈

작은 가슴의 두근거림. 제비꽃은 인간의 작은 기쁨을 상상하게 해주는 청초한 꽃이다. 이 꿈을 꾼 뒤에는 누군가로부터 선물을 받는다거나, 과거의 애인과 재회하여 그 사람과 마음에 남는 추억이 또 한 가지 늘 것 같다.

하늘에 관한 꿈

애정면이 강조되는 꿈이다. 구름 한 점 없이 맑게 갠 푸른 하늘은 순조로운 연애운을 암시하고 있다. 진행 중인 연애가 점점 활발해지고 발전해 갈 것이다. 지금 그대로 둘이서 협력하여 애정을 키워 나가기 바란다. 같은 하늘이라도 구름이 강조되는 꿈은 마음의 방황, 불안을 나타낸다. 특히 애정면에 있어서 상대의 기분을 추측할 수 없는 바가 있다. 이때 상대의 기분을 분명하게 확인해 보자.

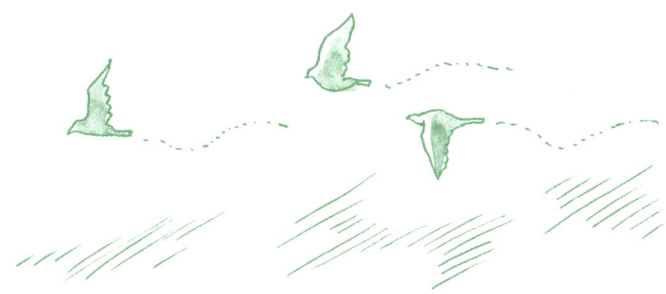

◄ **하늘과 땅이 합치는 꿈**

마음먹었던 것이 뜻대로 이루어지고 소원 성취하여 마음먹은 대로 된다.

◄ **하늘이 크게 열리는 꿈**

재물과 돈이 나가고 스트레스가 쌓인다. 구설이 많고 일이 뜻대로 안 된다.

◄ **하늘로 날아 올라가는 꿈**

신선처럼 구름을 타고 즐거운 여행을 한다. 장차 부귀를 얻게 될 징조이다.

◄ **날개가 생겨서 하늘을 날아다니는 꿈**

일신상에 경사스러운 일이 있고, 관직을 얻어 출세한다.

◄ **하늘이 새벽이 되려고 점점 밝아 오는 꿈**

수명이 장수하고 탄생·창조·발명·출판·창업 등이 있다.

◄ **아침 해가 돋는 꿈**

아름다운 예술 작품을 창작한다. 자손이 번창하고 만사가 대길하다.

◄ **하늘에서 광채가 비치는 꿈**

온몸에 비춰 주면 재앙이 없어지고, 환자는 병이 낫는다.

◄ **하늘이 무너지거나 두 갈래로 갈라져서 깜짝 놀랐던 꿈**

부모가 병으로 고생하거나 부모 상을 당하기 쉽다. 또 인연을 맺고 있었던 사람과 헤어지거나 주위에서 좋지 않은 변화가 일어나게 된다.

◀· 하늘이나 지붕 위에 올라간 꿈

하는 사업이 잘 되고, 부귀를 얻고 재물을 모은다.

◀· 하늘에 올라갔다 내려오는 꿈

과거와 현재의 화려함이 없어지고 고생문이 열린다. 중단, 실패 등이 있다.

◀· 하늘에서 갑자기 떨어지는 꿈

하던 일이 일시에 중단되고 어려움을 겪게 되며, 불시에 재난을 당할 징조이다.

◀· 하늘에 광채가 찬란하고 한 점 구름도 없이 개어 있는 꿈

만사가 뜻대로 되고, 모든 사람의 존경을 받는다.

◀· 하늘에서 우레소리가 사방에서 나는 꿈

장사를 하면 큰 이득이 있고, 국가적으로는 좋지 않은 일이 일어난다.

◀ **하늘에서 들리는 우레소리에 놀라는 꿈**

직장에서 승진하거나 높은 자리로 옮기게 된다. 이사를 하면 좋다.

◀ **하늘의 문이 열렸다가 닫힌 것을 본 꿈**

연구하던 일의 결과를 얻거나 승진을 하게 된다.

◀ **하늘에서 뇌성과 함께 나타난 무지개를 본 꿈**

은근히 걱정하고 있던 국가적인 일이 현실로 나타나게 된다.

◀ **티없이 맑은 하늘을 오랫동안 바라본 꿈**

뜻밖에 귀인을 만나 기원하던 일이 자기 뜻대로 이루어진다.

◀ **자신이 하늘에 오른 꿈**

하는 일마다 순조로워서 성공을 하게 되며, 명예도 얻어서 많은 사람들이 우러러본다.

◀ **하늘의 문을 통해서 하늘로 들어간 꿈**

생애 최고의 목적이 달성되며, 명예로운 자리에 추대된다.

◀ **하늘에서 사람들의 음성이 들렸던 꿈**

자신과 관련된 여러 가지의 일이 우후죽순 격으로 일어나게 된다.

◀ **어떤 물체가 하늘에서 완전히 분해되어 버린 것을 본 꿈**

형제처럼 지내던 사람이 사망 또는 행방 불명되거나 하던 사업이 큰 타격을 입게 된다.

태양해에 관한 꿈

당신의 운수는 길조의 상승 기류를 타고 있는 듯하다. 빛나는 태양은 눈부신 미래의 상징이다. 공부나 일 혹은 계획이 거의 틀림없이 성공한다는 암시다. 다소 그늘이 있는 태양의 경우일지라도 시간이 조금 걸리기는 해도 결국 성공한다는 신호이다. 여하튼 지금도 진로에 문제가 없다. 다만 석양이라면 흉하다.

◀ **문틈 사이로 햇살이 들어오는 꿈**

사업을 시작하다 보니 점점 희망이 보인다. 기쁜 소식을 듣거나 우편물이 온다.

◀ **해를 보고 절을 하는 꿈**

어떤 종교적 믿음을 찾거나 신앙심이 두터워진다. 소망이 이루어진다.

◀ **맑은 물항아리 속에 태양이 떠오르는 꿈**

새로운 아이디어로 상품을 개발하여 판매 거래처를 확보한다. 예체능인은 혜성같이 나타나 유명하게 된다.

해를 가슴에 안고 있는 꿈

사업에 성공한다. 사랑의 열매를 맺는다. 임신·상훈장·자격증·권세·승진·당선·합격·횡재·재물 등이 있다.

하늘에 떠 있는 태양에 줄을 타고 올라가는 꿈

입학·승진·당선·합격·취득 등의 길운이다. 타인의 도움을 받고 출세를 한다.

앞치마에 해가 떨어지는 꿈

훌륭한 옥동자를 낳을 태몽이다.

물 속에서 해가 돋는 꿈

입학·승진·합격·당선·취득 등의 경사가 있다. 바라고 있던 소망이 이루어진다.

밝은 해가 입으로 들어오는 꿈

항상 마음먹었던 것들이 다 풀리고 소원 성취하게 된다. 부인이 이 꿈을 꾸면 아들을 낳는다.

집안에 햇빛이 내리쬐이는 꿈

신으로부터 축복을 받는다. 집안에 경사스러운 일이 있고 태평무사하다.

캄캄한 굴 속에 햇살이 비치는 꿈

어둡던 과거가 새롭게 태어나 광명을 본다. 풀리지 않던 일들이 잘 풀린다.

◀ 해를 베고 잠을 자는 꿈

부귀를 얻고, 훌륭한 지도자가 된다.

◀ 머리 위에 해를 얹고 있는 꿈

입학·승진·자격 취득·사업의 성사 등의 경사스러운 일이 있다.

대나무에 관한 꿈

예기치 않은 금전운이다. 소망이 이루어질 기회가 온다. 복권에 당첨되거나 뜻밖의 부수입이 생겨 경제적으로 행운을 얻을 것 같다. 그리고 평소 갖고 싶던 것을 정식으로 손에 넣을 수 있다는 행운의 암시다.

◀ 문 앞에 대나무 잎이 무성하게 자란 꿈

곧 재수 좋은 일이 생긴다.

◀ 대나무가 갑자기 커지는 꿈

사업이 순풍에 돛단 듯이 번창한다.

- 대숲에서 헤매는 꿈

  사업이 부진하게 되거나, 심리가 불안해진다.

- 대나무가 바람에 흔들려 소리가 요란한 꿈

  주위로부터 인심을 잃거나 시비거리가 생긴다.

- 대나무를 뜰 안에 심는 꿈

  사업 기반이 탄탄해질 길몽임.

- 죽순이 별안간 자라는 꿈

  평소 바라던 큰 소망이 이루어진다.

- 대나무에 꽃이 피는 꿈

  많은 재물이 생긴다.

- 대나무를 많이 베어 오는 꿈

  재물이 생기거나 희망적인 사업을 시작한다.

- 울창한 대숲을 바라보는 꿈

  사업이 융성해진다.

회오리에 관한 꿈

뜻하지 않은 재난이 당신을 기다리고 있다. 머잖아 뜻밖의 장소에서 생각지 못한 형태로 싸움에 휩쓸릴 가능성이 크다. 피할 수 없는 것은 아니며, 정면으로 막아내면 치명상을 입게 된다. 정신적인 타격에 의해 다시 일어설 수 없게 될 위험도 있다. 마음의 준비를 하고 너무나 화려한 존재가 되지 않아야 한다. 조심스러운 생활이 요망되는 시기다.

씨에 관한 꿈

가슴 설레는 나날이 바로 눈앞에 나타난다. 식물의 씨 꿈은 문자 그대로 새로운 싹의 예감, 즉 새로운 사랑이 싹틈을 예고하는 꿈이다. 첫사랑과의 재회도 암시되어 가슴 설레는 나날이 가까이 다가와 있는 것이 분명하다. 그 밖에 공부나 일에 있어서 처음에 먹은 마음을 잊지만 않는다면 반드시 목표가 달성된다는 신호도 된다.

◀· **곡물이나 과일, 채소류의 씨를 보는 꿈**
자신이 노력한 결과가 어떻게 나타날지 어림 짐작하고 있는 상태를 암시한다. 즉 뭔가를 계획하고 있음을 암시한다. 그러나 씨의 상태가 꿈의 의미를 달리한다. 벼같이 유용한 식물의 씨라면 좋지만 썩거나 피 같은 씨는 좋지 않다.

◀· **씨앗이 많이 달린 곡식을 본 꿈**
전망이 좋은 사업이나 학문 연구 등을 한다.

◀ 볍씨를 뿌리거나 못자리를 만드는 꿈

상당한 액수의 경영 자금이 마련된다.

◀ 볍씨나 보리씨를 넓은 들판에 뿌리는 꿈

많은 노력과 시일을 요하나 마침내 큰 이익을 거두게 된다.

양파에 관한 꿈

이것은 문자 그대로 가까운 장래에 당신이 울게 될 사태가 온다는 신호이다. 꿈이 지금부터 마음의 준비를 시켜 장래 큰 충격을 받지 않고 해결되도록 해주고 있다.

달에 관한 꿈

낭만적인 몽상 타입. 당신은 지나치게 로맨틱한 경향이 있어서 자기의 내면으로만 사랑의 이야기를 진행해 나가려고 한다.

그러므로 기분은 로맨틱하더라도 현실에서는 그다지 보답받지 못하는 사랑이 될 경우가 많은 것이다. 좋아하는 사람을 기다리게 한다거나 약간 고독을 느낀다거나…. 그것이 의외로 당신에게 걱정되지 않는 것은 사랑이 진전되지 않는 원인의 하나다. 당신의 과제는 바로 적극성이다. 덧붙여서 말하면 초승달 꿈은 짝사랑으로 끝날 수가 있다.

◀ 달빛이 세상을 환하게 비추는 꿈

뜻밖의 기쁜 일이 생길 길몽이다. 취업이나 승진이 되고, 수험생은 시험에 합격하며, 사업가는 사업이 나날이 발전할 것이다.

◀· 달빛이 집 안을 환히 비추는 꿈

기다리던 사람한테서 기쁜 소식이 오거나, 사업이 흥하고 재수가 대통할 꿈이다.

◀· 달이 바야흐로 솟아오르고 있는 모습을 보는 꿈

앞으로 운이 크게 트이고, 사업이나 계획 중인 일이 곧 성공하게 된다.

◀· 달이 솟으려는데 구름이 달을 가리는 꿈

일이 잘 되려다 아깝게 실패하고 답답한 상태가 오래 지속될 것이다.

◀· 달이 구름을 벗어나려 하는 모습을 보는 꿈

바야흐로 고난과 근심에서 벗어나 밝고 기쁜 일을 맞이할 것이다. 취직이나 승진 등 영예가 있으며, 돈이 궁하던 사람은 경제 사정이 술술 풀려 나갈 길몽이다.

달을 삼키는 꿈

장차 훌륭한 자녀가 태어날 태몽이다. 태몽이 아니면 추첨에서 당첨을 하거나 합격·승진 등의 기쁨을 누릴 것이다.

달이 자신의 뱃속에 들어가는 꿈

큰 인물의 아내가 될 딸을 임신할 것이다. 임신 중이면 장차 그러한 딸을 낳게 된다.

달을 품에 안거나 쳐다본 꿈

선남선녀가 아름다운 곳에서 사랑의 꽃을 피운다. 미혼자는 결혼을 하게 된다.

달무리가 오색 찬란한 꿈

집안에 재물과 돈이 생기고, 결혼생활이 행복해지거나 영광된 일이 생긴다.

달에게 절을 하는 꿈

귀인을 만나 도움을 받거나 유명 인사에게 청원하여 소원을 이룬다.

떨어진 달이 사라진 꿈

단체의 지도자 또는 정치인이나 유명인이 거세된다.

초승달이나 반달을 본 꿈

조금씩 조금씩 밝은 미래가 보인다. 부분적인 일을 세상에 공개한다.

물 속에 달이 비쳐 보이는 꿈
유명 인사에 관한 기사를 지면을 통해서 읽게 된다.

으스름한 달밤에 상가를 걷는 꿈
친하지 않던 사람과 대화를 나누게 된다.

달을 보며 술을 마시는 꿈
어떤 일에 대해서 사회적인 책임을 지게 된다.

창문으로 달빛이 들어와 방 안이 대낮처럼 밝은 꿈
집안에 경사스러운 일이 발생하고 태평무사하다. 행운의 신이 찾아온다.

해와 달이 함께 뜨는 것을 보는 꿈
상도에 벗어날 일을 하게 되거나 그러한 일을 당할 징조다. 부하직원이나 부리는 종업원 등에게 모함을 당하거나, 자기 자리를 넘보고 있음을 암시하는 꿈이기도 하다.

달빛이 어둡게 보이는 꿈

임신한 여성의 꿈에 한해서만 나쁘지 않고, 그 외는 어둡고 침울한 상태가 오랫동안 지속된다는 것을 예시한 것이다.

초승달이 점점 둥글어지는 꿈

최상의 길몽으로서 학생·직업인·사업가·예술가 등 어떤 분야의 신분을 막론하고 비약적인 발전을 하게 된다.

둥근달이 점점 줄어들고 있는 모습을 보는 꿈

장차 운이 후퇴할 징조이니 경영인은 사업의 규모를 줄이고, 관직에 있는 사람은 상사나 부하에게 약점을 잡히지 않도록 주의 요망.

물 가운데 달 그림자가 비치는 꿈

모든 일이 허황되고 근심이 쌓이며, 혼담 중이라면 깨어진다.

담쟁이 덩굴에 관한 꿈

서로 얽힌 인간 관계를 암시한다. 특히 애정면에 있어서의 정정 당당한 관계를 상징하고 있다. 요컨대 애인이 있는 경우 그 관계에 매이고 싶다는 바람으로 소망의 신호가 된다.

사랑하면 이제 한시도 떨어지고 싶지 않다거나 항상 상대의 애정을 묶어 두고 싶다는 심리가 담쟁이 덩굴의 꿈이 되어 나타나는 것이다.

이슬에 관한 꿈

봄 안개나 가을 안개. 이슬이라는 자연계의 현상은 대체로 매사를 덮어 감추는 불투명한 상황을 만들어 내는 인간의 심리와 닮아 있다. 모르는 편이 편하다는 것으로 여기에는 현실을 보고 싶지 않은 심리가 반영되어 있다. 또한 매사가 악화될 전조도 되는 것이다. 가을 안개가 가장 나쁜 운세의 암시이고, 그 다음이 봄 안개. 이슬은 투명도가 증가할수록 의미가 가벼운 것 같다.

독초에 관한 꿈

독기가 있어 보이는 풀이라면 모두 포함된다. 이것은 위험이 임박해 있다는 신호이다. 사고, 부상에 철저히 주의하기 바란다. 또 중요한 것을 잃어버릴 우려도 있으며, 인간 관계에서의 싸움에도 주의를 요한다. 일단 문제가 일어나면 쉽사리 회복 불가능, 골육상쟁과 같이 근원이 깊은 싸움으로 발전하고 만다.

토마토에 관한 꿈

아직 익지 않은 푸른 토마토는 이제 막 발돋움한 사랑의 표시이다. 이제 어른의 사랑을 경험할 무렵이라는 암시다. 썩은 토마토, 상한 토마토는 사랑의 종말을 의미한다. 그리고 불륜, 잘못된 정사情事의 상징이다. 이것은 남녀 어느 쪽이 봐도 같은 의미가 된다. 과연 당신이 본 것은 어떤 토마토인가?

유성별똥별에 관한 꿈

행운을 부르는 꿈이다. 당신의 매력, 인기가 상승하고 유명인의 존재로 부각되어 가는 예고이다. 화려함이 몸에 감기는 시기로 보면 된다. 이후는 연애운도 길하다. 별똥별을 자기의 신체로 받아내는 꿈으로서 최고보다 더 빛나는 명성을 얻게 될 것이다.

- 쏟아진 별이 가까이에 쌓이는 꿈

학문적 자료를 수집하거나 작품을 발표하여 명성을 누린다.

- 별이 쏟아지면서 나비로 변해 주변을 나는 꿈

새로운 학설을 소개하거나 새로운 작품을 발표할 일이 생긴다.

- 한두 개의 별이 흐르지 않고 날아다니는 꿈

아내 또는 남편이 바람을 피운다.

가지에 관한 꿈

만일 당신이 고민하고 있다면 혼자서 고민하지 말고 주위 사람과 상의해 보자. 의외로 해결의 실마리가 발견되는 법이다. 그래도 개운치 않은 기분이 사라지지 않는 것은 당신의 선조가 당신에게 무엇을 전하려 하고 있는 것인지도 모른다. 선조 공양, 묘지 참배가 요망될 때에 흔히 꾸는 꿈이기도 하기 때문이다.

무지개에 관한 꿈

아름답게 빛나는 것은 불과 한때이다. 무상함이 강조된 꿈으로 이별의 암시이다. 유감스럽지만 지금 진행 중인 연애에서는 해피엔딩은 바랄 수 없다. 적어도 마음의 준비만은 해두기 바란다.

◀ 무지개의 빛이 찬란하거나 반대로 어둡게 보이는 꿈

빛이 찬란하면 길하고, 검게 보이면 반대로 근심이 생길 징조임.

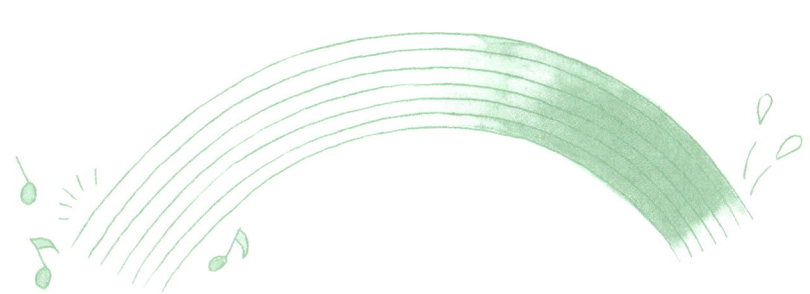

◁·· **무지개가 자기 집 지붕이나 우물에 박혀 있는 것을 보는 꿈**

기혼 남녀는 임신할 징조이고, 미혼 남녀는 좋은 배필감을 만나게 된다.

◁·· **선녀가 무지개를 타고 내려오는 꿈**

옥동자를 낳을 태몽. 태몽이 아니면 집안에 경사가 있을 징조이거나 당신을 도와 줄 귀인이 나타날 것이다.

◁·· **무지개의 빛이 환하게 밝아 자신의 앞길을 밝혀 주는 꿈**

든든한 사람이 나타나 당신을 인도해 줄 것이다.

◁·· **쌍무지개를 보는 꿈**

무언가 두 개의 일에 관여하게 되거나, 쌍둥이를 임신할 태몽이다.

당근에 관한 꿈

지금 하고 있는 일이 조금씩이나마 성과가 향상되고 있다는 표시이다. 다만 부디 인간 관계에는 주의하기 바란다는 신호이다. 요컨대 해야 할 일을 열심히 하고 있는 당신이지만 이후에도 남의 힘에 의존하지 말고 혼자 힘으로 분발하라는 얘기다.

주위 사람에게 푸념을 하거나 도움을 받으려고 생각하더라도 아무도 도와 주지 않는다. 당신은 자기의 힘으로 인생을 구축할 운명에 있다는 얘기다.

잎에 관한 꿈

식물인 나무는 우리들의 인생을 상징하는 것이다. 잎은 하루하루의 생활을 나타내는 것이라고 생각하기 바란다. 그러므로 고운 초록색 잎이라면 생활의 풍요로움을 의미하고, 시든 잎이면 황폐해진 생활을 암시하게 된다. 결국 미래의 예고이므로 나쁜 암시이면 현재의 생활을 개선하고 운세가 바뀌도록 힘쓰면 되는 것이다.

◀ 단풍잎이 떨어져 차곡차곡 쌓이는 꿈
많은 재물을 얻게 될 재수꿈이다.

◀ 뜰 앞에 나무가 있고 잎이 무성한 꿈
기쁜 일이 잇달아 일어날 길몽이다.

꽃에 관한 꿈

연애운이 특히 강조되는 꿈이다. 더욱이 운수가 상승하고 있는 표시이므로 이성과의 로맨스가 암시되어 있다. 아직 애인이 없는 사람에게는 사랑의 성장과 발전을 알리고 있다. 다만 이것들은

꽃이 아름답게 피어 있는 것이 조건이다. 시든 꽃은 이것들의 운세가 모두 반대가 되어 버리고 슬픔이 강조된다.

- **꽃이 집 마당에 만발한 꿈**
  여러 가지로 좋은 일이 겹쳐서 만사가 경사스럽다.

- **만발한 꽃나무 아래를 걷는 꿈**
  자신에게 도움이 되는 일이 생긴다.

- **꽃을 씹어먹는 꿈**
  이성과의 만남이 자연스럽게 맺어진다.

- **꽃을 꺾어 든 꿈**
  태몽이라면 사회적으로 대성할 자손을 얻는다.

- **만발한 꽃을 한꺼번에 꺾어 놓은 꿈**
  업적이 널리 알려짐을 나타낸다.

- **꽃향기를 맡은 꿈**
  자신을 남 앞에 내세우고, 그리운 사람 등을 만난다.

- **예식장이 온통 화환으로 장식된 꿈**
  상사들에게 자신의 성실함을 인정받는다.

- **꽃이 시든 꿈**
  질병에 걸리거나 사업의 실패 등을 나타낸다.

- **들꽃이 만발한 것을 본 꿈**
  자신의 능력을 널리 인정받는다.

- 꽃 속에 자기가 파묻혀 있는 꿈

  좋은 사람을 만나거나 행복한 결혼 생활을 한다.

- 고목에 핀 꽃 한 송이를 얻은 꿈

  남의 사업을 인수받아 그것을 발판으로 대성한다.

- 꽃나무를 뿌리째 캐낸 꿈

  계약·투자·증자 등이 이루어진다.

- 스님이 옥쟁반에 어사화를 담아 준 꿈

  사회·기관·학원 등에서 자신을 인정해 준다.

- 꽃을 보거나 꺾은 장소가 유난히 돋보였던 꿈

  태몽이라면 사회적으로 기반을 튼튼히 잡을 자손을 얻는다.

- 영적인 존재가 꽃다발을 안겨 준 꿈

  어떤 기관에서 자신을 인정해 주거나 미혼자는 결혼이 성사된다.

- 꽃송이에서 아름다운 소녀가 나와 하늘로 사라져 버린 꿈

  감명 깊은 서적을 읽거나, 진행 중인 일이 성사된다.

◀ 꽃나무에서 꽃이 떨어진 꿈

단체나 개인의 세력이 갑자기 몰락함을 나타낸다.

◀ 험한 산에 꽃이 만발한 꿈

국가나 사회적인 일로 명성을 떨친다.

바나나에 관한 꿈

당신은 대단히 독창적인 발상과 기발한 아이디어에 의해 성공을 거두는 인물임을 알려주고 있다. 다만 성공의 원인은 언뜻 발상이나 아이디어 같지만 성공을 하게 된 원인으로는 역시 당신의 인내와 끈기와 매일의 노력이야말로 소중하다고 가르쳐 주고 있는 것이다. 어쩌다 여자가 이 꿈을 꾼 경우 섹스할 소망의 신호가 되는 수도 있다.

불에 관한 꿈

큰 불꽃인지 작은 불꽃인지에 따라 의미는 달라지나 기본적으로는 불은 정열의 상징이다. 아울러 참기 힘든 감정, 히스테리, 격정적인 열정을 나타낸다. 큰 불꽃이라면 당신 안에 불타 오르는 에너지가 잠재해 있다는 신호이다. 더욱이 미래의 곤란이나 정열도 헤쳐 나갈 것이라는 암시이므로 이 꿈을 자주 꾸는 사람은 자기 안에 있는 남아 도는 정열을 헛되이 하지 않을 것이다. 이쨌든 정열을 활용하면 출세도, 일의 성공도 가능하다는 뜻이다.

◁ 불이 다 타서 재만 남은 꿈

사업이 잘 추진되어 가다가 돌발적인 사고로 인해 재물을 잃어버리게 된다.

◁ 물건이 타는데 불길은 없고 연기만 난 꿈

공연한 헛소문이 떠돌게 되고, 꿀도 못 먹고 벌침만 쐬는 격이다.

◁ 상대방 몸에 불이 붙어 타는 것을 본 꿈

집안에 경사스러운 일이 있고, 자기의 일거리나 사업이 번창하게 된다.

◁ 여러 명이 화롯가에 빙 둘러 앉아 있는 꿈

상대방과 사소한 시비거리로 말다툼을 하거나 구설수에 오르게 된다.

◁ 벽이 갈라진 틈으로 연기가 나는 꿈

음란한 사업을 하거나 불쾌한 일을 겪게 된다.

◀ 폭죽의 불꽃이 밤하늘에 찬란히 퍼지는 것을 본 꿈
계몽사업으로 선풍적인 인기를 얻어 세인의 이목을 집중시킨다.

◀ 연기가 방 안에 새어드는 꿈
전염병에 감염되기 쉽고, 남에게 누명을 쓰기도 한다.

◀ 전기가 합선되어 폭음과 더불어 큰 불이 난 것을 본 꿈
하고 있는 일이 크게 성취되어 많은 사람들의 관심거리가 된다.

◀ 잔디에 불이 붙어 번져 나간 꿈
자기가 소원한 일이 뜻대로 이루어지고 사업이 확장된다.

◀ 난로에 불이 잘 붙었던 꿈
사업이 잘 운영되거나 소원이 충족된다.

◀ 남의 밭에 붙은 불이 자기 집에 옮겨 붙어 활활 타는 꿈
남의 권리나 재산을 자기 앞으로 이전해서 크게 부자가 된다.

◀ 아궁이에 불을 때는 것을 본 꿈
사업을 계획성 있게 추진시켜 나가고, 영세업이 대기업으로 바뀐다.

◀ 집이 활활 타고 있는 꿈
사업이 융성해져서 탄탄한 기반을 잡게 된다.

◀ 불이 자기 몸에 붙는 꿈
자기가 하고 있는 일이 순조롭게 잘 이루어지고 신분이 새로워진다.

◀‧ 건물이 폭탄을 맞아 화재가 난 꿈

여러 방면으로 사업이 크게 번창한다. 직장인은 승진하고 많은 직원을 거느린다.

◀‧ 불이 여러 군데 옮겨 붙은 꿈

언론·월간지 출판사에서 자기와 관련있는 기사를 다루거나 광고하게 된다.

◀‧ 강물에 불이 붙은 꿈

어떤 기관과 협력한 정신적, 물질적 사업으로 크게 성공한다.

◀‧ 횃불을 들고 어두운 밤길을 걷는 꿈

어렵고 힘든 일을 극복하거나 진리를 깨닫게 된다. 맡은 일을 총명하게 처리한다.

◀‧ 가로등 밑에서 일을 하거나 서 있는 꿈

어떤 협조자에 의해서 근심·걱정이 해소된다.

◀· **광선이 방 안으로 강하게 들어온 꿈**
어떤 강대한 외부 세력 또는 종교적인 힘이 자기에게 영향을 미친다.

◀· **남이 횃불을 들고 가는 것을 본 꿈**
어떤 사람의 지도나 조언을 받는다. 중매쟁이로부터 연락이 온다.

◀· **불 가운데 있으면서도 타 죽지 않는 꿈**
여러 방면으로 부족한 것이 없는데도 일을 성사시키지 못한다.

◀· **투명한 물건이 빛을 받아 광선이 반사된 꿈**
어떤 사람의 업적이나 일거리가 자기에게 도움을 준다.

◀· **초롱불을 들고 밤길을 간 꿈**
동업자, 은인 등을 만나 일이 잘 추진되어 간다.

◀· **방 안에 촛불이 환히 켜져 있는 꿈**
사업이나 소원이 자기 뜻대로 이루어지고 근심·걱정이 해소된다.

◀· **폭음과 더불어 섬광이 번뜩거린 꿈**
사람들을 깜짝 놀라게 할 만한 기사거리를 읽게 된다.

◀· **성화대에 불이 잘 붙는 꿈**
진리를 탐구하고 널리 교리를 전파하고 교회를 설립하게 된다.

- 전깃불이 환하게 밝혀진 곳으로 간 꿈

  집안에 경사스러운 일이 있고, 매사에 하는 일마다 순조롭게 풀린다.

- 빛이 방 안으로 환히 들어온 꿈

  해결되지 않은 문제가 풀리고 집안에 경사가 있게 된다.

- 폭발물이 터져서 죽는 꿈

  어떤 새롭고 창의적인 일이 성사되어 기쁨을 함께 나눈다.

- 전깃불이 깜빡거리는 꿈

  하는 일이 진전됨이 없이 계속 반복을 거듭한다.

- 성화를 들고 계속 달리는 꿈

  태몽이라면 진리 탐구를 하거나 종교적 지도자가 될 아이가 태어나게 된다.

- 하늘에서 땅으로 번개와 같은 광선이 뻗은 꿈

  자기가 하고 있는 일이 많은 사람들을 감동시킨다.

◀ 방 안에 전깃줄을 새로 가설한 꿈

새로운 직장에 취직되거나 새로운 사업을 추진해 나간다.

◀ 창문에 불이 환히 켜져 있는 꿈

어떤 기관이나 사회에서 자기의 성실함을 인정해 준다.

◀ 전신에 화상을 입은 꿈

어떤 사람과 인연, 계약을 맺거나 기념할 일 등이 생긴다.

◀ 금은 보화의 물체가 빛을 발하는 꿈

업적, 작품 등이 크게 성취되어 많은 사람들에게 인정을 받는다.

◀ 이층과 아래층에서 각각 불이 난 꿈

상부층과 하부층에 관계된 일이 각각 번창하게 되고, 선전 광고할 일이 생긴다.

장미에 관한 꿈

꽃의 색이 문제이다. 붉은 장미라면 정열의 상징으로 불타는 사랑을 체험하게 될 것이다. 노란색은 질투의 상징으로 삼각 관계의 의미가 있다. 흰 장미는 플라토닉 러브의 상징으로 상대에게 아직 생각이 전달되어 있지 않은 듯하다. 장미 꽃다발을 받는 꿈의 경우는 연애할 기회가 생긴다. 풍부한 인간 관계를 만든다는 행복한 암시가 된다.

◀ 담장 밑에 흰 장미꽃이 피어 있는 꿈

집안에 경사스러운 일이 있고, 선남선녀에게는 혼담이 들어온다.

핑크빛 장미꽃이 아름답게 보이는 꿈
일신상에 경사스러운 일이 있고, 친구나 애인을 만나 달콤한 꿈을 꾼다.

친구한테 장미꽃 한 송이를 받는 꿈
실제 친구나 애인한테 사랑의 고백을 받거나 예쁜 선물을 받는다.

장미꽃이 활짝 핀 꽃밭에 들어가는 꿈
연회장이나 모임에 참석하여 많은 사람으로부터 축하를 받게 된다.

흑장미꽃이 매혹적으로 마음에 끌리는 꿈
연회장이나 파티장에서 낯 모르는 사람한테 유혹을 받고 마음이 흔들린다.

장미꽃에 입을 대는 꿈
사랑하는 애인과 함께 분위기 있는 곳에서 음양의 조화로 달콤한 꿈을 꾼다.

무에 관한 꿈

착실, 노력, 끈기라는 말이 강조되는 꿈이다. 당연히 하지 않으면 안 되는 일을 열심히 하고 있는 자세의 인생관을 읽을 수 있다. 그로 인해 당신은 재물을 모을 것이다.

그러나 그것은 예기치 않은 거금이 아니라 노력한 만큼의 돈이 들어온다. 다시 말해서 착실한 저축의 신호이며, 평범한 하루하루일지라도 꾸준한 노력에 의해서 마침내 주위 사람도 인정하여 결실을 얻게 되는 것이다. 완만한 운세의 상승이 미래를 향해 암시되고 있다.

◀))) **무를 뽑거나 먹는 꿈**
시험에 합격하거나 입신 출세를 상징한다.

소나무에 관한 꿈

소나무에는 일, 의무, 책임이라는 의미가 있다. 그러므로 당당하고 가지가 잘 뻗은 소나무라면 그것들이 완수된다는 의미에서 당신의 금전운이나 사업운이 힘차게 상승하는 좋은 암시가 된다.

◀))) **소나무에 꽃이 피는 꿈**
부귀 영화를 얻게 된다.

◀))) **소나무 위에 올라서는 꿈**
취직 시험, 입학 시험 등에 무난히 합격되고 출마, 운동 경기 등에서 승리의 개가를 올릴 수 있다. 나무의 크기와 높이에 따라 지위가 결정된다.

포도에 관한 꿈

가족의 번영을 예고한다. 만일 여자가 이 꿈을 꿨다면 장래에 많은 아이를 낳게 될 듯하다. 이미 아이가 있는 여성이 꾸었다면 그 아이가 역시 많은 아이를 낳게 될 것 같다. 그 밖에 당신에게 비현실적으로 낙관적인 면이 있기 때문에 주위 사람에게 따돌림 당하기 쉽다는 지적도 있다.

포도를 먹거나 따는 꿈

매사가 순조롭게 진행된다는 예지몽. 그러나 포도 송이를 포도나무 가지에서 떼어내는 꿈은 자식과 생이별하게 되거나 사별할 징조로서 흉몽이니 주의 요망.

낮에 관한 꿈

낮의 인상이 강한 꿈은 매사가 발전된다는 신호이다. 책임이 무거워지고 바빠지지만 그만큼 일도 생활도 발전해 간다는 나쁘지 않은 암시이다. 대인적으로도 협조할 일이 늘어 인간적으로는

폭이 넓어져 가는 상태이다. 또 거금을 손에 쥘 암시도 되며, 앞으로의 인생이 즐겁다.

풍경에 관한 꿈

기본적으로 아름다운 풍경이 나타나는 꿈은 운세의 향상을 의미한다. 황폐한 풍경은 운세의 내리막길을 의미하고, 건강의 악화도 알리고 있다. 가 본 적이 없는 곳인데도 똑같은 풍경을 자주 꿀 경우는 그곳이 전세와 관계되는 장소이거나 장래 가게 될 장소일 가능성도 있다. 처음 가 본 곳인데도 전에 왔던 기분이 들 때가 더러 있는데, 그것은 과거에 꿈에서 본 기억이 남아 있기 때문이라고 생각된다.

먼지에 관한 꿈

당신에게 운이 돌아오지 않고 있음을 가르쳐 주고 있다. 하는 일마다 방해를 받아 도중에 좌절하지 않으면 안 될 상황에 몰린다. 아울러 건강운도 내리막길 중이어서 엎친 데 덮친 상태이다. 먼지가 걷혀질 때까지 기다릴 수밖에 없을 것 같다. 행동의 시기를 기다리자.

모란에 관한 꿈

모란은 화려한 연애, 결과가 좋은 연애, 그리고 결혼을 의미한다. 빛깔이 선명하고 아름다운 모란이라면 이것들의 실현도가 보다 높아질 것이다. 또 모란은 변천해 가는 것의 상징도 된다. 예를

들면 꿈속에서 모란의 색이 빨갛거나 분홍이나 흰 경우는 연인의 마음 상태를 알려 준다. 상대의 마음이 정열적이구나 싶으면 당신에게 따분함을 느끼고 있다는 식으로 변화가 심함을 알려 준다.

콩에 관한 꿈

행운, 당신의 세계관이 확대될 암시다. 쌀과 마찬가지로 콩도 중요한 식물로서 에너지원이다. 따라서 존재 기반이 확대된다든가, 중요한 재산이 늘어난다는 행운의 해석이 부여되는 것이다. 노력이 결실을 맺거나 시험에 합격하거나 일의 능력이 향상되는 등 좋은 암시가 잇따른다.

많은 콩은 재물·작품·사업 성과 등을 상징하고, 소량을 그릇에 담으면 남과 다툴 일이 생긴다.

◀ **누군가 콩이나 팥을 그릇에 넣고 젓는 꿈**
집안에 싸움이나 주변에 시끄러운 일이 생긴다.

◀ 콩깍지를 많이 쌓아 두는 꿈

일꾼을 고용하거나 빚을 얻게 되고, 콩깍지가 썩으면 사업 자금이 탕진된다.

◀ 삶은 콩, 콩깍지, 여물 등을 소에게 먹이는 꿈

집안 식구 중 누군가에게 해가 미친다.

굴에 관한 꿈

당신의 인생에는 실패나 장애가 있을 것이다. 그러나 그것도 당신이라면 충분히 극복할 수 있다는 암시이다. 본래 더 자신을 가지면 될 사람이다. 좀더 대담해지고 적극적이 되면 실패나 불운 모두 인연이 멀어질 것이다. 경제적으로도 저축이 조금씩이나마 확실하게 는다는 암시다.

나뭇가지에 관한 꿈

나무나 식물의 줄기가 강조되는 꿈은 고목枯木 꿈을 꾼 것과 같으므로 그다지 좋은 의미는 없다. 경제 기반이 흔들리고 있으므로 가정생활이 붕괴 위기에 있다고 알리고 있는 것이다. 지금이야말로 가족간의 협력, 유대의 확인이 필요한 시기라고 경고하고 있는 꿈이다.

◀ 큰 나무가 기울어지거나 가지가 앞으로 뻗어 오는 꿈

재력이 있는 사람이 나타나 자기를 도와 주거나 사업체를 운영할 권리가 주어진다.

나뭇가지에 매달려 강을 건너거나 뛰어오르는 꿈

유력한 인사에 의해 출세하거나, 또는 난관을 극복할 수 있게 된다.

단풍에 관한 꿈

모든 것은 변해 가는 것이라는 의미이다. 당신의 고민도 이제 시간이 조금 지나면 다른 상황으로 해결되어 나갈 것이라는 암시이므로 너무 심각해지지 않도록 하라고 꿈이 주의시키고 있다. 모든 것은 시간이 해결해 준다는 얘기다. 그 밖에 이 꿈에는 외관의 아름다움, 화려함에 홀려서는 안 된다는 경고도 포함되어 있다.

전나무에 관한 꿈

이 꿈이 전하는 것은 순조로운 성장과 건강의 증진이다. 새로운 만남과 매사의 발전을 의미한다. 높고 푸르게 치솟은 전나무일수록 이것들의 의미가 강조된다. 그저 그만한 보통의 꿈이라고 할 수 있을 것이다.

복숭아에 관한 꿈

싱싱하게 잘 익은 복숭아는 연애의 소식이다. 성숙된 사랑, 풍부한 사랑의 결실을 전하고 있다. 여자라면 육체가 여자다워지며 성적 매력이 나타난 증거이다. 남자가 이 꿈을 꾼 경우는 그런 여자를 동경하고 있다든가 그런 여자와 로맨스가 실현될 신호도 된다. 복숭아를 먹는 꿈도 같은 의미이다.

◀ **붉게 익은 복숭아를 얻는 꿈**
연애에 성공하거나 학과 성적이 우수해진다.

◀ **복숭아나 살구꽃이 만발한 곳을 거니는 꿈**
신분이 명예로워지거나 연애를 하게 된다. 환자는 병이 낫게 된다.

◀ **산딸기를 따 먹는 꿈**
학교 성적이 오르거나 진급을 하게 된다.

석양에 관한 꿈

해질녘, 황혼시의 꿈은 상당히 나쁜 예고이므로 주의를 요한다. 에너지의 쇠퇴를 상징하고 있기 때문에 공부나 일의 능률이 떨어진다. 향상심이나 의욕이 감퇴되고, 컨디션이 나빠진다. 연애면에서는 서로 서먹서먹해지는 등 운세 전반이 하강 일로이다.

시험의 실패, 일의 실수를 유발할지도 모른다. 안이한 사고방식을 고치고 기분을 바꿔 생활하도록 힘써 운수가 변화하는 것을 기다리는 수밖에 없다.

눈(雪)에 관한 꿈

따뜻한 배려, 마음의 교류에 굶주린 심리가 반영된 꿈이다. 웬일인지 주위 사람들이 당신을 가까이 하지 않는 것은 바로 당신 자신이 마음을 닫고 있기 때문이다. 좀더 마음을 열고 정직하게 살아가도록 해 보자. 허세는 금물. 반드시 좋은 친구, 협력자가 나타날 것이다.

◀ 눈에 찍힌 발자국을 그대로 따라간 꿈

사회적으로 지도자 격인 사람의 동상을 세우는 등 그 업적을 기리게 되고 추종할 일이 생긴다.

◀ 폭설이 쏟아져 수많은 건물이 내려앉는 것을 목격한 꿈

자기가 하고 있는 개인적인 일에 국가가 협조해서 크게 번창하게 된다.

◀ 눈 위에서 썰매나 스키를 탄 꿈

사업가는 사업이 급속도로 성장하게 되고, 취직·시험 등에 좋은 소식을 듣게 된다.

◀ 함박눈을 맞으며 한없이 걸었던 꿈

국가의 지원을 받게 되며, 법을 지켜야 할 일과 직면하게 된다.

◀ 눈사태가 일어나서 건물의 일부가 부셔져 나간 것을 본 꿈

시험에 떨어지거나 하던 일이 실패해서 의욕을 상실하게 된다.

◀ 눈을 맞으며 걷는 사람을 본 꿈

집안 사람 중에서 누군가 죽게 되며, 고소당할 일이 생기게 된다.

◀ 눈이 소담스럽게 내리고 있는 것을 보는 꿈

생활에 즐거운 변화가 찾아올 징조이며, 특히 사회적인 성공을 도모할 수 있는 행운이 기다리고 있다.

◀ 눈과 비가 섞여 내리는 꿈

친구에게 배반당할 우려가 있다. 또는 주변의 잘 아는 사람들이 사고를 당할 예시가 담겨 있다. 사업상 계획한 일들은 시기하는 사람들의 방해로 잘 풀리지 않는다.

◀ 우박이 오다가 싸라기눈으로 변하다가 다시 우박이 내리는 등 눈이 오는 형태가 복잡한 꿈

뜻한 대로 일이 잘 풀리지 않을 암시임. 걱정스러운 일이 자주 생겨 심신이 피곤해진다.

◀ 자기 집 지붕 위에 우박이 마구 쏟아지는 꿈

집안에 경사스러운 일이 생길 징조. 아울러 아들을 낳게 될 태몽임.

◀· **길 위에 쌓였던 눈이 서서히 녹는 것을 보는 꿈**

자신이 요즘 인격적인 면에서 매우 성숙해져 있다는 심적몽. 매사를 주의 깊게 생각하고 대처하는 신중한 사람임을 이 꿈이 상징적으로 알려주고 있다.

◀· **눈이 내려 길이 빙판처럼 얼어 있는 꿈**

사랑하는 사람의 애정에 의심을 품고 있는 징조. 자신이 요즘 연인에게 다소 거리를 두고 있음을 의미한다.

◀· **높은 산의 꼭대기나 산등성이 부분만 흰 눈으로 덮여 있는 것을 본 꿈**

신분이 높은 사람에게 주목을 받아 자신의 사회적 위치가 크게 치솟는다. 또는 자신의 업무로 인해 사람들에게 명예를 떨치고 인격적인 고상함을 칭송받게 된다.

◀· **눈밭에 나가서 눈을 뭉쳐 큰 덩어리를 만들거나 눈덩어리를 굴리면서 점점 크게 만드는 꿈**

기술이 축적되거나 사업상의 자금 조달이 원활해진다. 가정적으로는 경제적 풍요가 잇따를 암시임.

- **탐스러운 눈송이가 방 안으로 내려 가득 쌓이는 꿈**
  재물, 사례금이 쌓이고 일감을 많이 받게 된다.

- **솜뭉치 같은 눈송이가 집안 구석구석으로 펑펑 쏟아져 들어오는 꿈**
  많은 재물이 축적될 것이다.

- **눈이 쌓이는 대로 쓸어 내거나 눈이 쌓이지 않게 물건으로 막는 꿈**
  좋은 기회를 아깝게 놓치고 만다.

- **눈이 점점 녹아 가는 꿈**
  모든 일의 진행이 더디고 계획한 일은 실패한다. 혹은 송사가 일어날 수도 있다.

- **서리가 내려 주위를 하얗게 덮는 꿈**
  병에 걸리지 않도록 주의 요망. 또는 사업적으로 지탱하기 힘든 경우에 이를 수 있다.

- **우박이 마구 쏟아지는 꿈**
  근심거리가 생기거나 남한테 비난받을 일이 생긴다.

- **우박이 자기 집 마당에 수북하게 쌓이는 꿈**
  큰 재물이 생기거나 계획하고 진행 중인 일이 성취된다.

산에 관한 꿈

산은 인생상의 과제와 그것에 따르는 곤란을 상징한다. 그렇다고 높은 산이 반드시 험난한 고통과 감당하기 벅찬 과제를 나타내는 것은 아니며, 오히려 높은 산은 일반적으로 소원 성취를 암시하는 길조로 해석한다. 또한 산은 자신 위에 군림하는 것, 권위나 아버지를 상징하는 경우도 있다.

◀ **산을 짊어지는 꿈**
큰 권세나 명예를 얻게 된다.

◀ **산을 움직이거나 옮기는 꿈**
세상 사람들이 모두 놀랄 만한 큰 공을 세울 것이다.

◀ **산이 무너지는 꿈**
지금까지 추진해 오던 일이 허물어지거나, 자신을 크게 도와주던 인물이나 가정에서 중대한 비중을 차지하는 가족 가운데 사망이나 부상 등 좋지 않은 일이 생길 징조이므로 주의 요망.

◀· 산 위에서 굴러 떨어지는 꿈

직장을 잃거나 사업에 실패할 수 있는 흉몽이다.

◀· 먼 산을 바라보는 꿈

앞으로 무언가 원대한 계획을 세우게 된다는 점을 예시하는 꿈이다. 혹은 해외로 여행할 일이 생길 징조임.

◀· 높은 산에 올라가 노니는 꿈

봄이나 여름철에 꾸었다면 만사 형통하고, 가을이나 겨울에 꾸었다면 현재 귀하는 어떤 행동이나 일에 대해 주위 사람들로부터 공감을 사지 못하고 있다.

◀· 산에 어떤 물건을 안고 올라가는 꿈

옥동자를 잉태할 태몽이다.

◀· 산에 올라 농사를 짓거나 집을 짓고 사는 꿈

재물이 늘고 장차 기쁜 일이 생길 징조임.

◀· 산 위에서 큰 소리를 지르는 꿈

이름을 떨치게 되거나 자신의 일로 좋은 소문이 퍼져 나갈 것이다.

◀· 여러 개의 산을 넘거나 고개를 넘는 꿈

현재 어려운 일에 봉착하였으나 여러 번 역경을 치른 뒤에야 성공할 수 있다는 예시임.

◉ **훨훨 날아서 산 위에 올라가는 꿈**

사업이 어떤 순서나 절차를 밟지 않고 몇 단계 뛰어 오르거나 전격적으로 높은 지위에 채용되거나 성공하게 될 것이다.

◉ **산을 통째로 삼키는 꿈**

큰 뜻이 이루어지거나, 큰 인물이 될 아들을 잉태할 태몽임.

◉ **소나 말을 끌고 산에 오르는 꿈**

임신과 출산의 암시. 집안에 아이를 낳거나 임신하는 이가 생긴다.

◉ **산을 오르면서 나뭇가지를 꺾는 꿈**

나뭇가지를 꺾는 것이 누구인지가 중요하다. 불길한 사건이나 불행을 암시한다. 산에서뿐만 아니라 어디에서든 나뭇가지나 꽃, 줄기를 꺾는 꿈은 불길한 징조이므로 주의를 요한다.

산이나 언덕을 내려가는 꿈

사업 실패나 병을 암시하는 흉몽이다. 또한 인생의 쇠퇴를 나타내는 경우도 있다. 그러나 산이나 언덕을 천천히, 순조롭게 내려가고 있었다면 일이 순탄하게 이루어질 길몽이다. 속도는 더디지만 소원은 이루어진다.

쌀·벼·보리 등 오곡에 관한 꿈

쌀·보리·밀·콩·수수·깨 등의 곡물은 재물, 일거리, 작품 소개 등을 상징한다. 씨앗은 사업 자금, 지식, 작품의 재료이며, 이삭은 모든 일의 결과, 자손, 노력의 성과 등을 상징한다.

창고 안에 곡식이 가득 차 있는 꿈

장차 부자가 될 징조의 꿈. 재수가 대통하여 사업이 번창하고 혼담은 성취되며, 소송에 걸린 경우라면 반드시 이기게 될 것이다.

곡식 더미가 쌓여 있는 것을 보거나, 남이 주는 쌀을 받거나, 쌀을 사들이는 꿈

재물이 생기고 자산이 느는데, 곡식 더미의 크기와 분량에 따라 많고 적은 것을 가늠하면 된다.

쌀이 하늘에서 비오듯 쏟아지는 꿈

자연스럽게 행운이 따라 주어 무궁한 복록을 누리는 길몽이다.

◀· **쌀이나 기타 곡식을 짊어지고 집으로 들어오는 꿈**
하는 일마다 이익이 늘지만, 반대로 밖으로 내가거나 누가 실어 내가면 자산이 줄어들거나 손재를 당할 징조임.

◀· **자기 집 마당에 쌀가마니가 수십 개 쌓여 있는 꿈**
목돈이 들어오고 가족 중에 큰 재물을 모으는 이가 생긴다. 장사를 하는 사람들에게는 특히 대길몽임.

◀· **하얀 쌀 더미 위에 앉아 있는 꿈**
관직에 등용되거나 고위직으로 승진될 기회를 얻는다. 쌀은 여기서 관운과 봉록을 상징한다.

◀· **곡물상에서 쌀을 사 오거나 수퍼에서 산 쌀이 배달되어 집으로 들어오는 꿈**
중병으로 신음하는 가족이 있거나 자기 자신이 중환자라면 이 꿈을 계기로 증상이 치유될 암시임. 쌀을 사는 꿈은 환자에게 있어서 병 치료의 상징이다.

◀··쌀 가게에서 쌀을 저울에 달고 있거나 자기 자신이 쌀의 양을 측정하는 꿈

사업상의 거래에서 이익을 얻거나 계약이 순조롭게 타결될 것을 암시한다. 진행 중인 혼담이 성사되고, 대인관계상의 거래조건이 유리해질 징조.

◀··곡식의 이삭을 얻는 꿈

여러 방면으로 도움을 받아 사업이 번창한다.

◀··잡곡밥을 먹는 꿈

힘든 일을 하거나, 하고 있는 일이 썩 마음에 내키지 않는다.

◀··쌀가마나 볏섬을 다른 사람이 가져간 꿈

벌과금을 내고 재물의 일부를 남에게 준다.

◀··알곡식과 쭉정이를 가려낸 꿈

공과 사를 구분해야 할 일이 생긴다.

땅·흙에 관한 꿈

꿈에서의 흙의 상징은 환경, 사업 기반, 재물, 원료, 영토 등으로 본다.

◀··흙벽돌을 많이 만들거나 쌓아 놓은 꿈

많은 정보를 얻거나 사업 자금이 생긴다.

◀··진흙이나 수렁에 빠진 꿈

하는 일마다 제대로 풀리지 않아 심한 곤경에 빠지게 된다.

◀• 논밭의 흙이 검게 보인 꿈

　사업상 자기에게 유리한 조건을 확보하게 된다.

◀• 몸이 저절로 땅 속으로 빠져 들어간 꿈

　토지를 많이 확보하거나 어떤 단체에서 권력을 쥐게 된다.

◀• 자기 주변에 흙먼지가 뿌옇게 일어난 꿈

　사회적으로 불안하고, 병에 걸린다.

◀• 누런 흙탕물이 흐르는 것을 본 꿈

　특수 사업체와 관련을 맺는다.

◀• 흙을 파서 금은 보화나 고고학적 유물을 얻어 가진 꿈

　어떤 기관에서 연구나 사업 성과를 얻고 권리나 횡재가 생기게 된다.

◀• 흙을 빚어 여러 가지 형태를 만든 꿈

　어려운 고비를 극복하고 사업 성과를 얻게 된다.

자연에 관한 꿈 _ 129

- **붉은 흙산이 갑자기 생긴 것을 본 꿈**
  사회적으로나 국가 방위상 불안한 일이 생긴다.

- **함정을 파고 위장한 꿈**
  주위에서 계교를 부려 사업을 망치거나 신분을 몰락시킨다.

- **흙을 파서 집으로 가져온 꿈**
  뜻밖의 사업 자금이 여러 곳에서 생기게 된다.

- **흙을 파서 물건을 얻은 꿈**
  그 물건이 상징하는 어떤 이득이 생긴다.

- **배뇨 구덩이를 판 꿈**
  사업가는 사업상 거래처를 확보하고, 학자는 논문의 기초를 마련하게 된다.

- **남이 파 놓은 함정에 빠진 꿈**
  하는 일마다 제대로 풀리지 않고, 몸에 병이 생기게 된다.

- **몸이나 옷에 흙이 묻은 꿈**
  질병에 걸리거나 다른 사람 때문에 자신이 억울한 누명을 쓰게 된다.

- **흙으로 정원을 돋우는 꿈**
  사업이 점차 기반을 잡아 날로 번창한다.

동굴에 관한 꿈

동굴은 신비스러운 곳이므로 직접 탐사해 보지 않고는 그 속의 형태를 알 수 없다. 그러므로 꿈에 동굴을 들여다보거나 직접 들

어가 보았다면 학문의 연구·탐색·비밀·수색 등에 관한 일을 경험해 볼 징조이고, 어떤 사람의 신분·비밀·심리 등을 알아보아야 할 일이 생길 징조다.

◀ **동굴 속에 들어가 이리저리 헤매면서 출구를 찾지 못한 꿈**
귀하는 현재 미로에서 헤매고 있다. 해결의 열쇠를 얻지 못한 증거이니 경험자나 윗사람에게 도움을 청하시기를. 혼자서는 도저히 궁지를 벗어나기가 어렵다.

◀ **동굴 속에서 무엇인가 찾아내는 꿈**
연구한 일에 대한 발견을 하게 되거나, 그간 노력한 일에 대한 성과를 얻을 수 있는 좋은 꿈이다.

담장에 관한 꿈
자신과 사회, 직장 사이에 가로 놓인 장애를 상징한다. 혹은 세상으로부터 자신을 지켜주는 것, 가령, 부모·가족·절친한 친구 등을 상징한다.

담장 안에 있는 꿈

담장 안에서 마당을 손질하거나 마당에 서서 담장을 바라본 꿈은 자신이 누군가에게 보호받고 있는 상태라는 것을 의미한다. 혹은 유아적인 성향이 아직 남아 있어 부모나 가정의 울타리 안에 갇혀 있다는 암시도 된다.

담장을 넘으려고 안간힘을 쓰는 꿈

자신을 가두고 과보호나 장애를 극복하려고 안간힘을 쓰는 꿈이라고 할 수 있다. 담장을 넘었다면 그것들은 자신의 의지대로 극복된다.

담장이 무너진 꿈

새로운 생활 환경을 의미한다. 또한 새출발을 할 마음의 자세가 되어 있음을 암시한다.

담장을 새로 쌓거나 만드는 꿈

자신만의 세계를 만들려 하고 있음을 나타낸다. 미혼 남녀의 경우에는 결혼할 예지몽이다.

누군가 담장을 깨부수고 있는 꿈

그 누군가는 다름 아닌 자기 자신의 변형된 모습이다. 유치한 생각이나 옛 생활을 청산하고자 하나 아직도 결심이 확고하지 않다는 것을 암시한다.

바람에 관한 꿈

바람이 거세면 바다에서는 파도가 크게 일어 배가 위험해지고, 육지에서는 온갖 것이 피해를 입게 된다. 그러므로 바람의 강약에 따라 길흉의 성격이 다르다고 할 수 있다. 일반적으로 바람은 마음의 흔들림 · 변화 · 유행 · 정력 · 기세 · 압력 등을 상징한다.

◀⁞ 폭풍이 불어 먼지가 날리고 수목이 몹시 흔들리는 꿈

현재 근무 중인 직장이나 지위, 경영 중인 사업장 등이 몹시 불안한 상태이겠고, 또한 장차 예기치 못한 풍파가 일어날 징조이니 주의 요망.

◀⁞ 티끌이 바람에 날리는 꿈

괜한 일에 말려들어 시비를 초래하거나 가정에 우환이 생길 징조임.

◀⁞ 바람이 홀연히 일어나 자신에게 불어오는 꿈

관청의 문책을 받게 되거나 경고장, 휴업 통지서 등이 발부될 우려가 있다.

재가 바람에 흩어지는 꿈
근심이나 질병이 사라진다. 송사 중인 일이 있을 경우는 재판이 유리하게 종결된다. 그러나 거름에 쓸 목적으로 모아 놓았던 잿더미가 바람에 흩어졌다면 재물이 흩어지고 자금의 유통이 원활하지 못할 것이다.

자신의 몸이 바람에 날려 공중에 뜨는 꿈
지위나 명예, 재물 등을 잃을 흉조임.

바람이 그치지 않고 거세게 불어오는 꿈
바람을 맞는 장소가 절벽이라든가 배를 타고 있어서 위기감을 느꼈다면 장차 곤란한 일이 발생할 징조임. 또는 어떤 신체적인 우환에 봉착할 조짐으로도 해석한다.

강한 회오리바람이 자기 집의 지붕을 뚫고 일고 있는 꿈
자신의 신상이나 가족들에게 좋지 않은 일이 발생할 조짐이다. 특히 건강이나 재정적인 면에서 큰 재난을 겪게 된다.

강풍이 밀려와 옷깃이 나부끼는 가운데 마음의 근심이 바람에 씻겨 날아가는 듯 상쾌해졌던 꿈
신상에 있었던 크고 작은 근심이 깨끗이 해소된다. 아울러 생활 환경도 좋은 방향으로 전환된다.

◀◀◀ **강풍에 흙먼지가 날렸지만 낯선 사람의 옷자락에 숨어 흙먼지와 바람을 피해 나간 꿈**

바람을 피하였다는 것은 앞으로의 일이 순조롭게 풀릴 암시다. 더구나 낯선 상대의 도움으로 흙먼지를 피했으므로 귀인이나 협조자가 나타나서 현재의 곤란을 해소해 줄 길몽이다.

인물・신체에 관한 꿈

꿈속에서 나타나는 신체와 인물과 직업과 여러 가지 성격 형성의 꿈도 해몽에는 의미가 있다.

대통령은 한 나라의 최고 권력자다. 대통령이 꿈에 보이면 현실과 실제로 연관되는 경우도 있으나 흔하지 않고, 대개는 정부 고위 관청, 기관장, 높은 신분, 직장의 우두머리, 은사, 훌륭한 인물, 가정의 호주이며, 여자의 꿈에는 남편의 최대 소망, 일거리 등을 상징할 수 있다.

의사는 십중 팔구 치유력을 상징하는 것이며, 경찰관・검사・판사는 모두 법률과 관계가 있지만, 꿈속에서 이야기하고 있는 법률은 자연의 법칙을 의미한다. 따라서 우리가 식사를 제대로

하지 않는다든지, 수면이 자연의 법칙을 위반하고 있다는 것을 의미한다.

꿈속에서의 난쟁이는 성장에 저해가 되는 우리 자신의 측면을 의미할 수 있다.

우편 배달부나 전화 가설공, 편지나 전화에 관한 꿈은 거의 예외없이 이러저러한 의사 소통을 가리키는 꿈이다. 우편 배달부는 통신문을 배달하고, 전화 가설공은 통신선을 부설하며, 교환수는 선을 이어 준다. 소방관은 분노의 불을 꺼 주는 자신의 일면을 의미할 수 있다.

꿈속에서 조명을 받는 목은 외고집과 관련이 있다. 굵고 짧은 자라목을 가진 사람은 이런 외고집성의 전형적 예이다. 외고집과 관계가 있다. 갑상선 동맥은 목 부위에 자리잡고 있다. 여기에 표출된 갈등은 꿈꾸는 사람이 고집스럽고 건설적인가 아닌가 하는 것의 갈등이다. 우리 모두는 신의 의지를 실현하는 법을 배워야 한다. 사물에 대한 독선적인 태도는 금물이다.

손은 우리가 생각하고 있는 일들과 관련이 있는 경우가 많다.

손은 우리가 외부 세계의 일을 하는데 쓰인다. 사고는 우리가 내부 세계의 일을 하는데 쓰인다. 어깨와 팔, 손은 생각을 바꾸는 일을 상징하고, 우리가 마음을 결심하는 문젯거리와 관련되는 일이 종종 있다.

위와 가슴은 주는 일, 받는 일과 관계가 있다. 그것은 우리 자신뿐만 아니라 남들이 필요로 하는 것을 알아차리는 것을 함축한다.

머리카락은 머리에서 나오는 사고를 상징하는 일이 많다. 예를 들어 삼손의 이야기는 집중에 관한 하나의 우화이다. 데릴라에 의해서 머리카락을 짧게 잘린 삼손은 힘을 쓰지 못했다. 결국 삼손의 힘은 그의 정신적 집중 능력에서 온 것이었다. 머리를 염색하고 가다듬으며 이발을 하는 것은 대체로 외모를 어떻게 가꾸고 바꾸는가를 의미한다.

영혼의 창문이라고 불리는 눈은 우리 영혼의 상태를 직접 엿볼 수 있게 하려는 의도가 꿈속에서 조명될 수 있다. 우리가 상황을 어떻게 잘 보고 있는가 하는 것이 눈이 전달하려고 애쓰는 의미일 것이다. 이런 생각들은 꿈속에서 안경이 깨졌거나 분실되었거나 '장밋빛이 되었거나' 하여 우리가 볼 수 없게 된 것을 의미하는 일이 매우 많다.

귀는 듣는 일이나 우리의 잘못된 태도로 인하여 귀가 멀게 된 일과 관계가 있다. 그것은 또 더욱 일반적으로 조화와 부조화의 상징이기도 하다.

냄새를 맡게 해 주는 코는 우리가 입으로 먹는 것들의 미묘한 차이를 구별하는 데 이용된다. 따라서 코는 분별을 의미할 수도

있다. 하지만 우리가 코를 하늘로 세워 놓고 있을 때는 그 분별이 엉터리 분별일 가능성이 있다.

입과 치아는 씹고 공세를 취하는 능력을 상징할 수 있지만, 대체로 입이나 치아, 혀가 꿈에 나타날 때는 그것들로부터 나오는 것, 즉 말을 의미하는 경우가 많다.

꿈속에서의 상징이 체모일 때 그것은 흔히 감수성을 지칭할 수 있다. 꿈속에서 손가락들은 그 자체로서는 행위 이외의 특별한 의미를 별로 가지고 있지 않은 것으로 보인다.

발가락은 꿈을 해석할 때 특별한 상징물로 해석되지는 않는다.

혈액은 공동의 꿈 상징이다. 그것은 온몸에 혈기를 북돋는 액체이다. 따라서 출혈이나 혈액의 상실은 에너지의 상실이나 소진을 상징한다. 하지만 월경 출혈은 정화 과정을 의미하는 경향이 있다.

신체를 접촉당하거나 두들겨 맞거나, 화상을 입거나 들어올려지거나, 소화 불량에 걸리거나, 화장실에 가는 일들은 꿈속에서

잘 일어나지 않는다. 꿈속에서 이런 일이 일어날 때는 그것이 일어난 신체 부위를 강조하는 경향이 가장 많다. 바꿔 말하면 만약에 누군가 여러분의 왼쪽 어깨를 만진다면, 그 만지는 행위 자체에도 의사 소통인 접촉이라는 관점에서 의미가 있지만, 왼쪽 어깨라는 것도 역시 신체의 받아들이는 측면이라는 관점에서 특별한 의미가 있다.

우상偶像에 관한 꿈

인기운의 기회를 멋지게 잡는다. 인기 상승, 멋진 나날을 맞는 암시가 나타나 있다. 다만 이 꿈을 꾸고 믿느냐 믿지 않느냐로 인해 미래도 바뀌게 된다는 것을 잊지 말아야 한다.

강하게 미래의 모습을 믿는 사람은 현실 생활에서도 그렇게 되려고 노력하게 되며, 정말로 실현시키게 될 것이다. 그러나 믿지 않는 사람은 동경만으로 끝날지도 모른다.

산신령이 데려다 주는 꿈

일을 이루어 내는 데 다소 시일이 걸리게 될 것이다.

아기에 관한 꿈

아기는 행운을 전하는 신호이다. 당신의 인생에 하나의 전환기를 나타내는 꿈으로, 아마 당신은 이제까지 여러 가지로 참고 노력해 온 사람일 것이다. 그 분발과 노력이 보답받을 시기가 왔다는 신호다.

이제까지와는 다른 새로운 바람이 불어 마음이 자유로워지는 생활이 시작된다. 전직하려면 찬스는 지금이다. 여하튼 인생이 즐거운 것으로 바뀐다.

● 아기를 안았거나 업은 여인이 따라오는 꿈
누군가 시비를 걸거나 방해할 일이 생긴다.

● 누군가 아기를 안고 자기 옆에서 사라져 버리는 꿈
근심 · 걱정이 순조롭게 해소된다.

● 아기의 알몸을 쓰다듬는 꿈
재수없는 일에 직면하거나 근심할 일이 생긴다.

● 아기의 똥을 만지면서도 유쾌한 꿈
사업이나 어떤 일로 인해서 돈이 생긴다.

● 아기의 똥 · 오줌이 옷과 몸에 묻어 기분이 불쾌한 꿈
남에게 구설을 듣거나 창피당할 일이 생긴다.

👁 아기가 우는 것을 달래 주는 꿈
고민거리로 인해서 마음이 초조하고 불안해진다.

👁 아기를 업고 길을 가거나 차를 타고 가는 꿈
몹시 고통스러운 일을 책임지고 그 일을 수행해야 한다.

👁 아기를 때리는 꿈
일상사에 큰 변화를 가져오게 된다.

👁 아기를 죽이는 꿈
근심·걱정이 말끔하게 해소된다.

👁 아기의 시체가 관에 담겨진 꿈
일이 성사되어 기뻐하게 된다.

발에 관한 꿈

발이나 구두 꿈에는 당신의 행동성이 상징된다. 이후 행동적이 되며, 행동 범위가 넓어질 것이라고 예고하고 있거나 혹은 인생이 열리지 않는다는 경고의 꿈이다.

당신이 만일 뭔가에 부딪혀 있다면 시야를 넓게 하는 것이 필요하다. 그리고 적극적으로 매사에 부딪혀 나가야 한다. 자기에게 행동성을 부과함에 따라서 문제 해결의 실마리도 찾게 된다는 의미인 것이다.

👁 발을 까부는 꿈
들어온 복을 차 버리고 깨진 쪽박을 차게 된다. 사서 고생을 한다.

맑은 물로 발을 깨끗이 씻는 꿈
잘못된 과거를 청산하고 새 삶을 살게 된다.

발목이 부러지는 꿈
출장이나 여행을 가지 못하게 된다. 일을 하다가 중단된다.

여자의 엄지발가락 뼈가 좌우로 툭 튀어나온 꿈
부부 사이가 안 좋거나 인덕이 없어 구설수에 오르게 된다.

발과 종아리가 붓는 꿈
외출·출장·여행길 등의 출입을 아무것도 못하게 된다. 질병·우환·불길한 일 등이 생긴다.

의족을 하고 걸어다니는 꿈
도와 줄 사람이 나타나 협조를 해준다. 교통사고를 당하거나 불행이 닥친다.

벌레가 종아리를 물어 피가 나는 꿈
재물과 돈이 생기고 뜻밖의 귀인이 나타나 식사 대접을 해준다.

- **발로 큰 돌을 밟고 서 있는 꿈**

  가난의 어려움을 딛고 일어서서 희망찬 행운을 맞이하게 된다.

- **상대방의 발길에 걷어 차이는 꿈**

  천대와 멸시를 받아 신세가 처량하게 된다.

머리에 관한 꿈

인간의 머리 부위가 특히 강조되어 있는 꿈을 꾸었을 때는 당신이 현실 상황에 막혀 있는 증거이다. 무슨 일이든 잘 전개되지 않는 것은 당신이 근시안적으로 매사를 보는 경향이 있기 때문이라고 생각된다. 마음을 유연하게 갖고 폭넓은 시야로 인생을 직시해 보라. 반드시 무엇인가가 열릴 것이다.

- **심한 두통을 앓는 꿈**

  관직에 있는 사람은 승진을 하게 되며, 보통 사람의 경우에는 매사의 일들이 순조롭게 진행된다.

- **머리에 두 개의 뿔이 나 보이는 꿈**

  우울하고 기분 나쁜 일이 생기고 타인과 다투는 일이 발생한다.

- **잘려진 적장의 머리를 얻거나 볼 수 있는 꿈**

  커다란 일의 성취로 말미암아 명예를 얻게 된다.

- **동물의 머리가 두 개 이상 여러 개가 한 군데 붙어 있는 꿈**

  이념·권리·특성 등이 한 단체에 두 가지 이상이 있음을 나타낸다.

- 서로 머리를 맞대고 누워 있는 꿈

  회사나 단체 또는 노동조합 등 정신적인 일에 합의한다.

- 상대방이 자신의 머리 뒤쪽에 다리를 뻗고 누워 있는 꿈

  어떤 일에서 상대방이 승리한다.

- 머리 위 천장이 무너져 내리는 꿈

  상부층 또는 윗사람으로부터 박해를 받거나 꾸중을 듣고 상부에 환란이 생긴다.

- 상대방이 머리를 빗고 가는 것을 본 꿈

  남녀 노소 상관없이 자기를 배척하거나 고통을 안겨 주고, 한편으로는 좋아할 사람이 생긴다.

- 어떤 경우에나 상대방의 뒤통수를 보게 되는 꿈

  그는 자신의 지시대로 잘 복종해 줄 사람이다.

- **머리에 뿔이 나거나 혹이 생기는 꿈**

  남의 우두머리가 되거나 두드러진 특성을 지닌 사람으로서 남의 이목을 집중시킬 일거리가 생길 것 같다.

- **자신의 머리가 용, 사자, 범의 머리로 변하는 꿈**

  고급 관리, 장성, 기타 단체의 장이 된다.

- **남에게 머리를 숙이는 꿈**

  수긍의 뜻이 있고, 남이 머리를 숙인 것을 보면 자기의 주장이 관철된다.

- **사람의 머리나 동물의 머리가 쫓아오는 꿈**

  정신적으로 해결해야 할 문제 등을 처리하기가 곤란하게 된다.

여동생에 관한 꿈

기본적으로는 당신이 응석부리던 환경을 바라고 있을 때에 꾸는 꿈이라고 생각할 수 있지만, 그 외에도 여러 가지 해석이 있다. 실재하는 여동생이 나왔을 경우 그 여동생의 몸에 일어나는 위험을 나타내는 영적인 의미도 있다.

또 자기가 어른이 되어 미래에 남을 지도하는 입장이 된다는 예지 꿈인 경우도 있다. 그 중 어느 쪽이냐는 꿈속에서 여동생의 태도·말·표정, 그리고 꿈을 꾸었을 때에 당신이 어떻게 느꼈느냐에 따라서 판단해야 한다.

우주인에 관한 꿈

우주의 파동과 당신의 잠재 의식이 교신함에 따라 뇌리에 비춰지는 영상이다. 이것이 꿈의 세계. 그 꿈속에 다른 별에 사는 사람이 나타난 경우는 상당히 재수 좋은 암시라고 해석하면 된다.

새로운 아이디어가 풍족해지거나 발상이 풍부해지며, 특히 업무적인 면에서 충실한 시기를 맞을 것이다.

팔·손에 관한 꿈

꿈속에서 팔이 상징하는 것은 업무에 대한 책임이나 의무다. 굵고 늠름한 팔일수록 책임은 중하며, 커다란 성과를 거두어 성공으로 이끈다는 행운이 담겨진 암시이다. 반대로 가늘고 미덥지 못한 팔은 당신이 책임의 무게에 중압감을 느끼고 있다는 증거이다. 그러나 어떻게든 성공하는 것은 확실하며, 어느 쪽이든 업무 면에서 성공이 약속되어 있다.

열 손가락을 모두 사용하여 무슨 일을 했던 꿈
많은 사람들이 함께 일해야 하는 일이 생긴다.

한 사람에게 여러 개의 팔이 달린 것을 본 꿈
많은 부하를 거느린 우두머리 격의 사람과 만나게 된다.

팔이 부러진 꿈
지금껏 쌓아 올렸던 세력이 깨어지거나 협조자와도 헤어지게 된다.

빠진 손목을 다시 맞춘 꿈
사업상 동고동락했던 사람과 당분간 헤어질 일이 생긴다.

날으는 봉황새를 손으로 잡는 꿈
부귀 공명하고 입신 출세하여 만인의 대표자가 된다. 뜻밖의 행운을 잡는다.

손을 불끈 쥐는 꿈
굳은 각오와 새로운 뜻을 품게 된다. 소원 성취·희망·약속 등이 있다.

예쁜 꽃 한 다발을 쥐고 있는 꿈
어떤 기록과 공적 사항으로 상훈장을 받거나 경사스러운 일이 있다.

손으로 푸른 옥을 만지는 꿈
뜻밖의 횡재수로 거금을 거머쥔다. 재물·돈·경사·행운 등이 있다.

- 팔뚝이 점점 커지는 꿈

  새로운 변화로 많은 사람을 거느리게 된다. 승진·변동·일거리, 혹은 질병 등이 있다.

- 엄지손가락이 부러지는 꿈

  직장에서 파면을 당하거나 지금까지 하던 일이 수포로 돌아가게 된다.

- 손목이 빨개지거나 시꺼멓게 되는 꿈

  빨개지면 질병이 생기고, 시꺼멓게 되면 사고로 팔을 못 쓴다.

- 어린아이가 엄지손가락을 빨고 있는 꿈

  집안에 우환이 생기고, 특히 부모님께 불행이 닥쳐오게 된다.

- 손가락이 점점 작아지는 꿈

  몸에 질병이 생기고 재산과 재물이 줄어들게 된다. 실패, 우환이 생긴다.

점쟁이에 관한 꿈

당신의 심적 심리와 관계되는 꿈이다. 이 꿈을 꾸었다면 꿈속의 말에 주의하기 바란다. 점쟁이, 예언자의 목소리는 당신을 인도하는 마음의 소리 바로 그것이다. 당신이 이 세상에서 무엇을 이루어야만 하는지, 진로에 관한 방향이라고도 생각할 수 있다. 또 현재 안고 있는 문제 해결의 해답은 그 말 중 어딘가에 감추어져 있을 것이다. 혹은 인생에 대한 어떠한 경고인지도 모른다. 여하튼 스스로 해결할 수 없는 중대한 문제의 의미를 알리는 꿈이다.

운전기사에 관한 꿈

누군가 자신을 자동적으로 운반해 주는 꿈이다. 요컨대 당신 가까이에는 직장의 상사나 선생 등 의지할 만한 존재가 있음을 알리고 있다. 그러므로 그 꿈이 기분 좋은 것이라면 당신의 운세는 대단히 안정되어 있는 증거이다. 반대로 운전이 난폭하면 인생의 좌절을 의미한다. 어느 쪽이든 당신의 운세는 타인의 손에 맡겨져 있다고 할 수 있을 것이다.

임금왕에 관한 꿈

당신이 매력적인 존재로 되어 가는 조짐이다. 화려한 존재가 되어 주위의 선망을 모으는 암시로 상당히 좋은 꿈이다. 다만 임금님에게 지배받고 있는 꿈인 경우는 자신이 그렇게 하고 싶다는 욕구의 표현이며, 현실에 자신이 억압당하고 있다는 증거이다. 욕구를 꿈으로 해소하고 있다고 생각할 수 있다.

☺ **임금이 베푼 잔치에 참석하여 음식을 먹는 꿈**

윗사람에게 질책을 받거나 반대로 좋은 일자리를 얻게 된다.

☺ **임금의 사진이나 영정을 보는 꿈**

새로운 사업에 착수하게 된다.

☺ **자기가 왕이나 왕비가 되는 꿈**

정치가는 당수나 위원장, 학생은 수석이나 학생회장 등이 된다.

공주 · 여왕에 관한 꿈

선망 · 동경 · 화려함이 상징되는 꿈으로 임금님, 왕자님과 마찬가지로 당신의 매력이 높아져 인기운이 향상되어 가는 암시이다. 당신이 사교술을 몸에 지니고 있기 때문에 꾸는 꿈으로 이제 한동안은 두드러진 존재가 될 것이다. 다만 선망의 이면에는 질투가 있으므로 일부의 반감을 살지도 모른다.

☺ **자기가 여왕이 되어 임금을 따라가는 꿈**

남편의 사업에 협조하거나 사업체의 둘째 자리를 획득한다.

🐸 자기가 왕자나 공주가 되는 꿈

유산을 상속받게 된다.

🐸 황후·왕후·귀비라고 하는 여자와 함께 술을 마시는 꿈

이는 좋지 않은 꿈으로 근심거리가 생기거나 질병이 생길 징조이니 주의 요망.

🐸 왕후가 울며 어떤 집으로 들어가는 꿈

장차 무슨 일이든지 술술 풀려 가는 길몽이다.

요괴·마녀에 관한 꿈

당신의 마음의 파동이 흐트러져 있다. 요괴·마녀 그 밖의 정체를 알 수 없는 것의 꿈은 당신 자신의 마음에 있는 불안, 공포를 부각시키고 있다. 이것은 모든 일이 순조롭게 진척되지 않고, 인간 관계도 불안정하다는 암시이다. 당신을 혼란시키는 것에 주의해야 한다. 이성을 확고히 가지고 마음을 강하게 하고 생활해야 하는 시기이다.

🐸 마녀의 습격을 받거나 마녀의 지배를 받는 꿈

연인에게 현혹당하고 있음을 의미한다. 혹은 어머니에게 정신적으로 지배를 받는 '마마보이'나 '마마걸'들이 자주 꾸는 꿈.

🐸 자신이 마녀와 싸워서 이기는 꿈

자신을 구속하고 있는 것이나 대상으로부터 해방되는 것을 상징한다. 정신적인 자립의 꿈으로도 해석한다.

과거의 인물에 관한 꿈

당신의 혼에게 과거로부터 호소하고 있는 것이 있다. 인간은 시간으로부터 인생을 단절하는 일은 결코 할 수 없는 법이다. 과거에 알던 사람이 나타나 당신이 과거의 자신을 잊고 있는 것을 훈계하고 있는 것이다.

🐸 **문 밖에서 죽은 아내를 마주 보고 있는 꿈**

어떤 일을 시작하는데 집안의 반대로 일이 뜻대로 성사되지 않는다.

🐸 **생전에 자기에게 잘 해 준 누님이 보인 꿈**

사업상 도움을 받을 수 있는 협조자를 만나게 된다.

🐸 **죽은 딸이 나타난 꿈**

어떤 일을 애착을 가지고 성사시키려고 한다.

🐸 **억울하게 죽었던 자가 나타난 꿈**

심적 고통거리나 병마에 시달리게 된다.

- **조상이 나타나서 예언이나 명령한 꿈**
  간섭을 받지 않고 자기 주장대로 일을 처리한다.

- **돌아가신 할아버지가 자기 집 암소를 내다 파는 꿈**
  딸이나 누이가 시집을 가거나, 일하는 사람이 나가거나 살고 있는 집이 팔릴 징조임.

- **죽은 사람이 우는 꿈**
  구설수가 따를 징조이니 주의 요망.

- **조상이라고 생각되는 이가 우는 꿈**
  집안에 우환이 생길 흉조임.

- **죽은 사람이 관 속에서 나오는 꿈**
  먼 곳에서 손님이 찾아올 것이다.

- **죽은 사람이 다시 살아나는 꿈**
  좋은 일이 생길 징조이나, 벌떡 일어서는 것을 보면 질병이나 손재 등의 흉조가 생길 것이니 주의 요망.

- **죽었다고 생각되는 사람과 함께 음식을 먹는 꿈**
  만사 대길할 길몽이다.

- **죽었던 사람이 입을 열어 말을 하는 꿈**
  사업이 순조롭게 번창할 것이다.

가족에 관한 꿈

가족이 단란한 꿈은 만일 당신이 독신이라면 고향을 그리워하고 있는 증거이다. 또 단독으로 떨어져 근무하는 사람이라면 가족에 대한 작은 경고라고 생각하기 바란다. 가족이 당신을 기다리고 있다. 지금이야말로 가족간에 서로 이야기를 나누고 애정 확인을 하지 않으면 안 되는 일이 있을 것이다. "가족에게 연락을 하세요"라고 꿈이 알려주고 있는 것이다.

- 아버지는 실제의 아버지, 아버지에 준하는 백부, 삼촌, 친구의 아버지, 직장의 상사는 존경의 대상을 상징한다.

- 어머니는 실제의 어머니, 어머니에 준하는 친밀한 대상으로 숙모, 친구의 어머니·누나·아버지·은인·스승·협조자·상관·호주 등의 동일시이다.

- 할아버지와 할머니는 실제의 할아버지 또는 부모와 상응하는 윗사람, 즉 마을 어른·친척 어른·교장 등의 동일시이다.

- 동생, 누이동생은 실제 인물 또는 동업자·동료·애인·부부 등과 상관하여 자주 관계되는 표상이다.

- 딸·아들·조카는 실제 인물 혹은 그들과 동일시되는 인물이며, 작품 또는 일거리의 상징이다.

- 숙모·삼촌·사촌 형제·자매는 실제 인물 또는 그들과 동일시되는 동료, 일가 친척, 동업자 등의 사람을 뜻하며, 역시 일거리의 상징이다.

- 외사촌은 동업자, 동지 등의 동일시로 표현한다.

- 아내나 남편은 실제 인물 또는 부모·선생·자식·누이동생·남자 등과 동일시하며, 애착을 가지는 일거리의 상징이다.

- 오빠와 형은 실제 인물 또는 아버지·남편·애인·직장의 상사·일가집 사람과 동일시한다.

- 애인은 실제 인물 또는 새로 사귀는 남녀·남편·아내·친구의 동일시이며, 사업체 일거리 등의 상징이다.

- 친구는 실제의 인물이거나 그에 준하는 사람, 또 하나의 자아, 아내·남편·동료·동업자 등과 동일시한다.

- 친구의 부모는 동업중인 어떤 일과 관계된 윗사람의 동일시이고, 실제 인물일 수도 있다.

- 별거 중인 가족과 함께 있으면 대체로 직장 또는 일을 부탁한 어떤 기관 내부 사람들의 동일시이며, 때로는 실제의 가족과 상관될 수도 있다.

- 또 하나의 자기 모습이 희미하게 인식되는 것은 자기의 작품, 일거리, 작품의 이미지, 작품 인물의 이미지 등을 잘 알 수 없게 될 때의 표상이다.

- 근친 상간을 해도 죄스러움을 느끼지 않는 것은 근친이 어떤 일거리의 상징이 되기 때문이다.

- 삼촌집에서 친구집으로 가는 것은 같은 계통의 딴 직장으로 옮기거나 자기 일거리가 딴 곳으로 이전될 일과 관련한다.

- 처갓집은 실제의 처갓집이 아니면 거래처 또는 자기 일거리를 부탁한 장소 등을 상징한다.

- 객지 생활하는 사람 꿈에 집안 식구가 다 보이는 것은 집안에 걱정이 생기는 것보다 직장일에 관계가 있다고 보아야 한다.

스님에관한 꿈

운세 상승. 당신의 소망이 이루어짐을 알리는 길몽이다. 생활에 리듬이 생기며 활력이 넘치는 시기를 맞이할 것을 알려주고 있다.

스님일지라도 수도승인 경우라면 반대로 불운한 운세로 건강상으로도 신체가 약해져 가는 시기이다. 운세가 내리막길이라는 것을 알리고 있다. 힘이 쇠약해질 기미이므로 억제, 절제가 요구된다.

스님을 만나는 꿈

윗사람으로부터 생각지 않았던 은혜를 입거나 큰 도움을 받게 된다. 도승이라고 칭하는 스님을 보면 남자는 자식을 얻고, 여성은 소망이 이루어진다.

스님이나 여승이 경을 읽는 꿈

집안에 우환이 닥칠 불길한 징조이니 주의 요망.

스님에게서 불경책을 받거나 그냥 얻는 꿈

어떤 일에 기발한 아이디어가 창출된다. 옥동자를 낳을 태몽도 되겠다.

스님이 많이 모여 있는 꿈

여러 사람 가운데 영예로운 자리에 뽑힐 수 있는 좋은 꿈이다.

● 스님이 혼자서 자기 앞으로 걸어오는 꿈

배우자와 이별하고 고독해질 징조이니 요주의.

● 절에 들어가 사는 꿈

자녀를 낳을 태몽이다.

● 스님이 승무를 추는 꿈

부처님의 은덕과 귀인의 도움을 얻어 사업이 계속 발전하여 부귀를 누리게 된다.

● 자신이 스님이 되었다고 생각된 꿈

우환과 질병 기타 모든 액이 사라질 것이다.

● 고명한 스님에게 설법을 듣거나 이야기를 나누는 꿈

선배나 윗사람과 일을 상의해서 결정하고 진행하라는 암시다. 그렇지 않고 혼자서 생각대로 처리하면 실패할 것이다.

여승에 관한 꿈

여승은 당신이 잠깐 동안 타인과의 교류가 적어진다는 암시이다. 이 꿈을 꾸는 것은 숨고 싶은, 은둔하고 싶은 기분이 당신의 마음속에 있기 때문에 그 심리가 나타나는 꿈이라고 해도 좋은 것이다. 그 대신 무엇엔가 집중할 수 있는 까닭에 공부, 업무 등의 능률은 높아지게 된다.

외국인에 관한 꿈

외국인은 미지의 것과 이질적인 것의 상징이다. 이 꿈을 꾼 후에는 당신의 환경이 변화하기 쉬워진다.

익숙하지 못한 환경에 있게 될 가능성이 있고, 컨디션이나 건강 면에서 고비를 맞을 암시가 나타나 있으므로 건강 관리의 주의가 필요하다. 일상생활에 변화가 일어난다는 경고 꿈이라고 생각해야 한다.

- **외국인을 만났으나 말이 제대로 되지 않아 당황해하는 꿈**
대인관계의 갈등이나 막다른 골목에 자신이 처하게 됨을 나타낸다. 좀처럼 문제 해결의 실마리가 보이지 않는다.

- **외국인들에게 둘러싸여 있거나 여러 명의 외국인이 보이는 꿈**
남들에게 주목받고 싶다는 소망이 투영된 꿈이다. 아니면 현재 상태를 타파하고 새롭게 변신하고 싶다는 의욕이 돋보이는 꿈이다.

신령에 관한 꿈

만능의 상징이다. 자신이 신이 되어 있는 꿈은 무엇이나 자기 생각대로 할 수 있다면, 하고 생각하는 것을 뜻한다. 신이 되어 당신의 불만이나 결함을 해소시키며, 욕망을 충족시키려고 하는 것이다. 만능에 대한 동경은 누구나가 마음 한구석에 품고 있는 유아적인 소망이다.

👁 **유령이라고 생각되는 자에게 이끌려 산 속으로 들어가는 꿈**
정신적인 문제 연구에 몰두하거나 입학, 취직이 이루어진다.

👁 **돌아가신 조상에게 음식을 대접하는 꿈**
횡재수가 생기고, 취직·입학·진급 등이 이루어진다.

👁 **신령적인 존재와 악수하면서 그에게 무엇을 주고받는 꿈**
명문교에 입학하거나 논문이 통과되고 좋은 일이 생긴다.

👁 **신이 주는 약을 받아서 먹는 꿈**
재물에 이권을 얻으며, 입학, 취직이 이루어진다.

- **오래 된 성이나 절에 들어가는 꿈**
  학문 연구에 몰두하거나 입학, 취직이 이루어진다.

- **조상이 집에 왔다가 사라지는 꿈**
  사업상 하는 일에 협조자가 나타났다가 사라진다.

- **조상 중 누군가 자기의 머리를 쓰다듬는 꿈**
  우환이 생기고 병에 들거나 어떤 위험에 직면한다.

- **도깨비·유령·귀신의 꿈**
  악한, 벅찬 일거리, 병마 또는 정신적 산물을 상징한다.

- **몽둥이로 귀신을 잡는 꿈**
  하던 일이 잘 풀리고 정신적 고민거리가 해소된다.

- **억울하게 죽은 사람이 나타나는 꿈**
  자기를 괴롭히는 심적 고통이나 병마를 상징한다.

- **붉은 색 망또를 입은 귀신이 춤추는 것을 보는 꿈**
  불량배들로부터 봉변을 당하거나 망신을 당한다.

- **잠깐 잠든 사이에 귀신의 얼굴을 본 꿈**
  잠을 자며 라디오에서 흘러나오는 웃음소리를 환상으로 유령 같다고 판단한 것이다.

- **머리를 푼 채 공중을 날며 자신의 머리채를 휘어잡는 꿈**
  유령은 정신병 내지는 두통과 관계되는 병마의 상징이다.

- **죽은 딸이 나타나는 꿈**

  애착을 가지고 성사시키려는 일거리의 상징이다.

- **생전에 자기에게 잘 대해 준 누님을 본 꿈**

  어떤 협조자를 만나 하던 일이 잘 풀린다.

- **죽은 남편이나 아내의 꿈**

  자기 일에 협조해 줄 사람, 형제, 자식 등을 상징한다.

- **죽은 딸이 싫고 마귀라고 생각되는 꿈**

  미운 사람, 방해자 또는 병마 등을 상징한다.

- **꿈속에서 원효대사를 보게 되는 꿈**

  진리 탐구자나 위대한 지도자와 상관하게 된다.

- **역사적인 인물에 대한 꿈**

  그 사람의 인격·지위·명예·권세·업적 등과 유사한 일을 상기시키는 어떤 사람의 동일시이다.

약수터 밑에 부처상이 양각되어 있는 것을 본 꿈
어떤 사람이 저술한 서적의 저자 사진과 출판사를 예시한 꿈이다.

금불상을 얻는 꿈
지휘권·명예·권리·감동적인 서적, 재물 등을 얻게 된다.

선녀와 육체 관계를 맺는 꿈
가정에 경사가 생기고 명예로운 일이 성취된다.

선녀에 관한 꿈
중매인·비서·학자·제자·배우·여류작가 등과의 동일시이다.

신선과 바둑이나 장기를 두는 꿈
학문 또는 사업상 시비를 가릴 일이 있게 된다.

우상이나 신에게 제물을 바치는 꿈
권력자에게 어떤 일거리를 청탁할 일이 있게 된다.

선녀와 결혼하는 꿈
훌륭한 사람을 만나거나 계약이 성립된다.

관음보살상을 얻는 꿈
훌륭한 작품·학위·명예 등을 얻게 된다.

고령자 또는 중병 환자가 천사를 따라가는 꿈
죽음이 임박해 있음을 의미한다.

천사가 자기를 하느님에게 데려가는 꿈
고위 관리직에 취직하게 된다.

- 극락세계에 대한 꿈

  지옥·천당·명부·상계·하계 등은 모두가 자기의 관념적 표상이다.

- 산신령에 관한 꿈

  학원장, 기관장 등의 동일시이거나 또 하나의 자아를 의미한다.

- 춤을 추고 있는 선녀를 본 꿈

  상급자가 자기를 공박하는 수도 있다.

- 산신령이 위험을 경고하는 꿈

  자기 아닌 또 하나의 자아가 나타나서 예언하는 것이다.

- 성모 마리아상이 자신에게 빛을 비추거나 후광을 나타내는 꿈

  자신의 신앙에 깨달음이 있거나 어떤 사람의 위대한 업적을 보게 된다.

- **성모 마리아의 꿈**

  은혜롭고, 자애로운 어떤 사람, 어머니·애인·지도자·위대한 학자 등을 상징한다.

- **찬란한 의상을 입은 예수가 나타나는 꿈**

  국가나 사회적으로 위대한 지도자가 나타나게 된다.

- **예수가 자신에게 영세물을 입에 넣어 주는 꿈**

  입학·취직·출세·당선 등과 관계된다.

- **움직이는 성모 마리아 꿈**

  인자한 지도자, 은혜로운 협조자, 예언자 등을 상징한다.

- **교회에서 예수가 나타난 것을 본 꿈**

  훌륭한 성직자나 진리를 탐구하는 사람을 만나게 된다.

- **걸어가는 예수의 뒷모습을 본 꿈**

  자기의 청원이 이루어지며, 명예로운 일이 성취된다.

- **교인이 하느님에게 기도하는 꿈**

  신부에게 고해할 일이 있으며, 어떤 협조자의 도움을 받는다.

- **천당에 보내 달라고 하느님께 비는 꿈**

  승진, 결혼과 관계된다.

- **하느님의 말씀이 하늘에서 들리는 꿈**

  국가나 사회적인 고발을 자기가 아닌 또 하나의 자아가 대신하는 것이다.

👁 천당에서 보좌에 앉은 하느님을 대하는 꿈

통치자·성직자·부처 등을 보게 되고, 진리의 서적, 성경이나 불경을 연구하게 된다.

머리카락에 관한 꿈

머리카락은 의지·근성·의욕을 상징하는 것이다. 윤기가 나는 깨끗한 머리라면 당신이 이후 더욱더 의욕적이 됨을 가르쳐 주고 있다.

이런 꿈을 꾸는 것은 당신이 건강한 증거로, 지금까지도 분명히 쾌적한 매일을 보내고 있었을 것이다. 다만 머리카락이 빠지는 꿈은 자신 상실의 신호이다. 건강을 해칠 우려도 있으므로 절제를 해야 한다.

👁 머리칼을 양쪽으로 가르는 꿈

근심거리가 생기거나 자신 또는 가족에게 질병이 생길 것이다.

머리를 빗거나 곱게 장식하는 꿈
모든 근심이 사라지고 경영하고 있는 일이 잘 진행되어 번창할 것이다.

머리털이 모두 빠지거나 깎는 꿈
괴변이 발생할 흉조이며, 가정에 좋지 못한 일이 생길 징조이므로 조심할 것.

빠졌던 머리털이 새로 나는 꿈
건강이 좋아지고 수명도 길어지며, 사업에서는 새로운 광명이 비칠 것이다.

머리털이 눈썹과 가지런한 꿈
직장을 구하게 되는 길몽이다.

머리털이 앞으로 늘어져 얼굴 전체를 가리는 꿈
관청의 부름을 받거나 소송 사건이 생길 징조이다.

머리털이 엉겨 풀리지 않는 꿈
소송 사건이 일어나 오래도록 해결되지 않는다.

엉겨던 머리털이 풀어지는 꿈
소송이 좋은 결과로 해결되고, 친구나 능력있는 사람의 도움을 받아 어려운 일이 해결된다.

머리를 풀어 늘어뜨리는 꿈
귀하를 음해하는 사람이 있으니 주위를 잘 살펴보시기를.

기자에 관한 꿈

자신이 진정으로 무엇을 하고 싶은 것일까. 당신은 인생의 진로 결정을 망설이고 있는 것이 분명하다. 행동적으로 일을 하고, 기사를 쓰는 기자가 꿈에 나타났다는 사실은 미혹한 일이 머잖아 개운하게 해결된다는 신호이다. 새로운 정보를 얻음에 따라 진로 결정 등 인생의 방향이 설정되어지고 당신의 고민도 해결될 것이다.

● **기자에게 신분증을 제시하는 꿈**
누군가에게 자기를 소개할 기회가 생긴다.

기술자에 관한 꿈

엉뚱한 꿈 같지만 의외로 사람들은 제각기 다양한 꿈을 꾸고 있는 것이다. 기술자도 마찬가지이다. 기계를 조작하거나 열심히 일을 하고 있는 인물이 꿈에 나타났다면 당신이 무엇인가 기술을 습득할 능력이 있다는 것을 나타내고 있다. 아마 전세에서 그 같은 일을 하고 있었던 증거라고 생각된다. 기술직이 적성에 맞고 전직도 좋다는 암시.

기인·괴짜에 관한 꿈

상식 외의 색다른 인물의 꿈이다. 도덕적으로 엄격하고 성격이 완고한 사람이 자주 꾼다. 이것은 자기 안에 있는 다른 자신의 모습이다. 제멋대로 하고 싶은 소망이 있는데도 억제하고 있기 때문에 스트레스가 제법 쌓여 있는 것 같다. 좀더 유연하게 생활해 보자.

손님에 관한 꿈

손님이 찾아오는 꿈은 실생활에서 업무의 책임이 무거워짐을 암시하고 있다. 익숙지 못한 입장에 쫓기거나 남을 돌봐 주는 입장이 될 것 같다. 또 일을 중도에 그만둘 수 없으므로 정신적으로도 골치 아픈 나날이 잠시 계속될 것 같다. 매우 힘든 시기를 맞을 때가 올 것 같으니 마음의 준비가 필요하다.

● 자기 집에 많은 손님들이 모여 웃고 환담하는 꿈
곧 결혼이나 출산 등의 경사를 맞게 된다.

거인에 관한 꿈

목표의 크기를 나타내며, 더욱이 목적 달성을 예고해 주고 있는 기쁜 꿈이 된다. 목표가 자꾸 커져 적극적으로 행동하고, 대인관계에도 원만하여 소망이 실현된다. 대단한 길몽이지만 이것은 모두 당신의 인품, 노력이 결실을 맺고 있는 증거이기도 하며, 앞으로도 이제껏지의 마음가짐을 잊지 않고 생활해야 한다.

입·입술에 관한 꿈

입·입술이 강조되는 것은 중상·비난·언쟁 등이므로 꿈속의 입이 아름다우면 대인관계가 잘 되고 있음을 알려주고, 더럽혀진 입이면 마음의 교류가 없고 말다툼이 끊이지 않는 인간관계를 암시하고 있다. 이 꿈을 꾸면 언동, 행동에 주의하자. 그렇지 않으면 당신의 언동이 크게 시비를 일으킨다.

● **입이 특별히 크게 보이는 꿈**

취직이나 승진의 영예가 있고, 사업가는 재산이 부쩍 늘어날 징조이다.

● **입 안에 털이 자라나는 꿈**

재수가 대통하고 장차 복록을 누릴 것이다.

● **입에서 음식을 토해 내는 꿈**

무엇인가 새롭게 고쳐 추진해야 할 일이 생긴다.

- 입에 상처를 입는 꿈

 패가 망신할 흉조이니 흉몽을 물리치는 방법을 여러 모로 생각하시기를.

- 입이 막혀 말을 못하고 음식을 먹지 못하는 꿈

 여자는 구설이 있겠고, 남자는 급병에 걸릴 우려가 있다.

- 입 속에서 벌레가 기어 나오는 꿈

 재난과 질병이 깨끗이 사라지고 앞으로는 행운이 계속 이어질 것이다.

- 입 속의 혀가 잘라지는 꿈

 명예·권세·지위·재물 등을 잃을 징조이니 주의 요망.

- 입술에 경련이 일어나 바르르 떨리는 꿈

 입술 통증이나 경련이 일어나는 꿈은 지나친 수다를 삼가하라는 경고성 예지몽이다. 그 수다로 인해 주위 사람들로부터 비난을 듣게 된다. 입은 꿈속에서도 재앙의 상징으로 등장한다.

- 매우 섹시하고 선이 아름다운 입술에 키스하는 꿈

 천생 연분을 만나게 될 암시이다. 미혼 남녀에게는 매우 유쾌한 꿈이다.

목에 관한 꿈

목은 사물의 중간 지점을 나타낸다. 길고 아름다운 목의 경우에는 일이 좋은 상태로 향하고 있음을 알려주고 있다. 또 늠름한

목은 건강과 행동력의 힘이기도 하기 때문에 이 꿈을 꾸면 건강한 증거, 생동감이 넘치고 의욕적인 나날을 보낼 수 있을 것이다.

반대로 가냘픈 목의 꿈은 건강을 해치는 암시로 한동안은 건강관리에 주의를 요한다.

목에다 잔뜩 힘을 주는 꿈
쥐꼬리만한 재산과 직책을 가지고 대중 앞에 과시하게 된다.

상대방에게 자신의 목을 잡히는 꿈
상대방에게 굴복을 당하거나 시달림을 받게 되고, 낯 뜨거운 일을 당하고 망신살이 뻗치게 된다.

큰 목소리로 발성 연습을 하는 꿈
노래방이나 야유회에서 흥겨운 노래를 부르게 된다.

산 정상에서 목청껏 소리를 지르는 꿈
마음먹은 대로 소원 성취하게 된다. 스트레스를 풀게 된다.

🐸 상대방이 큰 소리를 질러대는 꿈

상대에게 공갈 협박을 받아 시달림을 당하게 된다.

🐸 목에 흉터가 있는 꿈

믿었던 기대가 무너져 어려움을 겪게 된다. 중단, 실패가 뒤따른다.

🐸 고운 목소리가 귓가에 들리는 꿈

먼 곳에서 기쁜 소식이 온다. 희망·경사·소식 등의 길운이 생긴다.

🐸 목에 검은 사마귀가 있는 꿈

많은 사람들에게 구설을 듣거나 망신을 당하게 된다. 인덕이 없다.

군중에 관한 꿈

군중은 인기의 상징이다. 당신은 가까운 시일 내에 많은 사람과 접촉하거나 많은 사람을 움직이는 입장이 되리라고 생각된다. 대인운, 인기운도 양호하며 주위에서 기대되는 존재로서 크게 힘을 발휘할 것이다. 또 인간 사회에 몹시 싫증이 나고 타인으로부터 도망치고 싶다고 생각하는 사람도 꾸는 꿈이지만 어쨌든 심신의 재충전이 특효약이 된다.

🐸 군중이 자신의 옆을 지나가는 꿈

사업이 급속히 추진된다.

🐸 대중이 빙 둘러서서 지켜보는 꿈

새로운 것을 연구하거나 쟁취하려는 일이 생긴다.

👁 군중을 호령해서 행동하게 하는 꿈
권세는 커지고 계책이나 전략이 실효를 거둔다.

👁 장례 행렬에 무수한 군중이 따르는 꿈
자기의 공적을 기리는 사람이 많게 된다.

👁 무리를 지어 몰려 다니는 군중의 틈새에서 자신이 빠져 나오는 꿈
좋은 기회가 도래하고 있으며, 획기적인 아이디어로 주변 사람들을 깜짝 놀라게 한다.

👁 군중에 섞여 자신의 모습이 보이지 않는 꿈
이 꿈은 현실에서 도피하고 싶다는 강한 소망을 반영한다. 그것이 애정 문제이든 금전 문제이든 사업상의 곤란이든 간에 현재의 어려움으로부터 벗어나 책임을 지고 싶지 않다는 심리가 드러난다. 군중 속으로 섞여 들어간다고 해서 문제가 해결되는 것은 아니다.

- **무리를 지어 몰려 있는 군중들 틈에 끼고 싶지만 자신은 어떤 일로 그 광경만 바라볼 뿐 합류하지 못하는 꿈**

  대인관계에 대한 자신감이 상실되었다거나 어떤 그룹, 동료들 사이에서 소외감을 느낄 때 이런 꿈을 꾼다. 혹은 속세를 벗어나고 싶다는 심리, 남과의 적극적인 교류를 거부하는 마음이 반영된 꿈이다.

- **군중들 속으로 자신이 휩쓸려 들어가는 꿈**

  이 꿈을 꾼 당사자는 현재 곤란에 빠져서 당황해하고 있다. 자기의 확고한 의지만 있으면 멀지 않는 시기에 해결의 실마리를 찾게 된다. 혹은 조만간 어려운 문제에 봉착할 징조이기도 하다.

군인에 관한 꿈

군인은 권력의 상징이다. 공격성, 지배욕의 발로라고 생각할 수 있다. 물론 운세는 강하여 업무 등에서 성공할 조짐으로 이해하면 좋다. 당신은 정치, 경제 분야에서 성공할 것이다. 경제적으로도 상당한 것이 보장될 것 같다. 다만 계급적 심리가 강하기 때문에 인간적으로는 차가운 존재가 될 우려가 있어 어느 정도의 고독감은 각오해 두어야 한다.

- **자신이 군인이 되어 있는 꿈**

  학생이 이런 꿈을 꾸면 곧 사회생활을 하게 될 징조이며, 사회인이라면 직장의 상하 관계나 대인 관계로 속박당하고 있음을 나타낸다. 현재 무질서한 생활을 하고 있는 사람이라면 절도

있는 생활을 할 필요성을 주지시키는 꿈이다.

원시인에 관한 꿈

실로 당신의 운세는 상승 중이다. 자연으로 돌아가 하고 싶은 일을 자유롭게 할 수 있는 시기가 온다. 앞으로의 나날 중에서 자기의 새로운 능력을 깨닫거나 나아가야 할 길을 발견할 수도 있다. 요컨대 '진정한 자신에 대해 눈뜰 수가 있다'는 암시이다.

연인에 관한 꿈

꿈속에 실재하는 연인이 등장하여 만일 냉랭한 태도를 취하고 있다면 좋은 암시다. 사랑은 잘 진척될 것이다. 반대로 즐겁게 대한다면 배반의 전조라는 짓궂은 암시로 봐야 한다. 요컨대 반대의 신호가 된다. 그 연인이 낯선 사람이라면 당신이 그런 타입의 이성을 바라고 있는 증거이다. 또 상대를 모르는데도 같은 사람이 여러 차례 꿈에 나타난다면 그것은 전생에 사랑한 사람일 가능성이 크다. 영적인 의미를 갖는 꿈이라고 말할 수 있을 것이다.

연인과 데이트를 하거나 여행을 가거나 즐거운 시간을 갖고 함께 기뻐하는 꿈

반대의 상황을 암시한다. 연인과 헤어질 상황이 생기거나 다툼이 생길 수 있다. 혹은 연인에 대한 자신감 상실이나 의심, 불안이 꿈에서는 반대의 상황으로 나타난다.

짝사랑하던 사람이 꿈속에서 자신의 연인으로 나타나는 꿈

평소 짝사랑하던 사람에 대한 사랑을 꿈에서 확인하고 있는 셈이다. 이런 꿈은 예지몽으로 풀이하기보다는 그저 마음속의 간절한 소망이 만들어 낸 하나의 영상으로 생각하는 것이 무방하다.

연인과 다정하게 마주앉아 포옹을 한 채 사랑의 밀어를 속삭이는 꿈

두 사람 사이가 삐걱거리고 있어서 자신은 요즘 몹시 우울하고 불안한 상태에 빠져 있을 것이다. 사랑으로 인한 쓸쓸함이나 고독감이 꿈에서는 반대로 완전한 만족감이나 행복감으로 나타난 것이다.

연인에게 실연을 당하거나 이별을 선고받아 슬픔에 빠지는 꿈

이 꿈은 두 가지로 해석한다. 만약 미래를 예시한 예지몽이라면 실제로 연인을 잃게 될 것이다. 그러나 예지몽이 아닌 심적 몽이라면 해석은 전혀 달라진다. 자신에게 요즘 들어 달리 좋아하는 사람이 생겨서 연인을 잃는 꿈을 꾸므로써 자신의 갈등을 합리화시키고 있다.

- **연인과 성관계를 갖는 꿈**

  꿈 자체를 두고 보았을 때는 매우 충격적이지만 정작 꿈풀이를 하고 보면 전혀 반대의 의미가 나타난다. 대인관계상의 충돌이나 오해, 재물 손실 등의 불상사를 당할 징조이므로 주의가 필요하다.

- **아직도 잊지 못하는 과거의 연인이 꿈에 자주 나타나 때로는 식사를 같이 하기도 하지만, 어떤 때는 아무리 부르면서 뒤쫓아도 뒤돌아보지도 않고 가 버리는 꿈**

  과거의 애인으로 표상되는 새로운 상대자가 나타나지만 당분간 결혼까지는 성사되지 않는다.

- **연인에게 사랑의 감정을 듬뿍 담아 정성스레 편지를 쓰는 꿈이나 전화를 걸어 밀어를 속삭이는 꿈**

  한마디로 성적인 욕망을 상징하는 꿈이다. 꿈속에서 편지나 전화를 한다는 것은 실제로 육체적인 교류를 갖고 싶다는 은밀한 소망이 반영된 것으로 풀이한다.

🐾 연인과 분위기 있는 레스토랑에서 함께 식사를 하는 꿈

이 꿈 역시 사랑하는 상대와의 성적인 접촉을 소망하는 심리가 반영된 것으로 풀이한다. 그저 가벼운 키스이든 깊은 관계에 빠지든 간에 평소의 성적인 욕망이 식사를 함께 하는 꿈으로 나타난 것이다. 특히 남성들이 많이 꾸는 꿈이다.

의사·간호사에 관한 꿈

운기가 향상하고 있는 증거다. 의사나 간호사에게는 '보호'의 의미가 있으므로 당신의 결점, 부족한 것을 가르쳐 주고 있는 꿈이라고 할 수 있다. 그러므로 소망을 이루고 싶고, 목적을 달성하고 싶다면 우선 약점을 주시하고 자신의 결점을 고치는 일부터 시작해야 한다. 그리하면 모든 일이 반드시 운좋게 전개되기 시작할 것이다.

🐾 의사가 몸 속에 내시경을 넣어 투시하는 꿈

전문가한테 맡겨 모든 일들을 효율성있게 처리하게 된다.

🐾 전문의한테 수술을 받는 꿈

마음에 새겨둔 병적 결함으로 인하여 수술을 받을 수도 있다. 어떤 조직체에서 새로운 변화로 인하여 구조 조정을 하게 된다.

🐾 의사가 직접 집으로 왕진 오는 꿈

후원자를 만나 협조와 도움을 받고 새로운 발전을 가져다준다.

- 의사를 찾아 헤매거나 두리번거리고 있는 꿈

  골치 아픈 문제나 곤란한 문제의 해결책을 찾아 방황하고 있다는 암시다. 특히 남성의 경우는 자신이 어떻게 살아야 하는지에 관한 인생론 전반을 생각하고 있다는 심리적인 꿈이다.

- 의사에게 진료를 받는 꿈

  병환 중의 환자가 이런 꿈을 꾸었다면 회복의 기미가 나타나고 있음을 알리는 길몽이다. 아울러 이 꿈은 일반적으로 자신의 운세가 호전되고 있음을 나타낸다.

- 의사가 자신에게 화를 내고 있거나 어떤 주의, 경고를 주는 꿈

  이 꿈에서의 의사는 아버지의 상징이다. 따라서 근래에 아버지와 모종의 대립이 있었거나, 아버지의 기대에 어긋난 행동을 하여서 자신이 불안하게 생각하고 있다는 징조다.

- 의사가 송장을 만지는 꿈

  윗사람이나 귀인을 만나 물질적 도움을 받고 사업이 날로 번창해진다.

- **병원에서 간호사가 보이는 꿈**

  연인이나 친구를 만나 도움을 받고 새로운 변화를 가져오게 된다.

- **간호사로부터 약을 받는 꿈**

  친구나 애인으로부터 마음을 담은 선물을 받는다.

- **간호사가 자신의 병석에서 거들고 있는 꿈**

  병석에 있는 자신은 어떤 일거리나 작품을 상징할 수 있으므로, 그런 일과 관계해서 도와 줄 협조자가 있음을 뜻한다.

요정에 관한 꿈

요정이나 천사의 꿈은 상당히 좋다. 이것은 운세 상승을 나타내며, 일상생활에서 대단히 운 좋은 사건이 일어나는 예고이다. 좋아하는 사람과 사랑에 빠진다든가, 갖고자 했던 것이 손에 들어온다든가, 혹은 복권에 당첨된다든가…. 가까운 시일 안에 기쁜 이변이 일어날 것이다.

- **여러 명의 요정들에 둘러싸여 자신이 행복한 표정을 짓고 있는 꿈**

  매우 재수 좋은 꿈이다. 특히 사교나 인기의 면에서 길몽인데, 진심으로 자신을 위해 주는 친구들과 더불어 일평생 행복하게 살게 될 징조이다.

◐ **길을 찾고 있는데 갑자기 요정이 나타나 자기를 따라오라며 앞서 인도하는 꿈**

현재의 직위에서 입지가 강화되거나 승진하게 되며, 직장 상사나 고용주의 신임을 한몸에 받게 된다. 또한 귀인이나 협력자가 나타날 징조이기도 하다.

경찰관에 관한 꿈

당신의 현재의 생활에 궁핍함을 느끼고 있을 것이다. 인간 관계나 일로 얽매여 있는지라 어디론가 달아나고 싶은 기분이 아닐까. 정신적으로 약간 지친 상태이다. 운수도 전반적으로 내리막길이므로 이쯤에서 마음을 정리할 필요가 있다.

◐ **경찰관이 집 안으로 들어오는 꿈**

집안에 우환이 생기고 싸움, 소송이 생기거나 질병에 걸리게 된다.

🌱 경찰에 쫓기는 꿈
좋지 않은 일이 생길 징조임. 입학이나 취직 시험을 앞둔 사람에게는 합격될 가망이 적다.

🌱 자신이 경찰에게 연행되어 가는 꿈
불길한 꿈으로서 중병 환자나 나이 많은 노인의 경우에는 저승사자에게 끌려 간다는 것을 예고해 주는 꿈이다.

🌱 자신이 경찰이 되어 범인을 잡는 꿈
골치가 아프던 사업 문제나 돈문제로 찾던 사람을 뜻밖에 찾는다.

🌱 경찰관이 범인을 향해 총을 쏘는 꿈
지금까지 어렵던 일들이 한순간에 싹 풀리기 시작한다.

🌱 경찰관으로부터 밥을 얻어먹는 꿈
일이 잘못되어 유치장에 갇히게 되거나 질병에 걸린다.

🌱 길거리에 경찰관이 서 있는 꿈
출장과 여행길에 장애가 생기거나 교통 사고가 발생한다.

목소리에 관한 꿈
이것은 우선 영몽이라고 생각하면 된다. 자신의 생명의 원천으로부터 나온 목소리라고 말할 수 있을 것이다. 그것은 당신의 인생을 이끄는 목소리. 당신이 나아가야 할 길, 정말로 해야 할 일, 그리고 어떻게 살아야 할까, 이러한 것들의 도표가 될 만한 힌트가 그 말 속에 있을 것이다.

또 인생의 중대한 경고인 경우도 있다. 좋게도 나쁘게도 당신의 인생을 크게 결정짓는 조언을 얻을 수 있는 꿈이다.

허리에 관한 꿈

허리는 하고자 하는 마음의 상징이다. 꿈속에서 허리가 강조되는 경우는 당신의 기력, 체력이 이후 점점 건강해 감을 알려주고 있다. 무슨 일이든지 의욕적으로 몰두할 수 있는 날이 온다. 당신 자신이 여러 면에서 자신을 가지고 의욕이 솟아나고 있기 때문에 꾸는 꿈이라고 할 수 있다.

● **할머니처럼 허리가 꺾여 지팡이를 짚고 있거나 허리가 부실하여 물건 하나 들어 올리지 못하는 꿈**

허약한 허리는 임신에 대한 유산 불안, 즉 아이를 잃게 되거나 아이를 갖는데 대한 불안 심리를 반영하고 있다. 또는 건강이 나빠질 징조다.

아이에 관한 꿈

기본적으로 행복한 꿈이다. 미지의 재능, 소망이 열릴 때에 꾸기 쉬운 꿈이다. 공부나 업무면의 능률 향상을 예고하는 신호라고 생각하고 지금까지와 같이 열심히 생활하기 바란다.

아이를 손바닥으로 때리는 꿈

미혼인 사람이 이런 꿈을 꾸었다면 자위 행위의 상징으로 풀이한다. 기혼이 이런 꿈을 꾸었다면 자신의 아이에게 좋지 않은 상황이 펼쳐지고 있을지도 모르므로 생활 점검을 통해 바로잡아 줄 필요가 있다.

아이나 어린아이가 바다에 뛰어드는 꿈

여성이 이런 꿈을 꾸었을 경우에는 출산이 임박했음을 알리는 예지몽이다.

죄인에 관한 꿈

누군가 감옥에 들어가 있거나 자기가 감옥에 갇혀 있는 꿈은 당신이 소중히 지키고 싶은 것이 있다는 것이다. 설령 시대에 뒤떨어졌거나 주의가 받아들여지지 않더라도 당신만은 그것을 소중히 하고 싶다고 생각하고 있는 것이다. 상냥함, 동정심이 있는 사람 즉, 마음이 풍요로운 생활을 하고 있는 사람이 꾸는 꿈. 대단히 좋은 꿈이다.

- 감옥에 갇히는 꿈

  재물이 생기고 진행 중인 일이 순조로울 것이다.

- 감옥 속에 갇혀 나오려 해도 나오지 못하는 꿈

  장차 부귀를 누릴 길몽이다.

- 실제로 복역 중인 사람의 꿈에 감옥이 무너지거나 감옥 문이 부서지는 꿈

  특사를 입어 옥에서 풀려나게 된다.

- 자신이 죄를 짓고 자수하여 스스로 옥에 들어가는 꿈

  꿈에서 옥에 갇히는 것은 길몽이지만, 스스로 옥에 들어가는 꿈은 장차 좋지 않은 일이 생길 징조이므로 조심해야 한다.

- 감옥에서 형벌을 받는 꿈

  도리어 영귀할 길몽이다.

상사에 관한 꿈

실생활에서 어떤 문제가 벽에 부딪혀 있지 않은지? 실력을 발휘하고 싶은데 환경이 허락하지 않는 등의 막다름을 느끼고 있을 때에 종종 꾸는 꿈이다. 만일 꿈속의 인물이 존경하는 상사, 선배라면 당신은 능력의 한계를 느끼고 있다고 하겠다. 어느 쪽이든 업무상의 실수, 시비에 주의를 요한다.

비서에 관한 꿈

자신의 수족이 되어 움직여 주는 인물의 꿈이다. 이것은 게으름뱅이의 심리가 나타나는 것으로 남이 자동적으로 뭔가를 해주어 일이 잘 진행되기를 바라고 있는 증거이다. 요컨대 남을 믿고 있다는 얘기다. 당신은 약간 지쳐 있어 심신의 재충전이 필요한 시기다.

심장에 관한 꿈

일이 힘차게 진전하고 있는 신호. 열기가 고조되고 충실한 시기를 맞을 암시이다. 꿈을 꾼 후에도 왠지 가슴이 설레고 두근거리는 경우에는 더욱 행운이며 운세도 최고이다. 그러나 답답한 느낌이 있는 경우에는 체력, 운세가 저하해 가는 암시로 주의를 요한다.

- 심장이 두근거리거나 터지는 듯하여 애써 진정시키는 꿈
  심장이 두근거릴 뜻밖의 일이 발생한다. 특별히 청춘 남녀에게는 길몽이다.

심장이 없어지거나 난도질당하는 꿈

중요한 물건이나 소중한 사람을 잃게 될 암시다. 상실에 따른 슬픔과 고뇌, 실연을 반영하고 있다.

저녁 식탁에 오른 누군가의 심장 요리를 맛있게 먹고 있는 꿈

섬뜩한 꿈이지만 반대로 사랑이 절정에 도달할 암시다. 사랑의 대상에게 구애를 한다면 틀림없이 받아들여질 것이다.

신체 장애에 관한 꿈

귀가 들리지 않는다거나 눈이 보이지 않게 되는 꿈은 실로 자유롭지 못하고 운세가 저하되는 때이다. 남으로부터 배반을 당하거나 약혼 취소 등을 예고한 좋지 못한 꿈이 된다. 현실의 자신이 이미 그러한 사태를 예감하고 있기 때문에 꾸는 꿈으로 세상을 직시하고 싶지 않은 심리가 움직이고 있다고 생각할 수 있다.

- **신체 장애가 있는 어린아이나 갓난아이의 꿈**

  일이 실패로 돌아가거나 크게 실망할 일이 생길 것을 나타내는 징조이므로 주의가 필요하다.

죽은 사람에 관한 꿈

영몽일 가능성이 크다. 죽은 사람이 당신에게 뭔가를 알리고 싶어 하는 꿈이라고 생각해야 한다. 그 사람이 즐거운 분위기라면 당신은 영혼에 의해서 틀림없이 잘 보호받고 있다는 얘기다. 원망스러운 분위기라면 당신이 그 사람에게 죄책감을 느끼고 있는 증거이다. 어떤 경우이든 이 꿈을 꾸면 성묘를 해야 한다.

- **조상·가족·친척·친구 중에서 평소 자기에게 이롭게 해준 인물이 등장하는 꿈**

  실제로 자기에게 협조적인 어떤 사람의 동일시이다.

- **가문을 이롭게 했던 조상이 대문으로 들어오는 꿈**

  가운이 확 트인다.

- **부모·조상 중의 누군가 갓난아이를 업고 걸어가는 꿈**

  윗사람 또는 직장 상사 등이 병들거나 사업상 고통을 받는다.

- **조상 중의 한 분에게 큰절을 하는 꿈**

  상속을 받거나 관청에 소청할 일이 생긴다.

- **신령·조상 등이 자기를 사랑하는 태도를 취하는 꿈**

  은인·협조자 등에게 큰 도움을 받는다.

- 조상 중의 누군가 자기 몸이나 머리를 쓰다듬으며 불쌍하다고 우는 꿈

  병들거나 큰 위험에 직면한다.

- 조상이 슬퍼하는 꿈

  호주나 직장 상사에게 불행이 닥치고, 자기도 그 영향을 받게 된다.

- 조상이 집을 나가는 꿈

  사업이 곤란해지거나 살림이 궁색해진다.

- 죽은 사람과 꿈속에서 담소를 나누고 있거나 얘기를 주고받으면서도 전혀 이상하게 생각하지 않는 꿈

  금전상의 이득이나 행운, 사업의 발전이 자신을 향해 다가오고 있다는 징조이므로 대길몽으로 풀이한다.

🌱 자신이 이미 사망한 부모나 형제, 친구, 아는 사람들을 따라 강이나 바다를 건너는 꿈

이 꿈은 죽음을 암시하는 흉몽으로 여긴다. 죽은 사람과 함께 다리를 완전히 건너거나 배를 타고 항구를 나가거나 문을 나가거나 출국하는 꿈도 마찬가지로 해석한다. 죽음이 아니라도 중증의 질환이나 신상에 닥칠 불운을 예시한다.

🌱 죽은 사람이 꿈에 나타나 자신에게 어떤 주의를 주거나 경고를 하는 꿈

이것은 대부분 예지몽으로 파악한다. 주의받거나 경고받은 사항에 대해서는 주의를 요한다.

🌱 자신이 죽은 사람을 끌어안고 있는 꿈

대단한 길몽이다. 특히 죽은 사람이 부패하여 흉한 몰골일수록 자기에게 들어오는 행운은 크다. 소원이 성취되고 현재의 상황이 발전적으로 진전될 암시이다.

🌱 죽은 사람(부모·친척·형제·친구·동료 등)과 식사를 하고 있는 꿈

죽은 사람과 함께 먹은 음식이 만약 죽은 사람이 준비했거나 제공한 것이었다면 대단한 흉몽이다. 죽음의 예시로 풀이하거나 질환, 신상에 닥칠 액운의 예시로 판단되므로 생활에 각별한 주의가 필요하다. 그러나 그 음식을 누군가 이미 차려 놓았거나 자신이 차린 것이라면 행운이 찾아들 징조이다.

스파이에 관한 꿈

스파이란 즉 비밀을 탐색하는 인물, 비밀을 폭로하는 인물을 의미한다. 문자 그대로 감춰져 있는 비밀이 폭로되거나 주위의 누군가에게 배반을 당할 예고이다. 앞으로 한동안은 인간 관계가 악화될 듯한 기미다. 잊어서 안 되는 것은 남에게 배반당하는 것은 자신도 언젠가 남을 배반했기 때문으로 실로 인과 응보이다.

스파이를 잡는 꿈
암거래 상품을 취급하거나 중개해서 재물을 얻는다.

간첩을 신고하는 꿈
상품의 매매처를 구하게 되고, 누가 데려가면 중간업자나 상인에게 매도 처분된다.

성기性器에 관한 꿈

넘치는 에너지를 상징한다. 기력, 체력이 튼튼하고 의욕이 높아지는 시기이다. 그 중에서도 예술가, 디자이너 등 창조적인 일

을 하고 있는 사람에게 있어서는 발상, 아이디어가 풍부해지는 시기임을 나타내고 있다. 운수도 상승중.

- 이성의 성기가 유난히 돋보이는 상태에서 만족한 성교를 하는 꿈

  자기가 성취시키려던 일이 순조롭게 이루어지며, 다른 사람의 찬사를 받는다.

- 성기가 발기하지 않아 초조해하는 꿈

  사업에 대한 의욕 상실이나 패배 등을 상징한다.

- 성기가 뽑히거나 잘리는 꿈

  사업 실패나 자존심의 상실 등을 체험한다.

- 대담무쌍하게 대중 앞에 성기를 내놓고 과시 또는 성교하는 꿈

  자기 계획을 다른 사람 앞에서 자신만만하게 과시하게 된다.

- 상대방이 성기를 볼세라 감추거나 부끄럽게 생각하는 꿈

  자신이나 사업에 자신이 없어 위축된다.

- 남근이 용머리로 변신하는 꿈

  넘치는 에너지와 정신을 가지고 일약 스타가 되어 출세하게 된다. 입신 출세 · 승리 · 성공 · 소원 성취 등이 이루어진다.

- 남근이 전봇대만큼 커 보이는 꿈

  이익과 목적을 위하여 박력있게 업무를 수행하게 된다.

- 남근이 포경으로 되어 있는 꿈

  보수적인 사상을 버리지 못하고 케케묵은 옛것만 고집한다.

◉ 낯 모르는 여자에게 남근을 떼이는 꿈

바람기가 동하여 바깥 출입이 잦아진다. 재물과 돈을 떼인다.

◉ 고추가 점점 작아지는 꿈

집안 재산이 줄고 재물과 돈이 나간다. 지출·소비·어려움 등이 생긴다.

◉ 여자의 옥문이 짝짝이로 보이는 꿈

멋지고 이상적인 애인을 따로 두게 된다. 이중 성격, 겹애인이 있다.

◉ 여성의 옥문이 배꼽 위에 있는 꿈

천박한 행동으로 인하여 남의 눈총을 받는다. 몸을 함부로 내둘린다.

◉ 여성의 옥문 속에서 금은 보화가 쏟아지는 꿈

재물과 돈이 생기고 여자로 인하여 도움을 받게 된다. 곗돈이나 적금을 탄다.

치한이 여성의 옥문을 훔쳐 만지는 꿈
대중이 보는 앞에 망신살이 뻗치게 된다. 구설수에 시달리며 불운이 생긴다.

여성의 옥문이 곱게 잘 생긴 꿈
총각이 이런 꿈을 꾸면 행운의 여신이 사랑스러운 여인을 안겨다 주고, 숙녀가 꾸면 보지 못할 욕된 일이 생기며, 숫처녀가 꾸면 애꽃봉오리처녀막를 터뜨린다. 혹, 구설수와 망신살이 뻗친다.

소변 볼 때 노출된 성기를 상대방이 칭찬해 주는 꿈
발표된 작품에 감동할 일이 생긴다.

이성이 성기를 노출시켜 보이는 꿈
사업상 상대방을 유혹할 일이 있거나 자기 실력을 과시할 일이 생긴다.

여성이 소변 보는 것을 목격하는 꿈
어떤 사람에게 사업상 패배하거나, 상대방이 성공을 거두는 것을 보고 불쾌해진다.

여성이 남성의 성기를 만지는 꿈
남편이나 자식·작품 등으로 심적 고통을 받는다.

남성이 여성의 성기를 만지는 꿈
어떤 사람과 사업을 같이 하려 하거나 상대방의 작품 등을 검토할 일이 생긴다.

● 여성이 알 수 없는 두 개의 남성 성기를 손에 쥐고 비교하는 꿈

두 남자나 두 가정, 또는 두 개의 작품을 비교해 볼 일이 생긴다.

● 이성간에 서로의 성기를 만지는 꿈

서로의 작품이나 사업 방도를 검토해 볼 일이 생긴다.

세일즈맨에 관한 꿈

무거운 심리 상태를 나타내는 것으로 자기를 자제할 수 없는 상태이다. 이러한 꿈을 꿀 때에는 일의 능률이나 운세도 저하하고 있는 시기다. 세일즈맨이라는 존재는 당신의 심약한 의지를 상징하고 있는 것이다. 과거로 돌아가 처음부터 다시 해 보아야 한다. 혹은 태도를 바꿔 대담하게 나설 필요도 있을 것이다.

선생님에 관한 꿈

선생님은 권위나 목표를 상징하고 있다. 이 꿈을 꿀 때는 목표나 이상을 향해 한 발짝 한 발짝 착실히 나아가고 있을 때이며,

진로를 망설이지 않음을 나타내고 있다. 만일 낯선 선생이 꿈에 보이면 자신감을 잃었을 때나 아이 때로 되돌아가고 싶을 때, 책임을 포기하고 싶을 때 등이며, 당신이 현실로부터 도망치고 싶은 기분을 가지고 있음을 알려주고 있다.

옛 은사를 만나는 꿈
사업상 은혜로운 협조자와 만나게 된다.

은사가 들판에서 걸어오는 꿈
상낭한 시일이 경과한 후에야 계획한 일이 성사된다.

재학생의 꿈에 존경하지 않는 선생님이 나타나는 꿈
윗사람에게 책망을 듣거나 직장에서 불쾌한 일이 생긴다.

여행에 관한 꿈

자신이 여행자가 되어 있는 꿈은 가능성을 찾고 있다는 의미가 있다. 당신은 지금 일을 탐욕스럽게 흡수하려고 하고 있을 것이다. 새로운 뭔가를 시작하기에 좋은 시기이다. 낯선 여행지인 경우는 지나간 재난을 의미한다. 일상생활 중에서 흔히 있는 사고를 만나거나 일 등에서 실패할 가능성이 있다. 질병이나 부상에도 주의하라는 신호이다.

교통 수단을 이용하는 꿈
단체의 일원이 되어 협조자와 더불어 일을 진행시킨다.

👁 **수학 여행을 떠나는 꿈**

팀의 일원으로 일에 종사하게 된다.

👁 **외국 여행을 떠나는 꿈**

미개척 분야의 일에 착수하거나, 외부 기관의 협조에 의하여 일이 달성되기도 한다.

👁 **긴 여행을 하고 있는 꿈**

실생활에서 우여곡절이 심하거나 직장에서의 일이 혼란스럽다.

👁 **짐을 잔뜩 가지고 여행하는 꿈**

그 무게의 비중에 따라 일에 대한 고통이나 근심·걱정이 따른다.

👁 **지팡이를 짚고 여행하는 꿈**

협조자와 함께 일의 진행이 수월해진다.

여행 중 하늘·해변·길 등에 발자국을 남기는 꿈
자기의 행적·업적 등을 기록으로 남기거나 세상에 널리 알리게 된다.

쌍둥이에 관한 꿈
쌍둥이 꿈은 불운을 의미한다. 무슨 일이든 두 가지로 나뉘어 버리기 때문에 운수는 분단되고, 기쁨은 반감되고, 애정도 불화를 초래하게 된다. 가정 내 싸움이 일어나기 쉽고 건강운도 하강 중이다. 쇠퇴할 운수를 안고 있으므로 이 시기는 신중하게 생활할 것을 권한다.

쌍둥이를 낳았는데 한 아이는 잘 생기고 한 아이는 못생긴 꿈
두 가지 일 또는 작품을 생산하는 데 우열이 생긴다.

강도에 관한 꿈
강도나 빈집털이를 만나는 꿈은 의외로 행운의 꿈이다. 이것은 소망이 이루어지기 바로 직전의 꿈이라고 해도 좋을 것이다. 이것에는 번거로운 것을 모두 제거하고 싶다는 생각으로 인생을 운에 맡기고 있는 심리가 있다. 요컨대 빈집털이를 만난 일로 오히려 기분이 후련하다는 얘기다. 당신의 인생에 새로운 전기가 기다리고 있는 것 같다.

강도를 처치하는 꿈
급하고 벅차며 곤란한 문제가 깨끗이 해결되거나 일이 성취된다.

강도에게 살해되거나 부상을 입은 꿈
작품이나 일의 성과에 대해서 높은 평가를 받게 된다.

도둑이 와서 벽을 뚫는 꿈
일 또는 연구 등에 깊이 참여할 기회가 있게 된다.

도둑을 보고 두려워 떠는 꿈
벅차고 고통스러운 일에 직면하거나 반대자와 대결한다.

도둑이 들어와 물건을 잔뜩 훔쳐 가는 꿈
근심거리나 질병 등 재앙이 없어질 것이다.

무섭고 힘세어 보이는 도둑이 들어와 버티고 있는 꿈
장차 상서롭지 않은 일이 생길 것이다.

도둑의 칼에 찔려 피를 흘리는 꿈

뜻밖에 횡재하거나 좋은 일이 생긴다.

형제·자매에 관한 꿈

꿈속의 형은 자신을 인도하거나 꾸짖어 주거나, 혹은 보호해 주는 존재다.

당신이 여성이라면 이상적인 남성으로 바꿔 놓는 수도 종종 있다. 그리고 그러한 존재를 바라고 있기 때문에 꾸는 꿈이다.

운세적으로는 상당히 좋으며, 업무면에서도 행운을 얻는 암시다. 누나가 나타나는 꿈은 지금 하고 있는 일이 원활히 잘 진척되어 간다는 암시로 역시 행운을 의미한다. 누구든 가장 가까이에 있고 당신을 견실히 인도해 주고 있는 존재. 그것이 형, 누나이며, 당신이 순조로운 진로를 걸어가고 있기 때문에 꾸는 꿈이다.

형이나 동생, 언니가 사고를 당해 죽는 꿈

이 꿈이 예지몽이라면 평소 주의를 요한다. 정말로 현실에서 그런 일이 일어날 가능성이 있기 때문이다. 그러나 상징몽이나 심적몽이라면 자신이 라이벌로 생각한 상대나 요즘 들어 적대관계에 있는 사람을 넘어뜨리고 자신이 우위에 서고 싶다는 소망의 표출이라고 볼 수 있다.

자신이 어린 시절로 되돌아가서 형제나 자매와 장난치면서 재미있게 놀고 있는 꿈

성적인 욕망이나 자위 행위를 상징한다.

🐸 형제와 자매들이 한 집에 모여 담소하고 있는 꿈
부모님에게 변고가 생기거나 가족 중에 우환을 겪을 사람이 생긴다.

🐸 형제나 자매가 결혼하는 꿈
꿈에 결혼을 한 그 당사자에게 모종의 불길한 일이 닥칠 징조다. 혹은 결혼하는 형제나 자매의 신상에 예기치 못한 일 질환이나 사고이 생길 수 있다.

🐸 나란히 함께 걷던 형제나 자매가 갑자기 보이지 않는 꿈
사업상의 불운을 나타내며, 소망하던 일이 도중에 어긋나는 불길한 암시다. 특히 동업자나 협력업체 문제로 자신의 사업체까지 피해를 입게 된다. 아울러 가까운 친척들과 관련된 일로 말썽이 나타날 징조다.

🐸 오빠나 언니 여동생·남동생와 함께 멀리 펼쳐져 있는 길을 바라보며 함께 걷는 꿈
여행을 떠나거나 업무상 해외 출장을 갈 기회가 생긴다. 혹은 온 가족이 협력하여 해결할 문제가 생길 징조다.

- 형제끼리 주먹질을 하거나 언니나 여동생이 서로 치고받으며 다투는 꿈

큰돈이 들어올 행운의 꿈이다. 또는 직장에서 신임을 받아 요직으로 자리를 옮긴다.

부모에 관한 꿈

행운인 꿈이다. 당신의 인기, 평판이 상승하고 있는 암시로 주위의 신뢰를 얻어 생동감 넘치는 생활이 시작되려고 한다. 무엇이든 순조로운 시기이다. 부모가 각각 단독으로 나타나더라도 같은 의미이다.

- 다 큰 자신이 어머니의 젖을 먹고 있는 꿈

외부의 도움으로 금전적인 이득을 얻을 징조다. 예기치 않은 행운이 찾아올 암시이기도 하다.

- 자신이 어머니를 죽이거나 자신이 다른 사람의 어머니를 죽이는 꿈

꿈 내용은 끔찍하지만 현실적으로는 비교적 길몽에 속한다. 현재의 환경을 버리고 새로운 세계로 뛰어들려는 자신의 심리적 상황을 암시한다. 혹은 새로운 환경에 뛰어들어야만 발전의 가능성이 열린다는 주의성 심몽이기도 하다.

- 어머니가 병환이 깊어져 자리 보전하게 되는 꿈

꿈꾼 사람이 여성이라면 어머니가 되어야 한다는 사실을 부담스러워하고 있거나 거부하고 있다는 징조다. 그 외에는 어머니와 자신의 사이에 문제가 생겨 불편해진다는 것, 가족들에게

걱정거리가 생길 암시로 풀이할 수 있다.

- **어머니가 웨딩드레스를 입거나 고운 한복을 차려 입고 결혼하는 꿈**
  대단히 불길한 꿈이다. 어머니가 사망하거나 중병에 걸리게 되고, 가족간에 뜻이 맞지 않아 불화할 징조다.

- **어머니에게 심한 꾸중을 듣고 있는 꿈**
  신병상 주의를 촉구하는 예지몽이다. 자신의 부주의로 인하여 다툼이 생기거나 신변에 위험이 따르게 된다.

- **어머니가 몇 명의 아이들을 돌보고 있는 꿈**
  자신의 능력을 인정받지 못해 좌절감에 빠지게 될 징조다. 혹은 뜻밖의 구설수에 오르거나 사건에 휘말려 들게 된다.

- **돌아가신 어머니가 생전의 모습으로 나타난 꿈**
  사신의 신상에 우환이 겹치거나 불의의 사고를 당할 수 있으므로 주의 요망. 무엇을 경고하는지는 꿈속에서 어머니가 어떤 표정을 짓고 어떤 말을 했는지에 따라 판단한다.

- 어머니가 자신의 숨통을 조이고 있거나 괴물로 변해서 자신을 뒤쫓으며 괴롭히는 꿈

  심리적인 의미를 나타낸다. 어머니로부터 정신적으로 자립하고자 하는 자신의 의지와 이로 인하여 발생하는 어머니와 자신의 불편한 관계를 상징적으로 반영한 꿈이다.

- 자신이 일하고 있는 직장에서 가장 싫어하는 상사 혹은 권위적인 사장이 바로 아버지로 나타난 꿈

  평소 아버지에 대해 불만이 많은 사람이 주로 꾸는 꿈이다. 혹은 실제의 심리가 반영된 심적몽이라고 할 수 있다. 이 꿈은 그대로 싫어하는 직장 상사나 권위적인 사장에 대한 자신의 반발심을 보여 주는 경우라고 볼 수 있다.

- 집 밖을 나서려는데 사납게 생긴 개가 대문을 가로막고 자신을 노려보고 있어서 깜짝 놀라 들여다보니 개의 머리가 바로 아버지의 얼굴이었던 꿈

  이런 종류의 꿈은 주로 여성들이 꾼다. 아버지가 지나치게 엄격하다면 딸은 늘 속으로 그런 아버지의 성격을 못마땅하게 생각했을 것이다. 그래서 늘 자신을 속박한다고 믿는 아버지가 집을 지키는 맹견의 모습으로 나타난 것이다. 결혼한 여성이 이런 꿈을 꾸면 가부장적인 남편이나 시댁 식구들로 인한 속박감, 스트레스가 반영된 것이다.

🌀 **자신이 안개 속에서 길을 잃어 당황하고 있을 때 아버지의 목소리가 들려 그쪽으로 가 보았더니 아버지는 보이지 않고 아버지의 소리가 녹음된 카세트가 놓여져 있는 꿈**

이 꿈은 정신적인 내용을 상징한다. 자신의 인생관이나 가치관이 뿌리째 흔들리고 있으며, 여태까지의 사고방식은 너무나 어리석은 것이었음을 스스로 한탄하고 있다. 자신의 외형적인 모습에 속고 살아왔음을 반성하는 꿈으로 풀이할 수 있다.

부랑자에 관한 꿈

보고 싶지 않은 자기의 모습을 상징하고 있는 꿈이다. 싫은 꿈 같지만 상서로운 운세를 나타낸다. 자기의 성격적, 기술적 결점을 개선하고 싶다고 생각하는 암시이므로 생활면, 업무면이 순조롭게 전개될 것 같다. 향상심이 있는 사람이 꾸는 꿈.

🌀 **구걸하는 거지에게 동냥을 주는 꿈**

근심·걱정이 말끔하게 해소된다.

🐾 아는 사람이 거지가 된 것을 보는 꿈
신분이 몰락하거나 고독한 사람을 만나게 된다.

🐾 자기가 거지꼴로 나타나는 꿈
직장에서 강등되거나 좌천된다.

🐾 거지와 동행하는 꿈
외로운 사람과 함께 일을 하거나 개선되어야 할 일을 맡는다.

탐정에 관한 꿈

탐정이 되어 있는 꿈은 자기의 힘으로 문제를 해결할 수 있다는 의미로서 곤란에 부딪쳐도 타개할 수 있다는 암시다. 행동력·인내력·지속력이 남보다 뛰어남을 일러주는 좋은 꿈이다. 반대로 누군가에게 조사당하고 있는 꿈은 스파이 꿈과 같이 불운한 의미로 역전, 배반을 당한다는 예고다.

🐾 탐정이 선글라스를 끼고 범인을 추적하고 있는 꿈
이는 요즘 자신이 불륜 관계나 사회적으로 물의를 일으킬 만한 이성 교제를 함으로써 그 비밀이 폭로될 것에 대한 두려움을 상징하는 꿈이다. 혹은 결혼에 대한 갈등과 불안을 나타내고 있다.

🐾 자신이 탐정의 미행을 받고 있어서 가슴이 두근두근했던 꿈
심리적인 상황을 반영하는 심적몽이다. 어떤 일로 마음이 불안해져 있거나 도덕적으로 꺼림칙한 느낌을 가지고 있을 때 이런 종류의 꿈을 꾼다.

아는 사람에 관한 꿈

아는 사람은 자기의 성격의 일부라고 생각해야 한다. 스스로는 깨닫지 못한 자기의 성격, 정말로 하고 싶은 일이나 무엇을 바라고, 무엇이 결핍되어 있는 것일까 등에 대한 해답은 아는 사람이 한 말이나 태도를 상기하면 찾게 될 것이다. 꿈속에서 화내고 있다면 그것은 자신이 화내고 있는 것이며, 싱글벙글 웃고 있다면 바로 자신이 만족하고 있는 것이다.

친구에 관한 꿈

꿈에 친구가 나왔을 때는 당신이 좋은 인간 관계를 쌓고 있다는 증거로서 그 친구와 협력 관계를 유지하고 있기 때문에 꾸는 꿈이다. 만일 인생의 시비거리를 안고 있을 때에는 친구의 표정, 태도가 문제 해결에 얼마간의 힌트가 되는 경우도 있다.

🌑 친구와 멱살을 잡고 싸우거나 격렬한 언쟁을 하는 꿈

갈등이 있다고 해도 곧 해결될 전망이 있음을 예시한다. 혹은 두 사람 사이의 우정에 솔직해지라는 경고성 꿈으로도 풀이한다.

🌑 오래간만에 친구의 집을 방문을 해서 우정을 재확인하는 꿈

곧 좋은 소식을 듣게 된다. 혹은 곤경에 처해 있는 현 상황을 스스로 극복하고 해결하려는 의지가 강함을 상징하고 있다.

🌑 친구가 얼굴이 달라지도록 짙은 화장을 한 것을 본 꿈

라이벌에게 지휘권을 빼앗기거나 사업체의 명의나 간판 등이 바뀜을 보게 된다.

피를 흘리는 사람에 관한 꿈

좋은 징후라고는 할 수 없다. 피는 모든 사물의 근원을 상징하는 것이다. 그러므로 모든 사물이 근본적으로 뒤집힐 우려가 있다. 벽에 부딪히고 침체 상태에 빠져 자신감을 상실하는 당신을 암시하고 있다. 지금대로라면 그렇게 될 것이라는 경고의 꿈이므로, 지금 곧 고쳐야 할 것은 고치고 최대한 노력을 하여 매사에 대처하고 운수를 바꾸도록 유념해야 한다.

손톱에 관한 꿈

아름다운 손톱이 강조되는 꿈은 풍요롭고 안정된 경제를 나타내어 당신이 장래 평온한 생활을 보낼 것을 알려주고 있다. 요컨대 행복한 결혼생활을 약속받고 있다고 생각하면 된다.

반대로 더러운 손톱이 꿈에 나타나면 난잡스러운 생활을 암시하고 있다. 평소에 손가락이나 손톱은 아름답게 유지해 두기 바란다.

● **손톱이 점점 자라나서 화살처럼 뾰족하게 길어진 꿈**

이익이 상승되는 꿈이다. 그러나 손톱이 너무 길어서 손을 움직이기가 힘들거나 흉한 모양이라면 자신의 탐욕으로 인해 큰 손해를 입을 징조다.

● **책상 위에 올려진 자기 손가락을 내려다보고 있을 때 손톱이 조금씩 짧아지면서 맨살만 남는 꿈**

당분간 생활이 힘들어질 징조다. 난관에 부딪쳐 있어도 도움을 받을 곳이 없어 막막해진다. 또는 집안에 우환이 생길 징조다.

● **손톱을 깎고 있거나 다듬고 있는 꿈**

이제 게으름은 그만 피우고 일해야 한다고 경고하는 꿈이다.

손·손가락 끝에 관한 꿈

기술 향상을 의미하며, 기술과 재능에 의해서 기회를 잡을 좋은 암시이다. 깨끗하고 빛나는 손은 일이 좋은 방향으로 나아감을 알려주고 있다. 요컨대 손을 더럽히지 않고 해결된다는 얘기다. 반대로 더러운 손의 경우는 기술의 진보가 없고, 항상 고생만 따라다닌다는 불운의 암시이다.

손이 잘리거나 불에 크게 데거나 손이 마음대로 움직여지지 않는 꿈

가족과 헤어지거나 재산을 탕진하게 되고, 혹은 갈구해 오던 소원이 좌절된다. 여성의 꿈이면 눈앞이 캄캄해질 험한 일이 닥쳐 올 것이다.

자신의 손이 갑자기 작게 보이는 꿈

부하나 아랫사람에게 속임을 당한다는 예지몽이다.

손목이 잘리는 꿈

형제·자매와의 이별수가 있거나 진행 중인 일이 난관에 부딪쳐 중도에 실패할 징조다.

손가락이 끊어지는 꿈

친구와 이별할 꿈이다.

손가락이 새로 나왔다고 생각된 꿈

새로운 친구나 협력자가 생기고, 또는 새로운 사업에 착수할 것이다.

🌑 손에 털이 나는 꿈

정신적인 충격을 받을 큰 일이 생긴다.

적·라이벌에 관한 꿈

당신은 마음대로 안 되는 일이 있거나, 열등감에 시달리거나, 뭔가 해결해야만 하는 문제를 안고 있지 않은지? 무거운 짐을 지고 있는 마음이 라이벌의 모습을 빌려 꿈에 나타나고 있는 것이다. 개운치 않은 기분을 해소하려면 자신의 실력을 솔직하게 인정해야 한다. 진지하게 자신을 주시하여 처음부터 다시 단련하는 수밖에 없다.

🌑 적을 치러 갔다가 그냥 돌아온 꿈

병이 생길 징조이니 주의 요망.

치아에 관한 꿈

이가 빠지는 꿈은 매사가 좋은 방향으로 나아가고 에너지가 충족된 약동적인 생활이 새롭게 시작되는 암시다. 건강 증진도 되고, 생동감 넘치는 나날을 즐길 수 있을 것 같다. 만일 이가 나는 꿈인 경우는 반대로 과열될 기미이다. 여러 가지 일을 지나치게 하고 있으므로 조금 아껴서 하자.

- **위 앞니 하나가 쏙 빠지는 꿈**

  집안에 우환이 생기고, 부모 중 한 분이 돌아가시거나 병에 걸려 앓게 된다.

- **위 앞니 두 개가 몽땅 빠지는 꿈**

  부모님이 다 돌아가신다. 소송 등의 불운이 닥친다.

- **아랫니가 몽땅 빠지는 꿈**

  형제·자매간에 좋지 않은 일이 생기거나 심상치 않은 일이 벌어지게 된다.

- **위 앞니가 유난히 빛이 나는 꿈**

  부모님께 경사스러운 일이 생긴다. 승진·당선·합격·취득·재물 등이 있다.

- **윗니·아랫니가 몽땅 다 빠지는 꿈**

  집안에 우환이 들끓고 심상치 않은 변고가 생긴다. 우환·실패·질병·사고가 뒤따른다.

사랑니가 솟아나는 꿈
집안에 막내 자식이 생기거나 새 식구를 맞이하게 된다.

앞니 중 한 개가 뾰족하게 뻐드렁니로 툭 삐져 나온 꿈
부모에게 불효하고 가정 풍파로 인하여 타향에서 홀로 외롭게 살게 된다.

앞니가 뚝 부러진 꿈
집안에 우환이 들끓고 하는 일마다 실패하여 어려움을 겪게 된다.

알몸에 관한 꿈

기본적으로는 자신이 성장하고 있는 모습 그 자체를 나타내는 꿈이다. 그 성장 중에서 자신을 보이고 싶다, 과장하고 싶다, 좀 더 인정받고 싶다는 감정과 욕구가 강해져 있는 것이라고 생각된다. 다시 말해서 사회적으로 과소 평가를 받고 있다고 믿는 경우에 자주 꾸는 꿈이다. 정신적으로 완전히 어른이 되어 있지 못한 것인지도 모른다.

알몸이 부끄럽지 않은 꿈
신상 문제, 신분에 관한 일, 작품 등을 세상에 공개하게 된다.

알몸을 부끄럽게 생각하는 꿈
신상 문제나 비밀이 탄로나지 않기를 바라거나 창피당할 일을 경계한다.

알몸을 가릴 수 없어 당황하는 꿈
신분이나 의지, 사업의 성패와 관계하여 협조자나 방도 등이 없어 애태우게 된다.

마당이나 야외에서 알몸으로 배회하는 꿈
신분이나 사업 등에 보호자·협조자, 방도가 없어 외로움을 체험하게 된다.

나체로 이리저리 거니는 꿈
일에 대한 보장이 없거나 위탁한 작품이 채택되지 않게 된다.

방 안에서 나체로 있는 꿈
어떤 사람 앞에서 자기의 신상 문제를 허심 탄회하게 털어놓을 일이 있게 된다.

나체로 서서 대소변을 배설하는 데 부끄러움이나 더러운 느낌이 없는 꿈
상대에게 여지껏 숨겼던 과거를 깨끗이 털어 놓고 새로운 희망을 갖게 된다.

거울 앞에서 벌거벗고 반가운 사람을 만나는 꿈
그 사람에게 고독감이나 다른 사정을 이야기하게 된다.

코에 관한 꿈
코는 의지가 강함을 상징하는 부분이다. 꿈에서 본 코가 멋진 코라면 당신의 운세는 호조의 상태. 매사가 전반적으로 좋은 방향으로 나아갈 것이다. 반대로 빈약한 코가 강조된 경우는 운수도 내리막길이다. 한동안은 업무면, 경제면에서도 그다지 풍족하지 못한 상태가 계속될 것 같다.

코가 크고 콧구멍이 환히 들여다보이는 꿈
그럴 듯하게 보이지만 속으로는 실속없는 생활을 하게 된다.

상대방의 코가 단단하고 뻣뻣하게 보이는 꿈
까다로운 고집쟁이를 만나 말이 통하지 않고 울화통이 터지게 된다.

콧등에 흉터가 있는 꿈
재산상 손해를 보거나 실패하게 된다. 재물 파손, 불행이 닥친다.

코가 좌우로 비뚤어진 꿈
하는 일이나 사업마다 실패를 하거나 어려움을 겪게 된다.

코에 여러 개의 뼈마디가 있어 보이는 꿈
수차례 걸쳐 실수가 많고 패가 망신하게 된다. 결혼을 여러 번 하거나 남녀 관계가 복잡하여 구설수에 오르내린다.

코끝이 뾰족하고 작게 보이는 꿈
매사에 경솔하고, 하는 일마다 사고를 저지르게 된다.

코끝이 굽어 매부리 모양 같이 보이는 꿈
야비하고 간사스러운 잔꾀가 많다.

코가 푸르거나 까맣게 보이는 꿈
질병에 걸리거나 죽음에 임하게 된다. 실패, 사고 등의 불운이 닥친다.

영웅에 관한 꿈

텔레비전이나 영화의 남녀 주인공의 꿈이다. 그 배우의 인생에 이상형을 포개어 그와 같이 되고 싶다고 바라고 있기 때문에 꾸는 꿈이다. 다시 말해서 당신은 꿈을 향해 달려가는 타입이다. 그리고 그것을 향해 돌진하고 있을 때는 여러 가지 일을 실현시킬 수 있는 강한 힘을 갖고 있다는 사실도 알리고 있다.

피에로에 관한 꿈

인기운의 상승을 예고하는 꿈이다. 당신의 인기가 높아지는 좋은 암시 같지만 반드시 바라는 형태가 아닌 것이다. 피에로의 미소짓는 가면 밑에 감춰져 있는 얼굴을 주위는 알아주지 않는다. 두드러진 존재가 되어 주위에서는 주목해 주지만 본인은 고독하다. 어디까지나 표면적인 인기라는 얘기다.

병病에 관한 꿈

아픈 사람의 꿈, 혹은 자기가 아픈 꿈은 모든 일의 침체를 의미하고 운세면으로나 건강면으로나 하강 기미이다. 그러므로 이 시기는 아무쪼록 자중하고 식사, 건강면에 주의하여 생활해야 한다.

다만 죽을 만큼 큰 병을 앓는 꿈이라면 운수의 고비, 전환을 의미하고 운세의 호전을 암시하는 좋은 꿈으로 바뀐다.

- **나병이나 피부병에 걸려 피부가 흉하게 보이는 꿈**

재수가 열리고 귀인을 만나 좋은 일이 있게 된다.

몸에 부스럼이 나는 꿈
처자에게 구설수가 있을 징조다.

의사가 칼을 들고 자신을 수술하는 꿈
많은 고생을 치른 뒤에 뜻을 성취할 것이다.

음식을 토해 내는 꿈
무엇인가 새롭게 바꾸거나 개혁할 일이 생길 것이다.

눈병을 얻은 꿈
모든 일에 막힘이 많아 진행이 느리거나 혹은 어떤 일이 얽혀 잘 해결되지 않고 있음을 예시한다.

의사에게 진찰을 받는 꿈
자신의 비밀이 탄로나거나 어떤 일로 인해 남에게 비난을 받게 된다.

얼굴에 종기가 나는 꿈
재물이 생기고 운수가 대통할 것이다.

실제 병이 든 사람이 꿈에서 약을 먹는 꿈
앓고 있는 병이 차츰 치유될 것이다.

감기가 든 꿈
어떤 사상에 심취되거나 종교의 감화를 받아 그 종교에 귀의할 것이다.

- 음식이 체해서 배가 아픈 꿈

  벅차도록 책임있는 일을 맡게 된다.

- 사육하는 짐승이 아픈 꿈

  작품이 잘못되었거나, 일거리를 처리하지 못하고 오랫동안 붙들고 있게 된다.

- 콧물이 자꾸 나온 꿈

  자기 주장을 남에게 강력히 내세운다.

- 가슴에 병이 든 꿈

  어떤 일에 대해서 사전 검토를 하나 진척이 별로 없다.

- 열이 전신에 퍼져 불덩이 같은 꿈

  학문적인 연구에 몰두하거나 신앙 생활을 충실하게 한다.

무사에 관한 꿈

당신의 미학이 완성되는 암시이다. 가슴에 품었던 동경하는 일이 자신에게 도달할 수 있다는 상승 기운을 나타내는 꿈이다. 당

신은 분명히 인간 관계 중에서 커다란 존재가 되어 가는 사람, 바라는 대로 권력을 손에 넣을 수 있는 사람이라는 것을 의미한다. 마음 든든한 것은 그것을 운수가 응원해 주고 있는 점이다.

다만 무사에게 상처를 입는 꿈인 경우는 그 권력을 악용하여 신세를 망치게 됨을 경고하고 있다.

눈目에 관한 꿈

눈은 마음의 창으로 특히 애정면을 비춘다. 반짝이는 아름다운 눈이라면 당신에게 애정이 찾아올 것이라는 좋은 예고이다. 만일 어둡고 쓸쓸해 보이는 눈, 혹은 눈을 감고 있다면 사랑이 떠나감을 알려주고 있다.

눈이 애꾸인 사람을 본 꿈
성과가 눈에 보이지 않은 일에 부딪히거나 편파적인 사람과 만나게 된다.

장님인 자신이 눈을 뜬 꿈
삭막하던 운세가 한꺼번에 트이게 되어 만사 형통이다.

장님이었던 사람이 눈을 뜬 것을 본 꿈
무슨 일을 하든지 자기 계획과 맞지 않아서 심한 어려움을 겪는다.

갑자기 장님이 되어 버린 꿈
사업이 잘 풀리지 않고 그로 인하여 깊은 절망에 빠지게 된다.

눈의 시력이 밝지 못하여 먼 곳이 보이지 않는 꿈
경영하는 일의 전망이 어둡다고 하겠다.

눈알이 빠지거나 눈병을 앓는 꿈
매우 불길한 꿈으로서 머지 않아 눈앞이 캄캄해지는 일을 당할 우려가 있으니 주의 요망.

사람의 눈이 밝게 빛나는 꿈
가까운 시일 내에 자신을 도와 줄 귀인을 만나게 된다.

유명인에 관한 꿈

행운의 암시. 유명인은 권력·소망·동경의 상징이다. 당신도 이것들을 손에 넣을 가능성이 있다고 꿈이 알려주고 있다. 인맥의 범위가 넓어지고 지위가 향상되어 경제적으로도 충족되는 행운의 암시이다. 지금은 특히 대인관계를 소중히 해야 한다.

임산부에 관한 꿈

생명이 건강하게 유지되고 있는 좋은 의미이다. 이것으로 건강운이 향상하고 있음을 나타내는 꿈이 된다. 특히 자신이 임산부가 되어 있는 경우는 매사가 순조롭게 진전하고 있는 증거이다. 현재의 생활 리듬을 계속 유지하기 바란다. 타인이 임산부가 되어 있는 경우라면 재수가 좋다. 다소 남보다 뒤지지만 결국은 행복할 수 있다.

👁 **남자인 자신이 임신하거나 남자가 임신한 것을 보는 꿈**

금전적으로 길한 일을 예지한다. 목돈 마련의 계기가 생겨 경제적으로 풍요로워진다.

👁 **자신이 아이를 임신하는 꿈**

경사스러운 일이 찾아올 암시로 미혼 여성에게는 매우 좋은 꿈이다. 기혼 여성이라면 남편이 승진하거나 뜻밖의 목돈이 들어올 징조이다.

👁 **임신한 여자를 길거리에서 보거나 전철, 버스 안에서 만나는 꿈**

행운이 찾아올 암시다. 미혼 여성이라면 곧 천생 연분을 만날 암시로도 해석한다.

노예에 관한 꿈

당신이 노예가 되어 있는 경우는 좋은 의미이다. 당신은 이후 여러 가지 일이 원활히 전개되고 순조롭게 인생의 결실을 얻을

것이다. 경제적, 애정적으로도 운세는 좋다. 실로 상승 기세의 인생을 암시하고 있는 꿈이다.

그런데 당신이 노예를 부리는 꿈의 경우는 인생의 실패를 초래한다는 의미가 되므로 주의하자.

도둑에 관한 꿈

금전운이 강조되는 꿈이다. 도둑이 모두 훔쳐 가는 꿈은 좋은 의미로서의 상황 변화를 알리고 있다. 환경이 변화할 때 다시 시작할 시기, 요컨대 전환의 시기라는 얘기다. 꿈속에서 액땜을 하고 있는 것과 같은 것이다. 과거의 생활에 구애받지 않고 새로운 환경에 들게 되면 금전운도 찾아올 것이라는 암시다.

● **자기 집에 도둑이 들어 통장, 골동품 등을 몽땅 가져가 버린 꿈**

집안에 큰 경사가 있게 된다. 수입이 크게 늘고, 사업면에서는 그간의 거래가 계기가 되어 큰 이득을 보게 된다. 도둑맞은 물건이 많고 금전적인 규모가 클수록 들어오는 이익도 크다.

- 자신이 도둑이 되어 시커먼 복면을 하고 가슴을 졸이면서 남의 집 담을 넘는 꿈

  운세가 트일 암시다. 하는 일이나 계획이 뜻대로 성취되어 큰 이익을 얻게 되고, 고위직으로 출세하게 된다. 다만 꿈속에서 자신이 어떤 물건이나 돈을 훔치려다가 실패한 꿈은 흉몽으로서 도모한 일이 좌절되고 당분간 곤란에 직면할 징조이니 주의 요망.

- 도둑에게 뭔가를 받거나 잃은 물건을 되돌려 받는 꿈

  손실·파탄·빈곤·장애를 겪을 징조다. 특히 도둑이 뭔가를 훔쳐 나가지 않는 내용은 해몽상으로 몹시 좋지 않은 꿈이다.

주정꾼에 관한 꿈

일상생활에서 대수롭지 않은 장애물이 생길 암시이다. 예기치 못한 장애물이 생겨 집중력, 바이오 리듬이 어지러워지므로 공부나 일의 예정이 빗나가거나 휴일의 예정을 변경하게 될 것 같다. 다만 운수에 크게 영향을 미칠 정도는 못 되므로 걱정할 것은 없다.

자기가 취해 있는 꿈의 경우는 공부나 업무상의 작은 판단 실수에 주의한다.

- 술에 취해 몸을 가눌 수 없는 꿈

  상대방에게 세뇌당해 악운에서 헤어나지 못하거나 유행성 질환에 걸리게 된다.

술에 취해 쓰러진 사람을 보는 꿈

맡은 일을 감당할 수 없거나, 누군가에게 정신적으로 크게 감화받는다.

도깨비·유령에 관한 꿈

당신의 마음 파동이 어지러워져 있으며, 영적인 의미로 주의를 요한다. 전세로부터의 인연이라고 생각된다. 당신은 음울한 나날을 보내고 있지는 않은지, 타인을 미워하거나 가족과 사이가 틀어져 있지 않은지. 운세는 물론 내리막이다. 건강운도 하강 중. 대처 방법은 친구를 늘리고 밝은 나날을 보내려고 노력하는 일일 것이다.

동자귀신이 나타나 웃는 꿈

가까운 친구나 남하고 말다툼이 생기고 구설수에 오르내리게 된다.

총각귀신이 벌거벗고 나타나는 꿈
집안에 우환과 질병이 생기고 물질적, 정신적 고통을 받게 된다.

목을 매어 죽은 귀신이 나타나는 꿈
하루 종일 가슴이 답답하며 숨막히는 일이 생기고, 뜻하지 않게 누명을 쓴다.

물귀신이 나타나 끌어안은 꿈
바닷가나 물가에 가면 위험하게 된다. 남의 잘못된 일로 구속 등의 불운이 닥친다.

여우귀신이 나타나 유혹하는 꿈
주색에 빠져 죽을 고비를 오락가락하게 된다. 고질병에 걸린다.

도깨비가 금은 보화를 가지고 나타나는 꿈
신의 도움으로 일확 천금을 만지게 된다. 횡재·재물·돈·행운 등이 온다.

도깨비가 쌀섬을 지고 집 안으로 들어오는 꿈
집안에 물질적으로 풍요로움이 있고 재물과 돈이 들어온다.

허깨비가 보이는 꿈
심신이 불안하고 잡념과 망상이 떠올라 하는 일마다 실패를 거듭하게 된다.

유령이나 귀신에게 붙잡히는 꿈
괴질에 걸려 오랫동안 고생하는 수가 있다.

- **유령이나 귀신·도깨비·악마 등과 싸워서 이기거나 지는 꿈**
  싸움에서 이기면 현실에서도 어려움과 싸워 이겨 낼 수 있는데, 이기지 못한 채 꿈이 깼다면 사업상 당분간 어려운 상태가 지속되어 자금난 따위가 풀리지 않을 것이다.

- **도깨비를 보는 꿈**
  현실에서도 놀라운 일이 생길 수가 있는데, 소위 복도깨비라고 생각되는 것을 보면 좋은 음식을 대접받으며, 괴이하게 생긴 도깨비로부터 무엇인가를 받았다면 뜻밖의 횡재를 하게 된다.

- **지옥에 떨어지거나 지옥에서 여러 귀신들에게 시달림을 받는 꿈**
  길몽으로 명예나 인기가 급속도로 상승할 것이다.

- **숲 속에서 유령이 이끄는 것을 뿌리치고 도망치는 꿈**
  자신에게 일을 알선하고 권유하는 사람의 호의를 물리치는 예시다.

- **유령이 춤추는 꿈**
  몸이 다치는 등 좋지 않은 일이 생기거나 누구와 싸울 일이 있게 된다.

산발한 여자 유령의 곡성을 듣거나 유령이 달려드는 꿈
무사히 도망을 쳤다면 나쁜 일이 생기다가 요행히 면하게 될 것이다.

입에 관한 꿈
예부터 입은 화와 복의 관문이라 하였다. 그러므로 꿈에서 나타나는 입은 재앙·복록·논문·선전·출입문·가문·출납고·방송·소식·심사 기관·여성의 성기·섹스 등으로 상징된다.

음식을 씹고 있는 자기 입이 점점 커지더니 얼굴 전체 면적만해지는 꿈
의욕적으로 생활하고 있는 자신의 모습을 반영한 꿈이다. 또는 재물운이 상승될 조짐으로도 해석한다. 심리적인 꿈이라면 자신의 입이 가볍거나 허풍, 지나친 수다 등을 경계하라는 뜻이 강하다.

입을 꼭 닫고 있거나 말을 할 수 없게 된 꿈
여성이 이 꿈을 꾸면 연인과의 접촉을 거부하는 태도나 마음을 나타낸다. 또는 대인관계의 장애나 정력 쇠퇴 등의 징조다.

입으로 강물을 다 마셔 버린 꿈
큰 일을 성취할 수 있다는 대길몽.

입이 갑자기 커진 사람의 꿈
회사나 공장을 확장할 일이 있게 된다.

◉ 음식을 통째로 삼키는 꿈

귀중품을 보관하거나 사업을 확장한다.

얼굴에 관한 꿈

얼굴은 마치 가면과 같이 꿈에 얼굴만 단독으로 등장하는 경우는 드물다. 자신의 부모님이나 형제자매·친구·직장 상사 및 그 밖의 지인知人들이 걱정스러운 얼굴로 나타난다면 꿈에 나타난 인물이 무엇 때문에 걱정하는지, 누구에 관해 걱정스러워 하는지를 꿈풀이의 초점으로 삼아야 한다.

만약 창백한 얼굴이나 빨갛게 상기된 얼굴 등이 강조되는 안색에 관한 꿈이라면, 꿈에 등장한 그 인물이나 꿈을 꾸는 자신의 건강에 중대한 문제가 있다는 예시이므로 병원에 가서 건강 상태를 살펴보기 바란다.

◉ 자기의 얼굴은 물론 남의 얼굴까지도 검게 보이는 꿈

평상시 싫어하던 사람과 만나거나 거래 등을 하게 된다.

얼굴과 얼굴이 겹쳐지는 꿈
서로 다른 상표의 동일한 물건을 선물받거나, 집안의 가구 등을 옮기게 된다.

얼굴이 검은 아이를 본 꿈
다른 사람들이 싫어하는 일을 도맡아 하게 된다.

얼굴 부위를 치료하거나 수술한 꿈
자신의 주위 환경을 재정비하는 일을 행하게 된다. 즉 문패를 새로 갈아 단다든지 방문을 다시 고쳐 다는 등의 일을 하게 된다.

얼굴 전체를 붕대로 감은 사람을 본 꿈
누구에게 사기를 당하거나 불의의 사고를 당하게 되니 주의 요망.

얼굴이 거울에 맑게 비치는 꿈
뜻밖의 사람을 만나거나 소식을 전해 듣게 된다.

깨끗하게 세수를 한 꿈
승진을 하거나 쌓였던 걱정거리가 말끔히 해소된다.

얼굴의 한 부분을 수술하는 꿈
관직에 있는 사람으로부터 심문을 받거나 고통을 받게 된다.

얼굴에 부스럼이나 종기가 나는 꿈
자신이 한 행동이나 일들이 구설수에 휘말려 괴로움을 당한다.

- 얼굴을 가린 사람을 만난 꿈. 전혀 알 수 없는 사람으로부터 금전적 손실이나 폭행 등의 피해를 당하게 된다.

- 정신이 아찔할 정도로 얼굴을 강하게 부딪힌 꿈
누군가와 대립돼 있던 감정이 풀리거나 상대방과 서로 합의할 일이 생긴다.

- 데이트를 앞두고 화장을 하려고 거울에 자신의 얼굴을 비추었을 때 왠지 부은 듯하여 속상했던 꿈
심신이 허약해지고 운기가 쇠퇴할 징조다. 더구나 피부가 꺼칠꺼칠하고 광택이 없으며 심하게 부은 얼굴은 성인병의 가능성을 암시하므로 주의를 요한다.

- 아내의 얼굴에 이상하게 흉터가 많이 나 있어서 걱정스러웠던 꿈
꿈에서 어느 특정 인물의 얼굴이 염려된 경우에는 그 인물의 신상에 액운이나 질환이 생길 가능성이 높다. 아내의 신상에 복잡한 문제가 생겼거나 건강이 좋지 않다는 경고성 예지몽이다.

● 자신이 윤기가 도는 밝은 얼굴로 사람들 앞에 서 있는 꿈

정신면, 건강면에서 모두 상태가 양호하다는 것을 나타낸다. 특히 운세가 상승기에 접어들어 매사에 의욕이 넘치고 명예를 얻게 된다.

낯선 사람에 관한 꿈

낯선 사람은 옛날의 꿈 해석으로 보았을 때는 죽음이나 질환의 예고로 여긴다. 특히 낯선 사람이 남자인 경우에는 저승사자가 찾아오는 것으로 해석되어 왔지만 현대적인 해석에서는 반드시 죽음, 질환과 연관시키지는 않는다.

자신의 마음속에 담겨진 부정적인 행동이나 의지에 대응해서 생겨난 긍정적인 에너지나 심리를 표현한 것이 낯선 사람의 등장이다.

● 기분 나쁘게 생긴 낯선 사람이 자신을 졸졸 따라다니는 꿈

자기 자신의 진짜 모습을 죽이고 짐짓 그런 척 가장하는 기만과 속임수가 있다. 그러므로 그런 자신을 극복하는 것이 필요하다.

● 낯선 사람에게 쫓겨다니며 매우 힘겨워하는 꿈

매사에 자신감이 없거나 자신의 현 상황에 불안해 하고 곤혹스러워하는 경우에 이런 꿈을 꾼다. 그러나 문제 해결의 실마리는 어디까지나 자신이 쥐고 있다. 쫓고 있는 사람이 누구인지를 알면 장애는 쉽게 사라진다.

낯선 사람이 공연히 시비를 걸어 다투고 있는 꿈

내면의 갈등이 꿈으로 나타난 것이다. 낯선 사람과 대면해서 싸우는 꿈은 문제가 조만간에 해결될 조짐이 있는 경우에 해당된다.

동행자에 관한 꿈

누군가와 동행하여 어딘가를 가는 꿈에서 예지몽인 경우에는 두 사람 가운데 한 사람은 자신을 돕는 사람을 상징한다.

그 사람은 후원자, 협조자뿐만 아니라 자신의 수호신, 수호 천사, 수호 조상, 믿는 신의 상징으로도 나타난다.

두 사람이 동행자가 되어 걷는 꿈

인생은 혼자서는 결코 살아갈 수 없다는 것을 주지시키는 꿈이다. 자신의 독단적인 사고방식을 은연중에 깨우쳐 주고 있다.

두 사람이 길을 가고 있었는데 그 중 한 사람이 갑자기 없어져 버린 꿈

연인이나 배우자와의 이별 또는 고립감이나 소외 등을 나타낸다.

- **자신과 친한 친구 혹은 어떤 사람이 함께 길을 가거나 나란히 서서 마주 보고 있는데 그 사람이 무척 쓸쓸해 보이는 꿈**

  꿈을 꾼 사람의 신상에 복잡한 문제가 생기거나, 생활에 곤란을 겪을 징조이므로 주의를 요한다.

- **자신과 누군가 함께 있는데, 그 사람이 화를 내고 있거나 자신이 화를 내는 꿈**

  자신이 제멋대로 행동하고 있음을 경고하는 꿈이다. 그런 행동으로 말미암아 예기치 않은 재앙을 만날 수 있으니 주의 요망.

- **남자 두 사람이 동행자가 되어 어딘가를 무작정 가고 있는 꿈**

  집안에 죽음을 맞이할 사람이 발생할 징조. 저승사자는 대개 남자이고, 그것도 2인 1조인 것이 특징이다. 꿈속에 그 남자들이 등불을 들고 있으면 더욱 죽음을 암시하는 내용이다.

또 하나의 자신에 관한 꿈

꿈에서 자신과 같은 모습이 또 나타나는 꿈, 즉 자신이 두 개로 나타나는 꿈은 미래를 예견하는 심각한 예지몽일 확률이 높다.

대체로 분열된 자신의 자화상, 미래의 자기 모습, 죽음의 징조로 이런 꿈을 꾸게 된다.

- **또 한 사람의 자기 자신과 즐겁게 얘기하는 꿈**

  마음의 병이 깊어졌음을 나타내는 꿈. 이 꿈을 자주 꾼다면 신경성신과 쪽으로 심각한 문제가 있을 수 있으므로 전문의의 진찰을 받아 보는 것이 좋다.

● 거울을 보고 있는데 또 한 사람의 자신이 갑자기 나타나 껄껄대며 웃고 있는 꿈

심리적인 소외감이나 정신적인 불안 증세가 아주 심각한 상태이므로 주의를 요한다.

무장한 사람에 관한 꿈

무기나 전투복으로 중무장한 사람은 여성의 꿈인 경우 성적인 관심 대상인 이상적 남성상의 상징이다. 따라서 무장한 인물이 갖고 있는 권총·칼·창·막대기·채찍·화살·도끼 등의 무기류는 모두 남성 성기를 상징하고 있다.

성적인 관심이 높을수록 무장한 사람의 무기(권총, 칼 등)가 크고 날카로우며 위협적으로 나타난다.

남성이 무장한 사람을 꿈에 보면 자신의 쇠퇴한 성욕에 대한 불안감, 여성 공포증, 거세 불안 심리가 반영된 것으로 해석된다. 남성인 자기 자신이 무장하고 있는 경우에는 그런 심리에 빠져 있을 확률이 더욱 높다.

- 여성인 자기 자신이 완전 무장한 전투복 차림으로 전철을 타고 출근하는 꿈

  지하철에서 치한에게 당한 불쾌한 경험이 반영된 꿈이다. 치한의 손길로부터 자신의 신체를 완전 차단하고 싶다는 소망이 이런 꿈으로 나타난 것이다.

- 자신의 키보다 큰 권총을 들고 무장을 한 채 전투에 참가하고 있는 남성의 꿈

  성적으로 강해지고 싶다는 소망이 반영된 꿈이다.

- 자신의 남편이 중세의 투구와 갑옷을 차려 입고 마당에 서서 칼싸움을 하는 꿈

  옛날의 전투복은 낭만적인 사랑을 원하는 부인의 심리가 변형되어 나타난 것이다. 자신의 남편이 좀더 부드럽고 낭만적인 로맨티스트로서 자신에게 더욱 관심을 가져 달라는 소망이 표출된 것이다.

부부에 관한 꿈

부부가 등장하는 꿈은 대부분 일상생활에서 생긴 사소한 문제나 걱정거리, 불만이 원인이 되는 예가 많다.

곧 문제가 해결되고 근심도 해소되므로 별로 우려할 필요는 없지만 반복해서 자신의 배우자가 등장하는 꿈은 상당한 주의를 필요로 한다.

● 남편이 낯선 여자와 다정히 걸어가면서 자신을 욕하는 꿈

남편에게 새로운 연인이 나타날 징조이거나, 남편이 요즘 권태기에 빠져 있음을 나타낸다.

● 남편혹은 부인이 자신에게 몇 번이나 같은 내용으로 말을 걸지만 자신이 냉담하게 대하는 꿈

부부간의 대화가 부족하다는 예시다. 혹은 부부간에 심상치 않은 문제가 일어날 징조이니 요주의.

● 부부 싸움을 심하게 하여 냉전을 벌이는 꿈

배우자에게 건강상의 이상이 발생할 징조이니 부부가 함께 종합 진단을 받는 것도 현명한 방법이다.

● 자신이 남편혹은 아내과 함께 부부 동반 모임에 나가는 꿈

부부가 함께 뭔가를 하거나, 나가거나, 만나는 꿈은 현실에서 상호 협력하라는 경고성 예지몽으로 풀이한다. 실제로도 두 사람 사이에 냉기가 감돌고 있음을 나타낸다. 또한 이별의 암시도 있으니 주의를 요한다.

대통령에 관한 꿈

대통령 및 귀인을 만나는 꿈은 길몽에 속한다. 최고의 통치자나 귀한 사람의 은덕을 입게 됨을 꿈을 통해 예지해 주고 있다고 보아야 할 것이다.

대통령으로부터 상을 수여받는 꿈

복권 같은 추첨에 당첨되는 등 재수가 매우 좋은 일이 생긴다. 대통령에게 음식 대접을 받아도 재수가 대통할 길몽이다.

대통령과 함께 걷는 꿈

자신보다 훨씬 우위에 있는 사람과 어떤 일을 같이 도모하게 되며, 결과 또한 매우 좋다.

대통령이 자기 집을 방문하는 꿈

고귀한 신분의 사람으로부터 책임있는 중요한 일을 부탁받게 되거나 사업상 큰 일거리를 맡게 될 것이다.

대통령이나 총리가 사망하여 장례식을 치르는 광경을 보는 꿈

새로운 일에 착수하여 크게 성공할 것이다.

대통령의 행차 혹은 대통령이 여행하는 것을 보는 꿈

현재하고 있는 일에 큰 변혁이 올 조짐이다.

고귀한 신분의 사람으로부터 패물이나 보물을 받는 꿈

일 년 이내에 출세할 것이다. 보통 신분의 경우는 재수가 대통하여 미혼 여성은 훌륭한 남성과 결혼이 이루어진다.

대통령이나 총리 혹은 귀인의 부름을 받거나 인사를 하는 꿈
장차 운이 트여 나갈 길몽이다.

귀인에게 절을 하거나 말을 주고받는 꿈
장차 복록이 이르거나 출세할 길몽이다.

귀인과 이야기를 나누거나 가르침을 받는 꿈
장차 운이 트여 어떤 일에서나 뜻을 성취할 길몽이다. 귀인이 반갑게 맞이해 주어도 마찬가지 상징이다.

목(목구멍)에 관한 꿈

목은 일이 진행되어 가는 상태나 건강 상태를 나타내며, 경우에 따라 생명력의 상징으로도 나타난다.

누군가의 목을 때린 꿈
부정을 저지른 사람에게 죄상을 추궁하게 된다.

👁 **누군가의 목을 때려서 죽인 꿈**

무슨 일을 하든지 크게 성공할 운이다.

👁 **어떤 물건이 목에 걸려 호흡이 곤란한 꿈**

자신의 청탁이 이루어지지 않고, 받아먹은 뇌물 때문에 말썽이 생긴다.

👁 **자신의 목에 누군가 목말을 탄 꿈**

자신의 계획이 남에게 심한 간섭을 받게 된다.

👁 **자신이 남의 목에 목말을 타는 꿈**

여러 사람의 추대를 받아 높은 지위에 오르게 된다.

👁 **누구에겐가 목을 졸리는 꿈**

하는 일이 장애물로 인해 중단되거나 어려움을 겪게 된다.

👁 **목에 낀 때를 깨끗이 씻는 꿈**

억울하게 뒤집어썼던 누명이 말끔히 벗어지게 된다.

👁 **목구멍의 가래를 뱉어내는 꿈**

막혔던 일이 술술 풀리고 소원 성취하게 된다.

👁 **송곳에 목을 찔린 꿈**

편도선과 관련된 병으로 한동안 고생하게 된다.

동물에 관한 꿈

동물은 국가·사회·조직·회사·기관·특정 세력 등을 상징한다. 세상에는 무수히 많은 동물들이 있다. 동물을 꿈에서 보게 되면 그 동물의 종류, 성질, 활동 범위, 크고 작은 형태, 사람이 이용할 수 있는 가치 등에 대한 개념들과 유사한 상징의 개념을 찾아내어 현실에서의 어떤 사람, 일거리, 작품, 재물 등의 상징물로 대치해 그때그때 꿈의 사연에 적합한 뜻을 찾아 해석하면 된다.

우리는 꿈에서 종종 고집쟁이 노새, 기름진 돼지, 꾀 많은 여우 또는 풀 속에 있는 뱀이 되어 나타난다. 한편 동물들은 그 성격상 우리들 자신에 대하여 상당히 특별한 측면을 상징할 수도 있다. 즉 독수리·매·뱀·거미·사자·호랑이 등을 예로 들 수 있다.

　이런 동물들의 상징을 검토하기에 앞서 꿈의 상징들의 다양성과 개성에 관한 이해가 필요하다.

　우선 예를 들면 닭에 대한 상징은 하나의 동물이 넓은 범위의 연상을 가져다 줄 수 있는 좋은 예이다. 즉 **닭은** 음식물이다. 닭은 곤충을 찾아내려고 쓰레기 더미를 뒤진다. 그들은 새고기가 될 수도 있고 그저 닭고기만 될 수도 있다. 알을 품는 닭이 있고 **수탉과 병아리**가 있다. 알을 낳고 보금자리로 돌아온다. 그들은 우리에게 공처가나 그저 평범한 '겁쟁이'로 상징될 수도 있다.

　비둘기는 평화의 상징이어서 꿈을 꾸게 만든 갈등 상황에 평화를 호소할 수 있다.

　파랑새는 행복의 관념을 불러일으킨다.

　울새들은 새로운 시작의 전령사들이다.

　공작은 그 점잔빼기와 성큼성큼 걷는 걸음걸이 때문에 항상 자만과 허세를 연상시킨다.

　올빼미는 항상 지혜를 상징한다. 아마도 말을 별로 하지 않기 때문에 현명하게 보이는 데서 연유된 듯하다. 올빼미는 대단히 유능한 야간의 탐식자들이다.

　종종 동물의 의미는 야성적인 것인가 유순한 것인가의 여부에 따라서 좌우된다.

　코끼리는 거대한 힘, 인내와 장기간의 기억을 의미한다.

　사자는 이기적 특성과 특히 오만의 상징이다. 우리는 사자 같은 심성을 가질 수 있고 딱딱거리거나, 사악한 성질을 가진 호통쟁이가 될 수 있다.

원숭이는 흔히 경박함과 짓궂음, '원숭이 흉내를 내고 있음'을 의미한다.

목이 긴 **기린**은 머리와 심장이 너무 멀리 떨어져 있어서 비꼬인 일을 의미할 수 있다. 한편 기린은 다른 어떤 동물보다도 멀리 볼 수 있다.

호랑이는 백수의 왕이며, 꿈속에서의 그의 출현은 통합에 관한 어떤 종류의 의미일 경우가 많다.

곰은 으르렁거리는 난폭자의 분기와 분노를 상징한다. 그것은 또 '지나친 거드름 피우기'와 관련이 있는 경우도 있다. 그러나 곰은 크게 도움이 될 수 있는, 여러분의 내부에 있는 만만찮은 불굴성을 의미할 수도 있다.

황소는 쉽게 성이 나고 쉽게 성적 흥분을 일으키는 것을 의미할 수도 있다. 사업가에게는 상승세를 타는 번영의 시절을 의미할 수도 있다.

젖소는 대개 본질상 생산적 측면을 의미한다. 돼지는 동양과 서양이 확연히 다르다. 동양에서는 재산·명예 등을 상징하는

데, 서양의 **돼지**들은 추레하고 탐욕스러운 것으로 유명하다. 그래서 서양인들은 꿈에 돼지가 나타나면 '돼지 같은 아둔한 머리'로 어떤 문제에 대처하고 있음을 의미하는 일이 아주 많다.

물 밑에 있는 무시무시한 **물고기**나 짐승들은 흔히 우리가 두려워하는 우리들 자신의 잠재 의식의 측면을 상징한다.

한편 **거북**은 대체로 힘, 내구성과 인내성을 의미한다.

개구리는 옛날에 악에 대한 또다른 상징이어서 꿈에서는 악으로 함축할 수 있다.

꿈속에서의 **뱀**은 흔히 유혹의 어떤 측면을 의미한다. 과거에는 뱀이 우리의 저급한 인격 특성을 더욱 높은 성취로 통합시키고 옛날에는 지혜의 상징이었다.

꿈속에서의 **개**들은 대체로 충성과 신뢰를 의미한다. 즉 우리가 얼마나 충직한가 혹은 불충한가, 그리고 그 밖의 다양한 측면에서 남들이 우리에게 얼마나 신뢰를 가지고 있는가 하는 것을 상징한다.

고양이는 주로 교활함을 상징하고 일이 많다. 고양이는 또 극단적으로 독립, 독행적임을 상징한다.

토끼는 섹스의 상징인 경향이 있다. 토끼는 그들의 섹스 능력과 번식 능력으로 유명하며, 꿈속에서는 흔히 이런 의미로 나타난다.

쥐는 좀 자질구레한 생활 영역에서는 호기심이나 자극을 의미하지만, 다소 파괴적이 될 수도 있음을 의미한다.

빈대·벌·해충들은 여러분의 마음속에서 훨훨 날아다니고 있는 성가신 일들과 사태의 악화를 의미한다. **벌**은 인생살이의 괴로움과 관계가 있으면서도, 돈을 버는 데 있어서는 매우 협동

적이고 부지런하다. 벌레들은 만약에 여러분이 '벌레상자'를 연다면 일어날 수 있는 일을 상징한다.

그 밖의 해충들은 신체, 마음 혹은 정신의 불결함을 의미한다. 여러분이 '이가 들끓어' 고생하고 있다면 그것은 몸 단장의 습관이나 사고방식이 좋지 않다는 것을 의미한다.

거미는 또다른 성적인 상징이다. 거미는 친친 얽어 매는 거미줄을 치니까 대개는 영향력이나 우리의 활동과 관련되어 있는 인물을 상징한다. 이런 꿈들은 음모나 경솔함의 거미줄에 얽혀들지도 모른다는 경고일 경우가 매우 많다.

물고기는 또 하나의 아주 중요한 상징이다. 만약에 꿈에 나오는 물고기가 먹을 수 있는 물고기라면 그것은 대개는 정신적 양식을 상징한다. 물고기가 살아서 헤엄치고 있는 모습이 보인다면 그것 역시 대체로 우리의 정신적 발전의 어떤 측면에 관한 것이 된다.

상어와 같은 위험스럽고 탐식적인 물고기는 이런 정신적 가치들을 왜곡하여 심각한 해를 줄 수 있다는 것을 의미한다. 자신이 정신적으로 다른 사람보다 낫다는 것을 입증하려고 애를 쓰거나,

어떤 논리를 가지든 간에 자신들의 정신적 신앙을 옹호하려고 애를 쓰는 사람들의 사악함을 생각해 본다면, 이들이 상징하는 것을 이해할 수 있을 것이다.

한 마리의 고래는 큰 교훈을 가져다 주거나 '많은 이야깃거리'거나, 아마도 우리의 인격 특성의 믿을 수 없을 만큼 깊고 거대한 어떤 것을 의미한다.

이와 같은 일반적인 해석법을 이용하여 꿈을 해석하는 작업을 시작할 수도 있다.

공작새에 관한 꿈

당신의 연애 상대가 이상과 크게 동떨어진 사람임을 알리고 있다. 예를 들면 생각한 것보다도 플레이보이였다거나 허영심이 강하다거나 돈 씀씀이가 헤프다거나. 또 그러한 이성을 주의하라는 신호이기도 하다. 그 밖에 좀더 예뻐지고 싶다든가 좀더 남들로부터 추켜올려지고 싶다는 욕구도 나타내는 꿈이다. 이 경우는 허영심이나 교만을 나타내어 반성을 요구하고 있는 것이 된다.

♠ **공작새를 품안에 안고 있는 꿈**

총각이면 미인을 만나 결혼을 하게 된다. 홀아비면 현숙하고 아름다운 미인을 만나지만, 능력 부족으로 남자의 입장이 매우 어렵게 된다.

♠ **공작새를 타고 하늘을 나는 꿈**

부귀 영화를 누리고, 사업가와 정치가는 명성을 떨치게 된다.

♠ 수풀 속에서 공작새를 잡는 꿈
우연히 호젓한 곳에서 아름다운 여인을 만나 기쁨을 누리게 된다.

♠ 예쁜 공작새가 집 안으로 들어오는 꿈
예쁘고 훌륭한 딸을 낳는 태몽이다. 귀한 손님이 찾아오고 집 안에 경사가 생긴다.

♠ 공작새와 같이 사는 꿈
미인을 아내로 맞아 평생을 포근하고 행복하게 살며 딸을 낳게 된다.

♠ 공작새를 안고 안절부절하는 꿈
미모의 여인과의 사랑에 푹 빠져 헤어나지 못한다. 공작새 같은 여인은 포근하다.

♠ 공작새의 깃털로 만든 방석 위에 앉아 있는 꿈
지금의 좋은 현실이 계속 평화롭게 유지될 전망이다. 권력과 지위가 높아진다.

곰에 관한 꿈

당신은 좀더 낙관적으로 느긋한 태도를 보이는 것이 무슨 일에 있어서든 좋은 결과를 낼 수 있다. 따라서 조급해하지 말고 자기 주관대로 인생을 보내야 한다.

지나치게 권력을 가지면 오히려 위로부터 낭패를 당하고 만다. 모난 돌이 정맞는다는 비유와 같다. 사람에 따라서 습격을 받는 꿈을 자주 꾸는 일이 있는데, 이것은 좋은 꿈, 운수 상승의 표시이다.

♠ 곰이 날아 들어오는 꿈

자신의 사업을 크게 도와 줄 부하를 얻게 된다. 높은 지위에 있는 신분이라면 능력있고 충성스러운 비서나 보좌관을 두게 될 것이다.

♠ 큰 곰을 보는 꿈

귀한 아들을 낳을 태몽이다.

♠ 곰을 타고 다니는 꿈

소원을 성취하거나 출세할 길몽이다.

♠ 새끼곰을 보거나 새끼곰과 장난치는 꿈

기혼 여성의 경우에는 임신 징조, 즉 태몽이고, 미혼 여성이라면 어머니가 되는 것에 대한 기대와 불안을 나타낸다.

♠ 큰 곰이 그려진 갓난아이용 방한복을 보는 꿈

명확한 태몽, 즉 임신 징조이고 특히 아들일 확률이 높다.

♠ 곰이 쳐들어오거나 습격을 받아 위협당하는 꿈

어머니의 간섭이나 과보호로부터 벗어나고 싶은 기분이나 그런 종류의 반항을 나타낸다. 혹은 큰 권력을 가지고 있는 누군가로부터 시달림을 받게 된다.

거미에 관한 꿈

마음이 나쁜 파동만 받아들이고 있는 것 같다. 잘 하고 있으려고 생각해도 돈이나 중요한 것을 잃어버리거나, 중요한 회의에서 실수를 하거나, 해서는 안 될 말을 해버리거나…. 결국은 자기가 자신의 목을 졸라 궁지에 몰리게 되는 것이다. 거미 꿈은 아무리 발버둥쳐도 벗어날 수 없는 운명을 알리고 있는 것이다.

♠ 큰 거미가 집 안으로 들어오는 꿈

재물과 돈이 생기고 집안에 경사스러운 일이 있다. 반가운 손님이 찾아온다.

♠ 집 대문 위에 거미줄이 얼기설기 얽히는 꿈

　모든 일이 복잡하고 어려운 일들과 이것저것 많은 근심거리가 생긴다.

♠ 집 안에 있던 거미가 집 밖으로 나가는 꿈

　재산과 재물이 점점 줄고 쓸데없이 지출이 많다. 사업이 기울어지고 여러 가지 우환이 생긴다.

♠ 땅거미가 큰 나무를 타고 오르는 꿈

　입학·승진·당선·합격·승리·명예 등 일신상에 경사스러운 일이 생기며, 사업이 순조롭게 풀린다.

♠ 땅거미 집에 죽은 곤충이 보이는 꿈

　집안 식구나 친인척의 상을 당하게 되거나 어려운 질병으로 고생을 하게 된다.

♠ 거미가 먹이를 감고 있는 꿈

　재물이 생기거나 심복을 얻는다.

♠ 거미줄이 사방에 쳐져 있는 꿈

　사업 또는 운세가 크게 펼칠 일이 생긴다. 그러나 방 구석 또는 천장 등에 거미줄이 얽혀 있으면 두통이 나거나 운세가 막힌다.

♠ 거미줄에 걸린 곤충을 떼어 주는 꿈

　곤경에 처한 사람을 구하게 된다.

♠ 거미줄이 몸에 감기거나 붙는 꿈

　질병이나 근심·걱정이 생긴다.

♠ 거미 떼가 덤비는 꿈

악당에게 시달리거나 모함이나 시비를 받는다.

♠ 거미에게 물리는 꿈

어떤 조력자의 혜택을 받는다.

동물의 털에 관한 꿈

동물의 털은 당신의 지성 감각을 나타낸다. 그 감각은 말할 필요도 없이 위험이나 곤란을 사전에 알게 하거나 몸을 지키는 구실을 담당하고 있는 것이지만 유감스럽게도 그 감각은 무분별하게 무엇이든 받아내는 경향이 있는 모양이다. 다소 생각이 혼란할 기미이다. 자제력이 약간 부족함을 가르쳐 주고 있으며, 중요한 정보를 분별하는 힘을 요구하고 있다.

바퀴벌레에 관한 꿈

음식을 주의하라는 신호이다. 식중독·위장 장애·설사·변비의 우려가 있다. 특히 위장에 관한 건강운의 저하를 예고한다.

정신면에서는 주위의 중상 모략에 의해서 신경질적이 되고 노이로제가 된다는 징후를 알리고 있다. 육체적, 정신적 쇠약은 즉 능력 저하와도 관련된다. 집중력이 떨어진다거나 시험에서 실수한다거나…. 전반적으로 불운한 암시이므로 이 시기는 주의가 필요하다.

♠ 부엌 구석에서 기어 나오는 바퀴벌레를 모두 잡아 봉지에 넣는 꿈
많은 정보를 수집하거나 회사에서 중임을 맡게 된다.

작은 새에 관한 꿈
당신은 희망·기쁨·평화로운 공기로 가득 찬 생활을 보내고 있는 것이다. 온화한 가정에서 자라서 따스한 온기가 있는 인간성이 생겼음이 틀림없다. 현재의 생활도 매우 순조롭다. 풍파 없이 앞으로도 신뢰가 넘치는 인간 관계를 유지해 갈 것이 약속되어 있다.

카나리아에 관한 꿈
정신적인 아름다움을 나타낸다. 주위와의 교제도 원활하여 당신은 인기가 상승되어 간다는 표시이다. 예술적 분야, 아이디어를 요하는 일에 종사하고 있는 사람은 그 재능이 인정된다는 기쁜 암시도 있다.

♠ 카나리아가 우는 꿈
여성으로 인해 속을 썩인다.

금붕어에 관한 꿈

인생의 척도를 알려준다. 금붕어 꿈은 옛 친구와의 재회나 새로운 사람과의 즐거운 시간을 암시한다. 그날 그날의 즐거운 사건, 기쁜 사건을 알리며 인생에는 갖가지 일이 있음을 가르쳐 주는 것이다. 희귀종의 금붕어가 꿈속에 나타난 경우는 돈을 잃어버린다든가 모든 일이 잘 진전되지 않는다는 등의 그날 그날의 나쁜 사건을 암시한다.

♠ **금붕어를 사서 집으로 들어오는 꿈**

훌륭하고 예쁜 딸을 낳는 태몽이다. 경사·횡재·재물·돈 등이 생긴다.

♠ **금붕어가 연못 가운데서 놀고 있는 꿈**

노래방이나 모임에서 주인공이 되어 풍악을 울린다. 희소식이 온다.

♠ **금붕어가 맑은 물 속에서 곱게 물방울을 짓는 꿈**

아이디어 제품이나 신상품을 창조 개발하여 시중에 내놓으면 대성공한다.

♠ **금붕어가 변해 선녀로 보이는 꿈**

아름다운 미인을 사귀게 된다. 뜻밖에 사랑의 여신이 다가온다. 오래된 문헌 속에서 새로운 자료를 발견하여 재탄생시킨다.

♠ **예쁜 금붕어를 어항 속에 넣어 기르는 꿈**

유치원이나 학원을 차려 육영사업으로 어린 인재를 양성한다.

소에 관한 꿈

소는 조상 또는 집안 식구 · 협조자 · 재산 · 집 · 사업체 · 아파트 · 공동 주택 · 경제 · 재물 · 성실 · 협조 · 일거리 등을 상징한다. 이 꿈은 집안에 가신이 돕고 입신 양명을 뜻한다. 소 꿈은 인류 사회의 풍요한 물질 문명과 정신 문화의 발달을 가져다 주고 지신 · 가신 · 조상신 등을 상징한다.

♠ **소를 타거나 몰고 가다 쓰러져 일어나지 못한 꿈**

자기 세력, 단체 또는 사업체 등이 와해되거나 어려운 처지에 놓이게 된다.

♠ **소를 끌어다가 고삐를 기둥에 매단 꿈**

고용인 · 며느리 · 아내 등을 얻거나 사업체 또는 재물을 얻는다.

♠ 소를 끌고 집으로 들어오는 꿈

집안에 경사가 생기고, 결혼·재물·사업체 등이 생긴다.

♠ 소가 멀리 매어져 있는 것을 본 꿈

먼 곳에 있는 여자와 결혼하거나 상당한 시일이 걸려야 배우자를 만날 수 있다.

♠ 검은 소를 본 꿈

탐탁지 않은 배우자를 만나거나 반대로 아주 훌륭한 배우자를 만난다.

♠ 소가 혼자서 짐을 잔뜩 싣고 와서 자기 앞에 선 꿈

남자·여자는 결혼할 배우자로 인하여 근심·걱정을 하게 된다.

♠ 소가 고삐가 풀린 채 머리를 밖으로 내밀고 있는 꿈

집안이 어려워지고 이혼을 하거나 별거를 한다.

♠ 남의 집 소를 훔쳐 오는 꿈

태몽이다. 결혼 또는 임신을 하게 되고, 합궁 등으로 재미를 본다.

♠ 소가 매우 지쳐 있는 것을 본 꿈

사업체 또는 고용주, 호주 등이 과중한 책임을 지고서 고통을 받는다.

♠ 소에게 받히는 꿈

믿었던 사람에게 배신을 당하거나 마음에 고통을 받아 병에 걸린다.

♠ 소가 자기를 쓰러뜨리고 짓밟는 꿈

어려운 일이 생기며, 채권자에게 빚 독촉을 심하게 받는다.

♠ 소를 사 오는 꿈

집안에 며느리 또는 귀한 손님이 오거나 집 또는 재물이 생긴다.

♠ 소를 팔러 가는 꿈

고용인·집·재물·사업체 등을 상실할 일이 있다.

♠ 목장에 많은 소가 있는 꿈

그 소의 수요만큼의 종업원을 거느리거나 막대한 재물이 생긴다.

♠ 소를 끌고서 산에 오르는 꿈

일확 천금을 손으로 만진다. 신분이 고귀해지거나 부자가 된다.

♠ 누런 암소를 끌어다 매는 꿈

며느리·여자·고용인 등을 얻거나 재물이 생긴다.

♠ 검은 소가 외딴 들판에 매어져 있는 것을 본 꿈

사람을 얻거나 탐탁하게 생각할 수 없는 남의 식구를 맞이한다.

♠ 소가 자기를 보고 사람처럼 빙그레 웃는 꿈

어떤 사람으로 하여금 불쾌한 일을 당한다.

♠ 중병으로 고생하는 사람이 소를 끌고 산으로 오르는 꿈

죽음을 의미한다.

♠ 소가 공중에 매달려 있는 꿈

거래처나 계약자가 행방 불명되어 돈을 날리게 된다.

♠ 소가 수렁에 빠져 있는 것을 구하는 꿈

집안 식구가 병이 들거나 모함에 빠진 것을 구하고 몰락한 가세를 일으켜 세운다.

♠ 소 등을 타고 길을 가는 꿈

단체의 장 또는 사업체의 운영자가 되어 권세를 과시한다.

♠ 소뿔에서 피가 흐르는 것을 본 꿈

높은 관직에 오르거나 작품 등으로 세상을 감화시킬 수 있다.

♠ 투우 경기를 관람하는 꿈

이권 또는 이념의 대립이 있게 된다.

♠ 소를 팔고서 다른 소를 사는 꿈

고용인 또는 집, 사업의 업종 등을 바꾸게 된다.

♠ 황소 세 마리가 매어져 있는 것을 본 꿈

세 가지의 소망이 이루어지고, 아들 셋을 두며 자수 성가한다.

♠ 뿔이 잘 생기고 털이 윤기가 흐르는 소를 본 꿈

하는 일마다 번창하고 자기의 일이 주변으로부터 인정을 받는다.

♠ 소에다 소금 두 가마를 싣고 오는 꿈

중년 이후 또는 말년에 두 가지의 사업을 벌여 횡재한다.

♠ 소가 쟁기를 매고 밭을 갈고 있는 것을 본 꿈

어떤 협조자를 얻어 자기 사업에 활력을 띤다.

♠ 소를 방목하는 꿈

자손 또는 종업원이 속을 썩이며 재산을 비축하지 못하다.

♠ 목동이 소를 몰고 한 장소로 인도하는 꿈

한 집단이나 병력을 지휘할 수 있는 자리에 오른다.

♠ 자신이 소를 죽이는 꿈

한 해 동안 농사일이 잘 되고 풍년이 든다. 추진하는 사업이 잘 진행된다.

♠ **여러 사람이 소를 잡아서 고기를 자르는 것을 본 꿈**
정신적 또는 물질적으로 분배할 일이 발생한다.

♠ **소가 말을 하는 꿈**
훌륭한 문예 작품을 창작하게 된다. 책을 상징한다.

♠ **뛰는 소를 잡지 못하는 꿈**
종업원이 도망치거나 재물의 손실을 가져온다.

♠ **용변 보고 있는 소를 본 꿈**
정신적 또는 물질적인 사업으로 재물을 벌어들인다.

♠ **죽은 소를 묻는 꿈**
집안에 우환이 생긴다. 하는 일마다 어려움을 겪게 된다.

고릴라에 관한 꿈

약간 낮은 정신 상태에다 난폭한 성질을 의미한다. 이런 고릴라 꿈은 성가신 사태가 일어날 것이라고 경고하는 꿈이다. 어쩌면 위험이 임박해 있는지도 모른다. 또는 지금 어떤 계획을 중지

하지 않으면 호된 변을 당하게 되는지도 모른다. 인생 설계, 생활의 계획을 크게 재검토해 볼 필요가 있을 것 같다.

고릴라와 사이좋게 지내는 꿈은 역시 곤란한 사건이나 벽에 부딪치는 일만은 확실하다. 그러나 당신은 성가신 사태가 될 것 같은 일을 사전에 대충 알고 있다. 이것은 자기의 성격을 잘 파악하고 있는 증거로, 반성도 하고 중대한 사태가 되기 전에 정확히 방향을 전환할 수 있으므로 문제가 없다는 신호이다.

전갈에 관한 꿈

불행한 사건이 당신을 기다리고 있다는 달갑지 않은 신호이다. 그러나 설상가상으로 그 사건은 예상 외로 오래 계속되고 있다. 업무면에서 계약상의 실수, 대인관계의 불협화음이 특히 강조되고 있으므로 마음의 준비가 필요하다. 업무상의 행동에 있어서 보다 세밀하고도 꼼꼼한 배려를 해두는 것이 불행을 줄일 수 있는 것 같다.

원숭이에 관한 꿈

경박함 · 장난 · 교활함. 아무래도 그다지 좋은 암시를 나타내지 못하는 것 같다. 원숭이에게 쫓기거나 시달리고 있다면 자기가 자신을 업신여기고 있는 경향이 있다. 요컨대 원숭이는 또 다른 당신이며, 도망치고 있는 것도 당신이라는 얘기다. 당신의 경우 앞으로는 인간 관계에서의 못된 장난이나 도덕에 반한 행위

등을 삼가하기 바란다. 악의가 없더라도 결과적으로 타인을 거북하게 만들거나 타인의 미움을 받아 고립되게 된다.

♠ **원숭이가 나무를 타고 올라가 바나나를 따 먹는 꿈**
숨겨져 있던 탁월한 능력을 발휘하여 많은 사람에게 능력을 인정받는다.

♠ **원숭이가 나무 위에서 발을 헛디뎌 땅바닥으로 떨어지는 꿈**
지금까지 하던 일이 중단되고 실패를 하는 불행을 겪게 된다.

♠ **대중이 많이 모인 가운데에서 원숭이가 재주를 부리는 꿈**
사람이 많이 모인 곳에서 작품 전시회를 하거나 재미있는 일이 생긴다.

♠ **원숭이가 이 나무 저 나무로 옮겨 다니면서 과일을 따 먹는 꿈**
사업이 이곳 저곳에서 바쁘고 분주하며, 하는 일마다 열매를 맺는다.

♠ 원숭이가 괴성을 지르는 꿈

수다쟁이를 만나 골치가 아프게 된다. 꼴불견, 시달림을 겪는다.

♠ 원숭이가 서로 끌어안고 키스를 하는 꿈

남녀가 분위기 있는 공간에서 사랑의 결실을 맺는다.

♠ 원숭이가 큰 나무를 타고 올라가는 꿈

지금까지 마음먹었던 일들이 순리적으로 풀린다. 사업의 성공 등의 길조이다.

♠ 직장 동료나 배우자 혹은 친구가 원숭이가 되는 꿈

원숭이가 된 그 인물에 대한 적대감이나 무시가 상징화된 꿈이다.

♠ 원숭이가 큰 나뭇잎을 타고 경사진 언덕을 미끄러지며 내려가는 꿈

계획은 거창하지만 실제의 결과는 보잘것없다는 암시다. 혹은 자식 문제로 속앓이를 할 징조이니 주의할 것.

♠ 원숭이 두 마리가 치고받으며 싸우는 꿈

하찮은 일로 싸움을 걸고 있는 자기 자신의 모습을 나타낸다. 꿈에서 자신이 싸움만 구경하는 방관자였다고 해도 해몽은 마찬가지다. 좀더 마음을 넓게 쓸 필요가 있다. 부부간·친구간·동료간에 사소한 감정싸움으로 토라져 있다면 먼저 화해를 시도하는 것이 좋겠다.

♠ 동물원의 원숭이가 철망 위로 오르거나 바위에 오르는 것을 신기하게 쳐다본 꿈

신분 상승의 조짐이다. 업무상의 이득이 생기고 애정운도 길하여 이상형의 애인을 사귈 징조이다.

♠ 원숭이가 자기 집 담장 위에 서서 집 안을 들여다보고 있는 꿈

자신을 염탐하려는 외부의 사람이 있음을 나타낸다. 그 사람은 경쟁 관계의 직장 동료나 경쟁 회사 직원일 수도 있겠고, 헤어진 옛 애인이나 전 남편(아내)일 수도 있다.

♠ 원숭이가 노래를 하거나 사람처럼 말을 하는 꿈

부부간에 서로의 말을 믿지 못하고 있거나, 친구간에 우정이 시들해져 있다는 징조임.

♠ 동물원에서의 사생 대회에 참가하여 원숭이를 그린다고 그렸는데 심사할 때 보니 호랑이나 사자의 그림으로 변해 있는 꿈

사회적으로 유명해질 예지몽이다. 부귀와 공명을 거머쥐고 정치에 참여할 운도 트인다.

꼬리에 관한 꿈

어떤 동물이든 꼬리가 강조되는 꿈은 자기 방향 조정을 게을리 하지 말라는 신호가 된다. 꼬리는 곧 당신의 지성의 감각 능력임에 틀림없다. 이 감각 능력을 충분히 작용하도록 하여 올바르게 나아갈 방향을 확인하라. 친구를 잘못 선택하지 말라는 충고도 된다. 방향 조정을 게을리 하면 인생을 잘못 보고 큰 손해를 입을 가능성도 있다.

심해어에 관한 꿈

당신은 자기 자신을 부정하고 있지는 않은지, 콤플렉스를 안고 있지는 않은지. 당신에게는 남에게 뽐낼 만한 숨은 재능이 있는데도 자신이 깨닫지 못했을 따름이다. 아마 그것은 예술이나 영감에 관한 재능이라고 생각된다. 그런 숨은 보배를 가지고 있다는 것을 꿈이 알려주고 있는 것이다.

참새에 관한 꿈

귀엽고 작은 새지만 사람에게는 잘 따르지 않는다. 그런데 꿈에서는 참새를 기르고 있는 광경을 보기도 한다. 이것은 누군가를 지배하고 싶다는 욕구의 발로이다. 이기적인 사람이 이 꿈을 자주 꾸는 것 같다. 자기는 귀엽게 생각하지만 타인은 받아들이고 싶지 않다. 그래도 동료는 갖고 싶다는 건방진 인간성을 상징하고 있다. 작은 새의 꿈은 본래 희망이나 기쁨을 의미하는 행운의 꿈이지만 아무래도 참새만은 다른 것 같다.

♠ 참새들이 창 밖에서 시끄럽게 지저귀는 꿈

구설수에 휘말릴 징조다.

♠ 참새 떼가 모여들어 자기 집 곡식을 먹는 꿈

많은 부하나 고용인을 거느릴 길몽이다.

♠ 참새고기를 먹는 꿈

몹시 불쾌한 일을 당한다.

♠ 참새가 품안에 날아드는 꿈

딸을 낳을 태몽이다.

♠ 참새들이 서로 싸우는 꿈

소송 사건이 일어나거나 이웃과 다툼이 있다.

♠ 수백 마리의 참새들이 떼지어 나는 꿈

장차 시원스럽고 기쁜 일이 생길 징조의 길몽이다.

코끼리에 관한 꿈

인도에서는 코끼리를 신으로 숭상하고 있을 정도이므로 문자 그대로 행운의 소식이다. 그 코끼리가 크면 클수록 행운도 크다. 코끼리 위에 타고 있는 꿈은 실력을 발휘해야 할 때가 왔음을 알리고 있다. 그리고 능력이 발휘되는 것도 약속되어 있다. 코끼리에게 짓밟히는 꿈은 야심을 발휘하지 못하게 됨을 나타내지만 그래도 협력자의 등장으로 의외로 간단히 해결해 버리는 것은 역시 코끼리 그 자체가 행운의 존재이기 때문이다.

♠ **코끼리가 집 안에 맑은 물을 뿌려 주는 꿈**

집안에 경사스러운 일이 생기고, 하는 일이나 사업이 순조롭게 잘 풀린다.

♠ **코끼리를 따라 큰 건물로 같이 들어가는 꿈**

거주지가 변동이 생기거나 회사가 이사를 간다. 승진하여 자리 변동이 온다.

♠ **코끼리 코를 잡고 하늘로 올라가는 꿈**

실력자의 도움을 받아 입신 양명하게 된다. 승진·합격·당선·승리·성공 등의 길조이다.

♠ **코끼리가 앞마당에서 힘없이 쓰러지는 꿈**

집안의 식구나 가까운 친척이나 친구가 변을 당하고 가세가 기울게 된다.

♠ 코끼리 발톱이 빠지는 꿈
회사의 직원들이 흩어진다. 재물이 나가고 구설수가 있다.

♠ 코끼리가 집 안으로 들어오는 꿈
귀한 손님이 오거나 새로운 식구를 맞이하게 된다. 새로운 사람을 만나 도움을 받는다.

♠ 남녀가 같이 코끼리를 타고 있는 꿈
선남 선녀가 결혼식을 올리게 되는 아주 좋은 경사이다.

♠ 코끼리가 재주를 부리며 뿌연 먼지를 일으키는 꿈
남한테 놀림을 받고 봉변을 당한다. 마음이 상당히 울적하다.

♠ 코끼리가 코가 막혀 쩔쩔 매는 꿈
친구와 애인이 약속을 지키지 못하여 안절부절하며 기다리게 한다.

진드기에 관한 꿈

당신에게는 보이지 않는 적이 있다. 예를 들면 누군가와 사랑을 하고 있다면 유감스럽게도 분명히 경쟁자가 있다는 것이다. 또는 애인에게는 따로 교제하고 있는 사람이 있어 실은 삼각 관계이었다거나, 또 모처럼 돈벌이를 할 수 있다고 생각했더니 경쟁자에게 중요한 아이디어를 도난당하거나 하여 보이지 않는 존재에 의해 운세를 저해당하는 나쁜 신호가 나타나 있다. 정신 바짝 차리고 발 밑을 보고 있지 않으면 누구의 발에 걸릴지 알 수 없다는 경고이다.

물고기·조개에 관한 꿈

신이 당신에게 기쁜 선물을 준비하고 있는 것 같다. 물고기는 행운의 상징, 일의 성공, 출세, 승진, 혹은 사랑의 성취를 약속하고 있는지도 모른다. 물고기가 싱싱하면 경사스러운 일이 저편에서 가까이 올 것이다. 큼직한 물고기는 당신의 이상이 실현됨을 예고한다. 작은 물고기는 일상의 행운을 나타낸다. 다만 꿈속에 물고기가 죽어 있다면 모두 반대의 의미가 되므로 주의해야 한다.

♠ **그물을 던져서 물고기를 잡는 꿈**

뜻밖에 횡재하여 많은 재물을 얻게 된다.

♠ **웅덩이 물을 퍼내고 물고기를 잡는 꿈**

마음먹었던 일이 순순히 풀린다. 웅덩이 물을 퍼낸 횟수만큼 여러 번 재물을 얻는다.

♠ 낚시질을 해서 물고기를 잡는 꿈

이무기가 용이 되듯이 지혜나 계략으로 돈을 번다.

♠ 개천이나 논바닥에서 손으로 더듬어 물고기를 잡는 꿈

마음먹었던 것이 뜻대로 이루어진다. 물고기를 잡은 수효만큼의 재물을 얻는다.

♠ 물고기를 잡으려고 준비만 하는 꿈

계획을 세우지만 결과는 암시하지 않는다.

♠ 저수지나 웅덩이의 물고기를 몽땅 잡는 꿈

굶주린 가난뱅이가 일시에 부자가 된다. 일시에 많은 재물을 암시한다.

♠ 웅덩이에 많이 있는 물고기를 잡는 꿈

사업이 순조롭게 풀리며, 돈의 출처가 고갈되지 않는다.

♠ 흙탕물 속에서 물고기를 잡는 꿈

직위와 신분을 이용하여 부정한 방법으로 재물을 모은다.

♠ **맑은 냇물이나 강가에서 많은 물고기 떼를 발견하는 꿈**

기술 학원을 설립하거나 인적 자원을 양성할 일과 관계한다.

♠ **생선 장수에게서 물고기를 사는 꿈**

임금 · 수수료 · 융자, 기타의 노력의 대가를 받는다.

♠ **마른 물고기를 사 오는 꿈**

새로운 학문과 진리를 연구한다. 재물 · 작품 · 일거리 등과 상관이 있다.

♠ **공중에서 떨어지는 조개를 받아서 삼키는 꿈**

훌륭한 예술 작품을 창작한다. 공적인 재물 또는 작품 따위를 얻는다.

♠ **조개에서 진주가 나오는 꿈**

새로운 이념을 창출하고 진리를 얻거나 보물 등을 얻게 된다.

♠ **논에서 게를 잡는 꿈**

집안에 경사가 생기고 잡은 수효만큼의 돈이 생긴다.

♠ **해변가에서 많은 방게들이 들락거리는 꿈**

어업 · 유통업 · 출판업 등 상품의 소비 시장을 널리 확보한다.

♠ **낚시를 하여 싱싱한 물고기를 잡아 올리는 꿈**

어렵던 사업이 수출 길이 열려 목표하는 사업 계획이 순조롭게 잘 이루어진다.

♠ **어항이 깨지거나 물이 마른 것을 본 꿈**

결혼 생활, 사업 등이 깨지거나 기대가 무산된다.

♠ **조개에게 발가락을 물리는 꿈**

훌륭한 실력자를 만나 지도와 도움을 받아 청탁한 일이 이루어진다.

♠ **자기가 물고기가 되어 물 속을 헤엄쳐 다니는 꿈**

부귀 공명하고 입신 출세한다. 시험에 합격한다.

♠ **물고기 뱃속으로 들어가는 꿈**

입학 · 승진 · 합격 · 당선 · 취직이 이루어지며, 집을 마련할 수도 있다.

♠ **누군가 게 한 보따리를 방으로 들여오는 꿈**

어떤 사람이 선전 광고물을 가져와 새로운 거래처의 일과 관계한다.

♠ 배의 갑판으로 물고기가 뛰어오르는 꿈
횡재할 일이 있거나 인재를 구한다.

♠ 새끼를 낳고 있는 물고기를 관찰하는 꿈
소원의 성취, 재물의 증가 등을 의미한다.

♠ 크고 작은 물고기를 선별하는 꿈
재물을 분배하는 일이 생기며, 사업은 구분하여 선택하게 된다.

♠ 바위 속이나 구멍에서 물고기를 잡았거나 동강이 나는 꿈
일거리가 남에 의하여 저지당한다.

♠ 마른 개울이나 산에서 조개를 줍는 꿈
재물 또는 학설을 수집하고 전문 서적 출판을 하게 된다.
※ 조개는 재물·일거리·집·여성·사업체 등을 상징한다.

♠ 폭포 위로 커다란 잉어가 뛰어오르는 것을 본 꿈
사업가는 사업에 크게 성공하여 세상을 놀라게 한다.

♠ 생선 장수가 큰 생선을 토막 내서 주는 꿈
사업 자금을 나누어 받거나 여러 방도로 돈을 취득한다.

♠ 연못이나 우물에 잉어를 넣는 꿈
입신 출세하거나 관직에 나아가 승진을 하게 된다.

♠ 잉어를 잡이디가 물이 담긴 그릇에 넣는 꿈
문학 작품이나 예술가로서 명예를 얻게 된다.

※ 잉어는 재주가 많고, 처세를 잘 하는 사람, 예술 작품, 재물, 명예, 인기 직업, 출세, 승진 등을 상징한다.

♠ **형형 색색의 물고기를 치마로 받는 꿈**

장차 인기인이 되어 사회적으로 유명해질 사람을 임신한 태몽이다.

♠ **물고기가 지하실의 홀 또는 방 안에서 노는 것을 본 꿈**

의·식·주가 풍부한 사람, 지도자가 될 사람의 태몽이다.

♠ **큰 물고기들이 죽어 연못에 둥둥 떠 있는 것을 본 꿈**

전쟁·재난·유행병 등으로 많은 인명이 희생된다.

♠ **어항 속의 금붕어를 관찰하는 꿈**

예술 작품으로 성공하거나 많은 여직원을 거느리는 기업인이 된다.

알에 관한 꿈

새의 알이 꿈속에 나타나면 상당히 좋은 의미는 말할 나위도 없고, 생명의 탄생을 예감하게 하기 때문에 인생의 새로운 고비, 교체, 모든 일의 반전 등을 의미하는 꿈이 된다. 그 알 속에서 새끼가 부화하는 꿈이라면 더욱 큰 행운의 사건이 당신에게 찾아올 것이다.

♠ **풀 속에서 새알을 얻는 꿈**
학과 성적이 우수해지거나 귀중한 연구 자료를 얻는다.

동물과 대화하는 꿈

어떤 동물이었느냐에 주목해야 한다. 고양이나 개와 같은 애완동물이라면 당신은 자기를 가장 사랑스러워하고 있다는 증거이다. 대인적으로 싸움이나 트러블은 없지만 마음이 약간 폐쇄적이라는 것이 마음에 걸린다. 그 동물이 원숭이, 고릴라 등인 경우는 자기 자신을 부정하고 있는 당신을 나타낸다. 콤플렉스를 안고 있는 상태일 것이다.

진귀한 동물과 대화하는 꿈

평소 별로 보지 못한 동물, 예를 들면 판다나 캥거루 등 우리나라에 서식하지 않는 동물의 꿈은 좀더 자유로워져라, 시야를 넓혀 여러 가지 가능성을 찾으라는 신호이다. 운세가 좀 부족해서 일이 정체 기미가 있다는 증거이다.

동물에 습격당하는 꿈

습격당하는 꿈과 습격당해 버린 꿈은 운세가 다르므로 주의해야 한다. 우선 습격당하는 꿈은 인간적으로 착실히 성장하고 있는 것은 확실하나 자기의 이상에 도달하려면 시간이 걸린다는 얘기다. 다시 말해서 아직 반성할 일이 있다는 신호이다. 한편 습격당해 버린 꿈은 문제가 해소되고 당신의 거짓이 드러나게 된다는 암시이다. 하지만 이것이 더 행운이다.

동물로 변신하는 꿈

현실 도피적 소망이 나타난 꿈이다. 자기 자신을 부정하고 싶은 심리이다. 현실의 자기를 바라보고 싶지 않은 심리라고 할 수 있을 것이다. 신체는 자꾸 성장하는데도 정신은 아이인 채로 있고 싶은 것인지도 모른다. 정신적으로도 좀더 어른스러워지지 않으면 사회에서 창피를 당한다. 사업에서 실패한다는 신호라고 생각해야 한다.

동물의 새끼에 관한 꿈

새끼 고양이, 강아지 등 동물의 새끼가 꿈에 나타나면 어린이의 성격이 상징된다. 다만 이것은 꽤 의식적으로 어린이답게 연출하고 있는, 요컨대 연기하고 있는 점이 있으므로 욕구 불만이나 스트레스가 쌓여 있는 상태이다. 그것이 언젠가 폭발해 버릴지도 모른다는 두려움도 안고 있는 모양이나 순조롭게 접촉함에 따라서 또 다시 자기 자신의 지위를 올려 간다. 그리하여 결과적으로는 결실이 많은 인생을 보내고 있다. 모순된 심리가 나타난 꿈이다.

동물을 타는 꿈

예를 들면 말 등에 익숙하게 타고 있는 꿈은 이성과 감정의 컨트롤이 대단히 잘 되는 사람이라는 얘기다. 당연히 모든 일이 원활히 전개되며, 운세도 좋은 쪽이 된다. 당신의 인생은 미래도 순조롭다는 얘기다.

호랑이에 관한 꿈

호랑이는 지나치게 엄격한 성격을 나타낸다. 결코 타협하지 않는 성격이라고 해도 좋을 것이다. 이것으로 완고한 마음, 독선적인 마음이 강조되어 있다. 다시 말해서 좀더 유연한 머리를 갖지 않으면 사회에서 고립되어 버린다는 경고이다. 기품있는 존재와 같아 그런 자신의 모습이 반영된 꿈이라고 할 수 있을 것 같다.

♠ 호랑이를 끌고 다니는 꿈

사람들을 마음대로 움직이게 하거나 큰 일을 성사시킨다.

♠ 호랑이가 무서워 부들부들 떨었던 꿈

제3자에 의해서 정신적인 고통을 받는다.

♠ 호랑이가 사자를 타고 달리는 꿈

의회, 지방 자치 단체 권력자, 공공 단체 등의 도움을 받는다.

♠ 토끼만한 동물이 점차 커져서 호랑이가 된 꿈

마음먹은 것이 뜻대로 이루어지고, 작은 일부터 시작하여 점차 번창해진다.

♠ 사방에서 호랑이가 개처럼 졸졸 쫓아다닌 꿈

생산업에 투자하여 성공한다. 남에게 도움을 받거나 계획한 일을 추진해 나간다.

♠ 집에서 기르는 동물이나 사람을 호랑이가 물어간 꿈

제3자에 의해서 근심·걱정이 해소되거나 재물의 손실이 있다.

♠ **사자나 호랑이가 자기 앞에 앉아 있는 꿈**
천민의 신분을 이겨내고, 입신 양명하여 여러 계층의 사람들을 굴복시킨다.

♠ **들판에서 여러 마리의 호랑이나 사자가 어울려 노는 꿈**
어떤 단체에서 지식인이 많은 것을 보거나 책을 읽을 일이 있다.

♠ **호랑이나 사자가 우는 소리를 듣는 꿈**
남의 이목을 한꺼번에 받는다. 어둠에 묻혔던 새로운 사실이 발견된다.

♠ **돼지를 해치러 오는 호랑이와 사자를 때려잡는 꿈**
태몽이라면 출산이 순조롭게 이루어진다.

♠ **호랑이를 타고 가다 다른 동물로 바꿔 탄 꿈**
새로운 임무를 맡거나, 맡고 있는 일을 그만두거나, 다른 데로 옮긴다.

♠ **사자나 호랑이를 죽인 꿈**
사업이 잘 되고, 장애물을 제거하게 되고 일이 성사된다.

♠ **호랑이나 사자에게 쫓긴 꿈**
생활에 어려움이 닥치고 추진하고 싶은 일이 난관에 부딪힌다.

♠ **사자나 호랑이 등의 맹수와 싸워서 이긴 꿈**
집안에 경사가 있고 태평 무사하다. 하고 있는 일이 뜻대로 성사된다.

♠ **호랑이가 집 안으로 들어온 꿈**

태몽이라면 권력자가 되고 재물을 얻는다.

♠ **호랑이나 사자가 자신을 피해서 도망친 꿈**

일반적으로 권력 상실, 사업 실패 등이 뒤따른다.

파리에 관한 꿈

음식에 파리가 꾀어 있는 꿈은 건강 상태 악화의 신호이다. 자기가 파리가 되어 동화되어 있는 꿈이라면 당신의 가능성을 시험받기 일보 직전의 상태이다. 요컨대 새벽 전의 상태를 암시하고 있다. 그때 자유롭게 날고 있거나 상쾌함을 느끼고 있다면 인생은 호전될 것이고, 그렇지 않다면 여기서도 진전될 가망이 없는 결과를 예고하고 있다.

♠ **파리가 몸에 앉는 꿈**

술과 기타 음식이 생기거나 남에게 대접받을 수 있다.

♠ 파리 떼가 모여들어 성가시게 구는 꿈

일에 방해자가 있어 진행이 어렵게 된다.

♠ 음식물에 파리 떼가 앉은 꿈

귀찮게 구는 사람이 자꾸만 찾아온다.

♠ 천장에 붙은 파리 떼를 모두 잡았다고 생각되는 꿈

부모에게 우환이 있을 경우이나 이내 사라질 것이다.

고양이에 관한 꿈

음습한 인간 관계가 반영되어 있다. 당신을 둘러싼 주위 사람들 중에 당신에 대해서 감정적인 분노를 안고 있는 사람이 있는 모양이다. 음습한 중상 모략과 짓궂은 짓을 당할 가능성이 있다. 당신 자신도 언동이나 거동에 주의하는 것이 현명할 것이다.

♠ 고양이가 쥐를 잡는 꿈

수사관인 경우는 범인을 잡고, 사업가는 보류되었던 일이 처리된다.

♠ 고양이가 집을 뛰쳐 나가는 꿈

고용한 사람을 해고시키거나 물건을 분실한다.

♠ 고양이를 잡아 죽이는 꿈

모든 일이 순조롭게 해결된다.

♠ 고양이와 강아지가 함께 있는 꿈

성격이 안 맞는 사람과 가까이 하게 된다.

♠ 닭장을 들여다보는 고양이를 본 꿈

자신에게 손해를 끼칠 사람이 나타나거나, 재산을 보호해 줄 고용인을 채용하게 된다.

♠ 고양이를 귀여워해 주는 꿈

사람을 새로 고용할 일이 생기며, 힘든 일을 맡게 된다.

♠ 호랑이라고 생각했는데 자세히 살펴보니 고양이가 있는 꿈

가치가 있다고 생각한 물건이 사실은 별로 가치가 없다.

♠ 고양이와 개가 서로 할퀴고 싸우는 꿈

세력 다툼을 하거나 공박하는 일에 관계한다.

♠ 꿈에 고양이를 보는 꿈

고용인이나 직장의 아랫사람에게 속임을 당하는 일이 생길 징조이니 주의 요망.

♠ **고양이에게 할퀴는 꿈**

우환이 생기고, 기타 상서롭지 못한 일이 생긴다. 특히 검은 고양이가 울며 달려들면 역시 가정에 우환이 따르거나 명예롭지 못한 소문이 퍼져 나갈 징조다.

♠ **고양이가 쥐를 잡는 꿈**

재물이 쌓이는 등 기쁜 일이 생길 것이다.

♠ **고양이를 죽이거나 잡아먹는 꿈**

도둑을 잡거나 잃었던 물건을 다시 찾게 된다.

♠ **고양이가 쥐로 변하는 꿈**

현재 거주하는 집에 어떤 말썽거리가 생겨 고생한다.

♠ **기르던 고양이가 홀연히 나가 버리는 꿈**

부리던 고용인이 나가거나 소중히 여기던 물건을 잃게 된다.

♠ **고양이와 개가 싸우는 꿈**

남과 다툴 일이 생길 징조이니 극히 조심해야 한다.

백조에 관한 꿈

이것은 좋은 꿈이다. 자유로운 정신, 아름다운 정신을 나타낸다. 동경하는 사람과 만날 수 있다는 기쁜 의미도 된다. 백조가 떼를 지어 수면을 헤엄치고 있거나, 하늘을 날고 있는 꿈이라면 최고로 좋은 징조이다. 평화로운 나날이 찾아올 것을 암시한다.

반대로 백조가 약하거나 날개가 빠져 있거나 깃털이 하얗지 않은 백조라면 불행한 소식을 의미하는 것이 된다.

백마에 관한 꿈

행운의 사자가 찾아온다. 이 꿈은 당신 가까이에 마음 든든한 협력자가 출현함을 암시하고 있다. 협력자 덕택에 일이 순조롭게 진전되어 목적 달성이 가능해진다.

♠ **백마가 공중을 높이 날아가는 꿈**

모든 일에 크게 성공한다.

♠ **백마가 병이 들어 병원으로 데려가는 꿈**

사업상 세무 사찰·감사 등이 있게 된다.

벌에 관한 꿈

벌은 사람을 쏜다, 또는 붕붕 시끄럽다는 것으로 주위 사람이 당신에게 잔소리를 하거나, 쓸데없는 참견을 받을 일이 있을 것이라는 암시이다. 그것 때문에 신경질을 내거나 짜증을 내기도 하고 싸움에 말려드는 일도 암시하고 있다. 한편 강한 인내력으로 일벌처럼 근면하면 반드시 이상이 이루어진다는 좋은 의미도 가지고 있다.

♠ **벌에 쏘이는 꿈**

남과 싸울 일이 생기거나 근심거리가 생길 것이다. 결혼한 부인의 꿈이면 태몽이다.

♠ **벌 떼가 자기에게 덤벼드는 꿈**

현실에서 나쁜 사람에게 시달림을 받을 수 있다.

♠ **꽃에 벌 떼가 모여드는 꿈**

가정에 경사가 생길 예시이며, 크게 잔치를 베풀어 손님들을 접대할 꿈이다.

♠ **벌통에 꿀이 가득 차 있는 꿈**

큰돈이 손에 들어오는 재수꿈이다.

♠ **큰 말벌을 손으로 때려 잡는 꿈**

사업상 유익한 계약이 이루어질 것이다.

♠ **나뭇가지에 매달린 벌집에 많은 벌 떼들이 드나드는 꿈**

현실에서 많은 부하를 거느리는 지위에 오르거나 큰 사업체를 경영하게 될 징조라고 볼 수 있다.

♠ **벌 떼가 공중에서 난무하거나 떼지어 날아다니는 꿈**

자기의 의견이나 사상이 여러 사람에게 널리 전파될 것이다. 목사가 이러한 꿈을 꾸었다면 자신이 맡은 교회는 크게 부흥할 것이다. 또 당을 결성한 정치가라면 자신의 당에 찬동하는 당원들이 많이 모일 징조다.

양에 관한 꿈

평온한 가정 생활을 약속하고 있다. 편안하고 안정된 나날을 보내고 있기 때문에 꾸게 되는 평화로운 꿈이라고 할 수 있을 것이다. 다만 양이 수척해져 있거나 풍부한 털이 없다면 집안의 쇠퇴를 암시하는 것이 된다.

♠ **어린 양 한 마리가 집 안으로 들어오는 꿈**

집안에 재물과 돈이 생기거나 경사스러운 일이 있다. 식구 한 사람이 늘어나게 된다. 친인척이 찾아온다.

♠ **양 한 마리를 끌고 집 안으로 들어오는 꿈**

재물과 돈이 생기고 먹을 것이 들어온다. 사업가는 큰 거래처가 확보된다.

♠ **양 떼들이 한꺼번에 떼를 지어 몰려오는 꿈**

힘 안 들이고 입신 출세하고 일확 천금을 손에 거머쥔다. 횡재 · 재물 · 행운 등의 길조이다.

♠ **양을 타고 초원을 달리는 꿈**

오래간만에 기분이 상쾌하고 소원 성취하게 된다.

♠ **집 앞뜰에 양 떼들이 우르르 몰려 들어오는 꿈**

그동안 벌여 놓았던 사업의 이익금이 쏟아져 들어와 부자가 된다. 횡재, 행운 등의 길조이다.

♠ **양 한 마리가 교회 안으로 들어가는 꿈**

훌륭한 성직자가 되어 참된 사랑으로 많은 인간 구제를 하게 된다.

♠ **양이 많은 새끼를 낳는 꿈**

그동안 투자한 사업들이 몇 배로 불어나 재미를 톡톡히 본다.

새에 관한 꿈

병아리도 포함된다. 날짐승 새끼의 꿈은 자유로워지기 위해 좀 더 성장해야만 된다는 의미를 갖는다. 기본적으로 나쁜 것은 아니다. 왜냐하면 그러한 당신의 아이다운 부분이 개성으로 받아들여져 남의 지도를 받게 될 테니까 말이다. 주위의 의견에 따라 성공을 이끈다는 행운도 암시하고 있기 때문이다. 다만 아이스러움은 점차 고쳐 나갈 필요는 있을 것이다.

올빼미에 관한 꿈

깊은 산 속에 살며 밤에 활동하는 올빼미는 그 모습을 좀처럼 볼 수가 없다. 그런 의미에서 올빼미는 친척, 그것도 좀처럼 만나기 힘든 먼 친척을 나타낸다. 그리고 이것은 대부분 병의 경고이다. 가까운 친척이 아니므로 큰 걱정거리는 아니지만 당사자의 병 소식에 적지않게 마음 아파하게 될 것이다.

돼지에 관한 꿈

서양에서는 건강운이 강조되는 꿈으로 병에 주의하라는 신호이다. 체력이 저하되어 가는 암시이므로 지금부터 주의하여 미연에 방지하게끔 충고하고 있는 것이다. 그 밖에 의미 없는 교제를 계속한다는 나쁜 암시도 있으므로 짐작이 가는 사람은 역시 대인 관계를 개선하기 바란다. 그러나 동양에서는 집·재산·사업체·집안 식구·명예 등을 상징한다.

♠ **돼지를 파는 꿈**

자기 소유의 물건을 잃어버리거나 남에게 일거리를 빼앗기게 된다.

♠ **돼지고기를 필요 이상으로 많이 사는 꿈**

신변에 영예로운 일이 있거나 뜻하지 않은 많은 재물을 얻게 된다.

♠ **돼지 새끼를 사는 꿈**

적은 돈을 얻지만 그 돈을 이용하여 큰 재물을 만들 수 있다.

♠ **돼지와 방에서 싸우다 돼지의 목을 누르는 꿈**

사업을 일으키거나 재물을 소유하며, 경쟁·재판 등의 시비가 있으나 승리한다.

♠ **멧돼지를 잡는 꿈**

대학 입학, 고시 합격, 권리 확보 등이 뜻대로 성사된다.

♠ 돼지고기를 먹은 꿈

하루 종일 기분이 불쾌하고 따분하고 답답한 일에 종사하게 된다.

♠ 돼지 새끼를 쓰다듬은 후 아이를 낳은 꿈

태몽이라면 재물이 많은 자식을 낳겠지만 그 자식으로 인해서 마음 고생을 한다.

♠ 돼지 한 마리가 갑자기 여러 마리로 변하는 꿈

재물이 생기며 사업이 번창한다. 연구하는 직업을 가진 사람은 좋은 결실을 맺게 된다.

♠ 돼지머리를 제삿상에 올려 놓은 꿈

자신의 작품 등을 제3자에게 칭찬받거나 누구에겐가 물질적인 보답을 받게 된다.

♠ 돼지를 차에 가득 실어다 우리에 넣은 꿈

재산이 많은 사람의 도움을 받아 경제적으로는 풍족하지만 심적 부담을 느끼게 된다. 돼지가 옆에서 따라오면 하는 일마다 실패가 없으며, 남이 부러워할 정도로 순탄한 길을 걷게 된다.

♠ 멧돼지 수십 마리가 한꺼번에 몰려오는 꿈

직계 가족, 일가 친척 중에 자식을 낳는 사람이 있으며, 그 자손의 앞날이 밝다.

♠ 돼지가 우리 밖으로 뛰쳐나가는데도 붙잡지 못한 꿈

하는 일이 심하게 꼬이거나 물질적인 손해를 보게 된다.

♠ 돼지 새끼를 낳아 그 돼지가 자라서 우리 안에 가득 찬 꿈

부동산이나 증권 등에 투자한 돈이 몇 배로 불어날 조짐이 있다.

♠ 사나운 돼지가 방에서 갑자기 사람으로 변하는 꿈

신변에 어려운 일이 생기며, 상대하는 사람들이 겉과 속이 다를 수가 있다.

♠ 죽은 돼지를 어깨에 걸머지고 오는 꿈

가정에 화근이 생기고 우환이 생길 징조이다.

♠ 돼지를 차에 싣고 오거나 등에 지거나 몰고 오는 꿈

부귀 공명하고 입신 출세하여 명예를 얻거나 돈이 생긴다.

♠ 돼지 새끼를 실어다가 집 마당에 풀어 놓는 꿈

많은 상품 또는 재물이 생기지만 빛 좋은 개살구 격이다.

♠ 돼지의 엉덩이를 칼로 찌르고 목을 쳐서 죽인 꿈

무슨 일을 하는데 시작은 잘 했으면서도 결과가 신통치 않다.

♠ 돼지를 사다가 잡아서 파는 꿈

주변 사람이나 윗사람에게 손해를 보거나 재물을 잃거나 다른 사람에게 주게 된다.

♠ 멧돼지가 사람을 물려고 덤벼드는 것을 죽인 꿈

힘들고 어려운 일이나, 윗사람의 도움으로 적의 침입을 막을 수 있다.

♠ 돼지머리를 삶아서 칼로 썰어 그 일부를 감추어 둔 꿈

사업상의 장부를 이용해 세금의 일부를 급한 곳에 활용할 수도 있다.

♠ 죽여야 할 돼지나 싸워야 할 돼지가 갑자기 사람이 되는 꿈

경쟁 상대가 우세해지거나 동정·실의 등으로 매사에 좌절하게 된다.

♠ 여러 색깔의 돼지들이 태어나는 것을 보고 출산하는 꿈

직계 자손 중에서 이별을 하거나, 자손들이 제각기 다른 사업에 손을 대게 된다.

♠ **돼지 여러 마리가 교미하고 있는 꿈**

집안에 경사가 있고, 하는 일이 번창하거나 축하금을 받을 일이 생긴다.

♠ **돼지를 통째로 구워서 잘라 먹은 꿈**

논문·작품 등에 좋은 평가가 내려져서 많은 사람들로부터 축하를 받게 된다.

※ 돼지의 크기와 수효가 정비례한 꿈은 재물이 생기게 된다.

♠ **소변을 보는데 돼지 새끼들이 한꺼번에 몰려와서 받아먹는 꿈**

사회에 정신 문화의 발달을 가져다 주고, 여러 작품을 유명인에 의해서 평가받게 된다.

♠ **가까운 친척 중의 한 사람이 돼지를 몰고 오는 꿈**

직계 가족 중의 한 사람이 가까운 시일 내에 돈을 가져온다.

애완동물에 관한 꿈

개·고양이·다람쥐·토끼 등 모든 애완용 동물을 포함한다. 애완동물을 기르고 있는 꿈도, 자기가 애완용 동물이 되어 있는 꿈도 같은 의미다. 이것은 당신이 자기 자신을 위로하고 싶어하는 꿈이다.

최근 대인관계가 재미없지는 않은지. 고독감을 해소하고 싶어한다.

뱀·뱀장어에 관한 꿈

지혜로운 문제 해결을 의미한다. 보통 때 같으면 오싹해지겠지만 꿈속에서는 뱀과 친해져 있는 경우가 종종 있다. 이런 경우는 당신이 지혜를 써서 문제를 원활히 해결하는 능력이 있다는 신호다. 아마 당신은 임기 응변이 능란한 사람일 것이다. 뱀장어도 마찬가지다.

♠ **자기 발을 문 뱀을 그 자리에서 밟아 죽인 꿈**
태몽이라면 자손에게 나쁜 영향이 미친다.

♠ **수많은 뱀이 문틈 사이로 들어오는 꿈**
여러 계층의 사람과 접하게 되고, 남에게 자신의 신변에 관한 이야기를 듣게 된다.

♠ **뱀의 몸 속에서 약을 구한 꿈**
뜻밖에 생활에 필요한 필수품이 생긴다.

♠ 수많은 황구렁이가 늘어서 있는 꿈

태몽이라면 정치가·사업가·권력자 등이 될 귀한 자손을 얻는다.

♠ 뱀이 자신을 물고 사라진 꿈

남을 통해서 재물이 생긴다.

♠ 구렁이가 전신을 감는 꿈

각계 각층의 사람들과 만나게 된다.

♠ 구렁이가 문 꿈

남에게 도움을 많이 받는다.

♠ 새빨간 뱀이 치마 속으로 들어온 꿈

태몽이라면 건강하고 정열적인 아이를 얻는다.

♠ 죽 늘어져 있는 황색 구렁이가 사라져 버린 꿈

자신을 불쾌하게 만드는 사람이 나타난다.

♠ 수많은 뱀이 길바닥에서 우글거리는 꿈

태몽이라면 남을 가르치는 직업을 가질 자손이다.

♠ 온몸을 친친 감은 뱀이 혓바닥을 날름거리고 있는 꿈

나쁜 사람이 자기에게 피해를 준다.

♠ 청구렁이가 숲 속에 길게 늘어져 있는 꿈

태몽이라면 남에게 선망의 대상이 될 자손을 얻는다.

♠ **쫓아오던 뱀이 사람으로 탈바꿈한 꿈**

피하고 싶은 일이지만 어쩔 수 없이 일을 해 주게 된다.

♠ **큰 구렁이를 죽여 피가 난 꿈**

방해물이 없어져 뜻대로 일이 성사된다.

♠ **뱀이 나무의 줄기처럼 길게 늘어져 있는 꿈**

남에게 속아 넘어 가기 쉽고, 손재수의 흉몽이다.

♠ **뱀을 토막 내어 먹는 꿈**

자기가 모르는 것을 남을 통해서 안다.

♠ **뱀이 집 안으로 들어온 꿈**

집안 식구가 늘어나거나 사업상 좋은 일이 생긴다.

♠ **뱀과 성교한 꿈**

계약을 하거나 다른 사람과 동업을 한다.

♠ **연못 속의 수많은 뱀을 들여다본 꿈**

유물 · 골동품 · 금은 보화 등을 얻게 된다.

♠ 구운 구렁이 토막을 먹는 꿈

협력자를 만나 많은 지식을 얻는다.

♠ 큰 구렁이 주위에 뱀들이 우글거리는 꿈

권세를 잡거나 사회 단체의 주도권을 쥐게 된다.

♠ 큰 구렁이에게 물린 꿈

태몽이라면 큰 일을 할 자손을 얻는다.

♠ 산정에서 청구렁이가 몸 전체를 아래로 늘어뜨린 꿈

태몽이라면 공공 단체에서 단체장이 될 자손을 얻는다.

♠ 뱀에게 물려 독이 몸에 퍼진 꿈

자신을 남에게 과시하거나 뜻밖의 재물이 생긴다.

♠ 온몸에 구렁이가 감겨 있는데 호랑이가 바위로 쳐서 토막을 낸 꿈

적대적인 세력을 꺾거나 동업자와 더불어 일을 성사시킨다.

♠ 치마로 싼 구렁이를 때려 잡은 꿈

집안에 불운이 있다.

♠ 뱀이 온몸을 감고 턱 밑에서 노려본 꿈

가까운 사람으로 인해 구속받거나 사소한 말다툼으로 신경을 쓴다.

♠ 큰 구렁이가 작은 구멍 속으로 들어간 꿈

집안에 화근이 생긴다.

♠ 전신을 감고 있는 뱀을 죽인 꿈

어려웠던 난관이 순리대로 술술 풀린다.

♠ 머리가 여러 개인 뱀이 물 속에 있는 꿈

교양있는 책을 읽거나 귀한 물건을 보게 된다.

♠ 큰 구렁이가 용마루로 들어간 꿈

태몽이라면 공공 단체의 주도권을 쥐게 될 자손을 얻는다.

♠ 구렁이가 허물을 벗고 사라진 꿈

잘못을 반성하고 새로운 사람이 되라는 예지몽.

♠ 큰 구렁이와 관련된 꿈

태몽이라면 진취적이고 재주가 뛰어난 자손을 얻을 것이다.

뱀을 무서워하고 있는 꿈

배반을 당하는 경고를 의미한다. 험담을 듣거나 음습한 짓궂은 일을 당할 가능성이 있다. 인간 관계 개선에 힘쓰라는 의미다. 육체와 지성을 조절하고 손가락질을 당하지 않는 생활을 영위하는 것이 중요하다.

펭귄에 관한 꿈

단체생활에 있어서는 하고 싶은 말을 되도록 억제하고 주위 사람에게 맞춰 행동하라는 충고이다. 이것은 자아가 강하여 자기주장이 강한 사람에 대한 주의로 이 꿈을 꾸었다면 당신이 사회적으로 조금씩 어른이 되고 있다는 신호이기도 하다.

벌레에 관한 꿈

현실 도피의 심리이다. 사회나 인간 관계에서 벗어나고 싶고, 자기의 결점을 인정하고 싶지 않은 잠재적 심리가 벌레의 모습을 빌어 그늘에 숨으려고 하는 당신을 반영하고 있는 것이다. 좀더 주위와 교류하도록 훈계하고 있는 꿈이다.

염소에 관한 꿈

산기슭에서 염소가 방목되어 있는 한가로운 풍경을 의미한다. 이것은 자유롭고 낙천적으로 일이 진척되어 간다는 좋은 징조이다. 그런데 오두막 안에 갇혀 있거나 좁은 공간에 염소가 있었다

면 당신 자신이 아직 자유롭게 날 수 없는 시기이다. 운세가 회복될 때까지 기다리라는 신호가 된다.

낙타에 관한 꿈

사막에서 짐을 나르는 낙타를 의미한다. 그러나 짐이 곧 곤란한 사건을 상징한다. 새로운 곤란이 당신의 신상에 일어난다는 신호이다.

반성해야 하는 것은 스스로 곤란을 만들어 내고 있다는 점이다. 일이 넘칠 기미이거나 바라지 않는 일에도 덤벼들고 있다는 의미이다.

♠ **낙타를 타고 끝없이 사막을 가는 꿈**
소원이나 사업이 큰 난관에 봉착하게 된다.

♠ **낙타를 끌어오는 꿈**
소나 말 같은 가축을 사 오게 되거나, 협조자를 얻고 뜻밖의 재물이 생긴다.

♠ **낙타의 육봉이 크게 보이는 꿈**

두 가지 특성을 가진 사업체나 작품을 성취시키는 일과 관계가 깊다.

사자에 관한 꿈

성적 욕구의 발로이다. 흔히 있는 연애보다도 격렬한 연애, 위험한 연애를 바라고 있는 심리. 대담한 행동을 취하지 않고는 견딜 수 없는 모험스러운 사랑을 하고 싶다는 정열적인, 약간 위험한 꿈인지도 모른다.

♠ **사자를 타고 달리는 꿈**

권력자 및 능력있는 사람의 도움을 받아 귀하게 되거나 이름있는 단체의 우두머리가 될 것이다.

처녀가 이러한 꿈을 꾸었다면 훌륭한 남자와 결혼을 하게 되고, 결혼한 여성은 옥동자를 잉태할 것이다.

♠ **사자와 싸워서 자신이 이기는 꿈**

큰 일을 성공할 것이며, 소송중인 사건이 승소하게 된다.

♠ **사자에게 지는 꿈**

어떤 일이 난관에 부딪혀 좌절될 것이며, 소송에서 지게 된다.

♠ **사자가 크게 우는 꿈**

자신이 명성을 크게 떨칠 길조라 하겠다.

♠ **사자에게 물리는 꿈**

명예와 벼슬을 모두 얻을 것이다.

♠ **자신의 손으로 사자를 잡아 죽이는 꿈**

보통 사람이 해내기 힘든 큰 일을 성공시킬 것이다. 이러한 꿈은 고시에 합격하거나 경쟁률이 높은 추첨에 당첨되거나 국회의원 등에 당선될 수 있다.

악어에 관한 꿈

당신에게는 아직 보이지 않겠지만, 가까이에 적이 잠재해 있는 기미가 있다. 지금은 눈에 띄는 행동을 삼가하고 생활을 신중히 할 때. 그렇지 않으면 외부의 공격에 의해 재난을 당할 가능성이 있다.

♠ **악어 떼가 쫓아와서 도망치는 꿈**

경쟁자들에게 시달림을 받거나, 계획한 일이 난관에 부딪친다.

♠ 악어 떼를 하나하나 죽이는 꿈

어려운 일이 하나씩 해소되고 큰 일을 성사시키거나 많은 재물을 얻는다.

다람쥐에 관한 꿈

작은 금전운의 표시이다. 당신이 작은 돈을 모은다든가 대단치 않은 복권에 당첨되어 수입이 있겠다는 좋은 암시이다.

여기서는 분수에 맞는 작은 금전운인 것이 중요한 요점이다. 만일 꿈속에서 자기보다도 훨씬 큰 다람쥐가 나왔다면 노름 등으로 신세를 망친다는 신호가 되므로 주의를 요한다.

용龍에 관한 꿈

영감으로 성공을 거둔다. 용의 여의주도 같은 의미이다. 분명히 가공의 동물인 용 꿈을 꾸었을 때는 당신의 영성靈性, 다시 말해서 영적 능력이 높아지고 있는 증거이다. 영감력이 뛰어나고 발상이 훌륭하여 일이 큰 성공을 거둔다는 암시다. 물론 금전운도 아울러 상승, 두말 할 것 없이 좋은 꿈이다.

♠ 용을 해치거나 붙잡아 꼼짝 못하게 하는 꿈

신분이 귀하게 되고 길운이 보인다. 어떤 벅차고 힘든 일에서 뜻을 이룬다.

♠ 용의 문장이나 조각을 본 꿈

희귀한 물건, 고전 작품 등으로 그 업적이 길이 남는다.

♠ 물 속에서 잠자는 용을 본 꿈

어떤 기관에서 보존하고 있는 희귀한 작품 또는 보물을 보게 된다.

♠ 용이 대문으로 들어오는 꿈

집안에 재물과 돈이 생기거나 귀인이 집에 들어와 취직을 하게 된다.

♠ 용이 구름 속에서 큰 소리를 내는 꿈

사업이나 작품이 성공하여 세상이 놀랄 만큼 큰 소문이 난다.

♠ 큰 뱀이 용이 되어 하늘로 오르는 것을 본 꿈

평범한 연구 성과가 크게 빛을 발하여 큰 명예를 얻는다.

♠ 불난 집에서 용이 하늘로 오르는 것을 본 꿈

중소기업이 대기업으로 사업이 융성해서 큰 성과를 얻는다.

※ 용에게 먹혔다 나와 보니 온몸이 피투성이가 된 꿈을 꾼 사람이 복권에 일등으로 당첨되었다.

♠ 용을 타고 하늘을 나는 꿈

입신 출세하며, 정치가 또는 단체의 장이 되고, 세인의 이목을 집중시킨다.

♠ 용을 타고 산으로 들어가는 꿈

부귀 공명, 입신 출세하여 관직에 오르거나 학업 또는 사업 등이 크게 발전한다.

♠ 자기가 용으로 변하는 꿈

신분이 높아져 큰 세력을 잡거나 작품으로 명성을 떨친다.

※ 용과 싸우다 잠을 깨면 벅차고 힘든 일에 도전하지만 결과를 예지하지 못한다.

♠ 공중에서 불을 뿜는 꿈

깊은 학문과 진리를 터득하고 계몽사업 또는 작품으로 세상을 감화시킨다.

♠ 용이 공중에서 떨어지는 꿈

하던 사업이 무너지고 지위, 권세 등이 몰락한다.

♠ 두 마리의 용이 서로 마주 보고 접근하여 오는 꿈

두 개의 세력 단체가 대치한 가운데 서로 싸우는 것을 의미한다.

♠ 달려드는 용을 총이나 칼 따위로 죽이는 꿈

언론을 동원하여 상대방의 주장을 완전히 제압하여 승리한다.

♠ **쌀이 알알이 용이 되어 승천하는 꿈**
자기가 이루고자 하는 소원을 이루게 된다.

♠ **구름 속에서 눈을 부라리던 용이 빗방울을 떨어뜨리는 꿈**
태아가 유산되거나 집안에 우환이 생긴다.

♠ **승천하려는 용의 꼬리를 잡았다가 놓치는 꿈**
온갖 훼방을 이겨내고 출세할 사람과 인연을 맺는다.

♠ **용이 바다에서 하늘로 승천하는 것을 본 꿈**
넓은 사회 기반으로 유통업, 제조업 등 손쉽게 성공할 일과 관계한다.

♠ **하늘에서 용이 담배를 피우는 꿈**
정치·법령·사상·진리 등을 매스컴을 통하여 널리 세상에 펴고 사회 풍토를 쇄신할 일이 생긴다.

독수리에 관한 꿈

독수리, 매 등 사나운 야생 새는 높은 이상을 향해 돌진하는 자세를 상징하고 있다. 권력 지향적인 사람이 꾸기 쉬운 꿈이다. 목적을 반드시 이루고자 하는 집착도 왕성하고, 그만큼 신념에 불타고 있는 사람이라고 해도 좋을 것이다.

♠ **독수리를 타고 하늘을 나는 꿈**

단체나 조직의 장이 된다. 입학·승진·합격·학위 취득·성공·승리·경사 등의 소원 성취를 한다.

♠ **독수리가 먹이를 낚아채는 꿈**

어떤 목적을 위하여 불굴의 정신으로 신속 정확히 업무를 처리하여 수습한다는 것이다.

♠ **독수리가 썩은 송장을 뜯어먹는 꿈**

신규 사업에 투자한 것이 때를 만나 승승장구하게 된다.

♠ **독수리가 날개짓을 하면서 나는 꿈**

사업 성공이나 승진, 출세 등 많은 대중 앞에 명성을 떨치게 된다.

♠ **독수리가 앞마당에다 돼지를 떨구고 날아가는 꿈**

사업이 잘 되어 재물과 돈이 생기고, 제조업체는 주문이 들어오고 먹을 것이 들어온다. 뜻밖의 귀인을 만나 도움을 받는다.

♠ 독수리가 물고기를 낚아채는 꿈

새로운 기회를 이용하여 목적을 달성한다. 재물·돈·물품·낙찰·상술 전략 등의 길조이다.

오징어에 관한 꿈

그 모양과 속에 단단한 뼈가 있는 것으로 일반적으로 남자의 성기를 의미하는 것 같다. 따라서 여자가 오징어 꿈을 꾸거나 물 속에서 오징어에게 휘감겨 있는 꿈을 꾼 경우 육체적으로 남자를 필요로 하고 있는 것이 틀림없다.

개에 관한 꿈

짖거나, 휘젓고 다니는 개는 아무 근거도 없는 중상 모략·비난·소문을 퍼뜨리는 존재를 의미한다. 인간 관계 악화의 기미이다. 그러나 당신의 기질 안에 이러한 사태를 일으킬 원인이 잠재해 있는 것이어서 타인만을 나무랄 수는 없다. 꼬리를 흔들며 재롱 부

리는 개는 귀엽지만 이면에 감춰진 거짓된 마음에 주의해야 한다. 당신의 경우 정말로 신뢰할 수 있는 친구를 가질 필요가 있다.

♠ **개들끼리 서로 싸우는 꿈**
남의 일에 공연히 끼어들어 오히려 화를 입는다.

♠ **개가 손을 물고 놓지 않는 꿈**
작품·능력 등을 평가받을 일이 생긴다.

♠ **개를 죽이는 꿈**
소원 성취하며, 누군가의 은혜에 보답하게 된다.

♠ **개를 따라다니는 꿈**
어떠한 일을 해결 못해서 제삼자를 통해서 해결을 보게 된다.

♠ **개가 두 발로 서서 움직이는 꿈**
사회적으로 대인 관계가 원만치 못하다.

♠ **집을 나갔던 개가 다시 찾아와서 기뻐하는 꿈**
뜻밖의 소식을 듣게 된다.

♠ **개가 사납게 짖어 집 안으로 못 들어갔던 꿈**
들어가야 할 곳을 들어가지 못해서 난처한 입장에 처하게 된다.

♠ **개에게 물리거나 여러 마리의 개가 자신을 에워싸고 으르렁대는 꿈**
남에게 모함을 받아 억울한 누명을 쓰거나, 괜한 일로 남한테 원한을 사게 되니 주의 요망.

♠ 개가 하늘로 오르는 꿈

장차 복록을 누리게 되는 길몽이다.

♠ 자신이 기르던 개에게 물리는 꿈

손재수가 따르고, 누구에겐가 배신을 당할 징조다.

♠ 개가 교미하는 것을 보는 꿈

추진 중인 일에 방해자가 나타나 계획대로 진행이 되지 못할 것이다.

♠ 개가 몹시 짖어대는 꿈

어떤 일에 방해자가 나타나 계획대로 진행이 되지 못할 것이다.

♠ 개를 부르는 꿈

술과 음식을 대접받는 일이 생길 것이다.

♠ 개를 이끌고 산책하는 꿈

자신을 지켜 주는 사람이 생길 것이다.

♠ 개를 쓰다듬는 꿈

며느리나 고용인 등이 속을 썩일 징조다.

♠ 들개가 자기 집으로 들어오는 꿈

감기 등 유행성 질환에 걸릴 징조이니 주의 요망.

토끼에 관한 꿈

가련함, 순진 무구한 마음, 상냥함, 선량한 성격을 나타내고 있다. 당신이 주위를 부드럽게 하여 상냥함을 느끼게 하는 평화로운 존재라는 얘기다. 기본적으로 흰 토끼는 행운의 소식이다. 얼룩이나 검은 토끼라면 불운의 소식이다. 꿈속의 토끼가 무슨 색이었는지 기억해 보자. 이 꿈을 남자가 꾼 경우는 토끼와 같은 존재의 애인이 출현함을 예고한다.

♠ 예쁜 흰 토끼가 집 안으로 들어오는 꿈

태몽이다. 임신을 하여 귀여운 딸을 낳는다. 손님, 친인척이 찾아온다.

♠ 산 속에서 산토끼를 잡는 꿈

새로운 사업에 투자하여 사업 성과가 좋고 날로 번창하게 된다. 재물·돈·물품이 생긴다.

♠ 토끼 떼들이 집 안으로 몰려 들어오는 꿈

여러 곳에 깔아 놓은 물건값을 거두어 들인다. 재물과 돈이 들어온다.

♠ **늑대가 토끼를 물어가는 꿈**

집안에 도둑이 들거나 실물수가 있다. 사고로 인하여 재물이 빠져 나간다.

♠ **집안 식구가 토끼 새끼를 안고 들어오는 꿈**

태몽이다. 예쁜 딸을 낳고 집안에 경사가 생긴다. 재물, 학용품, 선물, 식품 등이 들어온다.

♠ **산토끼를 따라가는 꿈**

사업의 새로운 길을 찾고 귀인을 만나 도움을 받는다. 경사, 기쁜 소식이 생긴다.

송충이에 관한 꿈

송충이·구더기·지렁이류 등 꿈틀거리는 벌레는 파괴, 전멸을 의미한다. 예를 들어 송충이가 나뭇잎을 먹어 치우는 꿈을 꾼 사람은 건강이나 운세를 파괴당할 것이라고 암시하는 것이다. 물론 정신 생활에 대한 파괴적인 행동, 태도라고 할 수 있으며, 당신의 정신을 혼란시킨다는 신호도 된다.

구더기에 관한 꿈

지렁이도 포함된다. 꿈에서 음식 속에 구더기가 나타난 경우에는 꿈에 나타난 특정의 음식, 혹은 음식 전반에 대한 경고라고 받아들이기 바란다. 예를 들면 다이어트를 주의하고, 비만성이 있는 사람은 음식을 조절하라는 의미이며, 영양의 균형을 잃은 사람에게는 편식을 훈계하는 것이 된다.

이 벌레들은 인간의 원시적인 기억을 의미하는 일도 많다. 예를 들면 꿈에 자기가 이 벌레가 되어 있는데 기분 나쁘게 생각되지 않고 웬일인지 사이좋게 지내고 있는 꿈은 지식만 풍부하고 행동이 따르지 않는 사람이 되어 가고 있는 데 대한 경고라고 할 수 있다.

♠ **부엌 천장 밑에 구더기가 득실거리는 꿈**

집안에 경사스러운 일 때문에 잔치가 생긴다. 횡재·재물·돈·먹거리 등의 길운이다.

♠ **장롱 속에 구더기가 나오는 꿈**

목돈을 만지게 된다. 뜻밖에 횡재를 하여 많은 돈을 만진다.

♠ 똥더미 위에 구더기가 수북한 꿈

제조업 및 식품업에 투자하여 많은 이익을 올리고 부자가 된다. 횡재, 재물 등의 길조이다.

♠ 흙 한 줌을 펴 보니까 구더기로 변한 꿈

작은 돈으로 투자한 주식이나 채권이 시기를 맞아 큰 돈으로 불어나게 된다.

♠ 땅이 갈라지면서 구더기가 나오는 꿈

생산 및 유통에 투자하여 사업 성과를 올리고 대기업으로 성장한다.

♠ 구더기가 그릇 속에 가득한 꿈

재물과 돈이 생기고 먹을 것이 들어온다. 잔치, 선물 등이 생긴다.

말馬에 관한 꿈

생각을 하면 길일이 된다는 의미이다. 행동이야말로 성공의 어머니이다. 이 꿈은 곧 행동을 하라, 말과 같이 목적을 향해 돌진하라는 신호이다. 그렇게 하면 바라는 바의 성공을 약속받게 될 것이다. 다만 무턱대고 돌진하면 안 된다. 고삐를 잔뜩 죌 때는 바싹 긴장시키면 만전을 기할 수 있다.

♠ **말이 앞발을 높이 들고 반가운 울음소리를 내는 꿈**

친구나 사랑하는 여인 등 손님이 찾아온다. 뜻밖의 우편물, 전화, 소식이 온다. 기쁨, 경사 등의 길운이다.

♠ **남녀가 말을 타고 초원을 달리는 꿈**

선남 선녀가 결혼식을 올리고 신혼여행을 떠나게 된다.

♠ **예쁜 조랑말을 타고 뛰어가는 꿈**

남자는 귀엽고 아름다운 여자를 만나고, 여자는 듬직한 남성을 만나 사랑의 꽃을 피운다.

♠ **말에게 먹이를 주는 꿈**

임산부는 입신 출세하여 명성을 떨치게 될 훌륭한 자식을 낳는다.

♠ **모자를 쓰고 말을 타는 꿈**

실업자는 좋은 직장을 얻고, 직장에 있는 사람은 승진을 하여 자리를 옮긴다.

♠ **말이 뒷발을 쳐들어 보이는 꿈**

외출·출장·여행을 가게 된다. 일거리가 여러 곳에서 생겨 분주하다.

♠ **말 위에서 떨어지는 꿈**

각종 시험에 낙방하고 사업에 실패한다.

♠ **말굽소리가 점점 가까이 들리는 꿈**

친인척이나 애인 등 귀한 손님이 오신다. 우편물·전화·기쁜 소식을 듣게 된다.

♠ **천둥 벼락에 놀란 말이 이리저리 뛰는 꿈**

천재지변이나 어려운 재난을 당하게 된다. 불행·질병·사고·시달림 등의 불운이 생긴다.

새우에 관한 꿈

왕새우와 같이 큰 새우 꿈은 금전운이 풍부한 행운 신호. 또 일가 집안이나 친한 사람 사이에 경사스러운 일이 일어날 예고도

된다. 어쩌면 결혼의 전조인지도…. 작은 새우 꿈, 새우를 낚는 꿈도 행운의 의미가 있으나 인생의 커다란 변화와 같은 사건이 일어난다기보다 평범한 좋은 일이 거듭된다고 생각하는 것이 좋을 것이다. 여하튼 좋은 꿈이다.

앵무새에 관한 꿈

사람 흉내를 내고, 화려한 색채의 날개를 가지고 있다는 점에서 당신은 주위에 너무 휩쓸리고 있다. 남의 뒤만 따르고 있다는 경고가 된다. 동시에 허영심이나 사치를 훈계하고 있는 꿈이 된다. 가장 나쁜 것은 그것을 알면서도 스스로 묵인하고 있는 것이다. 이대로 내버려 두면 질질 끌려 갈 것이다. 바로 개선해야 한다.

늑대에 관한 꿈

한 마리 늑대 같은 존재이기 때문에 실력이 있기는 하나 대인관계에서 고립되어 버리기 쉽다. 강하지만 우쭐대기 때문에 미움받고 마는 얄궂은 운명을 짊어지고 있다.

힘이 있는 동안은 괜찮지만 강함은 지속할 수 있는 것이 못 된다. 만일의 경우를 위해서 우호적인 자세를 보여주는 편이 유리할 것 같다.

♠ **늑대에게 다리를 물리거나 쫓겨 달아나는 꿈**
질병과 근심거리가 생길 징조다.

♠ **늑대가 개를 물고 가는 꿈**

도둑이 들 우려가 있으니 문단속에 주의 요망.

♠ **늑대에게 쫓겨 달아나는 꿈**

우환과 질병이 생길 흉조다.

♠ **늑대를 직접 잡아 죽이는 꿈**

평소 근심해 오던 골칫거리가 사라지거나, 방해물이 제거되어 앞으로는 순조롭게 일이 진행될 것이다.

조개에 관한 꿈

생명의 어머니인 바다에 사는 미개의 생물, 그것이 조개이다. 당신의 꿈이나 희망이 마음속에 싹터 생명을 부여받아 밖으로 뛰어나가려고 하고 있다. 요컨대 상상이나 이상, 희망이 모양을 갖추어 현실의 것이 되어 가는 기쁜 암시다.

♠ **조개를 줍거나 얻는 꿈**

여아를 잉태할 태몽이다. 또는 취직, 승진의 기쁨을 맛본다.

♠ 많은 숫자의 조개를 줍거나 얻는 꿈

장차 부귀를 누릴 수 있는 자녀가 탄생되거나, 자신이 머지않아 횡재할 재수꿈이다.

♠ 바다에서 조개를 잡는 꿈

남녀를 막론하고 애인이 생기거나 결혼이 이루어지며, 이미 결혼한 경우라면 귀여운 아기가 태어날 태몽이다.

♠ 조개에게 손이나 발가락을 물리는 꿈

큰 사업을 착수할 징조다. 또는 어떤 여성의 유혹에 길러 꼼짝 못하는 형상도 된다.

괴수에 관한 꿈

괴수가 나타나는 꿈은 현실에서 눈을 떼면 안 된다는 주의이다. 달아나지 말고 지금 해야 하는 일에 온 힘을 기울이기 바란다. 공상이나 달콤한 꿈에 젖는 것은 이제 끝이다. 그렇지 않으면 당신의 인생에서 더 이상의 발전은 기대할 수 없다.

개구리에 관한 꿈

부정한 마음을 나타낸다. 당신은 세속적인 욕구에 아직 너무 사로잡혀 있다. 사치스럽고 화려한 생활을 하고 싶다, 출세를 하고 싶다, 즐겁게 지내고 싶다는 등의 생각에만 너무 사로잡혀서 진정한 인생의 가치를 잃고 있는 것 같다. 불필요한 것에 너무 둘러싸여 있다. 이 꿈은 제거해야만 할 것이 당신에게 많이 있다고

알려주고 있는 것이다. 나쁜 인간 관계를 끊어 버리고 일도 이것저것 너무 손대지 말아야 한다.

♠ **개구리를 잡는 꿈**
장사에서 큰 이득을 보거나 성공하게 된다.

♠ **개구리를 죽이는 꿈**
금전 손해와 소매치기, 일의 실패를 암시한다.

♠ **개구리를 식용으로 먹는 꿈**
스스로 못마땅하게 여기거나 추잡하다고 생각하는 뭔가를 극복하고 자신감을 획득한다. 또한 좋은 결과나 이득을 얻을 것을 암시하는 한편 병을 앓을 우려도 있으므로 건강 관리에 신경을 쓰는 것이 좋겠다.

두꺼비에 관한 꿈

두꺼비 꿈은 집안의 가신이 수호하므로 편안함을 가져다주고 자식복과 재복을 표상한다. 예로부터 전해 내려오는 말에 의하면, 두꺼비가 집 안에 들어오면 가난한 집안이 불같이 일어나고, 딸이 많은 가정이나 자식을 못 둔 집안에서는 떡두꺼비 같은 건강한 아들을 점지해 달라고까지 했다. 그러므로 두꺼비 꿈은 집안에 사랑과 행복을 가져다 준다.

♠ **두꺼비가 집 안으로 들어오는 꿈**

건강과 의·식·주가 걱정 없이 행운이 집안으로 들어온다. 자손 번창·희소식·재물·경사 등이 있다.

♠ **두꺼비가 맑은 물에서 놀고 있는 꿈**

자기가 마음먹은 대로 이루어지고, 큰돈을 손에 쥔다.

♠ **두꺼비가 집 안에서 밖으로 나가는 꿈**

집안에 우환이 생기고 재물과 돈이 나간다. 질병이나 사고의 위험이 있고, 사업에 실패한다.

♠ **두꺼비를 잡는 꿈**

태몽이다. 여자는 임신을 하여 훌륭한 자식을 낳는다. 사업가는 사업에다 투자하여 상당한 돈을 벌어서 부자가 된다.

♠ **두꺼비가 황소만하게 보이는 꿈**

논 없이 시작한 사업이 뜻밖의 기회를 만나 돈을 많이 벌고 대기업으로 성장하게 된다.

♠ 두꺼비를 타고 하늘을 나는 꿈
소원 성취하고 모든 것이 순조롭게 진행된다.

♠ 두꺼비가 나무나 전봇대를 타고 올라가는 꿈
보통 사람이 때를 맞아 입신 출세하고 스타가 된다. 모든 일에 행운의 서광이 밀려 온다.

투구벌레·풍뎅이에 관한 꿈

이집트에서는 이런 류의 곤충을 "스카라베"라고 부르며, 제법 마술적인 존재로서 신의 보호가 있는 벌레로 칭송하고 있다. 그러한 의미에서 이 꿈은 금전운 상승, 행운을 얻는다는 좋은 암시가 된다. 또 당신의 정신 상태가 맑고 아름다워져 간다는 암시도 포함되어 있다.

거북에 관한 꿈

당신은 대기 만성형이다. 초조해하지 말고 자기 능력대로 행동하는 것이 보다 좋은 결과가 나타나서 커다란 성공을 거둘 수 있

다. 그건 착실한 인생을 보내도록 꿈이 충고해 주는 것이다. 현재 마음이 초조해 있다. 뭔가 급히 해야만 한다고 생각하고 있는 사람도 이때는 가장 천천히 진행하라는 신호. 본래 느릿느릿 걷는 거북이가 웬일인지 꿈속에서 초스피드로 달리고 있다. 그런 꿈을 꾸었다면 당신이 유행과 시대의 흐름을 따라갈 수 없음을 알려주고 있다.

♠ **자라나 거북이를 보는 꿈**
예상치 못한 재물이 생기고, 모든 일이 순조롭게 진행되며, 장수를 누릴 징조이기도 하다.

♠ **거북이가 집 안으로 기어 들어오거나 우물 속으로 들어가는 꿈**
장차 부귀를 누릴 길몽이다.

♠ **자라나 거북이를 잡는 꿈**
요행으로 인해 뜻밖에 큰 재물이 생기거나 돈을 벌게 된다.

♠ **자라나 거북을 잡아 죽이는 꿈**
식구 중 누군가가 사망할 흉조다.

♠ **흙탕물 속에 든 거북을 보거나 죽은 거북 껍질을 보는 꿈**
처음에는 좋은 일이 있다가 뒤에 좋지 않은 일이 발생하거나 사업상 경영이 순조롭지 못하다

♠ **거북을 타고 바다나 물을 건너는 꿈**
국가, 사회의 최고 지도자가 되거나 큰 권력을 잡는 길몽이다.

까마귀에 관한 꿈

지적 호기심의 고조를 나타낸다. 공부운, 능률운의 운수가 힘차게 상승 중이다. 이런 시기의 시험은 순조롭다. 자격증을 따려면 지금이 기회이다. 남이 간과하기 쉬운 것을 알아차리고 훌륭한 아이디어에 의해 주위로부터 칭찬받는다. 당신의 신변에서 그런 일이 일어날 것 같다.

♠ **까마귀가 우는 꿈**
사람들로부터 칭찬받을 일이 생긴다.

♠ **까마귀가 자신의 머리 위 가까운 곳에서 우는 꿈**
머지않아 친척에게 불길한 소식이 있거나 자신의 신변에 상서롭지 못한 일이 생길 징조다.

♠ **까마귀가 떼를 지어 우는 꿈**
가까운 친척에게 우환이 생길 징조다.

♠ **까마귀가 시끄럽게 우는 꿈**
남으로부터 음식 대접을 받는다.

♠ **까마귀와 까치 떼가 송장을 파먹는 꿈**
재산이 늘고 집안에 경사가 겹친다.

캥거루에 관한 꿈

부모에게 좀더 어리광 부리고 싶다, 그리고 신뢰할 수 있는 사람의 인도에 의해 넓은 세계를 보며 살고 싶다는 심리가 나타난 꿈. 단순히 모체로 되돌아가고 싶다, 아이로 돌아가고 싶다는 욕구도 나타내지만 누군가의 인도에 의해서 넓은 세계로 나아가고 싶은 욕구가 더 강한 꿈이다. 예를 들면 애인을 소망하는 마음을 가지고 있는 사람이 이 꿈을 꾸었다면 머잖아 그러한 존재가 나타나리라고도 해석할 수 있지만 그 이면에는 애인을 가짐으로써 자기의 가능성을 넓혀 갈 것을 기대하고 있는 것이기도 하다.

공룡에 관한 꿈

공룡 등 원시시대의 동물은 어머니와 같이 당신을 보호해 주는 존재를 상징한다. 공룡의 무서움은 그런 어머니에 대한 경외감임에 틀림없다. 그러므로 이것은 어머니의 체내로 돌아감을 의미하며 "이미지 뇌"라고 불리우는 오른쪽 뇌의 감각이 예민해짐을 암시하고 있다. 이러한 것들로부터 어머니와 같은 존재를 만날 수 있을지도 모르고 직감에 따라서 행동하면 된다는 신호라고 생각하면 좋을 것이다.

기린에 관한 꿈

지금의 자세를 고쳐 좀더 주위에 마음을 쓰라는 의미이다. 반성을 촉구하는 꿈이다. 그 긴 목으로 기린이 늘 정글 속에서 적을 관찰하는 것처럼 당신이 가질 수 있는 판단력, 분석력으로 여러 가지 일에 눈을 돌려 주의를 살펴보면서 모든 일에 대처하라는 얘기다. 그렇게 하면 운도 상승세로 전환할 수 있다.

♠ **기린을 보는 꿈**
가정에 경사가 겹치거나 세상 사람들이 우러러볼 만한 지위, 혹은 명예를 얻게 된다.

♠ **기린을 타는 꿈**
장차 크게 출세할 길몽이다.

♠ **기린 떼가 멀리 달아나는 꿈**
좋은 일이 생길 듯하다가 말짱 허사가 되고 만다.

♠ 기린이 평화롭게 풀을 뜯고 있는 꿈

모든 재난이 사라지고 기쁨이 있을 징조다. 남녀를 막론하고 평소 꿈꾸던 배우자를 만나게 되고, 학생은 바라던 좋은 학교에 들어갈 수 있을 것이다.

♠ 기린을 끌고 오거나 기린이 스스로 집에 들어오는 꿈

경사스러운 일이 생기거나, 옥같이 아름답고 총명한 자녀를 잉태할 것이다.

닭에 관한 꿈

더 공부하라, 더 넓은 세계를 보라, 더욱 호기심을 가지라는 메시지. 지성이나 견식을 높이는 노력을 하면 정체된 운수도 상승세가 된다는 암시다. 예를 들면 매일의 생활은 안정되어 있으나 안정되어 있기 때문에 나태하게 지내기 쉽다. 이 꿈은 그러한 점을 훈계하고 있는 것이다.

♠ 수탉이 우렁차게 우는 소리가 들리는 꿈

사업이나 농사일에 풍년이 들어 많은 수확을 걷는다. 경사, 희소식이 있다.

♠ 수탉이 산봉우리에서 힘차게 울음소리를 내는 꿈

마음먹은 대로 소원 성취한다. 입신 양명하여 명성을 떨치게 된다.

♠ 많은 닭들이 모이를 쪼아먹는 꿈

　고생 끝에 어려움을 이기고 사업이 분주하고 업무가 많아진다.

♠ 수탉이 제대로 울지도 못하고 힘만 허비하는 꿈

　경영 상태가 어려워지고 제자리 걸음을 하게 된다.

♠ 병아리를 안고 집 안으로 들어오는 꿈

　예쁜 딸을 낳을 태몽이다. 작은 선물을 받는다.

♠ 닭발이나 부리가 부러지는 꿈

　지금까지 하던 일들을 모두 중단하게 된다.

♠ 암탉이 병아리를 품고 있는 꿈

　회사의 직원이나 많은 식구를 거느리게 된다. 모성애·사랑·양육·교육·창작·생산·발전 등이 있다.

♠ 닭끼리 싸움을 하는 꿈

　집안과 직장이 시끄럽고 서로 의견이 상충된다. 시비·싸움·소송 등의 갈등이 생긴다.

♠ 달걀이 부화해서 병아리가 나오는 꿈

예쁜 딸을 낳을 태몽이다. 개업을 한다.

♠ 닭이 변해 봉황새가 되는 꿈

어렵던 사업에 수출 길이나 판로가 열려 당당히 입신 출세하게 된다.

쥐에 관한 꿈

당신은 좀더 강하고 늠름한 존재가 되고 싶다고 생각하고 있지는 않은가. 늘 겁이 많아 남의 뒤만 따라다니는 평범한 인생을 걷고 있는 자신을 혐오하면서도 그래도 모험할 용기가 없다. 그런 답답한 기분이 나타난 꿈이라고 할 수 있을 것이다. 말 그대로 당신은 여하튼 개성이 약한 것이 결점이다. 인생을 바꾸기 위해서는 우선 개성을 살려 자기가 자신이 있는 것부터 시작해야 한다.

♠ 방 안에 들어가 있는 쥐를 잡으려고 하는 꿈

정당하지 못한 자를 가려내고, 일의 협조자를 만난다.

♠ 많은 쥐들이 들판에서 노는 꿈

맡고 있는 일을 활발하게 추진해 나간다.

♠ 쥐가 다른 형태로 변한 꿈

장애물이 없이 하고 있는 일이 순리대로 술술 풀려 나간다.

♠ 잡으려던 쥐가 쥐구멍으로 도망친 꿈

계획했던 일이 제대로 풀리지 않는다.

♠ 수없이 많은 쥐구멍에서 쥐가 들락날락하는 것을 보는 꿈
자기 작품이나 책 등이 널리 알려진다.

♠ 접시에 담겨 있는 음식을 쥐가 먹어 치우는 꿈
어떤 사람이 자기 일을 대신해 주거나 시끄럽게 간섭할 일이 생긴다.

♠ 창고에 쌓아 둔 곡식을 쥐 떼가 와서 먹어 치우는 꿈
사업이 크게 성취된다. 곡식이 하나도 남지 않는 것이 더욱 좋다.

♠ 들판에 널려 있는 곡식이나 농산물을 쓸어먹는 쥐 떼를 보는 꿈
흉년이나 천재지변을 당한다. 사업 실패의 운세에 놓이기도 한다.

♠ 쥐가 큰 물건을 쓸어먹거나 물체 밑을 파는 것을 보는 꿈
큰 사업에 착수하거나, 아니면 단체를 와해시킬 일에 가담하게 된다.

봉황에 관한 꿈

봉황은 용과 더불어 현실에서는 볼 수 없는 상징적인 동물이지만 예로부터 임금, 황제 등 최고의 위치에 있는 인물의 상을 봉황에 비유했다. 봉황은 오동나무가 아니면 앉지 않고, 대나무 열매가 아니면 먹지 않는다 하여 꿈에서 봉황이라고 생각되는 날짐승이 보였다면 매우 상서로운 일이다. 고귀한 인물, 아름다운 여자, 잘 생긴 남자, 지조, 절개 등을 상징하며, 태몽으로도 최고의 길조로 여겨진다.

♠ **꿈에 봉황을 보는 꿈**

매우 고귀한 분의 도움을 받아 크게 출세한다. 미혼 남녀는 훌륭한 배필감을 만날 수 있다.

♠ **봉황이 날아와 오동나무에 깃드는 꿈**

모든 일에 적절한 기회를 만나 성공할 수 있고, 자신의 능력에 만족할 수 있는 직위를 얻게 된다. 또는 좋은 주택을 구입하여 생활의 보금자리를 마련할 수도 있다.

♠ **봉황이 날아오는 꿈**

고귀한 손님을 맞거나 성년이 된 딸을 둔 사람이면 훌륭한 사윗감이 생길 것이다.

학에 관한 꿈

학은 고고한 사람, 지조있는 사람, 선비·학자·학설·학업·명예·권세 등을 상징한다.

♠ **학을 타고 하늘을 나는 꿈**
학자가 되거나 귀인을 만나 높은 관직에 오른다.

♠ **큰 알을 낳았는데 알 속에서 학이 걸어나온 꿈**
진행 중인 일에 대운이 터질 길몽이다.

♠ **백발 노인이 학을 타고 내려와 무엇을 주는 꿈**
학자 또는 다른 협력자에 의해 도움을 받거나 부귀를 얻는다.

♠ **하늘을 날며 우는 학을 보는 꿈**
자작품 등을 세상에 발표해서 명성을 떨치게 된다.

♠ **백로나 백조가 무리져 논에 있는 것을 보는 꿈**
의·식·주가 풍부해지고 여러 귀인과 접촉하게 된다.

♠ 학이 자기 주변에 날아와 앉는 꿈

고귀한 사람을 만나거나 스승에게 가르침을 받게 되며, 의사의 진찰을 받을 일과 관계가 있다.

♠ 학이 홀로 풀밭에 앉아 있는 꿈

고고한 성품을 가진 사람을 만나게 되며, 학문적 업적을 남기는 사람이 된다.

♠ 학을 날려 보내는 꿈

매사에 좋은 일이 생긴다.

♠ 학이 날아와 뜰에 앉는 꿈

귀자를 잉태할 태몽이다.

♠ 학이 무리져서 노는 꿈

귀자를 잉태하거나, 학문이 크게 성취되거나, 평소의 소원이 순조롭게 이루어진다.

♠ 학이 소나무 위에 떼지어 앉는 꿈

장차 부귀를 누리게 될 길조라고 하겠다.

♠ 학이 날면서 우는 꿈

가세가 늘어나고 고대하던 소원이 성취될 것이다.

♠ 학이 하늘 높이 나는 것을 보거나 자신이 학을 타고 나는 꿈

입신 출세하여 높은 지위에 올라 이름을 크게 떨치거나 사업을 크게 성공시킬 것이다.

여우에 관한 꿈

여우는 변덕이 많고 교활하고 음흉스러운 사람을 상징하지만 무척 애교있고 유혹적인 사람일 수도 있다.

♠ **꿈에 여우를 보는 꿈**
남에게 의심받을 일이 생길 것이다.

♠ **여우와 싸우는 꿈**
현실에서도 여우처럼 교활한 사람과 싸울 일이 있게 될 것이다.

♠ **밤중에 여우나 너구리가 우는 꿈**
천재지변이 생길 예고이거나 기타 불길한 일이 발생할 징조다.

♠ **여우가 닭을 물어가는 꿈**
현실에서 어떤 교활한 자에게 자신의 일거리를 뺏기거나 재물을 사기당할 우려가 있다.

물건에 관한 꿈

물건에 대한 꿈은 놓여진 장소와 조명도 의미가 있다. 주방이 꿈의 무대일 때는 다른 사람들을 위해서 '조리를 하고 있는' 것과 관련이 있을 수 있다. 작업 장소는 아마도 자신을 위해서 하고 있는 작업과 관련이 있을 것이다.

숨어 있거나 비어 있는 방은 의식의 종교적 영역과 우리가 가지고 있는 잠재 능력을 상징한다

침실은 십중 팔구 성적 주제와 관련이 있다.

목욕실은 대체로 신체적 측면뿐만 아니라 정신적 측면도 청결하게 하고 쓰레기들을 몰아내는 일과 관련이 있다.

꿈속에서 잠을 잔다면, 그것은 미처 의식하지 못하고 있는 어떤 일과 관련이 있는 경우가 많다.

탁자는 다른 사람들이 함께 일하거나 배우는 공통의 의식 수준을 상징한다.

옷장과 금고는 별로 정서적이지 못한 것을 말한다.

식탁용 은식기류와 식기류, 그 밖의 가정용 물품들은 그것들을 사용하여 하고 있는 일과 관련을 갖는 경향이 있다.

꽃들은 한동안 간직하고 싶어하는 사랑스러운 생각들을 의미한다.

안경에 관한 꿈

흔히 색안경을 끼고 본다는 말을 하는데, 이 꿈은 실로 편견, 편협된 생각, 거짓된 마음의 신호이다. 주위의 인간 관계 중에 거짓된 마음을 가진 인간이 있다고 생각해야 한다. 그 사람은 의외로 뜻밖의 인물인지도 모른다. 당신 자신이 색안경을 벗고 마음의 눈으로 보면 진정한 친구가 보이게 될 것이다.

❖ **안경을 새것으로 구입해서 쓰는 꿈**

지위·명예·권리 등이 새롭게 변화한다.

❖ **벗어 놓은 안경을 쓰는 꿈**

새로운 협조자나 동업자를 만나 도움을 받는다.

❖ **금테 안경을 쓰는 꿈**

세인들이나 어떤 단체로부터 인정받게 되거나 지위·직분·신분 등이 상승한다.

❖ **망원경으로 보려다 육안으로 보는 꿈**

중개인이나 매개물을 통하지 않고 자신이 직접 일처리를 하게 된다.

❖ **선글라스를 쓰고 있는 사람을 보는 꿈**

본심·지위·신분·학력을 위장한 사람을 상대하거나 이중인격자를 만나게 된다.

❖ **안경을 쓰고 있는 사람을 마주 보는 꿈**

상대방이 자기의 마음을 꿰뚫어 보는 일이 생긴다.

선물에 관한 꿈

선물을 받는 꿈은 행운의 사건이 일어나는 신호이다. 프로포즈를 받는 등 연애면에서 기쁜 일이 생길 것 같다. 반대로 선물을 주는 꿈은 행운이 사라진다. 즉 운이 약해져 간다는 얘기다. 실연, 이별의 암시. 요컨대 운이 들어오느냐, 나가느냐 하는 의미도 있다.

✤ **여자에게 선물을 보내는 꿈**

자신이 결혼하고 싶다는 것을 간접적으로라도 표현하였으면 하는 기분을 의미한다.

✤ **사랑하는 사람이 화장품을 사주는 꿈**

상대방이 결혼 선물을 주거나 애정 표시를 하게 된다.

✤ **연인에게 패물, 보물 등을 받는 꿈**

대길하여 반드시 출세한다. 만일 여자라면 좋은 인연을 맺어 결혼하게 된다.

✤ **물고기 종류의 선물을 받는 꿈**

귀인을 만나 도움을 받고 먼곳에서 좋은 소식이 있다.

✤ **시계를 선물로 받는 꿈**

재물 · 지위 · 권세 · 직업 · 동업자 등을 얻는다.

✤ **처녀가 은장도를 받게 되는 꿈**

훌륭한 배우자를 만날 징조이다. 태몽이면 딸을 낳을 징조이다.

✤ **남이 내게 화살이나 활을 주는 꿈**

귀인을 만나 도움을 받게 된다. 하는 일이 잘 된다.

✤ **금실로 수놓아진 의복을 선물받는 꿈**

좋은 혼처가 나오거나 훌륭한 작품, 서적 등을 얻게 된다.

✤ **신령적 존재가 선물로 신발을 주는 꿈**

훌륭한 학자·권력자·사업가 등의 후예가 될 징조이다.

✤ **상사의 생일에 꽃다발을 선물하는 꿈**

그 상사에 대한 증오의 감정이 나타나 있다.

모자에 관한 꿈

모자를 쓰면 시야가 막힌다. 또 타인에게는 뜻밖의 성가신 것이 된다. 이러한 의미에서 당신이 스스로 잘 되라고 생각해서 한 일이 타인에게는 성가시게 비춰지고 있다는 암시가 된다. 그것을 호의를 가지고 하고 있더라도 결과는 반감을 살 따름이다. 마음의 모자를 벗고 주위를 잘 바라볼 필요가 있다.

✤ **챙이 나온 모자를 사서 쓰고 있거나 모자를 선물받는 꿈**

직장 변동을 암시한다. 또는 먼 친척, 부모님 등에게서 뜻하지 않은 유산을 물려받게 된다.

✤ **앞에 챙이 있는 군인 모자를 쓰고 거수 경례를 하는 꿈**

주변의 극심한 음해를 이겨내고 마침내 소기의 목적을 성취하게 될 길몽이다.

✤ **장작불 위에 모자를 던져서 태우거나 칼로 마구 찢는 꿈**

오랫동안 헤어져 있던 절친한 친구를 우연히 만날 암시다. 아울러 계획한 일이 순조롭게 진행될 행운을 뜻한다.

✤ **모자가 바람에 벗겨져 날아가는 꿈**

직장을 잃거나 명예를 잃을 징조다. 또한 여러 사람들에게 수치를 당하거나 구설수에 오를 흉몽이니 주의 요망.

✤ **옛날 고관 대작들이 쓰던 관모를 쓰고 외출하는 꿈**

신분 상승, 명예운 상승의 대길몽이다. 관직으로 나아갈 예지몽으로도 풀이된다. 새 모자나 갓을 쓰는 꿈 역시 마찬가지로 해석한다.

✤ **모자를 솔로 쓸고 있거나 깨끗하게 빨고 있는 꿈**

어렵던 형편이 해결되고 생활이 밝아질 암시다. 특히 직장에서 겪었던 상하 관계로 인한 갈등이 해소되고 상사로부터 신임을 얻게 될 것이다.

❖ 암행어사가 쓰던 화관을 쓰고 무대로 뛰어오르거나 사람들 앞에서 연설하는 꿈

매우 재수 좋은 길몽이다. 신분이 급상승되고 높은 직위의 사람에게 발탁되어 명성을 떨치게 된다. 사업 거래도 활기를 띠어 한껏 도약의 나래를 펴게 된다.

❖ 자기 모자를 남에게 빼앗기거나 도둑맞는 꿈

업무상의 실수 및 명예가 훼손될 조짐이다.

보석·금붙이에 관한 꿈

보석 꿈은 광채에 대한 동경이다. 그러므로 보석을 찾고 있는 꿈은 자신의 매력을 발견하는 전조로 더 한층 빛날 시기가 가까워지고 있음을 나타낸다. 다시 말해서 당신의 매력이 훨씬 높아지기 일보 전이라는 것이다. 다만 이것은 찾고 있다는 것이 핵심이다. 보석을 발견해 버리면 안 되는 것이다. 손에 넣어 버리면 매력이 떨어지고 인기가 없게 될 암시이다. 순간적으로 역전해 버리므로 주의한다.

❖ 금시계나 기타 고급 시계를 손목에 차는 꿈

좋은 배우자, 자손·직장·권리·입학·당선 등의 행운이 따른다.

❖ 공무원의 꿈에 금단추, 금장식 등을 옷에 새로 다는 꿈

부귀 공명하고 직장에서 직책이나 지위가 승진한다.

✤ **새로운 손목시계를 사서 차는 꿈**

재물과 돈이 생기고 재수가 대통한다. 입학, 취직 등이 이루어진다.

✤ **보석이 변색되거나 상처받고 분실되는 꿈**

애정·신분·명예·권리·신체 등의 손상 또는 잃어버릴 일과 관계한다.

✤ **처녀가 금반지를 받는 꿈**

결혼, 계약 등이 이루어진다. 재물과 돈이 생기고 부동산, 아파트 등의 계약이 이루어진다.

✤ **처녀가 중히 여기는 보석을 잃는 꿈**

처녀성을 잃거나 명예 또는 신앙심을 잃고 재산을 탕진하거나 집안이 기운다.

✤ **금실로 수 놓아진 옷을 선물받는 꿈**

좋은 혼처가 나오거나 훌륭한 작품 또는 서적을 얻는다.

✤ 누군가 주는 은장도를 받는 꿈

처녀는 훌륭한 배우자를 만나 결혼하게 된다.

✤ 보석상을 찾아다니며 들여다보는 꿈

혼처·취직처·사업장 등을 물색할 일이 있게 된다.

✤ 구리 반지가 보석 반지로 변하는 꿈

처음에는 미천한 또는 보통의 신분·직위·업체·작품 등을 소유했던 사람이 고급에 속하는 것을 얻게 된다.

✤ 금시계를 얻어 차는 꿈

사업을 하면 돈을 많이 벌고 부자가 된다. 좋은 배우자, 직장 등을 얻는다.

✤ 보물찾기에서 보물을 찾지 못하는 꿈

하는 일이 점점 기울어진다. 취직·진급·시험·당선 등에서 탈락한다.

✤ 금수저가 많이 쌓인 것을 본 꿈

많은 직원이 있는 회사, 연세 많은 노인 사회와 번창하는 회사를 상징한다.

✤ 보물 단지 또는 보물 상자를 얻는 꿈

학자는 희귀한 또는 진리의 학설을 정립할 수 있고, 상인은 돈을 벌고, 일반인은 권리·명예·업적 등을 얻을 일과 관계한다.

※ 황금 불상은 위인의 사진·전기·서적·교리·업적 등을 상징한다.

✤ 광석을 채굴해 내는 꿈
문학인은 새로운 소재를 얻어 작품을 쓰게 된다.

✤ 금광을 찾아가거나 광맥을 탐색하는 꿈
학원·연구기관·회사·상회 등에 갈 일이 있거나 일의 성과를 얻기 위해 노력한다.

✤ 어떤 사람이 자기의 보석을 들여다보거나 탐내는 꿈
자기의 비밀, 아이디어, 기타 소중한 것을 잃거나 유린당한다.

✤ 옷에 금줄이 달리거나 금장식한 옷을 입는 꿈
고귀한 사람과 인연을 맺어 신분이 높아진다.

✤ 금으로 만든 도장 다섯 개를 얻는 꿈
부귀 공명할 자손을 두거나 복권에 당첨될 수 있다.

✤ 백금 반지와 관련한 꿈
둘째 아기를 임신하거나, 또는 두 번째의 지위에 놓이거나 두 가지 업종에 종사하게 된다.

❧ 쌍가락지를 얻는 꿈

입신 출세하고 많은 작품을 남기거나, 많은 사업 성과를 이룩한다.

❧ 광산에서 화차의 머리가 외부로 향해 놓여 있는 꿈

생산·유통·식품·수산업 등 수출에 투자하여 사업 성과를 올리고 재미를 본다.

❧ 텅 비어 있는 반지 상자를 받는 꿈

어떤 사람의 감언이설에 넘어가게 된다.

❧ 구덩이를 계속 팠더니 많은 구슬이 나온 꿈

사전류의 책에서 많은 학설 또는 설명을 인용한 별책을 작성한다.

문패·간판·네온사인에 관한 꿈

문패에 당신 이름이 쓰여 있는 경우는 당신의 이름이 세상에 알려져 유명해진다는 암시이다. 간판이라든가 네온사인과 같이 화려한 것은 당신이 겉으로만 승부하는 것을 지적하고, 훈계하고 있다. 스스로는 괜찮다고 생각하더라도 내면은 외면만큼 충실하지 못하다. 외면만으로 잘 보이려고 꾸미면 반드시 실패한다는 암시다.

❧ 새 집에 문패를 다는 꿈

명예·신분·직위 등이 높아지거나 널리 알려진다.

❖ **집집마다 문패 또는 표지를 대문에 달아 주는 꿈**

창작물·사상 등이 널리 전파된다.

❖ **문패를 자기가 떼거나 상대방이 떼어 주는 꿈**

직권·명성·인기 등이 급속히 몰락한다.

옷에 관한 꿈

옷차림을 보면 그 사람을 알 수 있다고 하듯이 의복은 가문·격식·생활 수준 등을 나타내고 있다. 그러므로 새 옷이면 가족에게서의 독립을 나타내게 되고, 이 꿈을 꾼 사람은 독립을 바라고 있으며, 그 시기도 가깝다는 것을 알려주고 있다.

결혼한 여성은 남편에게서 경제적으로 독립하여 부업 일을 시작하고 싶다고 바라는 사람이 꾸는 꿈이다. 지금은 그 암시대로 새로운 생활의 도래를 위해 적극적으로 준비해 두는 시기일 것이다.

❖ **새 잠옷을 구입하는 꿈**

집안에 경사가 생기고 배우자·집·직업 등이 새롭게 변화된다.

❖ **하의를 바꾸어 입는 꿈**
　신분이 높아지고 직장 내 아랫사람과의 관계가 새로워진다.

❖ **꿈에서 흰 옷을 입고 있는 상대방을 보는 꿈**
　회의장이나 연회석에서 자기의 주장을 지지하는 사람을 의미한다.

❖ **화려한 옷을 입고 거울 속에 모습을 비춰 보는 꿈**
　친분 있는 사람이나 협조자를 만나게 된다.

❖ **여러 벌의 옷이 벽에 걸려 있는 꿈**
　어려움을 딛고 대성하게 된다. 취직할 곳이 여러 곳 생긴다.

❖ **웨딩드레스를 입고 결혼식장에 들어서는 꿈**
　집안에 혼사가 들어와 약혼이나 결혼을 하게 된다. 입학, 계약 등이 성립된다.

❖ **바지에 허리띠를 매는 꿈**
　결혼·결연·규제·입학·계약·과시 등의 일과 연관이 있다.

❖ **옷을 깁고 있는 꿈**
　사업이나 조직을 보완하거나 재구성할 일이 생긴다.

❖ **면사포 등을 쓰고 거울에 비춰 보는 꿈**
　뜻밖의 경사가 있다. 반가운 사람을 만나게 된다.

❖ **옷이 물에 흠뻑 젖은 꿈**
　신분, 사상 등에 큰 변화가 있고 그 변화된 환경에 쉽게 적응한다.

❖ **노란색이나 황금색 옷을 입는 꿈**

생각지도 않던 행운의 여신이 찾아온다. 남의 시선을 받게 될 일이 생긴다.

❖ **흙, 대소변, 기름 등이 묻은 옷을 빤 꿈**

신분·연고·사업 등과 관계된 근심·걱정거리가 없어진다.

❖ **색동옷을 입은 꿈**

고도의 기술로 사업을 성공시키거나 인기 직업을 갖거나 인기 작품을 쓰게 된다.

예복에 관한 꿈

훌륭한 예복일수록 당신 가정의 운수가 상승하고 있는 증거이다. 가족의 건강운도 문제가 없고 장사운도 향상된다. 금전적으로도 운이 상승하고 있는 시기라고 할 수 있겠다. 당신의 가정이 확고한 격식을 형성하는 시기가 오고 있다.

스커트에 관한 꿈

당신의 매력이 더 한층 빛나는 증거. 주위에도 당신의 좋은 소문이 퍼지는 시기이므로 낙으로 삼기 바란다.

제복에 관한 꿈

관리받고 싶은 마음, 관리받고 싶지 않은 마음 두 가지를 나타낸다. 보장된 생활을 하고 싶지만 모험도 해보고 싶다. 그러나 보장은 잃고 싶지 않다. 생활의 안정을 추구하는 심리라고 할 수 있을 것이다. 현상으로는 일반적으로 만족하고 있는 표시이다.

벨트, 띠에 관한 꿈

벨트에 죄어 배가 아프다고 느꼈다면 위장병에 주의한다. 벨트가 많이 나타나면 이것은 뱀꿈과 상통하여 운세 호조의 좋은 징조이다. 아름다운 띠, 길게 뻗쳐 있는 띠가 꿈속에 나타나면 이것도 대단히 좋다. 가까운 장래에 반드시 좋은 일이 기다리고 있다는 신호이다. 위장병 이외에는 대체로 행운의 암시가 되는 것 같다.

✤ **혁대가 끊어져 버린 꿈**

실직 · 재산 피해 · 건강 악화 등을 예지한다.

초에 관한 꿈

불이 붙어 있으면 소망 실현을 예고한다. 특히 업무면이 순조롭게 발전되어 갈 것이다. 꺼져 있으면 업무상의 일에 무언가 실수가 있다는 신호이다. 계획이나 절차에 오류가 없는지 체크를 게을리하지 말아야 한다.

⚜ **방 안에 촛불이 환하게 켜져 있는 꿈**

사업이나 소원이 만족하게 이루어지고, 근심·걱정이 말끔하게 해소된다.

⚜ **촛불이 꺼지는 꿈**

기다리던 소식이 여전히 깜깜 무소식이다.

⚜ **초롱불을 들고 밤길을 가는 꿈**

협조자·은인 등을 만나 일이 잘 추진된다.

⚜ **큰 홀이나 교회 안에 있는 여러 개의 촛대에 불이 환하게 켜져 있는 꿈**

단체·종교·학문 등에서 명성을 떨칠 일이 생긴다.

편지에 관한 꿈

단순한 편지 꿈은 좋은 소식이 당신을 기다리고 있다는 신호이다. 능력, 학력이 향상되고 있는 징후이다. 그 편지는 합격 통지인지도 모른다. 사회가 마침내 당신을 인정하는 날이 반드시 온다는 행운의 암시다. 다만 좋은 소식을 받는다거나, 나쁜 소식을 받는다는 '좋고 나쁨'이 강조되고 있는 꿈의 경우는 또한 판단이 다르다. 그 경우 좋은 편지는 실제로 나쁜 소식의 암시이며, 나쁜 편지는 행운의 표시이다. 요컨대 역몽이다.

러브레터에 관한 꿈

연애 편지를 쓰는 꿈은 실연의 신호가 된다. 행동할 수 없으므로 사랑의 소원을 해소하는 것이다. 반대로 받는 꿈은 사랑이 이루어진다는 행운의 신호이다.

전화에 관한 꿈

꿈속에서 전화로 이야기하고 있는 것은 상대와 연락을 취해야 한다고 생각하고 있을 때에 곧잘 꾼다. 또한 상대가 좀처럼 전화를 받지 않을 때는 약속이 취소되는 암시이다. 실생활에서 어쩔 수 없이 예정 변경을 하게 될 것이다.

❖ **요란한 전화벨 소리를 들은 꿈**
외부로부터 뉴스거리나 새로운 소식을 듣게 된다.

❖ 높은 곳에 전화기가 매달려 있어 전화를 걸지 못한 꿈

남에게 부탁한 일이 뜻대로 이루어지지 않는다.

❖ 상대방을 전화로 불러 낸 꿈

어떤 기관을 통해서 자기를 선전하거나 집안의 가전제품을 바꾸게 된다.

❖ 상대방의 소리만 들린 꿈

새로운 소식을 듣거나 명령에 복종할 일이 있다.

❖ 공중전화 부스에 들어가 전화를 거는 꿈

제3자를 통해서 상대방에게 청탁할 일이 생긴다.

❖ 수화기를 붙잡고 웃거나 짜증을 낸 꿈

상대방을 제압하거나 자기의 소원이 충족된다.

고기요리에 관한 꿈

육체를 의미하는 것으로 고기를 받는 꿈은 건강 상태의 향상을 나타내고 있다. 고기를 먹는 꿈은 병의 경고를 암시하게 된다. 덧붙여서 생선 요리의 꿈은 경제적으로 풍족한 신호이다.

♣ **갈비집에서 갈비를 먹는 꿈**
원만한 부부 관계를 갖고 싶다는 욕망을 상징한다.

뉴스에 관한 꿈

텔레비전이나 라디오로부터 흘러나오는 뉴스는 장래 사건을 예언하고 있다. 거기에서 전개되는 사건이 실제로 당신의 신상에도 일어나게 될 것이다.

뉴스의 소리는 당신을 인도하는 소리, 당신의 운세를 좌우하는 소리라고 생각해야 한다. 미래의 운세가 행운이냐 불운이냐는 그 내용 여하로 결정된다.

인형에 관한 꿈

닫혀진 마음의 상징이다. 타인에게 냉정한 사람이 꾸기 쉬운 꿈일 것이다. 당신의 말이나 행동이 타인을 다치게 할 우려가 있다.

마음이 서로 통하지 않으므로 당신은 그것을 알아차리지 못하는 것이다. 타인의 마음을 진지하게 받아들이지 못하는 생활 태도에 깊은 반성을 촉구하고 있는 것이다.

✤ 인형을 갖고 놀고 있는 꿈

여성의 경우 임신의 징조, 즉 태몽이다. 한편 소외감 · 고독 · 혹은 어린 시절로 되돌아가서 순수하게 살고 싶다는 소망을 나타낸다.

✤ 인형을 집어던지거나 난폭하게 망가뜨린 꿈

자신을 속박하고 있는 것들로부터 벗어나고 싶다는 마음을 나타낸다. 사회적 관습이나 지나친 억제심, 주변 사람들의 간섭들로부터 해방되어 자유로움을 느낄 징조다.

바늘에 관한 꿈

뾰족한 바늘 끝은 적의敵意의 상징. 당신에게 적의를 품고 있는 인물이 존재하며, 당신이 어딘가에서 짓궂은 짓을 당할 우려가 있다. 함정이 준비되어 있을지도 모르므로 이후 한동안은 대인관계에서 주의가 필요하다.

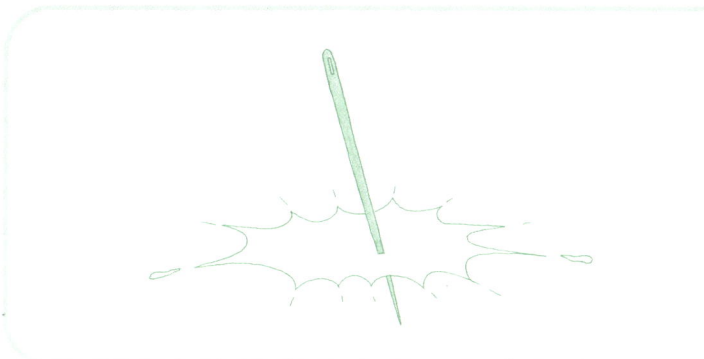

✥ **누군가 바늘이나 예리한 핀을 가지고 있는 꿈**

그 누군가 자신에게 좋지 않은 감정을 품고 있다는 암시다.

✥ **옷에 매달려 있던 바늘이 몸을 찌르는 꿈**

부부 관계에 문제가 있거나 배우자의 바람기로 고심하는 것을 상징한다. 혹은 자신이 어떤 꺼림칙한 일을 하여 양심이 찔린다는 것을 의미한다.

✥ **바늘로 누군가를 찌르는 꿈**

그 누군가를 자신이 증오하거나 미워하고 있음을 나타낸다. 본인이 자각하지 못한 경우라도 무의식적인 작용으로 이런 꿈을 꾸기도 한다.

✥ **바늘로 자신을 찌르는 꿈**

친구를 잃는다는 것을 암시한다. 또한 주변 동료나 친구들에게 따돌림당하는 것을 두려워하고 있다는 증거다. 요즘 '왕따'들이 자주 꾸는 꿈이다.

✥ **바늘에 실을 꿰는 꿈**

소원이 성취되고 사람들로부터 인정을 받아 경사가 끊이지 않을 대길몽이다. 그러나 아무리 꿰려 해도 실이 꿰어지지 않았다면 오히려 흉몽으로 하는 일에 실패만 거듭한다.

빵에 관한 꿈

빵과 관련되는 꿈은 기본적으로 행복을 나타내는 좋은 징조이다. 빵을 사는 꿈은 풍족한 경제 상태를 나타낸다. 빵을 굽는 꿈은 결혼을, 딱딱한 빵은 곤란을 극복함을 각각 암시하고 있다.

당신의 꿈은 어느 것인가.

✤ **빵집에서 빵을 사는 꿈**

좋은 친구나 파트너를 얻을 암시이다.

✤ **딱딱한 빵을 먹는 꿈**

생활이 어렵다는 싱징이다. 또는 곤란이 닥칠 예지몽이다.

손수건, 헝겊에 관한 꿈

이것은 정통으로 실연의 암시이다. 현재 연애 중인 사람에게는 이별의 암시이다. 꿈속에서 눈물을 닦기 위한 마음의 준비를 하고 있는 것이다.

권총에 관한 꿈

누군가에게 권총을 겨냥하는 꿈은 당신이 지금의 생활 상태로부터 도망치고 싶은 증거이다. 공부·일·연애 등에서 정돈 상태를 느끼고 있는 때일 것이다. 인생이 불행하지도 않지만 행복한 것도 아니다. 그런 사람이 전율, 자극을 요구하고 있는 것이다. 권총을 맞는 꿈은 지금의 상황에서 벗어나 쾌적한 생활이 찾아오는 운 좋은 암시가 된다.

얼음에 관한 꿈

당신은 강인한 의지를 가지고 감정을 아낄 수 있는 성격의 소유자이다. 다소 싫은 일이 있더라도 묵묵히 믿는 길을 걸어 나갈 수 있는 사람이다.

감정의 기민함을 무시하기 쉬우므로 차가운 존재로 보여지는 것은 어쩔 수 없지만 인생의 성공은 약속받게 될 것이다.

얼음의 차가움은 정감이 통하지 않는 인간 관계를 암시한다. 행운의 꿈인지 불운의 꿈인지 좀 복잡한 꿈이다.

- 가고 있는 길이 경사져 있는데 얼음이 얼어 있어 몹시 미끄러워 보이는 꿈

좀더 자극적이고 흥미있는 일이 일어나기를 기대하는 자신의 심리가 반영된 꿈이다.

✤ 사각형 모양으로 생긴 커다란 얼음 덩어리를 망치 같은 물건으로 깨고 있는 꿈

쓸데없이 과민해진 자신의 불안한 심리를 드러낸 심적몽이다.

✤ 거대한 빙산이 앞을 가로막고 있는 꿈

앞으로 어떤 곤란이 닥칠 징조이다.

비늘에 관한 꿈

비늘은 신체의 피부를 나타내고 있다. 자연의 촉감을 잃은 감각이 없는 피부, 인공적인 피부가 되어 버린다는 좋지 못한 예고이다. 이것은 당신이 피부병에 걸리거나 화상을 입을 우려가 있다는 경고이다.

조명기구에 관한 꿈

양초나 램프, 전등 등은 밝게 빛나고 있으면 행운을 의미한다. 다만 이러한 조명기구들을 쓸쓸히 바라보는 꿈은 양심의 가책을 의미하고 있다. 꺼져 가는 램프, 약한 불꽃이나 빛은 건강이나 운

세의 내리막길을 의미한다. 그리고 당신의 실력이 발휘되지 않고 정체되어 있음을 의미한다.

커피에 관한 꿈

커피를 마시는 꿈은 자극을 바라고 있다는 마음의 발로이다. 약간 강한 자극, 신선함을 바라고 있다고 여겨진다.

꿈에서 한 걸음 나아가 커피를 맛있게 마시고 있다면 당신이 스트레스를 극복하고 전진하고 있음을 가르쳐 준다.

커피를 흘리는 꿈이라면 스트레스로부터 벗어날 수 없다는 신호가 된다.

소포에 관한 꿈

이것은 상당히 즐거운 사건이다. 재수 좋은 사건이 신변에 일어날 신호이다. 언제 어떤 형태로 일어날지는 분명하지 않지만 만나고 싶다고 생각하던 사람으로부터 연락이 온다든가 어떠한 심사를 통과한다든가…. 여하튼 기쁜 연락과 닿게 될 것이다.

컴퓨터에 관한 꿈

컴퓨터, 워드 프로세서, 그 밖의 사무용품 등이 꿈에 나타난 경우는 능력 계발의 신호이다. 당신이 이지적, 이론적 사고를 이행하고 있는 중임을 가리키고 있다. 기계를 자유 자재로 다루고 있는 꿈이면 지성의 다스림이 충분히 충전되고 있는 것이다. 장래에는 지도하는 입장이 될 것이라고도 예고하고 있다. 반대로 이

것들을 몹시 힘들게 다루고 있는 꿈이라면 남 위에 서기 위해서는 아직도 해야 할 일이 많이 있다는 신호가 된다.

✤ **컴퓨터 화면을 주시하면서 게임을 하는 꿈**
업무상의 스트레스로 신경이 매우 지쳐 있음을 상징한다.

지갑에 관한 꿈

역몽逆夢이다. 컬러 지갑이면 머잖아 수입이 있다는 행운의 신호이다. 현실의 지갑에 돈이 채워지게 될 것 같다. 반대로 많은 돈이 들어 있는 지갑 꿈은 금전운 정체 중이다. 돈이 나가기만 하고 수입을 예상할 수 없다는 최악의 암시다. 단순히 소망을 공허하게 꿈에 반영하고 있을 따름에 지나지 않는다.

✤ **주민등록증을 제시하고 검문소 등을 통과하는 꿈**
사업 계획서 등을 제시해서 계획이 충족되거나, 병이나 고통에서 해방된다.

✤ 지갑에 지폐가 가득 차 있는 꿈
재물·권리가 만족할 만큼 생긴다.

소금에 관한 꿈
소금은 인간의 에너지원을 의미한다. 생명 유지에 필요 불가결한 것이다. 이 꿈을 꾸는 사람은 에너지 저장고가 풍부하여 현재 활기, 생명력이 넘쳐 어쩔 줄 모르는 때이다. 당연히 업무면에서도 의욕적이고 좋은 아이디어도 떠올라 일의 성공을 거둘 수 있을 것이다. 육체와 정신이 활성화되고 있는 신호인 것이다.

✤ 소금을 수레에 가득 싣고 집으로 오는 꿈
뜻밖의 횡재수가 닥칠 예지몽이다.

내의에 관한 꿈
사랑의 유혹이 당신을 기다리고 있다. 기쁜 신호 같지만 주의를 요한다. 그 상대가 실은 당신에게 있어서 정말로 이상적인 상대인지 어떤지 의심스럽기 때문이다. 느낌으로만 사귀지 말고 상대의 성격, 사고방식 등을 충분히 관찰할 필요가 있을 것이다.

✤ 장롱에 내의만 가득 쌓여 있는 꿈
대인관계에 문제가 생길 흉몽이다.

주스에 관한 꿈

탄산이 포함되지 않은 과일 주스 꿈은 건강 증진과 생명력 향상의 표시이다. 미래는 생동감 넘치는 나날이 될 것 같다. 탄산 음료수인 경우는 기획이나 아이디어가 풍부해지는 신호이다. 모두 재수 좋지만 만약 주스를 흘리면 모두 불운이다. 정신적 스트레스로부터 해방될 것 같지 않은 나날을 암시하게 된다.

융단에 관한 꿈

안정된 생활을 바라는 당신의 안정 사고의 발로이다. 융단이 무슨 색이었느냐에 따라 운세도 구별되는데, 기본적으로는 당신의 생활이 안정되어 갈 것이라는 나쁘지 않은 암시이다. 다만 구멍이 뚫렸거나 눌어 있는 융단은 안정된 생활이 붕괴됨을 의미하는 것이다.

우유에 관한 꿈

우유라는 것은 인간이 맨 처음 먹게 되는 음식이다. 그런 의미에서 좀더 감각적이 되어라, 순수한 마음이 되어라, 때로는 타인에게 모두 일임하라는 충고가 된다. 다른 표현을 빌자면 더욱 마음을 열고 가족이나 주위와 접촉하라는 것이다. 인간 생활의 근거는 신뢰가 지탱하고 있다는 것이다.

❖ **우유를 마시는 꿈**

정신적·물질적 일을 책임지게 되고, 논의하는 일이 잘 추진된다.

❖ **갓난아이에게 우유를 마시게 하는 꿈**

어떤 일에 대해 자본을 투자하게 되거나 연구 사업에 종사하게 된다.

식기에 관한 꿈

식기는 가정생활에 없어서는 안 되는 것이다. 깨끗이 닦인 식기라면 평화로운 가정의 상징으로 앞으로도 가족간에 문제 없이 평안한 나날을 보낼 수 있다는 행운의 암시이다. 더러워진 식기라면 당연히 가정 불화의 전조라고 해야 할 것이다. 가족간의 좋은 관계로 회복시키는 노력이 요구되고 있다는 신호이다.

❖ **식기를 많이 두는 꿈**

사업이 크게 번창하여 장차 사업이 크게 부흥할 것이다.

✤ **그릇들이 모두 엎어져 있는 꿈**

경영하는 일이 더디게 진행된다. 그릇들이 바로 있으면 추진하는 일이 빠른 시일에 이루어질 것이다.

✤ **잘못하여 접시를 깨뜨리는 꿈**

진행 중인 일이 중도에서 좌절될 흉조다.

✤ **자신이 일부러 그릇을 깨뜨리는 꿈**

도리어 시원스럽고 상쾌한 일이 생긴다. 그릇뿐만 아니라 장독, 항아리 등도 마찬가지다.

비누에 관한 꿈

일이나 상황을 씻어낸다, 정화한다, 아름답게 변할 수 있다는 행운의 암시이다. 왜냐하면 현재 당신은 음울한 인간 관계 속에 있거나 싫은 일을 떠맡고 있거나 곤란에 직면하고 있는 것이다. 그래도 이제 괜찮다. 지금부터 환경도 바뀔 것 같다. 인간 관계도 잘 되어 나갈 것이다.

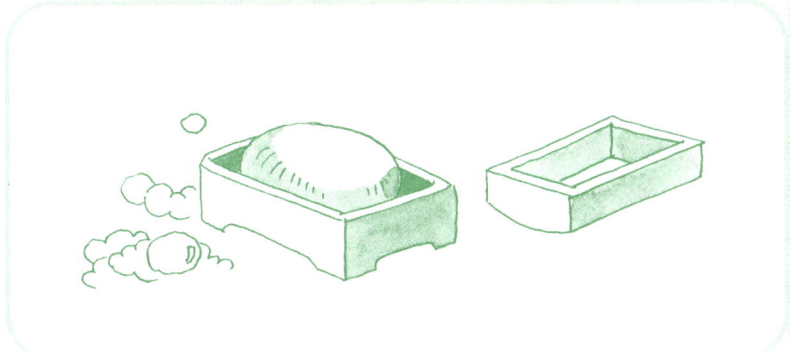

난방기구에 관한 꿈

이것은 행운의 운세를 나타낸다. 당신이 주위에서 따뜻하게 대우받는, 또한 반갑게 마중을 받는 암시로 양호한 인간 관계의 상징이다.

지도에 관한 꿈

지도 꿈은 당신의 인생 설계도를 나타내는 것이다. 그러므로 또렷한 선으로 그려져 있으면 당신의 장래 설계가 확립되어 있음을 보이며, 희미한 지도는 설계가 아직도 미완성임을 보이고 있다. 이 경우는 다시 한번 분명히 계획을 재검토해 봐야 한다. 여하튼 좋은 꿈으로 당신이 인생을 정확히 생각하고 있다는 증거이다.

- ❖ 지도를 그리는 꿈

  인생의 새로운 국면을 맞이하거나 결혼할 암시이며, 장래 문제를 생각해 보라는 주의 촉구의 꿈이기도 하다.

- ❖ 보고 있는 지도가 엉망이라서 다른 지도로 바꾸려고 생각했던 꿈

  인생의 방향 전환을 암시하는 예지몽이다.

- ❖ 지도를 떨어뜨린 꿈

  무리하게 일을 추진하다가 실패를 볼 암시다.

- ❖ 지도를 선물받는 꿈

  즐거운 여행길에 나설 징조. 혹은 희망찬 인생을 살게 될 새 목표가 생기는 것을 의미한다.

밥공기, 단지에 관한 꿈

그릇이 근사하게 빛나고, 튼튼하다면 재수 좋은 일이 일어날 조짐으로 일간 대단히 두드러진 기분을 맛보게 될 것 같다. 일상적으로 밥공기, 찻잔 등의 식기의 꿈도 기본적으로는 가정 평안의 신호이다. 다만 작은 경사를 나타낸다.

통장, 카드에 관한 꿈

통장이나 카드는 없어서는 안 되는 경제적인 기반을 의미한다. 그것이 꿈에 나타난다는 것은 중요한 것에 위기가 찾아오고 있는 신호이다. 실제로 그 위기는 경제적 위기일 가능성이 크지만, 그 밖에 가족간의 위기도 생각할 수 있다.

가족의 유대가 조금씩 엷어지고 있으므로 당신이 중심이 되어 가족끼리 이야기하여 애정 확인을 하라고 권유하고 있는 것이다.

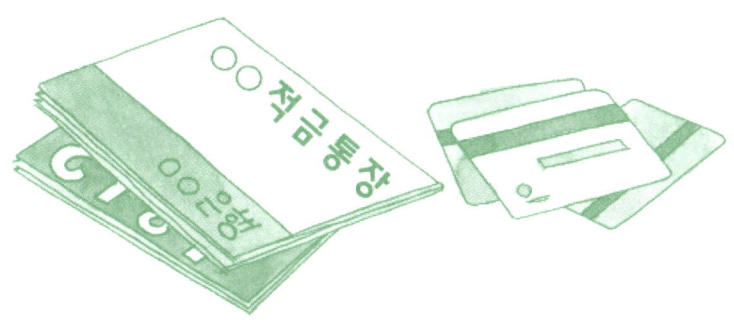

책상, 테이블에 관한 꿈

책상은 성적 향상의 신호이다. 테이블이라면 가정운이 좋아지는 원인이 된다. 책상이 정돈되거나 책이 얹혀져 있다면 학력의 향상을 의미한다. 그리고 수험의 합격을 암시하는 좋은 꿈이 된다. 테이블도 역시 정돈되어 있거나 꽃이 장식되었거나 음식이 위에 있으면 즐거운 인간 관계와 풍부한 커뮤니케이션을 의미하고 있다. 풍요로운 가정생활의 시작이다.

❖ **다른 사람의 책상에 가서 앉는 꿈**

입학이나 취직, 선거 출마에서 무난히 합격하고 명예를 얻을 길몽이다.

❖ **책상 서랍이 모두 닫혀져 있는 꿈**

연인과 다투거나 부부 관계에 냉기류가 감돌 징조다.

❖ **유난히 넓고 튼튼한 책상을 새로 사들이거나 그런 책상에 앉아 일을 하는 꿈**

자기 부서에서 최고 책임자가 되거나, 모임이나 단체의 장으로서 신임을 얻을 징조로 대길몽이다.

❖ **자기 책상의 서랍이 모두 활짝 열려 있는 꿈**

중요한 일에 결단을 내릴 때는 신중한 판단이 앞서야 한다는 점을 경고하고 있다. 목전의 이익이나 눈앞에 닥친 일만 생각하고 조급한 판단을 했다가는 낭패를 보게 된다. 사업을 확장할 생각을 가지고 있는 분은 당분간 결정을 보류할 것.

- **새 책상에 앉거나 새로 사들이는 꿈**

  권리와 직위가 새로 주어져 명예가 상승될 조짐이다. 새 일을 맡아 능력을 마음껏 발휘하게 된다.

- **책상 서랍에서 서류나 어떤 물건을 찾느라고 속을 휘젓는 꿈**

  가까운 시일 안에 자신에게 도움을 주거나 큰 영향력을 미칠 인물을 만날 징조임.

향수에 관한 꿈

당신의 마음 어딘가에서 자신을 속이고 있다는 것이다. 진짜 매력은 외면을 속이는 것만으로는 발휘되지 않는다. 주위 사람들이 높이 평가해 주지 않기 때문에 허구로 자신의 모습을 감추려 하고 있는 심리다. 당신은 순수한 당신이 가장 매력적임을 깨달아야만 한다.

홍차, 차에 관한 꿈

자신의 일이나 재능에 정돈 상태를 느끼고 있는 신호이다. 새로운 자극, 감각이 요구되고, 뭔가 호기심을 갖고 싶다는 마음의

욕구가 나타나 있다. 마음의 갈증을 새로운 것에 의해 축이고 싶다고 바라고 있다. 스트레스가 쌓여 있는 증거로 운수도 정체 중이다. 여행 등에 의한 기분 전환이 필요한 시기라고 할 수 있다.

외투에 관한 꿈

외투 꿈이라는 것은 기본적으로 무거운 책임, 벗어날 수 없는 괴로움, 정신적인 스트레스를 암시하는 것이다. 예를 들면 꿈속에서 외투가 무거워 걷기 힘들다든가 숨막힘을 느꼈다면 책임의 무게가 매우 부담스러워져 있음을 나타낸다. 유감스럽지만 불운한 상황이나 속박되어 꼼짝도 못하는 상태가 될 것이다.

장롱에 관한 꿈

장롱은 여러 가지 옷을 넣는 곳이다. 즉 당신이 몇 개의 얼굴을 가지고 상대나 상황에 따라서 구별지어 행동할 수 있는 사람이라는 얘기다. 다시 말해서 연예인의 일이 적합다는 것을 알려주고 있는 것이다. 그러므로 장롱을 열린 채로 놔둔 상태의 꿈, 옷이 흐트러져 있는 꿈이라면 그런 잔재주가 부족할 뿐 아니라 자기 조절을 잘 하지 못해 남에게 반감을 사겠다는 암시가 된다.

✤ **장롱을 밖으로 내가는 꿈**
실직·실패·손재·부부간의 이별 등 흉조를 예시한다.

✤ **장롱이나 궤 안에서 어떤 물건을 꺼내는 꿈**

어떤 사업을 새로 착수하여 성공하거나 출세할 길몽이다. 반대로 장롱 속에다 물건을 넣어 두면 진행 중인 일이 중단될 수 있다.

✤ **장롱이나 궤 문이 열려 있는 꿈**

먼 곳으로 여행을 떠나거나 무언가 서둘러 처리해야 될 일이 생긴다.

✤ **장롱문이 굳게 닫혀 열리지 않는 꿈**

무언가 영구히 보존할 일이 생기거나 사업의 종결을 뜻하기도 한다.

✤ **궤 속에서 보석이나 패물을 꺼내 보는 꿈**

회사에서 지위가 오르거나 명예나 권세를 얻는 길몽이다.

✤ **장롱을 사들이는 꿈**

장차 살림이 늘어날 길몽이다.

❖ 장롱이 크고 훌륭하게 보이는 꿈

크고 화려하면 길몽이지만, 낡고 작으면 궁핍한 상태가 당분간 지속된다.

❖ 장롱이 방 안에 꽉 차 보이는 꿈

장차 가정이 흥할 징조이며, 신혼부부가 이러한 꿈을 꾸면 부부생활이 매우 행복해질 징조다.

원고지에 관한 꿈

스케치북도 마찬가지다. 그것이 새하얗다면 금후 인생이 일변하듯이 신선한 출발을 암시하고, 종이에 잉크가 배어 있거나 더럽혀져 있으면 인생의 좌절이 찾아온다는 좋지 못한 암시가 된다.

그림, 사진에 관한 꿈

남에게 주목받고 싶다, 자기 인생의 흔적, 실적을 남기고 싶다고 바라고 있을 때에 꾸기 쉬운 꿈이다.

만일 당신의 모습이 사진 속에 분명하게 찍혀 있다면 실제로 당신은 유명해지고 주목받게 될 것이다. 바람대로 이름을 남길 수 있는 것이다.

❖ 자신이 포즈를 취하고 사진을 찍은 꿈

남이 자기의 신상 문제를 놓고 옳고 그름을 따지는 구설수에 휘말린다.

✤ **그림을 새로 구입한 꿈**

직장이나 단체에서 자신의 성실함을 많은 사람들이 인정해 준다.

✤ **나체 모델을 놓고 화가가 그림 그리는 것을 본 꿈**

상대방의 심리 변화나 신상 문제에 관해서 알고 싶어 한다.

✤ **애인이 다른 사람과 사진 찍는 것을 보고 운 꿈**

상대방이 하고 있는 일이 순리대로 잘 풀려 나간다.

✤ **결혼 사진을 찍는 꿈**

어떤 단체의 공공 이익을 위하여 서로가 화합한다.

✤ **자신이 카메라를 들고 다른 사람의 사진을 찍어 준 꿈**

다른 사람의 행동거지를 유심히 보면서 일일이 체크하는 일을 맡게 된다.

♣ 자신이 집안 사람들과 함께 사진을 찍는 꿈

사업이나 계약 등의 일을 문서화하거나 남에게 도움 줄 일이 생긴다.

유리에 관한 꿈

상처 입기 쉬운 마음의 상징이다. 그러나 이것은 좋은 꿈이다. 그 천진난만한 감성을 살린 일에 착수하라. 그러한 일의 능력을 감추고 있다는 신호이기도 하기 때문이다. 또 상처 입기 때문에 좀처럼 뛰어늘 수 없는 심리도 나타나 있지만 이것노 한 설음 뛰어들어 보면 의외로 다른 세계에서 잘 해 나갈 수 있다는 얘기인 것이다.

♣ 유리잔을 갖거나 받는 꿈

남녀 모두 결혼의 징조이다.

달력에 관한 꿈

기본적으로 달력이나 계획표에 대한 꿈이라는 것은 당신의 계획이 착착 진행되고 있어 장래에는 바빠질 것이라고 가르쳐 주고 있다. 달력의 숫자가 강조되는 이 경우는 예지 꿈일 가능성도 크다. 이 경우는 몇 월이었는지, 몇 일이었는지가 중요하다. 그 숫자가 미래의 당신의 인생에 있어서 뭔가 중요한 사건을 암시하게 될 것이다.

통조림에 관한 꿈

그다지 좋은 꿈은 아닌 것 같다. 당신은 머잖아 누군가에게 속 박당하거나 모처럼의 시간을 엉망으로 망치는 등 정신적 자유를 빼앗기는 일이 있을 것이다. 싫은 업무상의 교제, 의외로 교제하는 인간 관계 등이 실제로 일어날 예감이 있기 때문에 꾸는 꿈이라고 할 수 있을 것이다. 요컨대 본인은 어느 정도의 각오는 하고 있는 것이다.

기계에 관한 꿈

잘 정리된 인생 설계의 상징을 의미한다. 부품이 말끔하게 정돈되어 있는 상태가 규율적인 생활을 의미한다. 자기 다스림이 능란한 타입이므로 일의 계획, 인생 설계가 예정대로 진행되고, 이후 파란이 없음을 알려주고 있다. 물론 경제적 기반도 보장되어 간다. 지금 상태대로 생활해 나가자.

표에 관한 꿈

표는 인생의 통과점을 의미하는 것이다. 지금이 고비라는 얘기다. 종래의 방법뿐만 아니라 이후는 새로운 발상, 궁리에 의해서 인생의 여러 문제를 해결해 가야 한다. 표를 잃어버리는 꿈은 꿈이나 희망이 깨지는 암시이다. 또한 한계점의 상태를 나타내고 있다.

교과서에 관한 꿈

교과서나 참고서의 꿈은 현재 당신이 무엇인가로 고민하고 있다면 '혼자서 고민하지 말고 신뢰할 수 있는 사람의 조언을 받으시오'라는 신호. 또 도덕에 대해서 충실하라는 의미도 있다. 평소 놀고만 있는 사람이 이 꿈을 꾸었다면 좀더 상식적이 되지 않으면 주위에서 차가운 눈으로 볼 수 있다는 경고이다.

금고에 관한 꿈

비밀주의의 상징이다. 금고가 열려 있는 꿈은 비밀이 탄로나거나, 당신의 일로 세상이 시끄러워진다든가 하는 스캔들을 나타낸다. 금고가 닫혀져 있는 꿈이라면 비밀은 지켜지고 있다는 증거이다. 금고를 열려 해도 쉽사리 열리지 않는 꿈은 자신이 무엇을 하고 싶은지 정신이 혼란해져 있다는 신호가 된다.

✤ 자기 집의 장롱이나 금고에 있던 돈다발을 다른 사람들에게 나눠 주거나 도둑맞는 꿈

가족이나 절친한 친구 등과 사이가 벌어질 일이 생기거나 가정 형편이 갈수록 빈곤해질 암시다.

쇠사슬에 관한 꿈

속박당한 마음, 매인 마음이 보인다. 좀더 주위로부터 평가를 받고 싶다, 지금 같은 상태로는 능력을 발휘할 수 없다고 생각하고 있는 심리가 보이는 꿈이다. 현실이 생각하는 것처럼 진행되지 않아 언제까지나 같은 상황에서 빠져나갈 수 없다는 생각이 쇠사슬로 확대되고 있는 것이다. 확실히 현재는 운세 정체기이다. 초조함이 연속되는 시기이나 참고 견디는 시기이기도 하다.

약에 관한 꿈

약을 먹는 꿈은 당신의 건강 상태가 이후에는 회복해 갈 것이라는 좋은 암시이다. 또 어떤 문제가 일어나든 앞으로는 자기의

힘으로 맞서서 조정하거나 해결해 갈 것이라는 암시도 된다. 요컨대 자신감 회복의 신호라는 것이다.

✤ 의사가 약을 주어 먹는 꿈

어떤 기관장으로부터 임무를 부여받거나 업무 처리에 시정을 요하는 지시를 받게 된다.

✤ 전염병에 걸렸는데 약을 먹고 완쾌한 꿈

신앙생활에서의 이탈이나 사업의 재정비 등의 일이 있게 된다.

✤ 약국에서 약을 사는 꿈

생계비·사업장의 방도 등이 생기거나 어떤 약속이 순조롭게 이루어진다.

✤ 신령적인 존재가 약을 주거나 치료 방법을 일러주는 꿈

실제로 병을 고치게 된다. 이때의 신령적인 존재는 예언·계시적 성격을 보여주고 있으며, 또한 잠재의식의 자아가 출현하여 알려주고 있다.

✤ 약병이 즐비하게 놓여진 꿈

학문적 자료나 사업 방도, 생계비 등이 마련된다.

✤ 상자에 가득 찬 약병을 얻는 꿈

담배·술 등을 충분히 얻을 일이 생긴다.

✤ 약을 조제하고 처방하는 꿈

학문·사업 등의 방도를 마련하고, 여러 자료를 수집하거나 상담에 응하게 된다.

✤ 왕이 내리는 사약을 먹고 죽는 꿈

최고의 명예나 권리 등이 주어져 신분이 높아진다.

신발에 관한 꿈

외출의 기회가 늘어 바빠질 것이라는 암시다. 일이 발전하여 행동 반경이 더욱 넓어짐을 알려주고 있다. 더욱이 업무면, 능력면도 연마되어 큰 성공을 이루는 기쁜 암시다. 다만 이 꿈은 행동 범위가 확대됨이 강조되는 것이므로 성공을 반드시 약속해 준다고는 할 수 없다. 성공을 위해서는 행동 범위를 넓히라는 의미도 있기 때문에 중요한 것은 능력, 실력을 연마해 두는 일이 성공의 열쇠가 된다.

✿ 미투리나 짚신을 삼는 꿈
어떤 일이 알차게 진행되고 있다는 뜻이며, 미투리를 신어 보면 모든 일이 술술 풀리는 길한 꿈이다.

✿ 새 신을 사 오거나 자신이 신어 보는 꿈
새로운 생활이 있게 됨을 의미하는 꿈으로서 배우자가 생겨 새살림을 차리거나 새로운 직장, 새로운 사업 등을 착수할 것이다.

✿ 짚신을 신어 보는 꿈
자신을 도와 줄 아랫사람의 협력자를 얻게 된다.

✿ 신발을 신는데 너무 크거나 작아서 발에 맞지 않는 꿈
현재의 직장·사업·가정 환경 등이 자신의 뜻에 맞지 않아 속으로 불만을 품고 있다.

✿ 삼으로 만든 신발을 얻는 꿈
장차 재수가 있을 징조다.

✿ 나막신을 벗는 꿈
환자는 질병에서 벗어나 홀가분해지고, 사업가는 근심거리가 없어질 것이다.

✿ 남의 신발을 신어 보는 꿈
남의 사업, 남의 집, 남의 물건, 남의 애인, 남의 배우자 등을 가로챌 일이 있게 된다는 암시다.

✤ 구두를 벗고 마루에 올라와서 혁대를 다시 매는 꿈
명예를 더럽힐 구설수가 따를 징조다. 혹은 손재수가 우려되는 불길한 꿈이다.

✤ 자기 집에 도둑이 들어와 신발을 훔쳐 간 꿈
사귀고 있는 연인이나 부부간에 배반, 비밀, 속임수로 문제가 생길 암시다. 자주 꾸면 헤어질 위기에 도달한다.

✤ 유명 제화점에서 고급 구두를 사들고 오는 꿈
은밀한 관계를 맺을 암시다. 즉 배우자 외의 사람을 사귀거나 연인 외의 다른 사람과 새로 사귈 불륜 예지몽이다.

✤ 새로 산 구두가 작아서 불편한 꿈
현재의 배우자나 연인이 자기와 맞지 않다고 느끼고 있음을 나타낸다. 심리적인 갈등을 겪고 있음을 의미한다.

✤ 누군가 다른 사람이 자기 구두를 신고 있는 꿈
배우자나 연인이 밖에서 뭔가 문제를 일으키고 있으므로 경각심을 가지라는 주의 촉구의 꿈이다.

✤ **맨발로 길을 걷거나 슬리퍼를 신고 출근하는 꿈**

생활이 불안정해질 암시다. 이성 문제, 불륜으로 잡음이 생기고 대인관계로 인해 말썽이 빚어진다.

✤ **무릎 위까지 올라오는 목이 긴 부츠나 장화를 신고 있는 꿈**

그간의 어려움이 눈 녹듯 사라지고 심신이 안정과 행복을 되찾게 된다.

✤ **하이힐의 뒤꿈치가 부러진 꿈**

불길한 일이 발생할 징조인 예지몽이다.

양말에 관한 꿈

이것은 바람기를 나타내는 꿈이다. 오른쪽 양말의 경우는 자기의 바람기를, 왼쪽 양말의 경우는 연애 상대가 바람 피우고 있음을 나타낸다. 지금은 걱정 없어도 가까운 장래에 바람을 피울 가능성이 높다는 얘기다. 여하튼 사랑의 신선함이 상실되고 있다는 증거이다. 사랑의 확인이 급히 요구된다.

✤ **양말 바닥이 때가 묻어 더러워진 꿈**

다른 사람으로부터 비난을 받고 모욕을 당할 징조다. 자신의 평판이 몹시 나빠지고 명예가 땅에 떨어질 암시다. 신발이 진흙 등으로 더러워진 경우도 마찬가지의 해석을 한다.

✦ 양말을 도둑맞는 꿈

양말을 도둑맞거나 어딘가에 놔뒀는데 없어진 꿈, 신발이 없어진 꿈은 누군가의 반발을 사게 될 징조다. 또한 비난을 받거나 주위로부터 소외당한다.

장난감에 관한 꿈

이것은 한가해지기를 바라거나, 여행을 할 수 있는 자유로운 시간을 요구하고 있는 꿈이다. 스트레스가 쌓여 있거나 책임이 무거워 부담을 느끼고 있는 사람이 자주 꾸는 꿈이다. 한가로운 시간을 얻기 위한 노력을 자기에게 부과하고 있음과 동시에 꿈속에서 자기를 달래고 있는 것이다. 이런 사람은 기분 전환이 필요하다.

열쇠에 관한 꿈

주위와 동료로부터 따돌림을 당하고 있는 듯한 기분을 느낀다, 마음을 열고 이야기하는 친구가 없다, 가족끼리도 냉담해져 있는

것 같다. 이러한 기분은 무엇을 감추려고 하는, 실은 당신 자신이 주위를 저해하고 있다는 얘기인 것이다. 당신 자신이 마음을 닫고 있는 것은 아닌지. 지금 마음을 터놓고 지내지 않으면 앞으로는 정말 고독한 인생길을 걷는다는 경고의 꿈이다.

✤ 자물쇠로 잠가 놓은 방문을 열쇠로 열고 들어가는 꿈

모든 일이 순조롭게 해결되며, 짝사랑하던 여성을 정복하기도 한다.

✤ 열쇠를 얻는 꿈

소원의 경향, 계획한 일, 곤란한 문제, 학문, 행복한 일 등이 해결될 방도와 능력이 생긴다.

✤ 금빛 찬란한 행운의 열쇠를 얻는 꿈

장학금, 학문의 대성, 기타 정신적·물질적 자원 등 최고의 것이 주어진다.

거품에 관한 꿈

연애 소망이 고조되고 있는 조짐. 머잖아 사랑이 시작됨을 암시하는 꿈. 즐겁게 기다려 보자.

목걸이에 관한 꿈

스캔들의 상징이다. 당신은 아무래도 두드러진 존재가 되어 있는 것 같다. 주위의 무책임한 시선, 관심이 당신에게 집중되어 무

책임한 언동이 들려 올 기미이다. 당신을 함정에 빠뜨릴 계획도 있을는지 모른다. 이 시기에는 그다지 두드러진 행동은 일으키지 말아야 한다.

✤ **목걸이가 끊어지거나 엉키는 꿈**
연인 사이에 이별·언쟁·불화가 예견된다.

연필, 펜에 관한 꿈

연필이나 펜으로 글을 쓰고 있는 꿈은 능력 향상의 조짐이다. 집중력이 많아지고 수험이나 자격 시험의 합격을 암시하고 있다. 물론 사무 계열의 능력이 남보다 뛰어나 있다는 암시도 있다. 이것과 달리 단순히 연필이나 펜이 나왔을 뿐이라면 꿈 해몽은 달라진다. 이 경우는 남에 대한 질투의 신호이다. 누군가에게 질투를 느끼고 있다는 증거이다. 펜끝의 뾰족한 부분으로부터 이 의미를 간파할 수 있는 것이다.

✤ **만년필이나 볼펜을 갖고 노는 꿈**

자위 행위의 상징적 표현이다. 성적인 욕망이 점점 더해지고 있음을 의미한다.

✤ **뾰족한 만년필 펜촉이나 볼펜, 샤프연필 등에 몸이 찔리는 꿈**

성적인 행위를 상징적으로 표현하는 꿈이다. 실제로 성관계를 나타내거나 소망을 담고 있다.

과자에 관한 꿈

달콤한 연애에 대한 동경을 나타내는 꿈이다. 과자는 연정의 분산이라고 생각해야 한다. 그러므로 단순히 과자뿐인 꿈이라면 지금은 아직 좋아하는 단계이다. 과자를 받는 꿈이라면 구애받는 암시이다. 과자를 선물하는 꿈이라면 짝사랑으로 끝날 것 같다. 당신의 꿈은 어느 쪽인가.

술에 관한 꿈

기분이 좋아져 매일매일을 즐겁게 보낼 수 있다는 암시이다. 위스키였다면 이성으로부터의 유혹이 있다는 것이며, 우리 술이라면 동료와 교류할 수 있다는 암시도 추가된다. 술에 만취하는 꿈은 당신이 지금의 상태에서 벗어나고 싶거나, 놀고 싶다는 증거. 그리고 즐거운 방향으로 전환할 수 있다는 예고도 포함된다.

❖ **잔칫집에서 술에 취해 쓰러지는 꿈**

계획한 일이 뜻대로 되지 않고 연인과 다투는 일이 있거나 걱정거리가 생긴다.

❖ **많은 사람들과 연회석에서 대화하는 꿈**

뜻하지 않은 사람과 인연이 닿게 되며, 생활이 점점 윤택해져서 부귀를 누릴 징조이다.

❖ **술잔이나 찻잔 등이 깨지는 것을 보는 꿈**

타인의 눈을 의식하지 않고 자신의 생각대로 밀고 나가는 것을 뜻하거나 귀찮은 일에서 벗어나 자신은 자유롭게 하늘을 향해 두 팔을 벌리고 싶다는 잠재의식을 상징하기도 한다.

❖ **술에 만취되어 쓰러지는 꿈**

건강이 나빠질 것을 암시해 주는 꿈이다. 자신의 건강에 신경을 써야 한다.

❖ 술에 취해서 길 위에 눕는 꿈

신임했던 사람이 배신을 하거나 다른 사람의 계약에 말려들 징조이다. 남과 다투면 고통이 따른다.

❖ 술을 마시며 신나게 노는 꿈

병을 얻을 징조이며, 남과 논쟁을 벌이는 일이 있고, 크게 후회할 일이 있으니 매사에 신중해야 한다.

❖ 술에 취해서 우물이나 구덩이로 빠지는 꿈

자신을 미워할 사람이 나타나거나 모함하는 사람이 있다. 머지않아 재판을 받을 일이 있을 징조를 알려주는 꿈이다.

❖ 자기 혼자만 술에 취해서 쓰러지는 꿈

신임을 하고 있던 사람에게 배반을 당하거나 다른 사람에게 속임을 당하고 병을 얻을 징조이다.

❖ 남에게 술을 주는 꿈

좋지 않은 일로 많은 사람의 입에 오르내리게 되고, 여자에게 모욕을 당할 징조이다. 그러나 남에게 초청을 받아서 술을 먹는 꿈은 장수를 누릴 징조이다.

❖ 시장에서 아는 사람을 만나 술을 마시는 꿈

올바른 행동가짐으로 인해 많은 사람들로부터 칭송을 받거나 기쁜 일이 있다.

❖ **시장에서 술을 마시며 놀고 있는 꿈**

모든 일이 재수가 있으며, 특히 사업이 번창할 꿈이다. 그러나 경솔하게 행동해서는 실패하기 쉬우므로 항상 올바르게 일을 처리해야 할 것이다.

커튼에 관한 꿈

비밀로 해두고 싶은 일이 있는 마음을 표현하고 있다. 예를 들면 커튼을 여는 꿈은 자기가 비밀을 털어놓고 이야기하거나 또 반대로 타인에게서 이야기를 듣는 암시로 좋은 신호이다. 요컨대 마음을 열게 됨을 의미한다. 레이스와 같이 곱고 부드러운 소재의 커튼은 당신이 누군가에게 사랑받고 있는 신호이다. 커튼이 열리지 않는 꿈은 당신의 마음이 닫혀져 있음을 나타내어 열려지기를 바라고 있다.

❖ **커튼을 새로 만들거나 바꾸어 다는 꿈**

좋은 배필감을 만나 장차 결혼하게 될 것이다.

❖ **커튼이 손상되거나 낡아 보이는 꿈**

배우자에게 나쁜 일이 생길 징조다. 또 커튼이 지저분하게 흩어지면 처자에게 질병이 생기거나 부상당할 우려가 있다.

❖ **커튼이 크고 길게 늘어뜨려져 보이는 꿈**

가까운 시일 내에 손님을 초대하여 음식 접대를 해야 할 일이 생길 것이다.

종이에 관한 꿈

화장실 휴지, 티슈 등의 꿈은 자기 안의 불필요한 것을 제거하고 싶을 때에 자주 꾼다. 예를 들면 이성 관계가 문란해져 있는 사람, 무절제한 생활을 하고 있는 사람이 이 꿈을 꾸었을 때 그러한 상태를 계속하고 있다면 일간 위험한 일을 당하게 됨을 알리고 있으며, 그것으로부터 벗어나지 않으면 안 된다는 심리가 이 꿈을 꾸게 하는 것이다.

❖ **종이를 찢어 버리거나 찢어진 종이 뭉치를 뒤적거리는 꿈**

관계 청산 · 계약 파기 · 이별 · 이혼을 암시하는 불길한 꿈이다.

❖ **오색의 색종이를 얻거나 보는 꿈**

재산 축적과 증권 투자로 인한 큰 이득을 암시하는 길몽이다.

칼에 관한 꿈

예리한 칼 또는 가위도 포함된다. 소중한 인연이 끊겨질 불운한 암시다. 특히 소중한 인간 관계, 예를 들면 애인이나 친구, 가족과의 이별, 별거를 강요당하게 될 것이다. 이 꿈에서 본인의 결심이 엿보이므로 어쩔 수 없지만 헤어질 길을 선택한다는 인생의 분기점을 나타내는 꿈이라고 말할 수 있을 것이다.

❖ **큰 칼을 허리에 차거나 칼을 빼어 들고 출전하는 꿈**

모두 길한 꿈으로서 지위나 명예가 오르고 소원이 성취될 것이다. 칼을 줍거나 누구에게 받는 꿈도 마찬가지다.

❖ **칼을 세 자루 얻는 꿈**

권세를 잡게 되는데 군인은 대위·대령·중장 등 세 개를 상징하는 계급에 오를 것이다.

❖ **칼이나 도끼에 크게 다치는 꿈**

하는 일마다 만사 형통할 것이다.

♣ 칼로 사람이나 짐승을 베어 완전하게 죽이는 꿈

계획대로 일이 순조롭게 진행된다. 하지만 죽지 않거나 다시 살아나면 일이 실패할 가능성이 있다.

가구에 관한 꿈

가구를 보면 경제의 상태를 알 수 있다고 하듯이 이것은 당신의 경제 상태를 나타내는 꿈. 기본적으로는 안정된 가정생활, 경제 기반을 나타내는 재수 좋은 꿈이 된다. 새 가구인 경우는 운이 좋은 것과 함께 경사가 있다는 암시이다. 집안의 결혼, 경사가 다가오고 있다고 생각하라. 단 너무 값비싼 가구가 강조되는 꿈은 주의해야 한다. 가정 내의 돈을 잃어버린다는 신호가 되기 때문이다.

♣ 가구를 집 안에서 밖으로 내가는 꿈

머지않아 집안의 가까운 사람이 죽거나 중병을 앓고 병원에 입원할 꿈이다.

♣ 호화스러운 책상이나 장롱이 방 안에 가득한 꿈

생활에 여유가 생기고, 자신을 돕는 관계기관이나 뜻하지 않은 사람을 만나게 된다. 또한 지위, 신분이 높아지고 주위의 선망 대상이 된다.

♣ 자기의 침구에 피가 묻어 있는 꿈

집안이나 자신에게 재난이 닥쳐오고, 아내가 바람을 피워서 이별하는 일이 생긴다.

✤ 이부자리에 개미 같은 벌레가 모여드는 꿈
집안에 우환이 생기고 모든 일에 있어 항상 근심이 따른다.

✤ 자기가 방을 새롭게 정리하는 꿈
혼담이 성사되고, 가정부나 일하는 사람을 들이게 된다. 침상같은 것이 문 밖으로 나가면 아내를 잃거나 해로운 일이 생긴다.

✤ 병풍이 둥글게 둘러쳐 있는 꿈
친척이나 주위 사람이 큰 병을 얻게 될 것을 암시해 주는 꿈이다. 포개진 병풍을 보는 것은 장사를 하면 많은 돈이 들어온다는 것을 알려주는 꿈으로 길몽이다.

✤ 발을 새로 사들이는 꿈
좋은 친구를 만나거나 귀인을 만나게 될 징조이며, 얌전하고 올바른 여성을 아내로 맞아들이게 된다.

✤ 돗자리를 깔고 노는 꿈
사랑하는 사람을 확인하고 싶다든지 섹스에 대한 동경심을 나타낸다. 돗자리를 새로 들이면 좋은 여성을 만나 행복한 삶을 누린다.

국수류에 관한 꿈

스파게티나 가락국수 꿈은 권태기의 신호이다. 운세적으로 특별한 변화가 없는 무료한 나날을 암시하고 있다. 그 이면에는 세상을 우습게 보고 있거나, 노력하지 않는데에 대한 경고가 감춰져 있음을 알아차려야 한다.

냉장고에 관한 꿈

당신은 일간 비밀을 갖게 될 것 같다. 그 내용은 미정이지만 자기의 비밀이라고 할 수 없고, 친구에 대한 것이거나 업무상의 기밀이다. 그것은 지켜져야만 될 비밀이며, 만일 누군가에게 이야기하면 큰 일이 나게 된다는 경고 꿈이다. 냉장고가 열려 있는 꿈은 신용을 잃어버림을 암시한다.

실, 끈에 관한 꿈

실이나 끈은 금방 얽히는 것이 성가시다. 이런 의미에서 대인적 트러블, 개중에서도 사랑의 트러블이 강조되는 것 같다. 모처럼의 연애도 경쟁자에 의해서 흔들릴 우려가 있다. 꿈속에서 얽히는 실을 풀 수 있으면 트러블을 극복할 수 있다는 암시가 된다.

의치에 관한 꿈

체력이 감퇴하고 있다는 징후이다. 기력도 떨어져 있으므로 여러 가지 계획도 예정을 변경시키지 않을 수 없게 될 것이라는 암시이다. 또 이 꿈은 거짓말이나 속임수도 상징하고 있다. 누군가

가 당신에게 거짓말을 하고 있거나 속이고 있다. 혹은 배반하고 있는 것이라고 알려주고 있다. 여하튼 좋지 못한 암시이다. 특별히 주의해야 할 시기를 맞이하게 된 듯하다.

그림에 관한 꿈

이것은 그림의 전체 이미지가 중요하다. 환한 분위기의 그림이면 좋은 꿈이다. 당신이 주목받는다. 내면으로부터 나타나는 아름다움에 의해서 매력적인 존재가 될 수 있다는 암시다. 반대로 어두운 이미지의 그림은 암시가 모두 반대로서, 매력이 하강하고 자신감 상실, 자기 혐오에 빠진다는 불운한 암시가 된다.

❖ **자기가 그리는 그림이 만족스럽게 되지 않는 꿈**
계획이나 소원이 미수·불만으로 그친다.

❖ **상대방이 그린 그림을 감상하는 꿈**
남의 청원이나 연애 편지·신용장 등을 읽거나 검토할 일이 생긴다.

- **추상화를 그리는 꿈**

  어떤 계획이나 예정 등을 마련할 일이 생기고, 정돈되지 않은 마음의 갈등을 가져오게도 된다.

- **상상화를 그리는 꿈**

  현재나 미래에 체험될 마음의 묘사, 운명적 추세를 예지한다.

- **교사가 칠판에 그려 놓은 그림을 학생들이 따라 그리는 꿈**

  새로운 직책이나 부임지를 배당받게 된다.

- **그림을 잘못 그리는 꿈**

  좋지 않은 곳에 좌천된다.

- **그림 도구가 없어 쩔쩔매는 꿈**

  당국이나 윗사람의 명령대로 움직일 수밖에 없게 된다.

- **그림을 사 오는 꿈**

  서적·상장·학위증 등을 얻게 되거나 명예를 얻게 된다.

- **누군가 그림을 보내 주는 꿈**

  서적·혼담·연애 편지가 오거나 경고장을 받게 된다.

앞치마에 관한 꿈

이것은 가사 노동, 잡무에 쫓기게 된다는 암시이다. 바쁜 나날을 맞을 것 같다. 단 당신이 갓 결혼한 새색시라면 요리를 만들어 남편을 기쁘게 해주고 싶은 마음을 나타내는 것으로 가정의 평안을 알려주는 꿈이 된다. 남자가 앞치마 차림의 여자 꿈을 꾼 경우

는 가정적인 여성과의 해후를 바라고 있다는 증거다. 그때 앞치마 색이 밝으면 소원의 실현을 하게 되고, 어두운 이미지라면 보답받지 못할 것을 알려주고 있다.

아이스크림에 관한 꿈

금방 녹아 흘러 버리는 것이라는 의미에서 헛된 소망을 의미한다. 허무한 미래를 암시하고 있다. 연애운이 특히 강조되므로 당신의 연애가 덧없는 교제가 되어 버릴 것 같다. 이성을 훔쳐 먹는다는 신호도 되므로 상대의 사랑을 잘 확인해 볼 필요가 있을 것이다. 상대에게 있어서 녹아 사라져서 곤란한 존재가 되고 싶은 것이다.

반지에 관한 꿈

반지는 연애의 상징이다. 반지를 선물받는 꿈은 애정을 얻게 됨에 틀림없다.

반지를 빼거나 파손된 반지 꿈은 바람을 피우거나 삼각 관계의 조짐이다. 반지를 남에게 선물하는 경우는 당신의 마음이 상대에

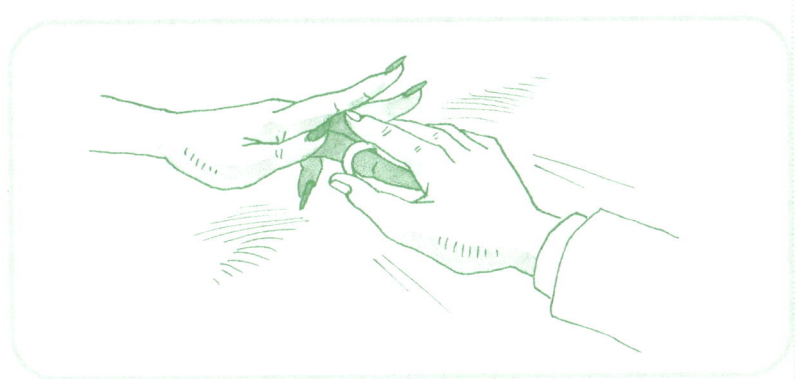

게 미치지 않으며, 요컨대 짝사랑의 신호이다.

✤ **반지를 잃어버리는 꿈**

한마디로 소중한 것을 잃게 될 것을 암시한다. 중요한 사람을 잃게 된다. 특히 아내와의 이혼, 사별이 우려되고, 여자친구나 애인과 헤어질 암시가 있다.

✤ **반지를 줍거나 선물받거나 얻어 오는 꿈**

매력 넘치는 인기인이 될 암시. 특히 이성 친구의 사랑을 쟁취하게 되고, 직장에서도 날로 신임을 받아 신분이 상승된다. 이 외에도 결혼에 대한 암시도 포함된다. 예지몽이라면 여자 쪽 친척의 죽음을 상징한다.

✤ **도둑에게 반지를 빼앗기는 꿈**

결혼 생활이 파탄날 징조이다. 혹은 배우자의 불륜이나 건강 악화가 우려되는 흉몽이다.

귀걸이에 관한 꿈

귀걸이는 당신이 허세 부리고 있음을 의미한다. 인기 직업인이라면 인기운이 상승하는 것을 의미하지만, 보통 사람에게 있어서는 그다지 좋은 꿈이라고 할 수 없다.

✤ **귀걸이를 선물받는 꿈**

사교면에서 인기가 급상승할 길몽이다.

위패, 불단에 관한 꿈

당신을 보호할 수 없는 한탄이 꿈속에서 들려오는 것 같다. 이것은 선조로부터의 경고 꿈이라고 받아들여야 한다. 우선 생각할 수 있는 것은 선조가 공양을 요구하고 있는 일이다. 공양을 게을리 하면 재난당함을 암시하고 있다. 남에게 미움받거나, 부상을 당하거나, 병에 걸릴 가능성이 있다는 것이다. 빛이 반짝이는 위패나 불단이라면 분명히 영몽이다. 선조의 보호를 잘 받고 있다는 행복한 암시이다.

의자에 관한 꿈

이것은 휴식을 바라는 심리이다. 컨디션이 나빠지는 기미를 스스로 예감하고 있는 증거로 미래의 마음 준비를 하고 있는 것이다. 특히 감기에 주의하며, 며칠간은 수면을 충분히 취하며, 일도 아껴 두고 미연에 체력을 보강하는 데 노력을 하자.

✤ **아무도 앉지 않은 빈 의자가 자기 집 마당에 놓인 꿈**
예기치 않은 반가운 소식을 듣게 된다.

✤ **사무실에서 자기 의자를 끌어당겨 앉는 꿈**
처리해야 할 문제에 정면으로 대면하여 해결해야 한다는 점을 경고하는 꿈이다. 계획을 뒤로 미루지 말고 가능하면 신속히 손을 써야 한다. 돌파구를 찾도록 할 것.

✤ **교실에 들어갔는데 자기가 앉을 의자가 없어서 당황하는 꿈**
목적 달성이 어렵거나 생활이 더욱 복잡해질 징조다.

✤ **전철이나 일반 휴게실에서 앉고 싶어 주변을 두리번거려도 빈 의자가 없어서 앉을 수 없는 꿈**
목적이나 방향, 현재의 지위를 상실하게 될 좋지 않은 암시가 담겨 있다. 혹은 현재하고 있는 일에 대한 목적이나 희망이 불명확하여 결과를 얻기 어렵다는 암시다.

✤ **흔들의자에 앉아 음악 감상하며 여유를 즐기는 꿈**
가족들의 도움이나 유산 상속을 받아 일신이 편안하고 부자가 될 징조다.

✤ **교실에서 자기 의자에 남이 앉아 있어 앉을 수 없었던 꿈**
권리가 타인에게 돌아가고, 취직이나 입학·승진에 관한 문제에서 좌절감을 맛보게 된다.

✤ 낡고 좁은 의자에 간신히 앉게 된 꿈

불우한 환경을 한탄하고 있음을 은연중에 나타낸다. 아내나 연인에 대한 불만, 부부관계의 문제가 반영된 것으로도 해석된다. 여성의 경우에는 바람직하지 않은 결혼생활을 예지한 꿈이므로 현재 진행중인 혼담이 있다면 다시 생각해 보는 것이 좋겠다.

✤ 하늘에서 문득 용상이 내려와 자신이 거기에 앉는 꿈

관직에 등용될 암시다. 더구나 용상과 함께 임금의 시중을 드는 내시들이 옆에 있었다면 자신의 명성을 추앙하고 따르는 추종자나 제자들이 구름처럼 몰려들 징조다.

✤ 놀이터나 공원의 나무의자나 특이한 모양으로 만들어진 공원 의자에 앉아 있는 꿈

국가 공무원이 되거나 군부대, 관공서에서 봉록을 먹을 암시다. 또한 사회적 공인으로 인정받을 암시이기도 하다.

꽃병에 관한 꿈

꽃병 꿈은 애정의 상징이다. 꽃이 있는 꽃병이라면 사랑이 이루어짐을 알리고, 빈 꽃병은 짝사랑을 알려주고 있다.

꽃병에 금이 가 있거나 더러운 꽃병이라면 사랑의 붕괴를, 또 이혼을 의미한다.

우산에 관한 꿈

순조로운 애정운을 나타낸다. 비나 바람으로부터 당신의 사랑을 지켜 주는 것, 그것이 우산이다. 즉 두 사람의 사랑을 막는 것이 아니라 순조롭게 애정이 발전하고 있음을 나타내는 좋은 징조이다.

♣ 비가 오는 길을 우산을 쓰고 걸어가는 꿈

국가나 사회의 윗사람의 영향력이나 간섭을 받지 않고 독자적인 노선을 고수하게 된다.

악기에 관한 꿈

악기를 연주하는 꿈도 마찬가지다. 피아노, 플루트와 같이 흐르는 듯한 아름다운 음색의 악기라면 대단히 재수 좋은 꿈이다. 특히 대인관계가 순조롭게 진척될 암시다.

큰 북 등 격렬함을 연상시키는 타악기는 반대로 대인관계의 악화, 트러블을 시사하고 있다.

✤ 건반을 리듬감 있게 잘 치고 있거나 기분 좋게 악기를 연주하는 꿈
육체 관계에 대한 쾌감을 상징한다. 혹은 생활의 활기, 즐거움을 상징한다.

✤ 악기 연주가 서툴러서 당황하거나 짜증이 나는 꿈
남성의 경우 자신감 상실, 여성에 대한 주눅을 나타내고, 여성이라면 자신의 성적인 매력에 대한 불안감을 의미한다.

가방에 관한 꿈

당신은 꾸준히 노력을 거듭하는 타입으로서 착실한 인생을 걸어가는 사람이다. 그 견실함이 장래 견실한 가정을 구축하게 된다. 화려함은 없지만 견실한 것만큼 장래가 약속된다는 암시이다. 경제적으로도 어느 정도는 보장되어 있다.

✤ 가방이 열려 있는 꿈
주식 공모, 직원 채용 등의 문호가 개방되거나 누명을 쓰는 사건 경위가 명백히 드러남을 암시한다.

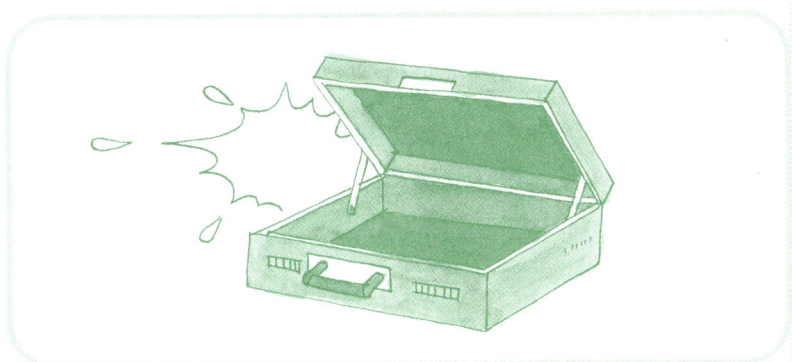

✤ **자기의 가방이 열려져 있고 돈이나 문서가 없어진 꿈**

누가 자기의 근심거리를 해소시켜 주거나 그 방도가 명백히 밝혀진다.

✤ **우체부가 들고 오는 가방이 열려져 있는 꿈**

계속해서 친지로부터 편지나 소식이 온다.

✤ **가방 속에 문서가 꽉 차 있는 꿈**

사업 계획·근무 등의 방도가 충실해진다.

✤ **학생이 무거운 책가방을 들고 집으로 오는 꿈**

많은 고통과 시련이 따르고, 다만 가방을 방에다 놓고 나오면 근심과 고통에서 해방된다.

금·은, 기타 보석에 관한 꿈

금이나 은은 시대와 나라를 초월해서 누구나 갖기를 원하는 물건이다. 부귀·권세·명예·재물은 누구를 막론하고 원하는 바이므로 금과 은은 부귀, 권세, 재물을 상징한다. 상징적으로 백금보다는 황금이 더욱 좋게 여겨지고, 은은 금에 비해 그 가치가 못하지만 역시 부귀·명예·재물을 상징한다.

✤ **금이나 은을 줍거나 누구에게서 받는 꿈**

바라마지 않던 소원을 성취하고 부귀를 얻는 길몽이다.

✤ **자기가 가졌던 금이나 은을 잃어버린 꿈**
지위나 재물을 잃거나, 자신에게 소중한 사람이 홀연히 떠나갈 징조다.

✤ **금으로 만든 술잔을 얻거나 금반지를 얻는 꿈**
재산이 늘거나 귀자를 잉태할 태몽이다. 미혼 남녀는 좋은 배필감을 만나 결혼하게 될 징조다.

✤ **금이나 은덩이를 얻거나 금불상, 금으로 만든 빗 등을 얻는 꿈**
우연히 재물이 들어오거나, 경영 중인 사업이 성취되거나 앞으로 성공할 수 있는 사업 등에 착수하게 될 것이다.

✤ **금으로 만든 식기, 수저, 술잔, 촛대 등을 줍거나 누구에게서 받는 꿈**
앞으로 부귀 영화를 얻을 것이다. 은으로 만든 물건을 얻어도 재물이 생기는 길몽이다. 또한 금이나 은으로 된 물건을 얻는 것은 태몽일 수도 있다.

✤ **두 팔로 안아서 넘칠 만큼 많은 보석을 얻는 꿈**
반대로 재물 손실, 장애와 실패에 부닥뜨리게 되는 흉몽이다.

✤ 보석으로 자기 몸을 치장하는 꿈

가식적인 생활 방식이나 거만함을 상징한다. 또한 정신적인 가치를 상실하고 자신이 속물화되는 것을 암시한다.

✤ 단 한 개의 보석을 얻거나 선물받는 꿈

매우 귀하고 값진 뭔가를 얻는 것을 상징한다. 가장 사랑하는 연인이나 평생의 반려자, 평생의 스승을 만나는 것을 나타낸다. 또한 신앙인이면 종교적 깨달음을 상징한다.

✤ 집안 소유의 보석을 각자에게 분배하는 꿈

재산이 흩어질 징조다. 이 꿈을 꾸면 가족이나 배우자의 미묘한 움직임에 주의할 것. 청춘 남녀는 이별을 암시한다.

✤ 금은방에서 보석을 사는 꿈

적지 않은 재산 손실을 입는다. 혹은 가정 형편이 궁색해져서 쪼들림을 당한다.

✤ 보석을 잃어버리는 꿈

꿈 그대로 중요한 것을 잃어버리는 경우와 뜻밖의 행운을 만나는 경우의 두 가지 의미를 갖는다. 꿈의 상황 전체를 판단하여 해석에 주의할 것.

돈, 유가증권에 관한 꿈

주화나 지폐를 포함하여 옛날에 쓰던 엽전·금화·은화 등은 모두 돈꿈으로 보면 된다. 돈은 어느 시대를 막론하고 사람들이

가장 욕심을 내는 것이므로 꿈에서도 돈은 반갑다. 이러한 관념이 깊이 박혀 돈꿈에 한해서는 그대로 돈이거나 인격, 가치, 증서, 일거리 등으로 상징될 수 있다.

✤ **지폐가 공중에서 눈처럼 떨어져 집 안에 수북이 쌓인 꿈**
  여러 통의 반가운 편지를 받거나 사회 단체를 통하여 재물을 얻는다.

✤ **품삯을 달라는데 상대방이 주지 않는 꿈**
  정신적·육체적으로 고통받을 일이 생긴다.

✤ **돈을 많이 소유한 꿈**
  뜻밖의 재물을 얻거나, 하는 일에 만족하게 된다.

✤ **곗돈을 타 오는 꿈**
  재물·보험·예금·복권 등을 나타낸다.

✤ **거리에서 동전을 주워 주머니에 넣은 꿈**
  사소한 일로 가까운 사람과 심하게 다투게 된다.

✤ 금고가 열려 있는 꿈

재물이 생기거나 신앙적·학문 등을 통해서 진리를 깨닫는다.

✤ 상점에서 물건 값을 지불한 꿈

뜻밖의 소득이 있거나 취업을 하게 된다.

✤ 길바닥에서 여러 개의 녹슨 동전을 주운 꿈

가까운 사람을 병으로 잃게 되고, 얼마간 깊은 슬픔에 빠져 있게 된다.

✤ 길바닥에서 빳빳한 지폐를 주운 꿈

펜팔·일거리·소식 등을 주고받을 일이 있다.

✤ 교통편으로 운반해다 준 보따리를 방에서 풀어 보니 돈이 방 안에 가득 찬 꿈

태몽이라면 자수 성가하여 부자가 될 귀한 자손을 얻는다.

✤ 남이 지폐를 몇 장 주워 가진 것을 본 꿈

신변에 근심·걱정할 일이 생긴다.

✤ 금고를 집에 들여온 꿈

자본주 등이 생겨 벌여 놓은 사업이 술술 풀린다.

✤ 깨끗한 동전을 얻는 꿈

새로운 친구를 소개받거나 직장에 취직이 된다.

✤ 모르는 사람이 돈이 가득 찬 가방을 가져가라고 한 꿈

집을 사게 되거나 새로운 사업을 계획한다.

✤ 돈을 헤아리는 동안에 돈이 갑자기 솔가지로 변한 꿈
사업을 시작하는데 쓰이는 자본금이 한없이 들어가는 흉몽이다.

✤ 어떤 사람이 준 돈이 종이로 변한 꿈
누군가로부터 압력을 받아 복종하게 된다.

✤ 곗돈을 타러 가는데 버스 운전기사가 돈 보따리를 준 꿈
남의 도움으로 재물을 얻는다.

✤ 유가증권 · 계약서에 관한 꿈
일반적으로 계약 · 명령 · 약속 · 권리 이양 · 선전물 등을 나타낸다.

✤ 교환권을 받는 꿈
다른 사람의 소개 통지서 · 명함 등을 받는다.

✤ 엽전이 들어 있다고 생각되는 부대를 메고 집으로 오는 꿈
점차 재산이 늘어 부자가 될 길몽이다.

✤ **누군가로부터 동전이나 지폐를 받는 꿈**
　좋은 꿈이지만, 많은 돈이나 재물을 횡재했다고 생각된 꿈은 현실에서는 도리어 손재를 보거나 가정에 근심·걱정이 생길 징조다.

✤ **호주머니나 가방에 든 돈을 도둑맞거나 자신이 훔치는 꿈**
　자신이나 가족에게 생긴 근심거리가 없어질 것이다. 자신이 남의 호주머니나 가방 속에 들어 있는 돈을 훔쳤다면 남의 비밀을 알아내거나 어떤 사람을 도와 주어야 할 일이 생긴다.

✤ **사람이 없는 빈 집에서나 숲 속에서 엽전 꾸러미를 줍는 꿈**
　해결하기 어려운 골치 아픈 일이 생길 것이다.

✤ **안에 돈이 있건 없건 간에 금궤라고 생각되는 것을 얻는 꿈**
　경영하는 일에 기발한 아이디어가 창출되거나, 뜻밖의 돈줄이 생겨 자금난에서 해방될 것이다.

✤ **어음을 얻는 꿈**
　관청이나 회사에서 발령장을 받아 취직이 되거나, 어떤 계약문서나 집문서, 토지 문서 등을 받을 것이다.

✤ **누구에게서 상품권을 받는 꿈**
　능력 있는 사람의 소개장 같은 것을 받을 수 있다.

✤ **자신이 남에게 어음을 떼어 주는 꿈**
　자신의 권세를 과시할 일이 생기거나 남에게 어떤 지시나 명령을 내릴 일이 생길 것이다.

- 꿈에서 복권을 샀는데, 그 복권의 번호까지 뚜렷하게 기억하는 꿈

  시험삼아 복권을 사 보시라. 행운이 올지도 모르니까.

- 영수증을 써 주거나 받아 보는 꿈

  어떤 계약이나 약속이 순조롭게 이루어질 것이다.

화장하는 꿈

화장은 본래의 얼굴 위에 또 하나의 색다른 얼굴을 만들어 내는 행위다. 이런 뜻에서 화장하는 꿈은 '가면'의 의미를 나타낸다.

- 화장하는 중에 거울이 떨어지거나 저절로 깨진 꿈

  가깝게 지내던 사람과 갑자기 멀어지게 된다.

- 거울 속에 비친 자신의 얼굴이 예뻐 보인 꿈

  아름다운 여인(남성)을 만나게 된다.

- 헝클어진 머리를 빗으로 빗는 꿈

  풀리지 않던 복잡한 일이나 걱정·근심 등이 말끔히 해소된다.

✤ 사랑하는 사람이 화장품을 사 준 꿈
상대방이 선물을 주거나 애정의 표시를 한다.

✤ 친구가 몰라보도록 화장을 진하게 한 꿈
사업체 명의, 주식 등 자신의 주도권을 다른 사람에게 빼앗기게 된다.

✤ 거울에 아무것도 비쳐지지 않는 꿈
먼 곳에서 뜻밖의 반가운 소식이 온다.

✤ 머릿기름을 발라 머리에 윤기가 나는 꿈
자신의 모습이 남에게 돋보이고, 바라던 소원이 성취된다.

✤ 거울을 보면서 화장을 하는 꿈
다른 사람의 마음을 움직이게 한다.

✤ 머리를 빗는데 비듬이나 이가 떨어진 꿈
근심 · 걱정이 말끔히 해소되고, 미궁에 빠졌던 일이 순조롭게 풀린다.

✤ 빗으로 머리를 손질하는 꿈
앓고 있던 병을 치료하는 방법을 알게 된다.

✤ 화장이 지워져 흉하게 보인 꿈
상대방을 미워하게 되고, 자신의 소망이 퇴색한 것을 보게 된다.

✤ 여러 종류의 화장품을 놓고 화장을 하는 꿈
주변에 변화를 주거나, 자신이 돋보이는 일이 생긴다.

✤ **자신의 얼굴을 거울에 비쳐 보니 검게 보인 꿈**

꺼려 하던 사람을 만나 기분이 언짢을 징조다.

✤ **거울을 선물받은 꿈**

태몽이라면 자식이 많고 사교술에 능한 자손을 얻는다.

✤ **오색 찬란한 옷을 입고 거울을 본 꿈**

동업자·반가운 사람 등을 만나 일이 술술 잘 풀린다.

✤ **거울을 얻거나 남에게 선물받은 꿈**

상대방에 대해서 관심을 갖게 되며, 그 사람에 대해서 속속들이 알고 싶어한다.

문서·책·서신에 관한 꿈

꿈에서 문서라고 생각되는 것은 꼭 어떤 문서인지 뚜렷하지 않더라도 집문서·계약서·신청서·발령장·명령장·고발장·호출장·위촉장 등과 바꿔 놓기가 될 수 있다.

책은 진리·지식·학문·스승·계시 등을 뜻하며, 글씨와 그림은 소원·사상·방도·능력 등을 상징한다.

♣ **집문서를 만들거나 누가 주어서 가지는 꿈**

합격 통지서나 발령장, 임명장 등을 받을 수 있고, 정치계의 인물이면 장차 권력을 잡을 수 있다.

♣ **사서삼경 또는 성경 등 옛 성인들의 말씀을 기록한 경서를 얻는 꿈**

장차 행운이 따르고 복록을 누릴 것이다. 오색이 영롱한 경서는 보기만 해도 크게 부귀할 길몽이다.

♣ **집문서를 잃어버리는 꿈**

명예·권세·직위·재산 등을 남에게 넘겨 주는 형상이므로 흉몽이다.

♣ **남에게 책을 받거나 책을 펴놓고 가르침을 받는 꿈**

대길한 꿈으로 지식이 늘고 장차 귀히 되거나 사업이 크게 발전할 징조다.

♣ **책상 위에 많은 책이 쌓여 있는 꿈**

대길한 꿈으로 지식이 향상되고 성적이 오르며, 경영인은 사업의 전망이 밝다.

♣ **자기가 글을 읽거나 남이 읽는 꿈**

귀한 자식을 낳을 태몽이며, 자신의 지식이 늘어날 것이다.

✤ 책력을 얻는 꿈
현재 진행 중인 일이 좋은 결실을 맺게 된다.

✤ 관청에서 영장이나 호출장 등을 받는 꿈
관직을 얻게 된다.

✤ 신령이나 백발 노인에게 어떤 문서를 받는 꿈
일신이 영귀해지고, 귀자를 낳을 태몽이다.

✤ 대통령, 임금 등 매우 높은 신분의 사람에게서 명함을 받는 꿈
합격 · 취직 · 승진 · 횡재 등 기쁜 일이 생긴다.

필기 도구 · 도장에 관한 꿈

필기 도구란 종이 · 공책 · 붓 · 펜 · 벼루 · 먹 · 물감 등을 총칭하는데, 자본 · 활동 무대 · 소원의 범위 · 사업 · 일 · 방법 · 협력자 등을 상징한다. 인장은 대리 직권 · 명예 · 신분 · 명령 · 사명 · 약속 · 약점 · 계약 등과 관계가 있다.

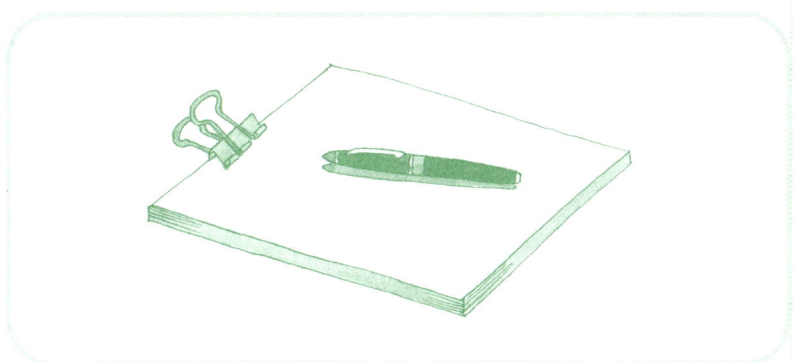

✜ **먹을 보거나 남에게 받는 꿈**

먹을 보면 귀인을 만날 것이며, 남에게 먹을 받으면 학업이 성취되거나 자신의 지식을 마음껏 발휘할 일이 생긴다.

✜ **벼루를 보는 꿈**

질병을 이기고 명이 길어질 징조다.

✜ **누가 자신의 옷에 글씨를 쓰거나 그림을 그리는 꿈**

현재보다 신분이 나아지거나 환경이 좋아질 것이다.

✜ **자신의 도장을 새겨 가지는 꿈**

사업 등 추진중인 일이 활발한 움직임을 보일 것이다.

✜ **남에게 도장을 받는 꿈**

큰 일을 위임받거나 충성스러운 부하를 만나 많은 도움을 받게 된다.

✜ **도장이 선명하게 찍힌 문서를 받는 꿈**

소원이 성취되지만, 자신이 남에게 도장을 찍어 주면 부득이 남의 요구를 들어주어야 될 일이 생길 것이다.

✜ **여러 가지의 필기 도구를 보거나 손에 쥐어 보거나 누구로부터 받는 꿈**

시험의 합격·취직·승진 등의 영예가 따르고, 자신의 능력이나 아이디어를 인정받는 기회가 올 것이다. 그러나 이러한 것들을 누구에게 다 내주거나 잃어버리면 불합격·강등·실직 등의 흉조가 있고, 좋은 기회를 놓쳐 안타까워할 흉몽이다.

✤ 교실에 앉아 뭔가를 받아 쓰려는데 필기 도구가 없어 아무것도 쓰지 못하는 꿈

시험에 대한 불안과 벅찬 업무로부터 도피하고 싶다는 소망을 나타낸다.

✤ 펜이나 붓끝에 꽃이 피는 꿈

학문이 한 단계 진전되고 문장이 능숙해질 조짐으로 문예 방면이나 학문을 계속하는 사람에게는 대길몽이다.

장소에 관한 꿈

꿈풀이에 있어 장소도 중요하다. 만약에 꿈이 집이라는 곳에서 이루어지는 사건이라면, 그것은 비유적으로 말해서 우리가 사는 곳, 즉 의식의 영역에 관한 것임이 분명하다.

꿈의 장소가 버스 안이나 기차 안, 혹은 전차나 그 밖의 비교적 커다란 교통 수단 안이라면, 그것은 다른 사람들 몇 명과 마찬가지로 우리도 관련된 어떤 일, 즉 어떤 태도나 우리 모두가 공통적으로 가지고 있는 어떤 일에 관해서 이야기하고 있는 것이다.

옥외에서 전개되는 꿈들은 여전히 우리 사고 속의 더욱 자유롭고 개방적인 내부 세계에 관해서 이야기하고 있는 것이다.

교회에서의 꿈들은 거의 언제나 우리의 정신적 태도나 가치관,

진보와 관련이 있다.

　상점들은 우리가 새로운 물건, 새로운 관념, 새로운 지식을 구입하는 장소이지만 혼잡이나 유혹을 의미할 수도 있다.

　간혹 꿈이 자동차 안이나 그 밖의 교통 수단 안에 설정되는 일이 있다. 이런 꿈들은 대체로 인생에서의 우리의 발전과 우리가 세상을 헤쳐 나가는 데 이용하는 측면과 관련되어 있다.

　또 다른 경우에는 자동차 특히 자가용이라면, 그것은 우리의 신체를 상징하기도 하고 때때로 우리의 재정 상황이나 사회적 상황을 상징할 수도 있다.

　기차는 노선을 따라 달려야 하는 만큼 기차에 관한 꿈은 대체로 '노선' 위에 있다는 것을 의미한다. 이것은 상황 여하에 따라서 여행을 부추길 수도, 여행을 제한할 수도 있다.

　자전거는 거의 못 갈 데가 없을 만큼 어디나 다 가지만, 대개는 인생이라는 여행길에서 우리가 어떻게 평행을 유지하고 있는가 하는 것을 상징한다. 그런 꿈은 아무런 기반 없이 자신만의 힘으

로 떠받치고 있는 이상을 의미하는 일이 많으며, 한편으로는 경고의 꿈일 수도 있다.

빈집, 공터에 관한 꿈

애정운의 파동이 흐트러져 있는 것 같다. 공터라는 장소를 꿈꾸게 되는 것은 현재의 생활에 불만, 특히 애정면에서 불만을 품고 있기 때문이다. 공터는 다시 말하면 그것은 당신의 공허한 마음이다. 이 꿈을 꾸었을 때에는 교제 중의 상대가 있어도 유감스럽지만 행복한 결말을 기대할 수 있을 것 같지 않다.

- **찾아간 곳이 텅 비어 있는 건물이거나 빈집인 꿈**

    자신이 요즘 뭔가에 쫓기고 있음을 나타낸다. 혹은 찾아간 어떤 사람의 마음이 어딘지 다른 곳에 몰두해 있음을 의미한다.

- **여자 친구 혹은 애인의 집에 초대를 받아 대문 앞에서 초인종을 눌렀으나 대답이 없어 안으로 들어가 보니 아무도 없는 꿈**

    여자 친구나 애인의 신상에 문제가 생겼을 가능성이 크다. 혹은 요즘 자신과의 사이에 예전과 다른 기류, 즉 새 남자 친구나 애인이 생겼음을 나타낸다.

- **집을 비워 두고 출타하는 꿈**

    여행, 마음의 방황, 병, 죽음을 상징한다.

♨ 자기 집 안에 낯선 문지기나 집 지키는 사람이 있는 꿈

가족에게 골치 아픈 문제가 발생하거나 가장의 신상에 변고가 발생할 징조이다.

동굴에 관한 꿈

스트레스가 제법 쌓여 있는 것 같다. 마음 한구석에 감춰 두고 싶은 일, 떳떳치 못한 일이 있을 때에 꾸기 쉬운 꿈. 현실로부터 도망치고 싶다, 남 앞에서 창피를 당하고 싶지 않다, 비밀로 해두고 싶다, 굴 속에 모든 것을 가둬 버리고 싶다는 심리가 작용한 자기 정당화의 꿈이라고 할 수 있을 것이다.

♨ 동굴 속에서 맑은 물이 졸졸 흐르는 꿈

마음먹었던 일들이 순리적으로 풀린다. 훌륭한 선생을 만나 지도와 도움을 받는다.

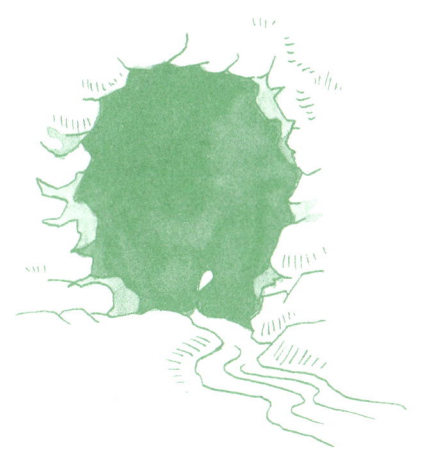

동굴 속에 있던 용이 훨훨 나는 꿈
숨어 있던 인재가 일약 스타가 되어 입신 출세하게 된다. 윗사람의 도움으로 새로운 발전을 하여 성공을 한다.

터널 속으로 자동차가 들락날락하는 꿈
일거리가 갑자기 늘기 시작하여 분주하다. 기분이 상쾌해지고 일이 잘 풀린다.

굴 속에서 불이 뿜어 나오는 꿈
생산업이나 유통업에 투자하여 많은 돈을 벌게 된다. 재물·횡재·경사 등 행운이 온다.

굴 속에서 백발 노인을 만나는 꿈
우연히 귀인을 만나 도움을 받고 지도를 받는다. 새로운 아이디어를 얻게 된다.

동굴 안에 금은 보화가 가득한 꿈
새롭고 감각적인 상품을 개발하여 돈을 벌게 된다. 횡재·재물·물품·식품·보물·귀금속 등을 얻는다.

동굴 안에서 돌아가신 부모님을 만나는 꿈
지나온 과거를 돌이켜 자성하게 된다. 제사나 고사를 지낸다.

집 담 밑에 굴이 뚫려 있는 꿈
재물과 돈이 새어 나가고 기운이 기울게 된다. 불청객이 침범하게 된다.

🛁 동굴 속에서 큰 거북이가 나오는 꿈

새로운 사업을 하여 대기업으로 비약 발전한다. 횡재·재물·물품 등의 행운이 온다.

아파트에 관한 꿈

희망에 가슴 설레이고 있는 당신의 미래가 보인다. 새로운 로맨스의 징조일까. 여하튼 희망을 향해 내딛는 첫 걸음임은 분명하다. 아파트 방이라는 것은 어떤 의미에서 성역을 나타내는 공간이다. 누구도 방해할 수 없는 본인만의 세계를 의미한다. 다만 집과는 달리 방은 작은 공간이므로 어디까지나 작은 희망이 이루어진다는 암시다.

🛁 아파트에서 이삿짐을 풀고 있는 꿈

실제로 아파트에 입주할 예지몽이다.

황무지에 관한 꿈

공터 꿈과 거의 같다. 황폐한 정신 상태가 당신의 운수를 하강시키고 있다. 풀이 무성히 우거진 장소라면 그 풀은 감당할 수 없는 당신의 불안·초조함·안타까움을 나타낸다. 이후 예기치 못한 사태가 일어나거나 운세가 갑자기 저하하는 기미이다. 충분히 주의할 필요가 있다. 흐트러진 당신의 나쁜 운수를 바꾸려면 생활 자세를 바꾸고 정신을 안정시켜야 한다.

암실에 관한 꿈

어두움을 떠도는 의식이 공개적인 교류를 거부하고 있다. 폐쇄적인 심리 상태가 보이는 꿈으로서 당연히 인간 관계가 좋아지지 않고 음울한 교제를 암시하게 된다. 운수도 저하 중이어서 이대로라면 최악이다. 좀더 개방적인 마음으로 적극적으로 밖으로 나가야 한다.

산山에 관한 꿈

산의 모습은 당신의 이상형, 이상의 높이를 표현한다. 산에 올라가는 꿈, 정상에서 아래 세상을 내려다보는 꿈 등은 그 이상이 실현됨을 암시하는 대단히 좋은 꿈이라고 말할 수 있을 것이다.

매우 열심히 산에 올라가는 꿈은 열심히 노력하는 것을 표현하며, 이와 같이 노력을 계속하면 반드시 보답받을 날이 올 것이다.

눈이 쌓인 산을 정상까지 올라가는 꿈

자격 취득·성공·취직 등의 소원 성취를 하게 된다. 피나는 노력으로 하는 일이 성공한다.

돌산이 보이는 꿈

미래의 밝은 희망이 선하게 보인다. 새로운 사업 계획을 세워 미래에 도전한다.

깊은 산 계곡에서 맑은 물이 흐르는 꿈

학문과 진리를 탐구하게 된다. 문예 작품을 창작하게 된다.

산허리 능선에 오르다가 되돌아 내려오는 꿈

어떤 일을 하다가 중도 하차하게 된다. 각종 시험에 낙방하여 재수한다.

산을 보고 침을 뱉는 꿈

부모나 상관에게 불경한 짓을 한다. 말을 잘못하여 구설을 듣는다.

조그마한 산이 점점 높아지는 꿈
영세업에서 시작하여 큰 기업으로 발전하게 된다. 재수생은 명문 대학에 입학한다.

산울림이 들리는 꿈
기쁜 소식을 듣는다. 바라고 있던 소망이 달성된다.

깊은 산 속에서 귀한 물건을 줍는 꿈
횡재수와 돈이 생긴다. 물품과 먹을 것이 들어온다. 행운이 온다.

산봉우리를 따서 집으로 돌아오는 꿈
훌륭한 옥동자를 낳을 태몽이다. 대길한 징조이다.

깊은 산 속에서 선녀를 만나는 꿈
뜻밖에 귀인을 만나 도움을 받는다. 문화의 공간에서 만난 사람과 인연을 맺는다.

산 정상에 올라가 소리를 지르는 꿈
성공과 승리의 개가를 부르며 마음이 상쾌해지고 소원 성취한다.

저 멀리 있는 산봉우리가 보이는 꿈
희망찬 일들이 점점 다가온다. 성심 성의껏 하면 행운이 온다.

집에 관한 꿈
집이나 건물 꿈은 당신 인생의 운세 전반을 가르쳐 주고 있다. 집의 이층이나 삼층은 의식의 고층부, 요컨대 당신의 기복적 인격 등을 나타내고, 지하실은 잠재적인 욕구나 내재하는 문제 등

을 나타내고 있다.

그 외에 창이나 현관 등은 각기 특별한 의미를 가지고 있으므로 꿈에서 집 안의 어느 곳이 가장 강조되고 있었는지를 잘 기억해 두는 것이 중요하다.

♨ 새 집으로 이사를 하는 꿈

일신이 영귀하고, 새롭고 즐거운 일이 생길 징조다.

♨ 낡거나 오래 된 집으로 이사를 하는 꿈

미혼 남녀인 경우 좋은 배필감이 나타나 결혼하게 될 것이다.

♨ 집이 튼튼해 보이거나 훌륭해 보이는 꿈

가세가 부흥할 길몽이다. 그렇지만 집이 몹시 낡아 보이거나 무너지는 꿈은 가운이 점차 기울고 장차 좋지 않은 일이 생길 징조이므로 이사하는 것이 좋다.

♨ 집이 허물어지는 꿈

질병을 얻거나 사업에 실패하거나 경제적인 파탄이 생길 흉몽임.

♨ 낡은 집이 완전히 무너지는 꿈

새로운 사업을 시작하거나 새로운 직업, 직장을 얻게 되는 꿈이다. 환자는 질병이 치료된다.

♨ 대들보가 무너지는 꿈

흉몽으로 가장에게 화가 닥쳐 중병에 걸리지 않으면 사망하게 될 것이니 주의 요망.

♨ 집이 바람에 흔들려 보이는 꿈

현재 살고 있는 집이 좋지 않으니 이사할 계획을 세우시기를.

♨ 집에 높은 누각을 세우는 꿈

가세가 부쩍 늘어나고 하는 일마다 날로 발전하는 길몽이다.

일층집에 관한 꿈

개성을 나타낸다. 일층은 당신의 개성, 인격이나 가까운 인간관계를 나타낸다. 일층에 있는 꿈을 꾸었을 때는 가장 당신다운 생활을 하고 있다는 얘기다. 그러나 이층으로 올라가려다 올라가지 못했거나 자기의 거처가 일층밖에 없는 꿈이라면 자신이 바라고 있는 것이 현실에서는 아직 충족되고 있지 않다는 욕구 불만을 나타내는 꿈이 된다.

이층집에 관한 꿈

이상을 표현한다. 자기가 원하는 것, 이상, 동경을 표현한다. 상쾌한 기분으로 이층에 있는 꿈은 매사가 자기의 이상대로 되는

매우 좋은 암시로서 연애면, 업무면 등에서 가까운 시일 안에 근사한 일이 일어날 예고이다.

삼층집에 관한 꿈

재능을 나타낸다. 삼층은 이층을 더욱 높게 한 것. 다시 말해서 더욱 높은 이상을 나타낸다. 또 삼층 이상이 되면 영적인 영역이 되어 감춰진 능력이 발휘되며 영감靈感이 풍부해진다. 그리고 예기치 못한 성공이 손에 들어온다는 최고 행운의 암시가 된다. 다만 어디까지나 방이 아름답게 정돈되어 있다는 조건일 때이다. 어지러져 있다거나 많은 사람이 왁자지껄 떠들고 있다거나 또는 공사 중이라면 당신의 이상은 아직도 멀다는 암시다.

유원지에 관한 꿈

어린 시절로 돌아가고 싶은 퇴행 의식을 나타내는 꿈이다. 또는 동심으로 돌아간 것같이 느긋하게 날개를 펴고 마음대로 행동하는 나날이 머잖아 올 것이라는 즐거운 예고가 된다.

창窓에 관한 꿈

넓은 마음을 갖도록 하라는 꿈의 메시지이다. 그렇게 하면 연애의 찬스가 찾아오며, 새로운 일과도 만날 수 있을 것이다. 전직 문제로 고민하고 있는 사람이 이 꿈을 꾸면 지금 곧 전직하기로 용단을 내려도 좋다. 창에 눈부신 빛이 쏟아져 들어오고 있으면 행운이 강조된다고 생각해도 괜찮다.

♨ **어떤 집 창문에 불이 환한 꿈**

취직·결혼·사업·청탁 등의 반가운 소식이 온다.

♨ **창문으로 넘어 들어가는 꿈**

취직·청탁 등이 순조롭게 이루어진다.

♨ **유리창으로 내다보이는 광경을 바라보는 꿈**

신문·잡지를 통해서 세상 일을 알게 됨을 뜻하거나, 상당한 거리와 훗날을 예지하기도 한다.

복도에 관한 꿈

어둡고 좁은 복도나 길게 이어지는 복도는 목표 달성이 아직 멀다는 것을 나타내고 있다. 또 복도라는 것은 자신이 알고 싶지 않은 외부의 상황, 요컨대 라이벌의 존재, 극복하기 곤란한 장애물 등도 표현된다.

그러므로 길고 어두운 복도를 오로지 걷고 있는 꿈을 꾼다면 어디선가 적이나 장애물이 기다리고 있다는 신호가 된다. 더욱이

건강운도 하강을 예고한다. 여러 가지 의미에서 주의해야 할 일이 많은 시기를 맞을 것 같다.

지하실에 관한 꿈

진심이 감춰진 방, 그것이 지하실이다. 잠재적인 욕구나 해결해야만 되는 문제, 보고 싶지 않은 자기의 추한 면, 약점, 마음속의 거짓말 등이 꿈에 의해서 부각된다. 이 꿈을 꾸면 자신의 입장을 다시 깊이 주시하고 마음을 활짝 열고 맨주먹으로 재출발하자.

♨ 하실을 들여다보는 꿈

비밀스러운 사업, 학문, 남의 이면상 등을 연구·탐사하는 데 관심을 가지게 된다.

♨ 캄캄한 지하실 내부를 헤매다가 깨어나는 꿈

밝힐 것을 밝히지 못하고 도리어 범죄인으로 몰려 고통받는다.

♨ 지하실에 물이 가득한 꿈

막대한 재물 또는 돈이 생기나, 지하실에 물이 얼어붙으면 사업 자금 등이 동결 상태에 놓인다.

문에 관한 꿈

인생에 대한 중대한 암시가 포함되어 있다. 문은 특히 업무면에서의 전체상을 나타내므로, 훌륭한 문이라면 기획하고 있는 일, 현안 계획을 실행해도 좋다는 신호이다. 그것에 의해서 훌륭한 생활의 기반이 구축될 것이라는 좋은 예고이다. 반대로 녹슨 낡은 문은 결코 나쁜 암시는 아니지만 단 시기가 이르며, 계획은 아직 실행할 시기가 아니라는 의미다.

♨ 자기 집 대문이 활짝 열려 있는 꿈

운수가 활짝 열리고 장사를 하는 사람은 고객이 갑자기 늘어날 길몽이다.

♨ 대문이 크고 저절로 열리는 꿈

크게 부귀할 길몽이다.

♨ 방문이나 대문이 저절로 열리는 꿈

배우자가 다른 이성과 몰래 정을 통하고 있는 징조다.

♨ 출입문을 불로 태우는 꿈

불꿈은 대부분 좋은 것이지만, 출입문을 태우는 것은 좋지 않은 일이 생길 징조다.

문을 고치는 꿈

귀자가 탄생할 태몽이다.

문이 망가진 꿈

가족에게 우환이 있고 구설·손재·도난·송사 등 나쁜 일이 생길 징조다.

입구, 현관에 관한 꿈

입구로 들어간 것인가, 나온 것인가. 이것이 중요하다. 입구로 들어가는 꿈은 새로운 일에 대한 기대와 불안이 교차하는 마음을 나타낸다. 그리고 대체로 새로운 만남, 새로운 행운이 약속되어 있다고 해도 좋을 것이다.

반대로 입구에서 나가는 꿈은 은퇴 또는 은거하거나 한 가지 일의 끝을 의미한다. 또 입구에서 빛이 나는 길로 향해 가는 꿈은 운수 상승의 표현. 그러나 행선지가 애매하면 아직 다음 순서를 밟을 준비가 되어 있지 않다, 기회가 무르익지 않았다는 것을 알려준다.

♨ 누군가가 현관에서 인사만 하고 집에 들어오지 않는 꿈

집에는 들어오지 않고 현관에 서서 인사만 하고 돌아간 꿈이라면 확실한 예지몽이자 흉몽이다. 그 사람에게 이별, 죽음이 암시된다.

♨ 병들어 누워 있던 사람이 현관으로 나가는 꿈

죽음을 암시하는 대흉몽이다. 주의를 요한다.

♨ 죽어서 눕혀진 시체나 죽은 사람이 나타나 현관에 서 있는 꿈

자기 자신에게 어떤 중요한 얘기를 전해 주려고 나타난 것이다. 꿈에 어떤 말을 들었는지, 죽은 사람이 어떤 표정을 짓고 있었는지에 주의하여 꿈풀이에 임할 것.

♨ 현관이 어지러워졌거나 오물이 묻은 꿈

마음의 혼란과 병에 걸릴 암시의 두 가지 경우를 나타낸다.

부엌에 관한 꿈

부엌에 여자가 있는 꿈은 일상생활에 약간 따분한 기미. 나태한 나날이 계속되고 있는 표시이다. 이대로라면 운수도 하강 일로이므로 취미를 개척하여 기분을 밖으로 돌리고 생활에 변화를 갖게 하자. 만일 부엌에 남자가 있었다면 반대로 창조력이 왕성해져 있을 때로 업무상에서의 능력이 향상됨을 암시하는 꿈이 된다.

샘, 우물에 관한 꿈

솟아나는 물·샘·우물 등의 꿈은 물이 투명한지의 여부가 길운, 불운의 갈림길이다. 아름답고 투명하다면 당신의 운세는 대단히 길하다. 탁하거나 물이 말라 버린 경우는 운세가 불운한 방향으로 향하고 있을 때이다.

♨ **어떤 남자와 우물에서 번갈아 가며 두레박질을 한 처녀의 꿈**
미혼자는 여러 번 혼담이 오간 후에 결혼이 성사된다.

♨ **우물물을 시원하게 마시지 못한 꿈**
어떤 일이 성사는 되지만 그리 만족스럽지 않다.

♨ **우물을 발견하거나 찾아 헤맨 꿈**
어떤 기관에 사업관계로 부탁한 일이 뜻대로 이루어진다.

♨ **우물물을 퍼서 손발을 씻은 꿈**
근심·걱정이 깨끗이 해소되고, 미혼자는 결혼이 성사된다.

♨ 집에 갑자기 우물이 생긴 꿈

새로운 회사에 취직되거나, 미혼자는 혼담이 오간다.

♨ 약수를 마신 꿈

근심·걱정이 해소되고, 새로운 일거리를 얻게 된다.

♨ 우물물이 가득 불어나서 넘쳐 흐른 꿈

많은 재산을 모으지만 그만큼 소비도 많게 된다.

시골, 고향에 관한 꿈

생활 리듬이 안정되고 마음도 흐트러짐이 없다. 기본적으로는 매사가 모두 좋은 방향으로 나아가고 있다고 해석하면 된다. 시골이나 고향이라는 것은 영혼의 휴식처이며, 어떤 의미에서는 성역에 가까운 장소이다. 따라서 당신은 머잖아 마음의 안식을 얻어 정신 세계가 풍부해져 갈 것이다.

유적지에 관한 꿈

대단히 재수가 좋은 꿈이다. 숨은 재능 발견의 암시가 있는 좋은 꿈으로 당신이 이윽고 업무상에서 큰 기회를 잡는다는 것을 예시해 주고 있다. 이른바 당신이 몹시 기다리던 진정한 진가를 발휘하는 때를 맞아 숨은 재능을 발휘하여 확실하게 성공을 거둘 수 있는 것이다.

우주·미래·과거에 관한 꿈

꿈이라는 것은 현재·과거·미래가 동시에 진행하고 있는 세계이다. 그리고 그 세계에서 어지럽게 날아다니는 정보 중 당신의 잠재의식이 인식하는 정보야말로 당신에 대한 중요한 전달이며 경고인 것이다. 이런 우주의 꿈·혹성·미래·과거의 꿈은 대체로 영몽이라고 보면 좋을 것이다. 당신의 인생에 크게 관계되는 우주로부터의 메시지가 포함되어 있으므로 꿈 해몽도 중요한 작업이 된다.

바다에 관한 꿈

평온한 바다 꿈은 당신의 운세 전반이 안정되어 있음을 가르쳐 주고 있다. 건강운도 애정운도 양호하다. 평온하고 불만이 없는 생활, 흡족한 마음이 보이는 평화로운 꿈이라고 할 수 있을 것이다. 다만 사나워지는 바다 꿈은 폭주를 경고하는 것이다. 당신 안에 불만, 초조함이 쌓여 있어 폭발하고 싶은 충동이 있음을 가르쳐 준다.

♨ 바닷물 위에 떠 있는 돼지를 건져내는 꿈
횡재수가 있어 많은 재물이 생긴다. 원양업으로 많은 돈을 벌게 된다.

♨ 바닷가 모래사장에서 진주를 줍는 꿈
횡재수로 인해 많은 돈을 만지게 된다. 뜻밖의 좋은 일로 쾌락에 빠진다.

♨ 양수기로 바닷물을 퍼올리는 꿈
귀인으로부터 많은 도움을 받는다. 사업상의 거래처에서 목돈이 들어온다.

♨ 성난 파도가 밀어닥쳐 가옥이 파손되는 꿈
한순간에 '평지 풍파'가 생긴다. 운세가 불길하고 생각지 않은 일이 생긴다.

♨ 시퍼런 파도에 놀라 쓰러지는 꿈
사전에 준비할 시간도 없이 불행이 닥치게 된다. 천재, 인재 등이 생긴다.

♨ 바닷물이 말라붙는 꿈
불경기로 사업이 안 된다. 집안의 재산이 줄고 어려움을 겪게 되는 등 불운이 닥친다.

♨ 바닷물이 변해 황금 덩어리가 되는 꿈
목돈이 들어오고 부자가 된다. 원양업에 투자하여 돈벼락을 맞는다.

푸른 바닷물이 점점 불어나는 꿈
영세업으로부터 시작하여 일약 대기업으로 발전하게 된다. 집안의 재산이 불어난다.

바닷물이 시커멓게 보이는 꿈
운세가 불길하여 한동안 시련을 겪게 된다.

바다 위를 거닐거나 건너가는 꿈
예상 외로 일이 순조롭고 모든 것이 당신에게 유리하도록 진행될 것이다.

잔잔한 바다에 배가 떠 있거나 배를 타고 순조롭게 바다를 건너는 꿈
앞으로 모든 일이 잘 되어 갈 대길몽이다.

바닷물이 육지로 넘치는 꿈
사람들이 깜짝 놀랄 만한 성과를 거두거나 재물을 횡재할 징조다.

바닷물이 점점 불어나고 있는 꿈
재수가 대길하여 사업이 크게 발전한다.

바닷물이 줄어들거나 말라 바닥이 드러나는 꿈
행운이 물러가 사업이 후퇴되고 재수도 막혀 자금 사정이 매우 나빠진다.

바닷물이 집으로 몰려오는 꿈
부자가 되거나 횡재할 꿈이다.

해일이 자기 앞으로 밀어닥치는 꿈
도저히 저항 불가능한 일에 봉착한다.

바다가 거울처럼 잔잔한 꿈
윗사람의 도움을 받아 순조롭게 출세한다.

바다에 파도가 거세게 일어나는 꿈
부부간이나 가족과의 불화가 있게 되고, 가정 풍파나 사업에 파란이 일어날 징조다.

배를 타고 가다가 풍랑을 만나는 꿈
어떤 위험이 다가올 것을 예고해 주는 꿈이므로 액을 당하지 않도록 주의 요망.

넓은 바다에서 헤엄을 치는 꿈
사회적인 혜택을 받거나 사업이 잘 되고, 혹은 해외로 진출하게 된다.

뒤뜰에 관한 꿈

울타리가 있는 뜰의 꿈을 꾸었다면 약간 주의가 필요하다. 널찍한 뜰이라면 좋은 암시가 되겠지만 좁은 뒤뜰인 경우는 아무래도 소망이 도중에 끝날 것 같다.

인생의 좌절을 각오해 둘 필요가 있다. 주위가 어둡거나 청소가 되어 있지 않은 뜰이라면 역시 불운의 징조이다. 또한 건강운도 쇠퇴, 특히 내장 기능의 저하도 예상되므로 한동안은 고달픈 시기가 될 것이다.

영화관에 관한 꿈

이 꿈을 꾸면 영화의 스토리를 잘 상기하기 바란다. 바로 그 스토리에 당신의 미래나 전세의 힌트가 숨겨져 있는 일이 많은 법이다. 스크린의 등장 인물은 당신의 분신이다. 어떤 등장 인물이 어떤 행동을 취했던가. 그것들을 이어 가다 보면 당신의 미래의 적성이나 모습, 과거의 모습이 자연스럽게 떠오를 것이다.

역驛에 관한 꿈

인생의 한 획을 그음을 나타내는 꿈이다. 예를 들면 역에서 열차를 기다리는 꿈은 다음으로의 변화를 기다리고 있는 상태라고 말할 수 있다. 지금으로부터 삼개월 가량은 커다란 생활의 변화는 없지만 반드시 가까운 장래에 당신이 바라는 '열차'가 올 것이라고 해석해야 한다.

다음은 한적한 역인지, 한가로운 시골 역인지 도시 역인지에 따라서도 판단은 다소 달라지게 된다. 한적한 역이라면 약간의 운세 하강을, 시골 역이라면 이상이 실현됨을, 도시 역이라면 일상생활에서 상당히 좋은 사건이 일어날 것을 예고하고 있다.

개찰구에 관한 꿈

통과하지 않으면 안 되는 인생의 문이 있음을 당신에게 알리는 꿈이다. 그것이 어떤 시련인지 구체적으로는 알 수 없지만 여하튼 당신 자신이 용기를 가지고 결단을 내리지 않으면 안 되는 일이 있다는 것이다.

바꿔 말하면 용기를 가지고 믿어 의심치 않는 문을 빠져 나가라는 얘기다.

횡단보도에 관한 꿈

횡단보도를 건너는 행위는 당신이 사고방식이나 태도를 고치려고 마음먹은 심리를 표현한다. 따라서 횡단보도를 완전히 건너면 행운의 의미로 사고방식이 싹 변하여 운세가 호전함을 알려주

고 있다. 다 건너지 못한 경우에는 아직 사고방식이나 분석이 모자란 증거이다. 여러 가지 정보를 머리 속에 기억해야 한다는 것을 알리고 있다.

언덕에 관한 꿈

언덕에 올라가 상쾌한 기분을 맛보고 있는 꿈이라면 매우 재수가 좋다. 즐거운 일이 당신을 기다리고 있는 기쁜 신호가 된다.

언덕 꿈으로 고독을 느끼거나, 밤이거나, 또는 풀이 몹시 황폐해져 있는 언덕인 경우는 모든 운수가 반대로 작용하여 나쁜 암시가 되므로 주의해야 한다. 특히 인간 관계에서 쓸쓸한 기분을 맛볼 것 같다.

해안에 관한 꿈

해안의 꿈, 또 해안을 걷고 있는 꿈은 현실에 만족해 있는 당신의 마음을 비추는 꿈이다. 매사가 진척되고 있는 것을 좋은 일로 가만히 바라볼 뿐 그 이상의 노력을 하려고 들지 않고 현실을 너

무 멀리서 보아 인생의 기쁨이 반감해 버림을 알리고 있는 것이다. 매사에 집중하고, 좀더 구체적이고 진지하게 인생을 구가해 보면 어떨까?

외국에 관한 꿈

외국은 미지의 장소, 앞으로 새로운 운명이 기다리고 있다는 의미가 된다. 게다가 가슴 설레는 사건이 일어나려고 하므로 대단히 좋은 꿈이다. 다만 외국에서 방황하고 있는 꿈, 난처해져 있는 꿈은 당신이 새로운 환경으로 허둥대는 것을 표현하고 있다. 그러나 곧 익숙해지므로 문제는 없으며, 결국 좋은 꿈이라고 판단할 수 있다.

강에 관한 꿈

행운의 꿈이다. 기본적으로 헤엄치는 이미지를 예감케 하는 꿈은 좋은 예고라고 기억해 두자. 물론 물에 빠져 있으면 안 되지만.

강의 흐름은 격심하게 힘든 일이 계속되는 나날의 흐름을 표현하는데, 당신은 바로 그 시련 속을 헤엄쳐 가게 된다. 그곳을 기분 좋게 헤엄치고 있다면 틀림없이 일이 성공한다는 신호이다. 더구나 타인의 힘을 빌리는 일 없이 자력으로 성공을 쟁취한다.

강물이 마르거나 거슬러 올라가는 꿈

현실에서 모든 일이 어긋나는 흉몽이다. 하극상을 당하거나 윗사람에게 반항할 일이 생긴다.

♨ 반대로 물이 충분하고 맑아 세수가 용이한 꿈

근심·걱정거리가 말끔하게 사라질 징조다.

♨ 강이나 냇물에서 세수를 하려는데 물이 몹시 적거나 깨끗하지 않아 이곳 저곳 찾아다니는 꿈

좋은 일이 생길 날이 아직 많이 남았거나 당분간 어려운 환경에서 벗어나기 어렵다.

♨ 강물이나 냇물이 자신의 몸을 둘러싸는 꿈

뜻밖의 송사를 당할 일이 일어난다.

♨ 강물이 하나로 흐르다가 두 갈래로 갈라지는 꿈

추진하고 있는 어떤 일이 양분된다. 단체라면 두 동강이가 난다.

낭떠러지에 서 있는 꿈

실제로 벼랑가에 선 긴박한 심리가 나타나 보이는 꿈. 당신이 뭔가 중요한 결단을 강요받고 있지 않은가. 그렇다면 대담하게 바로 정면에서 모든 일과 부딪쳐야 한다. 이것은 도망치면 안 될

다는 신호이다. 또 그대로 나아가면 장차 더욱 위태롭게 된다는 경고이기도 하다.

낭떠러지에서 떨어지는 꿈

이것은 역으로 좋은 의미의 암시이다. 현재의 최악의 상황이 교체되어 새로운 상황으로 변화해 나가는 예고 신호가 되며, 당신도 간신히 긴 터널을 빠져나가게 될 것 같다. 낭떠러지는 운수의 경계선이다. 나쁜 상황, 낮은 운기에 변화가 일어난 것은 당신의 생활 자세, 마음가짐이 조금씩 교차되기 때문임에 틀림없다.

교회, 절에 관한 꿈

당신의 마음의 느낌이 대단히 기분 좋게 전해지고 있는 것 같다. 조화로운 마음의 상태, 예민해진 정신이 당신의 모든 능력을 높여 줄 것이다. 성스러운 영역, 교회나 절의 꿈은 최고로 재수 좋은 꿈이다. 또 이 꿈에는 당신의 전세와 크게 관계되어 있을 가능성도 있다. 어떤 교회나 절인지를 확실히 알 수 있다면 거기에 반드시 전세의 힌트가 숨겨져 있을 것이다. 그 경우는 틀림없이 영몽이라고 해도 좋을 것이다.

♨ **교회에서 목사님이 성경을 읽고 있는 것을 보는 꿈**
신상에 말썽이 생기거나 금전상의 손실이 생길 징조다. 생활에 만전을 기하라는 경고로 해석할 수 있다.

♨ 교회에서 금십자가를 몰래 훔쳐 가지고 나오는 꿈

그동안 고민하던 문제가 깨끗이 해결되고 재물운이 들어와 가세가 날로 번창하게 된다.

♨ 교회에 거금을 헌금으로 내놓거나 큰 재물을 헌납하는 꿈

경쟁이나 승부에서 우위에 서게 되고 큰 성공을 하게 될 징조다. 혹은 총명한 자녀를 낳게 될 태몽으로도 해석한다.

♨ 절에 가서 거금을 시주하는 꿈

경쟁을 치르거나 추첨, 승부의 대사가 있으면 반드시 자신이 승리하거나 우위에 서게 되고, 운세도 날로 발전하여 높은 지위에 오르게 된다. 간혹 태몽으로도 보는데, 이 꿈을 꾸고 태어난 자녀는 두뇌가 영특하고 사리 분별이 밝아 장차 뭇사람들의 칭송을 받게 된다.

♨ 사찰이나 교회, 성당에서 광채가 비쳐 나오는 꿈

귀인의 도움을 받는 행운의 징조이다. 권위를 얻게 되고, 금전상의 큰 이득이 따라서 날로 부귀해진다.

♨ 사찰에 들어가 불상을 만지거나 목탁을 만지는 꿈

이는 태몽이다. 신앙심이 돈독하여 성실하고 착한 효자나 효녀를 임신하게 된다.

화산火山에 관한 꿈

그다지 좋은 꿈이라고는 할 수 없다. 생활의 리듬, 마음의 정서가 꽤 흐트러져 있다고 볼 수 있다. 화산의 불은 바로 당신 내면의 폭발이며, 욕구 불만이 축적되어 있는 모습이다. 이대로라면 대인관계의 트러블에 의해서 당신의 입장도 나빠질 것 같다. 현재의 당신에게는 심신의 회복이 제일 좋은 약이다. 스트레스 해소로 웃음을 되찾는 일이 급선무다.

운동장에 관한 꿈

운동하는 소리, 사람 소리 등이 들리는 시끌벅적한 운동장. 이 경우는 인간 관계가 원활해지는 암시이다. 특히 동성 친구의 협력을 얻게 되며, 그것에 따라서 매사가 순조롭게 진전되어 간다고 생각할 수 있다.

그런데 사람의 모습이 없는 한적한 운동장이었다면 당신의 쓸쓸한 마음, 고독감을 나타내게 되며, 대인적인 시비에도 말려들 것 같다.

교도소에 관한 꿈

마음이 자책감으로 덮여 있다. 피할 수 없는 정신 상태로 고생할 미래의 당신이 비쳐지고 있다. 형무소는 잡혀 있는 장소를 의미한다. 이후는 운세가 하락 일로이다. 비록 지금은 공부나 일이 그런 대로의 성과를 올리고 있다고 해도 가까운 미래에 실패나 좌절을 맛볼 처지가 될 것 같다. 그러나 매사는 경우에 따라서 좌절하는 법. 좌절 후의 대처 방법으로 진가를 묻게 된다는 것을 알아두자.

스스로 자진해서 제 발로 감옥에 들어간 꿈

소란스럽고 복잡한 사회생활을 벗어나 호젓하게 있고 싶다는 소망이 드러난 꿈이다. 또는 신체적으로나 정신적으로 몹시 피로가 쌓여 쉬고 싶다는 마음을 의미한다. 이 경우는 대부분 예지몽으로 적절한 휴식 시간을 갖는 것이 건강에 좋겠다.

♨ 상자처럼 상하 좌우가 막힌 우리에 들어간 꿈

어떻게 처신해야 할지 막막해질 때 꾸는 꿈이다. 혹은 옴짝달싹할 수 없는 답답한 상황에 처하게 될 것을 암시한다.

♨ 감방의 침대에 누워 있는 꿈

병을 암시하는 예지몽이다. 입원할 가능성이 있으므로 주의를 요한다. 또한 단순히 휴식의 필요성을 강조하는 경고몽으로도 해석된다.

교실에 관한 꿈

교실 안에서도 어디에 위치한 자리에 앉아 있느냐에 따라서 꿈 해몽이 달라지게 된다. 앞줄에 앉아 있는 경우는 당신이 진실되고 도덕심이 강하며 순종적인 성격임을 나타내고, 뒷줄에 있는 경우에는 자주성이 있어 모험을 즐기는 만큼 교칙을 위반하기 쉽고, 요컨대 규칙이나 도덕으로부터 밀려나기 쉬운 성격을 나타내고 있다.

학교나 교실에는 인간의 본래 기질, 성격이 상징되어 있다. 자기를 바꿀 수는 없는 법이다. 그렇다면 자신을 보다 잘 파악하고, 자기만의 개성을 소중히 하면서 생활해 가라는 의미이다.

공원에 관한 꿈

공원에서 즐겁게 놀고 있는 풍경인가, 아무도 없는 한적한 공원인가에 따라서 의미가 달라진다. 즐거운 분위기라면 당신 자신

도 생기 넘치게 매일을 보내고 취미가 풍부해지고 점점 인생이 즐거워져 감을 암시하고 있다. 쓸쓸한 공원인 경우는 운세가 하강하는 암시이다. 당신의 취미, 즐거움이 중도에 끝남을 알리고 있다.

♨ 애인이나 이성 친구와 공원 벤치에 앉아 있는 꿈

공원에 함께 간 사람과 성적인 관계를 맺고 싶다는 소망을 나타내는 심적몽이다.

♨ 혼자서 공원을 배회하는 꿈

성적인 욕구 불만에 사로잡혀 있다는 증거다. 혹은 할 일이 없어서 시간이 남아 돈다는 것을 의미하며, 늙었다는 자각을 나타낸다.

공장에 관한 꿈

공사 현장의 꿈도 마찬가지이다. 이것은 대인관계에서 이잣돈 문제나 돈을 잃어버리는 일이 일어날 것이라는 불운한 예고이다.

공장의 소음 등이 매일의 평온함을 혼란시키는 것으로 상징되어 운수의 저하를 암시하는 꿈이 되는 것이다. 요 며칠간은 정체기이다. 그것을 분명히 자각하여 착실한 생활을 영위해야 함을 유념하자.

강당, 홀에 관한 꿈

거기서 무엇이 행해지고 있는지, 또 어떤 사람이 등장하는지에 따라서 암시는 변하게 되는데, 기본적으로 행운의 꿈이라고 판단할 수 있다. 지명도가 높아질 예감이 있다. 이름이 널리 알려진다거나, 오랫동안의 소원이 이루어진다거나, 감춰져 있던 능력이 나타난다거나…. 여하튼 당신의 운세가 급속히 높아지고 있는 중임을 가르쳐 주고 있다. 앞으로의 시기는 실로 장밋빛이다.

병원에 관한 꿈

당신은 뭔가 불안을 안고 있다는 증거이다. 병원에 다니는 사람들과 똑같은 심리 상태라는 얘기다. 매사가 잘 진척되지 않는다. 인간 관계로 번민이 있는 등 걱정거리가 머리를 지배하고 있기 때문에 꾸는 꿈이라고 할 수 있을 것이다. 친구와 의논하여 심적 부담을 가볍게 해야 한다.

병원 침대에 누워 있는 꿈

누군가로부터 도움을 받아 복잡하게 얽힌 일이 순조롭게 해결될 것이다. 혹은 지금까지 직장이 없는 처지라면 취업이 되어 시간, 자유 등의 제한을 받는 것으로도 풀이할 수 있다.

콘서트에 관한 꿈

당신의 건강이 증진하고 있음을 알려주는 좋은 꿈이다. 당분간은 기력, 체력 모두 대단히 좋아 발전적인 나날을 보낼 수 있을 것이다. 생기 넘치게 빛나다 보면 주위에도 매력적인 존재로 비친다.

애정면에서도 당연히 좋은 영향을 미치게 되어 이성과의 만남의 예감을 포함하는 기쁜 암시라고도 해석할 수 있다.

비탈길에 관한 꿈

내리막 비탈길을 가고 있는 꿈이라면 운세가 상승, 오르막 비탈길을 가고 있는 꿈이라면 운세가 하강.

반대의 암시가 나타나는 것은 내리막 쪽이 편하기 때문으로, 각기 정신적, 육체적으로 받는 부담이 그대로 운세에 표현되고 있기 때문이라고 해석하기 바란다.

좌석에 관한 꿈

이 꿈은 어떤 위치에 앉느냐에 따라서 이후의 운세를 판단해야 한다. 만일 상석이나 느긋한 소파 등에 기분 좋게 앉아 있는 꿈이라면 이후 당신의 운세는 길하며, 재수 좋은 나날의 시작이다. 반대로, 있기 불편한 자리라면 운세도 내리막길이라는 얘기가 된다.

사막에 관한 꿈

사막은 초목도 자라지 않는 불모의 땅이다. 당신의 실제 생활을 들여다보면 필시 사막과 같이 황량한 풍경이 펼쳐져 있을 것이다. 운수가 정체하고 매사는 중도에 좌절된 채 정지 상태. 에너지가 쇠약하여 심신이 적신호를 보내고 있다. 이대로 매사를 진척시키더라도 좋은 결과는 얻지 못한다. 지금은 휴양, 기분 전환이 필요한 시기이다.

정글에 관한 꿈

열대의 정글 꿈은 당신의 정신이 건강하게 움직이고 있다는 증거다. 생기 넘치고 의욕적인 나날의 시작을 알리는 꿈이다. 운세도 호조로, 이제부터는 모든 방면에서 행운이 풍족해질 것이다. 다만 정글에서 무서운 일을 당하는 꿈, 이를테면 사자나 큰 뱀의

습격을 받고 쫓기는 꿈의 경우 각각의 동물과 당신의 궁합이 문제다.

상점가에 관한 꿈

번화가라도 마찬가지. 인간 관계가 넓어지고 당신의 이름이 유명해져 가는 암시. 사교적인 면이 활발해져 많은 사람과 알고 지내게 될 것이다.

단 진정한 벗을 얻는다기보다도 표면적인 교제이거나 때로는 성가신 상대도 포함되어 있는 것 같다. 그런 부분은 사전에 마음의 준비가 필요하다.

성城에 관한 꿈

성 꿈은 재산이 느는, 권위있는 입장이 될 수 있는 신호이다. 권력자의 원조를 받아 번영해 가는 당신의 모습이 비쳐지고 있다. 요컨대 강력한 인맥을 얻어 당신 자신도 또한 인생에 성공하여 권력을 갖춰 간다는 것이다. 나쁘지 않은 꿈이다.

🌿 **성벽 위에 올라서서 성 안을 두루 살펴본 꿈**

정복하기 힘든 여인의 마음을 점령할 수 있다. 여성은 원하는 남자와 교제가 이루어질 것이다.

🌿 **성문이 저절로 열리는 꿈**

운이 환하게 트일 징조다. 또는 학문이나 진리 탐구 및 연구에 있어서 크게 성공을 거두게 될 것이다.

🌿 **성문이 꽉 닫혀 들어갈 수 없는 꿈**

모든 일에 있어 아직 때가 오지 않았음을 예시한 것이다.

🌿 **성 안으로 들어가 거니는 꿈**

장차 부귀를 얻게 되는 길몽이다.

🌿 **성 안에서 밖으로 나오는 꿈**

좋은 기회를 놓치거나 운이 점점 쇠약해진다고 보겠다.

전쟁터에 관한 꿈

마음 어딘가에 싸우지 않으면 안 되는 것이 숨어 있다. 가까운 시일 내로 사건에 휩쓸릴 것 같다.

전반적으로 운세가 내리막이 될 기미이므로 요 며칠간은 주의가 필요하다. 다만 전쟁터에서 시체가 쓰러져 있거나 당신 자신이 공격당하는 꿈이라면 '죽음'이 삶을 의미하여 새로운 인생의 전개를 의미하는 행운의 암시로 바뀐다.

초원에 관한 꿈

꿈속의 초원은 어떤 상태였을까. 풀이 무성한 녹색 초원이라면 근사한 행운이 당신을 기다리고 있는 표시이다.

풀이 말라 있는 초원이라면 금전운은 길하다. 다만 낭비는 부디 신중해야 한다. 풀이 시든 초원의 꿈이라면 건강면에서 적신호이다. 운수도 약해져 있으므로 주의를 요한다.

폭포에 관한 꿈

폭포는 남의 이야기를 상징하고 있다. 따라서 폭포를 맞는 꿈을 꾸었다면 당신이 중상 모략을 받거나, 얘깃거리가 될 전조로 당신으로서는 스트레스가 쌓이는 시기가 온다고 할 수 있을 것 같다. 단순히 폭포를 보고 있는 꿈은 그같은 상태 속에 당신이 있는, 다시 말해서 당신이 소문의 중심이 아니더라도 그러한 소문으로 남과 소란 피울 기회가 많아진다는 암시다.

용이 폭포수를 타고 하늘로 올라가는 꿈
세상에 이름을 떨치고 입신 출세하는 경사가 생긴다.

폭포수가 떨어져 큰 바다가 되는 꿈
어려움을 딛고 일어서서 대업을 성취하게 된다. 영세업으로부터 큰 기업으로 발전하게 된다.

폭포수 밑에서 목욕을 하는 꿈
마음을 비우고 깨끗한 마음을 갖는다. 하고자 하는 일들이 쾌히 풀린나.

폭포수 물을 실컷 받아 마시는 꿈
깊은 진리를 깨닫고 평화를 얻게 된다. 마음먹은 대로 소원 성취한다.

폭포수 물기둥을 손으로 잡고 있는 꿈
훌륭한 귀인을 만나 도움을 받는다. 일확 천금을 만지게 된다.

폭포수가 쏟아져 굽이쳐 흐르는 꿈
하는 일들이 장애가 없이 일사천리로 풀리게 된다. 새로운 발전과 희망이 보인다.

폭포수 물로 머리를 깨끗이 감는 꿈
깨끗한 마음으로 새로운 것을 맞이한다.

폭포수 안에 서 선녀가 목욕을 하는 꿈
아름다운 애인을 만나거나 중매를 받게 된다.

백화점에 관한 꿈

백화점, 슈퍼마켓 등에서는 무엇이든 바라는 것이 수중에 들어온다. 인생에는 어떤 가능성도 있다는 것이다. 그리고 무엇을 선택하느냐는 당신이 하기 나름이라는 얘기다. 그런 당신의 가능성을 자꾸 시험하는 시기이므로 오디션, 콘테스트 등에 참가하는 것도 좋다. 적극성, 행동성을 촉구하고 있는 것이다.

무인도에 관한 꿈

남양에 떠오른 작은 섬에 있는 꿈. 감각파가 꿀 수 있는 꿈으로 해방되고 싶어 하는 증거이다. 왠지 모르게 현실면에서 나쁜 일이 일어날 전조 같지만 생각에 반해서 상당히 재수 좋은 꿈이다. 당신의 개성적인 인품이 주위의 사랑을 받기도 하고 기발한 아이디어가 평가받기도 하고…. 주위로부터 예상 이상의 평가를 받는 약간 호화스러운 꿈이다.

농가에 관한 꿈

농가 꿈은 건강과 행운의 상징이다. 컨디션 상승, 활력 증진의 신호이다. 기력이 충실하므로 업무면에 있어서도 능률이 오르며, 행운을 얻을 일이 있을 것 같다.

농가에는 곡식의 이미지가 있고, 곡물은 사실상 남자를 표현한 것. 그러니까 생산되는 장소라는 얘기로 건강운을 나타내는 일이 많은 것이다. 여성이 꾼 경우에는 늠름한 남성을 만나는 예고도 된다.

전철이나 버스를 타고 있는 꿈

현재 당신의 운세가 한창 개화하기 위한 때이다. 인생의 목적을 향해 나아가고 있는 것은 분명하지만 아직 최종 목적까지는 시간이 걸림을 암시하고 있다.

파티장에 관한 꿈

당신의 사교율을 좌우하는 꿈이다. 즐겁게 대화하며 식사를 하고 있는 꿈이라면 당신의 인기가 높아짐을 가르쳐 주고 있다. 오디션, 시험 등에서도 합격 신호가 숨겨져 있는 꿈이다. 만일 파티장에서 주위 사람들에 대해 불쾌감을 갖고 있는 꿈이라면 당신이 지금의 인간 관계로부터 벗어나고 싶어하는 것을 알리고 있다.

바, 디스코테크에 관한 꿈

바나 디스코테크에서 노는 꿈은 우선 무절제에 주의하라는 신호다. 밤 생활 패턴이 계속되어 건강면에서 어두운 그늘이 보이기 시작하고 있음을 꿈이 경고하고 있는 것이다. 다만 디스코테크에 거의 간 적이 없는 사람이 이 꿈을 꾼 경우에는 일의 성공이나 행운이 따르는 사건이 밤에 찾아온다는 것이다.

폐허에 서 있는 꿈

폐허는 당신의 공허한 심리 상태를 표현한다. 사람이 살지 않는 공허한 집의 흔적은 공부, 장래의 진로 등에 관해 당신이 방황하고 자신감을 상실할 징조이다. 자신감을 상실하고 인생 그 자체에 덧없음을 느끼기 시작하고 있는 시기여서 자력으로 해결하는 것은 어려운지도 모른다. 이 시기는 인생 선배의 조언을 청하거나 차분히 독서를 해보는 것도 좋은 방법이다.

묘지에 관한 꿈

묘지 꿈은 거의 나쁜 운세를 암시하는 것이라고 생각해야 한다. 그것도 예기치 못하는 불운·사고·질병·실패·좌절·이별…. 자신으로서는 어쩔 수 없는 인생의 사건에 휩쓸릴 것을 각오해 두어야 한다. 원인이 발견되지 않더라도 불운을 불러들일 나쁜 운수를 숙명적으로 가지고 있는 것이다. 이것은 전세로부터의 인연인지도 모른다. 선행에 힘쓰고 영혼을 정화할 필요가 있을지도….

♨ 무덤 위에 꽃이 피어 있는 꿈
만사 대길할 꿈으로서 장차 부귀를 누리는 징조의 꿈이며, 또는 귀자가 태어날 태몽이다.

♨ 무덤 위에 구름이 뭉게뭉게 피어나는 꿈
만사 대통할 꿈으로서 장차 운이 훤하게 트이게 될 것이다.

♨ 무덤에 찬란한 광채가 비치는 꿈
매우 상서로운 꿈으로서 벼슬과 직위가 오르고 명예를 얻으며, 사업가는 운수가 대통하여 날마다 재물이 늘 것이다.

♨ 무덤이 갈라져 안에 관이 있는 것을 보는 꿈
어떤 궁금증이나 비밀이 풀리고, 혹은 생각지 않은 일에서 이익을 얻게 된다.

♨ 무덤에 나무가 선 것을 보는 꿈
운이 차츰 트일 좋은 징조다.

무덤 속에서 관이 스스로 나오는 꿈
재수가 대길한 징조다.

무덤 속의 어떤 물건을 꺼내 보는 꿈
새로운 지식을 습득하거나 재물 혹은 유산을 상속받게 될 것이다.

다리에 관한 꿈

인생의 분기점. 이제부터 당신은 또 한 가지 새로운 출발을 한다는 의미이다. 마음속에는 아직 망설임이 있을지도 모르나 과감히 인생의 다리를 건널 때. 연애면에서는 깨끗이 미련을 끊기 바란다. 업무면에서는 직업을 바꾸는 때로서 '곧 행동으로 옮기시오' 라는 의미이다.

튼튼하게 만들어진 다리를 건너는 꿈
귀하의 앞길은 양양하여 직장·지위·사업 등의 기반이 더욱 튼튼해질 것이다.

♨ 아득히 먼 다리를 건너는 꿈
모든 계획이 시일이 걸리지만 다리가 튼튼해 보였다면 결국 뜻을 성취한다. 그러나 나이 많은 노인의 경우 저승으로 가는 징조로도 보겠다.

♨ 다리를 고치는 꿈
사업이나 기타의 일에 결함이 있는 것을 보수하는 형상이므로 무언가 잘못된 것을 찾아내어 보완하면 튼튼한 기반이 마련될 것이다.

♨ 새로 다리를 놓는 꿈
많은 사람들에게 덕을 베풀게 된다. 뿐만 아니라 처음에는 어려움이 있더라도 시일이 지나면 일마다 순조롭게 진행된다.

♨ 다리가 무너지거나 중간에 끊어지는 꿈
손재수가 있거나 자손에게 좋지 못한 일이 생길 징조다. 또는 일이 중도에 좌절되는 흉몽이라 하겠다.

♨ 다리 위에 편안히 앉아 있는 꿈
벼슬이나 직장을 얻게 된다.

♨ 누군가 다리 위에 서서 자신을 부르는 꿈
재판 중일 경우 재판에서 이기게 되지만, 노인의 꿈이라면 아주 좋지 않다.

옥상에 관한 꿈

두 가지 판단이 있다. 하나는 높은 견지에서 매사를 보는 능력이 남보다 뛰어나다는 암시이다. 다시 말해서 선생님이나 지도적 입장의 일에 종사하는 것이 바람직하다는 신호가 된다.

또 다른 하나는 고독감의 상징으로서 꾸는 경우에는 주위에서 대우를 받지 못하는 고독이 아니라 자신이 주위와 격의없이 사귀고 싶지 않아 스스로 만드는 고독이라는 얘기가 된다. 다만 현실적으로 고독에 빠지는 일은 적은 것 같다.

옥상에서 하늘을 우러러보는 꿈

정신적인 수도를 하게 된다.

옥상에서 일하거나 앉아 쉬는 꿈

자기의 일 또는 소청한 일이 고위층에 의해 이루어진다.

별장에 관한 꿈

공부나 업무가 벽에 부딪쳐 있을 때의 꿈이다. 주위의 기대만큼 실력이 따라가지 못하기 때문에 약간 부담을 느끼는 심리다. 요컨대 능력에 어울리지 않는 기대라는 것이다. 현실을 실속 이상으로 부풀려 어울리지 않는 꿈을 지나치게 쫓으면 결국 일신의 파멸을 초래한다는 경고이다.

침대에 관한 꿈

침대는 휴식하는 곳. 다시 말하면 마음의 휴식을 나타내며, 또한 과거를 돌이켜보며 추억에 젖는다는 의미다. 이것으로 옛 친구와 재회하거나 과거의 연인과 만난다는 암시이다. 그 밖에 꿈속에 침대가 더러워져 있는 경우는 불섭생으로부터 오는 질병에 주의하라는 경고. 특히 감기에 주의한다.

침대를 물로 깨끗이 씻는 꿈

젊은 환자의 경우에는 병상에서 일어나지만 나이 많은 노인은 저 세상으로 떠날 준비일 수도 있다. 환자가 아닌 경우라면 장차 행운이 따를 길몽이다.

침대를 방 안으로 들여 놓는 꿈

새로운 사업의 기반이 마련되거나, 미혼 남녀는 실제로 침대 위에 나란히 눕기 위한 준비이므로 결혼이 성립될 것이다.

남이 쓰던 것이라고 생각되는 침대를 들여오는 꿈
남의 사업을 인수받거나, 남의 임무를 떠맡거나 혹은 재혼의 기회가 온다.

침상이 딱딱하여 불편함을 느끼는 꿈
장차 몹시 불편한 일이 생기거나, 현재 불안한 상태에 있는 것을 예시하는 꿈이다.

침대를 밖으로 내놓는 꿈
사업의 포기나 이양 등을 뜻하며, 혹은 부부가 이혼할 징조로도 풀이된다.

침상에 피가 묻었다고 생각되는 꿈
아내나 애인이 딴 남성과 사귈 것이라는 암시다.

침상이 파손되어 있는 꿈
배우자가 사망할 우려가 있다.

♨ 침대의 다리가 부서지는 꿈

사업의 기반이 송두리째 흔들리거나 자신을 받들던 부하를 잃게 된다.

북극·남극에 관한 꿈

얼음에 갇힌 먼 세계. 이것은 곧 당신 자신이 고독감에 시달리고 있는 증거이다. 자신이 바라지 않은 방향으로 운명이 움직여 나가고 있는 것을 아는 심리가 보여지는 꿈이라고 할 수 있다. 당신의 꿈이나 이상은 아주 먼 저쪽. 그곳에는 텅 빈 현실이 있을 따름이다. 이 시련을 극복할 수 있는지 없는지 당신의 진가를 시험하고 있는 것이다.

제사에 관한 꿈

새로운 친구와 우연히 만날 가능성이 크다. 제사는 본래 지역의 사람들이 신과 혼의 합류를 목적으로 행하는 것이다. 또 지역의 인간 관계의 화목을 도모할 목적으로 행해지는 것이다. 이것으로 마음의 교류가 상징되는 꿈이라고 해석할 수 있으며, 인간 관계가 넓어지는 암시가 되는 것이다.

♨ 제사를 지내는 꿈

윗사람에게 부탁해서 소원을 이루거나 좋은 일거리를 얻게 될 것이다.

조상의 무덤 앞에서 여러 사람들과 함께 제사를 지내는 꿈
관청에 여러 사람이 함께 협조를 요청하거나 진정서 등을 낼 일이 생긴다.

사당에서 제사를 지내거나 절을 하는 꿈
대길한 꿈으로 장차 부귀를 누릴 징조다.

하늘에 있는 별을 향해 제사를 지내는 꿈
장차 모든 일이 순조롭게 이루어질 것이다.

호수에 관한 꿈
대단히 아름다운 호수라면 당신에게 행운이 약속되는 꿈이다. 특히 경제면에서 재수 좋은 일이 있을 듯하다. 호수가 크면 행운도 크고, 작으면 작으나마 행운이라는 얘기가 된다.

호수의 수면에 자신을 비추는 꿈
자신의 내면을 직시하고 있다는 의미다. 또는 내면을 바라보라는 주의 촉구의 꿈이다.

호수에 들어간 꿈
알지 못하는 세상 속으로 들어가고자 하는 정신의 모험, 도전이 암시되는 꿈이다. 때로는 임신의 징조로도 해석된다.

항구에 관한 꿈
항구는 배가 오가는 장소. 그런 의미에서 앞으로 당신의 사교운이 활발해지는 암시라고 생각하자. 단, 외출이 많아지는 만큼 돈의 출납이 잦아질 것 같으므로 이 방면은 주의를 요한다.
그 밖에 항구에 혼자 남겨지는 꿈은 친구가 떠나 버리거나 동료들에게서 따돌림을 당한다는 쓸쓸한 암시로 바뀐다.

숲에 관한 꿈
한 그루 한 그루의 나무는 주위 사람들과의 인간 관계를 나타내고 있다. 환한 숲이라면 좋은 친구가 많아 협력을 얻게 된다는 좋은 암시이다. 어둡고 음침한 숲의 이미지는 정체를 알 수 없는 인간 관계를 나타내며, 파벌 문제 등의 불화를 예감케 한다.

밀림 속을 헤매는 꿈
병에 걸리거나, 사업에 장애가 생겨 마음이 편치 않다.

숲 속을 걷는 꿈
사업·학업·연구 등의 성과를 나타낸다.

숲 속에서 꽃을 꺾어 든 꿈
어떤 기관에서 자기를 남 앞에 내세우는 일이 생긴다.

개간지 한가운데서 물이 유유히 흐르는 꿈
사업 자원이 풍부하다.

산에 숲이 우거져 보인 꿈
타인에 대한 자기 방어가 튼튼해서 모든 것이 안전하다.

망령이 손을 잡고 숲 속으로 끌어들이는 꿈
사업상 큰 도움을 주는 사람을 소개받게 된다.

숲 속의 개울에서 물고기를 잡는 꿈
일이 계획된 대로 진행되어 좋은 성과를 얻는다.

숲 속에서 거목을 베어 껍질을 벗긴 꿈
어떤 단체에서 회장이나 의장에 출마할 추천을 받게 된다.

산에 서 있는 나무가 허술하게 보인 꿈
라이벌에게 방어 태세가 허술하다.

숲 속에 앉거나 누워 있는 꿈
병원에 갈 일이나 사업상 기다릴 일이 생기게 된다.

나무를 베고 숲을 개간한 꿈
옛것을 버리고 새것을 취한다.

숲 속에 냇물이 흐르는 것을 본 꿈
사업·학문 등이 순조롭게 이루어진다.

궁궐·용궁·관청에 관한 꿈
궁궐·용궁·관청이라 생각되는 곳은 활동 무대, 근무처 또는 자기가 거주하는 집으로 볼 수 있다.

궁궐에 들어가려는데 궁궐 문이 활짝 열려 있는 꿈
장차 크게 출세할 징조인 길몽이다.

궁궐 문이 굳게 닫혀 들어갈 수 없는 꿈
계획한 일이 실패하거나 원하는 직장, 지위를 얻지 못할 것이다. 파수병의 저지를 받아 들어가지 못해도 마찬가지다.

궁궐 안에서 자유롭게 거니는 꿈
매사에 순조롭고 취직이나 승진 등에도 유리한 꿈이다.

궁궐이나 관청 건물이 찬란하게 보이는 꿈
벼슬길에 올라 오래도록 부귀를 누리거나 좋은 직장에 취직된다.

관청에 들어갈 일이 생겨 그쪽으로 가고 있는 꿈

자신의 생각과 상관없이 다른 사람의 강요로 뭔가를 해야 할 입장이 된다. 마음이 내키지 않겠지만 거절하기도 힘든 상태를 암시한다.

관청에 가서 그 안을 헤매는 꿈

관공서 안에서 위치를 몰라 헤매는 꿈은 마음의 여유나 적응력이 없어짐을 상징한다. 또한 인생의 지표를 상실한 것을 의미한다.

궁궐 안으로 쉽게 들어가거나 궁궐 안에 앉아 보는 꿈

매사에 대길한 꿈으로서 자신이 정부의 주요 기관에 수시로 출입하게 되거나 장차 출세할 징조라고 보겠다.

궁궐이 낡고 퇴색해 보이거나 허물어져 보이는 꿈

현재 근무하고 있는 직장에 어떤 좋지 않은 일이 생기거나 자신이 그 직장에서 물러나야 할 사정이 생기게 될 것이다.

용궁으로 들어가는 꿈

만사 대통하여 장차 행운이 찾아올 대길몽이라 하겠다.

낯선 곳에 관한 꿈

낯선 곳이라지만 조금이라도 친숙한 느낌이 드는 곳이라면 자기 자신이 현재 속해 있는 직장, 사무실, 환경을 나타낸다. 그러나 확실히 낯선 곳으로 의식되는 장소였다면 죽음과 질환의 상징으로서 흉몽임.

♨ **낯선 집에 홀로 서 있는 꿈**

무덤과 신위, 제단을 상징한다. 장차 이런 것들을 보게 될 일이 생길 흉몽이다.

♨ **낯선 마을을 둘러보는 꿈**

이 세상이 아닌 곳, 즉 죽음의 세계를 암시한다. 또한 점점 깊어지는 정신 질환, 심한 고독감이 낯선 마을을 어슬렁거리거나 둘러보는 꿈으로 나타난 것이니 신경과 진료를 받아 보는 것이 좋겠다.

♨ **꽃이 만발한 낯선 동산에 간 꿈**

사후의 세계를 상징한다. 물론 죽음에 대한 예지몽이다.

밭에 관한 꿈

밭에 관련된 꿈은 전형적인 여성을 상징한다. 또한 집안의 재산이 늘어날 경사의 징조. 결실과 이득, 풍년이 예시된 행운의 꿈이다.

♨ 쟁기나 트랙터로 밭을 갈고 있는 꿈

좋은 성과를 얻으려고 열심히 일하는 것을 암시한다. 혹은 부부관계를 의미한다. 여성이 누군가 밭을 갈고 있는 것을 꿈에 보았다면 임신의 징조다.

♨ 밭에 심어진 보리나 콩 등의 작물이 대풍년이 든 꿈

꿈 그대로 재산을 취득하고 의외의 횡재로 일확 천금이 집 안에 가득할 암시다. 길몽 중의 길몽이다.

♨ 잡초가 무성한 버려진 밭에 서서 망연해진 꿈

결혼한 남성이라면 아내에 대해 불만이 많음을 암시한다. 또한 사업이나 업무상으로 성과가 없어서 맥이 빠지고 계획은 중도 좌절된다.

외딴집에 관한 꿈

현실에 염증을 느끼고 있거나 지쳐 있다는 것을 나타낸다. 결혼생활이나 직장에서 몹시 갈등을 겪고 있다는 암시다.

♨ 외딴집에 자기 아내나 남편이 있는 꿈

배우자에 대한 불만, 권태감이 숨겨져 있다. 위기의 순간이니 요주의.

♨ 외딴집에 혼자 있는 꿈

꿈 그대로 혼자 있고 싶다는 심리가 암시되는 꿈이다. 또한 현실에서는 절대로 혼자만의 시간을 보낼 수 없어서 강한 불만에 사로잡혀 있다는 증거이니 주위 사람들의 조언을 구하는 것이 좋겠다.

길에 관한 꿈

여기에서의 길이란 우리가 다니는 도로를 총칭한다. 길은 사람만이 다닐 수 있는 좁은 길이 있고, 차가 다닐 수 있는 차도가 있으며, 포장된 길과 포장되지 않은 길이 있고, 또 곧은 길, 굽은 길, 오르막길, 내리막길 등 그 형태가 다양하므로 꿈의 해석도 다르다. 다만 길이란 통칭으로 상징한다면 길은 돌아가야 할 길과 가지 말아야 할 길이 있듯이 정도와 사도, 정당한 일과 정당치 못한 일, 또는 죽음의 길과 죽음에서 살아나는 길 등을 나타낸다.

♨ 가는 길 앞에 다리가 있는 꿈

일이 순조롭게 진행될 징조이지만, 반대로 다리가 있어야 할 곳에 다리가 없으면 하던 일이 중단될 징조다.

흔들리는 다리를 건너는 꿈
현재 진행중인 일에 위험이 있다는 신호다.

혼자 길을 걷고 있는 꿈
몹시 조용하고 쓸쓸한 느낌이 드는 길을 혼자 걸었다면 고독, 계획이 뚜렷하지 않은 인생을 암시한다. 배우자나 연인과의 사이가 냉담해진 상태에 놓인 사람이 이 꿈을 꾸었다면 이혼하거나 헤어질 가능성이 높다. 그러나 혼자 걷더라도 기분이 상쾌하고 밝은 인상을 주는 길이었다면 자수성가를 암시하는 행운의 꿈이다.

여러 명이 함께 길을 걷는 꿈
함께 걷는 사람이 여성이라면 배우자를 나타내고, 3명의 남녀라면 가족을 상징할 가능성이 높다.

구부러진 길이나 좁은 길을 걷거나 쳐다보고 있는 꿈
갈등, 우회해서 돌아가는 것을 상징한다. 혹은 몸 안에 이상이 생겼음을 예시하는 꿈이다.

♨ 길 맞은편에서 누군가 걸어오고 있는 꿈

그 사람에게서 어떤 충고를 받을 암시다. 또는 자신의 양심이 충고를 하는 꿈이다. 그 인물이 하는 말은 자기 인생에 있어서 중요한 의미를 갖는다.

♨ 곧게 뻗은 길, 넓은 길을 걷거나 바라보는 꿈

매사가 순조롭다는 암시다. 현재의 상태대로 곧장 밀고 나가라는 의미이기도 하다.

♨ 양쪽으로 갈라진 길을 만나는 꿈

자기 인생을 결정하는 중요한 선택의 기로에 서 있음을 상징한다. 꿈에 오른쪽으로 갔느냐, 왼쪽으로 갔느냐, 또 누구와 같이 갔느냐에 따라 해석이 달라진다.

♨ 다리가 무너지거나 끊어져 있는 꿈

대흉몽이니 주의 요망.

♨ 가는 길이 아득히 먼 꿈

아직 성공할 때가 멀었다는 암시다.

♨ 길이 곧게 뻗은 꿈

곧은 길이 보이면 길하지만, 반대로 길이 구불거리면 고생이 따른다.

♨ 가다가 낭떠러지를 만나거나 길이 보이지 않는 꿈

어려움에 처하여 마땅한 해결책이 아직 없다.

♨ 내리막길을 내려가는 꿈

시련 속으로 뛰어드는 것을 상징한다. 혹은 불륜의 남녀 관계를 맺는 것을 의미한다. 노인의 경우에는 심신의 쇠약, 건강 악화를 암시하므로 주의를 요한다.

♨ 가던 길이 갑자기 끊기고 없어진 꿈

인생 행로의 변경, 돌발적으로 일어나는 사건을 암시한다. 예지몽일 경우 자기 자신도 어쩔 수 없는 상황, 사건이 발생하여 대책없이 당하게 되는 것을 암시하므로 신상에 각별한 주의를 요한다.

♨ 가던 길이 점점 좁아지는 꿈

앞날에 대한 불안, 쓸쓸한 노후나 인생을 의미한다.

♨ 길에 홈이 파인 꿈

홈이나 구멍은 장애와 파탄의 상징이다. 홈에 빠지지 않았다면 현재의 생활 방식으로도 어떻게든 힘든 시련을 견딜 수 있지만 주변의 함정에 주의하라는 경고다. 구멍에 떨어졌을 경우는 앞날에 장애가 기다리고 있고, 그 장애를 비켜 가기 어렵다는 암시다.

♨ 막다른 길에 들어선 꿈

잘못된 선택과 방침, 어긋난 생활 방식이나 사고 방식, 실패로 끝날 계획을 암시하는 흉몽이다.

♨ 어스름 달밤이나 저녁 무렵에 길을 걷는 꿈

경험하지 못했던 생소한 일을 갑자기 접하거나 새로운 사람과 알게 된다.

♨ 다리 위에서 아래를 내려다본 꿈

윗사람이 아랫사람에게 충고를 하거나 지시를 한다.

♨ 교량이 폭발물 또는 기타 힘의 작용에 의해 절단되거나 파괴된 꿈

장애물이 없어지고 바라던 소원을 성취하게 된다.

♨ 눈앞의 길이 움직이듯 꾸불꾸불 뻗어 나가거나 깃발이 나부끼듯 휘날리는 꿈

자기의 정당성을 남 앞에 주장하지만 좀체로 뜻대로 이루어지지 않는다.

♨ 가던 길을 도중에 멈춘 꿈

자기가 소원한 일이나 계획한 것을 중도에 포기하게 된다.

♨ 집 마당에서부터 큰 도로가 나 있는 꿈
여러 방면으로 모든 일이 순리대로 술술 풀린다.

♨ 다리 위를 많은 사람이 지나가는 것을 본 꿈
어떤 기관을 통해서 부탁한 일이 이루어지지 않는다.

♨ 암흑 속에서 길을 찾아 헤매는 꿈
하고 있는 모든 일이 암담하게 느껴지거나, 미개척 분야에 종사하게 된다.

♨ 기차 철교를 걸어서 건너는 꿈
분수에 맞지 않는 일을 시작하여 심하게 마음 고생을 하게 된다.

♨ 길이 질어 빠지고 걷기가 힘든 꿈
질병에 걸려 신음하거나 생활에 불만을 느끼게 된다.

♨ 길을 포장하고 있는 것을 본 꿈
사업 기반을 착실히 닦거나 새로운 일을 착수하게 된다.

거리에서 물건을 주운 꿈
자기의 일에 장애가 있어 몹시 힘이 든다.

비바람이 심하게 불어 다리를 건너지 못한 꿈
권력층의 압력으로 자기 주장이 무산된다.

바위가 널린 곳을 깡충깡충 건너 뛰어간 꿈
다방면으로 일을 벌인다.

다리 위에서 사람을 기다린 꿈
타인에게 부탁한 일이 순조롭게 풀리지 않아 고민하게 된다.

화장실에 관한 꿈

변소는 지저분한 느낌이 드는 곳이지만 생리적인 일을 해결할 수 있는 곳이라는 점에서 의의를 두어야 하겠다. 그러므로 꿈에서의 변소는 욕망 및 소원의 성취·사업체·모의 장소·기획실·사창가·정부의 집·비밀 토론 등 이목을 꺼리는 일과 관계가 깊다.

변소의 똥을 옮기는 꿈
횡재할 수가 곧 닥친다.

변소에 똥이 넘치는 꿈
생각지 않은 돈이 생길 재수꿈이라 보겠다.

* 변소에 들어가 대변을 보려는데 앉을 자리에 똥이 묻어 앉을 수가 없는 꿈

현실에서 무엇인가 해보려고 무척이나 애를 쓰지만 장애가 생겨 뜻을 이루지 못한다.

* 변소에 들어가 대소변을 시원스럽게 보는 꿈

갈망하던 일이 좀처럼 이루어지지 않을 것이다.

* 변소에서 대소변을 보지 못한 채 그냥 나오는 꿈

갈망하던 일이 순조롭게 이루어진다.

* 변소에 들어갔는데 사방이 트여 일을 볼 수 없는 꿈

계획한 일이나 이성 교제 등에 방해가 생겨 좀체로 뜻을 이루지 못한다.

다방에 관한 꿈

몸과 마음을 잠시 한숨 돌릴 때. 바쁜 생활에 마음의 여유를 줄 작은 휴식. 그것이 있기 때문에 인간은 또 다시 열심히 노력하는

것이다. 이 꿈은 그 같은 한때가 찾아온다는 기쁜 신호이다. 그리고 그런 중에서 우정을 새로이 하거나 사람을 키우기도 한다. 때를 주름잡는 예감, 좋은 사건의 전조이다.

화장터에 관한 꿈

화장터는 육체에서 영혼으로 개체에서 기체로 바뀌는 장소이다. 모든 것이 연기로 변하게 되는 공허한 현실이 거기에 있다. 유감스럽지만 당신이 하고 있는 일은 결국은 꿈, 환영으로 끝나고 만다는 불운한 의미라고 받아들여야 한다. 이상은 이상일 뿐 공상의 세계로만 끝나 버림을 의미하고 있다. 결과를 바꾸기 위해서는 현재의 행동을 고치는 수밖에 없다.

행동에 관한 꿈

꿈에서 표현되는 행동 표상과 현실생활은 아주 밀접한 관계가 있다. 신체적 행위로써 표현해 내는 행동적 묘사는 말 대신 나타내는 꿈의 언어이다. 따라서 실제 행동으로 해석한다기보다 하나하나 담긴 상징적이고 암시적인 뜻으로 보아야 할 것이다.

이러한 행동 양상은 인류 역사가 시작되고 인간이 언어를 사용하기 이전부터 원초적인 의사 전달 수단으로 사용되어 왔다. 지금도 언어 이전에 몸짓으로 말하는 의사 전달의 중요성을 누구나 잘 알고 있다.

꿈에 나타난 이러한 행동 표상의 언어에도 단순한 동작이 아닌 상징 표상이 담겨져 있음을 간과해서는 안 될 것이다.

　또한 신체적 부위의 행동 양식은 세계 공통적인 표현과 뜻을 가지고 있으므로, 비록 나라와 민족과 언어가 다르더라도 세계 공통의 언어로서 이해해야 할 것이다.
　꿈에서 어떤 세력이나 적대자와 싸운다면, 그것은 우리 내부에서의 갈등을 일러주는 것이다.
　달리는 꿈은 아마도 꿈꾸는 당사자가 달려가거나 도망가고 있는 태도나 생각에 관한 꿈이다.
　만약에 우리가 수영을 하고 있다면, 우리가 '모험을 하고 있거나' 아니면 '시세에 뒤지지 않고 있거나' 또는 '헤엄치듯이 현재의 상황을 헤쳐 나가고 있음'을 의미할 것이다.
　그러나 만약에 물에 빠지거나 물에 압도당하는 꿈이라면, 아마도 무슨 일이 우리를 압도하고 있을 가능성이 크다.
　꿈속에서 식사를 하고 있는 것은 육신을 위해서라기보다는 흔히 마음의 자양분을 섭취하고 있음을 의미한다.
　쫓기고 있는 꿈들은 대체로 우리가 내적으로 누군가 우리를 따라잡을지 몰라 두려워하고 있다는 것을 의미한다. 추락하는 꿈들은 우리를 지상으로 내려놓는 데 도움이 될 것이다.

남을 쳐다보는 꿈

　기본적으로 타인을 부럽게 여기고 있다는 증거이다. 멈춰 서 있는 동작이 수반되므로 타인에게 추월당하는 일도 암시하고 있다. 마음의 열등감이 드러나는 꿈으로 좀더 자기에게 자신을 가져야 한다.

타인에게 주시되는 꿈은 그 반대로 당신이 주목을 받으며 지금까지 라이벌이라고 여기고 있던 사람보다도 한 걸음 앞서 가고 있다는 뜻밖의 암시가 된다.

자신을 더럽히는 꿈

당신 자신의 오점, 실패를 의미하는 꿈이다. 불결하게 더럽혀져 있다면 큰 실패, 작은 더러움이라면 작은 실패의 신호이다. 만일 자기의 신체를 더럽히고 있는 꿈이라면 자기 자신에게 거짓말을 하여 스스로 목을 조르고 있는 상태를 나타내고 있다. 그다지 좋은 꿈이라고는 할 수 없다.

기뻐하고 있는 꿈

한마디로 나쁜 꿈이다. 꿈속에서 기뻐하는 것은 현실에 일어나는 일과 반대적인 심리로 꿈에서는 자주 있는 형태이다. 가까운 장래에 업무상의 일로 실패할 것 같은 예감이 있다. 더욱이 사태는 현실로 그렇게 되고 있는 중이다. 좋지 못한 사태를 회피하고

기뻐하는 자신과 빨리 만나고 싶은 바람을 꿈에서 이룰 수 있게 하고 있는 것이다. 당분간은 실수나 실패에 주의해야 한다.

여행에 관한 꿈

혼자만의 여행을 하고 있는 꿈이라면 고독이 예견된다. 며칠간은 쓸쓸한 나날을 맞이하게 될 것 같다. 연애 상대가 없는 사람은 좀더 적극적이 되기 바란다. 반대로 그룹 여행을 하고 있는 꿈은 연애 상대를 한 명으로 좁히라는 조언이다. 이것은 상대 선택으로 망설이고 있는 당신의 모습을 반영하는 꿈이다.

이별에 관한 꿈

이것은 누구나가 통과하는 인생의 길. 당신이 자기 자신과 결별하고 어른이 되어 감을 전하는 꿈이다. 인생을 어느 정도 깨달았을 때에 꾸는 꿈이다.

당신은 이제까지는 인생을 아주 조금 알았을 뿐이다. 이제부터 진정한 의미에서 풍요로운 인생을 출발할 것이라는 좋은 암시다.

웃음에 관한 꿈

전반적으로 운세가 저하중이다. 연애면도 잘 진행되지 않고 마음이 좀처럼 상대에게 통하지 않는다. 매사가 순조롭게 진행되지 않고 무엇을 해도 행운을 얻지 못한다. 현실 생활에서 쓰라림만 느낄 뿐이므로 하다 못해 꿈속에서만은 웃고 싶다. 그렇게 해서 자신을 위로하고 있는 꿈이라고 할 수 있을 것이다.

- 사람들과 마주 보고 웃는 꿈

  어떤 일에 있어 남과 타협이 잘 이루어질 것이다.

- 사람들 앞에서 큰 소리로 통쾌하게 웃는 꿈

  어떤 일이 만족한 결과로 성취될 것이다.

- 남이 자신을 바라보면서 웃는 꿈

  장차 우울하고 불쾌한 일이 생긴다.

- 많은 사람들이 왁자지껄하게 떠들고 웃는 꿈

  여러 사람들에게 흉을 잡히거나 비웃음을 당할 일이 생긴다.

비행기에 관한 꿈

이 경우는 앞으로의 생활이 지금까지와는 완전히 뒤바뀌어 갈 것을 암시하고 있다. 예기치 못한 진로가 열리거나 전혀 예상 외로 진로, 인생을 걸을 가능성이 크다고 꿈이 알리고 있는 것이다.

- 비행기에서 떨어지는 꿈

  계획하고 추진중인 일이 좌절되거나 실직을 당할 우려가 있다.

⊛ **자신이 타고 가던 비행기가 추락하는 꿈**

자신에게 깜짝 놀랄 만한 일이 생기거나 고속 출세를 할 수도 있다.

배(船)에 관한 꿈

⊛ **배를 타고 강을 건너거나 해와 달을 보는 꿈**

훌륭한 스승을 만나거나 관직을 얻게 된다.

⊛ **배 안에 물이 괴이는 꿈**

사업 또는 집안 형편이 나아지거나 재물이 생긴다.

⊛ **배가 물 위에 떠서 자신을 향해서 오는 꿈**

행운이 생기고 더욱이 보물을 싣고 오면 만사 형통에 자손도 번창한다. 단 돛을 단 배가 지나가면 흉조이다.

⊛ **뒤집어진 배를 바로세워 하천을 저어 나가는 꿈**

포기했던 일들을 새로운 각오로 다시 시작하게 된다.

⊛ **자신이 탄 배가 하늘을 날아다니는 꿈**

크게 부귀를 누릴 길조로서 운세가 대길하고 하는 일이 잘 풀린다.

⊛ **배를 타고서 술을 마시는 꿈**

멀리서 찾아온 친구를 만나게 된다.

❀ 배 안에 불이 붙어서 타는 꿈

사업이 성공하여 돈을 벌며, 집안 사정 등이 점차 호전될 징조이다.

❀ 육지나 산꼭대기에 있는 배에 오르는 꿈

본격적인 사업에 착수할 수 있게 되며, 반드시 사업장 또는 직장이 준비되어 있다.

❀ 배 위로 물고기가 뛰어드는 꿈

사람을 구하거나 재물이 생기고, 사업가나 장사하는 사람이 일을 시작하면 돈을 벌게 된다.

❀ 배가 강 가운데로 가는 꿈

사업주의 각성으로 부진하던 사업이 본 궤도에 올라 잘 운영된다.

❀ 나룻배나 보트를 타는 꿈

단체나 직장, 회사의 일원으로 사업 연락이나 목적 달성 등의 업무를 수행할 것을 나타내는 상징이다.

● **갑판 위나 선실에서 회의하는 꿈**

사업 성과가 언제 올지 모르며, 외국에 갈 일을 상징한다.

● **수많은 사람이 배에서 내리는 꿈**

동등한 위치의 사람이 취직을 하거나, 집회장에서 퇴장하는 것을 보게 된다.

● **짐을 가득 실은 화물선이 부두에 정박하는 꿈**

막대한 이익이 돌아올 징조이다.

자전거에 관한 꿈

이 경우는 목적지에 도달하려면 시간이 걸리며, 때로는 좌절하거나 사고를 당하기도 한다. 현재 당신이 열심히 하고 있는 일이 헛된 노력으로 끝나 버릴 가능성도 있다고 전하는 꿈이다.

● **자전거나 오토바이를 타고 신나게 달리는 꿈**

하는 일이 통쾌하게 이루어진다.

● **자전거나 오토바이 뒷자리에 타는 꿈**

지도자・안내자・경영자 등이 자기의 의사대로 잘 움직여 준다.

● **상대방의 자전거 앞에 타는 꿈**

강요에 못 이겨 사업을 추진한다.

● **자기가 운전하고 상대방을 태우고 가는 꿈**

어떤 사람과 동업하게 된다.

목욕에 관한 꿈

연애운이 상승 중의 조짐으로 당신의 매력이 풍부해지는 시기를 맞이할 것 같다. 연애 소망이 실현될 가능성은 충분하다. 머잖아 이성과의 만남이 있으리라 여겨진다. 사랑이 싹트면 사랑이 순조롭게 발전되는 일도 암시받고 있는 꿈이다.

❀ 목욕을 하면서 유난히 손과 발을 깨끗이 씻는 꿈

만성적인 질환이 치료될 예시다. 또한 자신이 미루고 있는 일 중에 뭔가 깨끗하게 처리해야 할 일이 있음을 나타낸다. 심신을 정화한다는 심리적 상징몽이기도 하다.

❀ 따뜻한 물이 넘치려는 욕조에 들어가서 몸을 씻고 있는 꿈

병이 완치될 징조다. 이 밖에도 새로운 삶을 살게 되거나 환경이 개선될 전망을 암시한다. 그러나 목욕을 하는 사람이 중환자였다면 죽음의 예지몽으로서 주의를 요한다.

⚽ 옷을 입은 채 욕조에 몸을 담그거나 목욕탕에 들어간 꿈

옷을 입은 채로는 몸을 씻을 수 없다. 다시 말해 사태가 개선될 수 없고 병도 치료될 수 없다는 의미이므로 좋지 않은 일을 암시하는 흉몽이다.

잠을 자고 있는 꿈

당신은 꽤 지친 상태이다. 육체적으로나 정신적으로나 다소 고된 나날을 보냈던 건 아닌지. 이런 때에는 무엇을 하더라도 안 된다. 운세가 정체해 있기 때문에 지금은 무엇보다도 휴식이 필요한 시기이다. 꿈이 그렇게 알리고 있다.

산이나 나무에 오르는 꿈

높은 이상을 목표로 하는 인간성이 표현된 꿈으로 자기를 연마하는 일에 노력을 아끼지 않는 타입이라고 생각된다. 일사불란하게 정상을 목표로 하고 있는 꿈이라면 정말 그대로 이상을 향해 열심히 걸어가는 당신의 모습 그 자체를 표현한다. 순조로운 인생을 암시하는 좋은 꿈이라고 할 수 있다.

⚽ 나무 위에 오르는 꿈

학생은 석차가 오르고 회사원은 직위가 오르며, 기타 다른 소원이 성취되는데, 나무의 크기와 높이에 준하여 그 정도를 가늠할 수 있다.

● **누각이나 높이 쌓은 단에 오르는 꿈**

환경이 나아지고 지위, 명예, 성적, 인기도가 높아질 것이다.

● **높은 산꼭대기에 올라가는 꿈**

현재는 어려워도 장래성이 있는 일을 위해 노력하는 것을 암시한다.

● **높은 산에 이미 올라선 꿈**

많은 역경을 겪은 뒤에 소망을 성취하게 될 것이다.

● **마루에 오르는 꿈**

눈에 뜨이지 않으나 모든 일이 진척되고 있다는 예시다. 또는 사업상 계약이 성립되고 미혼 남녀는 결혼이 성립될 것이다.

● **지붕 위에 올라서는 꿈**

현재의 지위나 맡은 일에서 손을 떼거나 몹시 외로운 처지에 놓이게 된다.

◉ 사다리를 타고 오르거나 층층대를 밟고 올라가는 꿈

요행이 아닌 자신이 노력한 만큼의 성과나 대가를 받을 수 있다.

◉ 절벽을 타고 올라가는 꿈

현재는 물론 앞으로 무척 힘든 일에 직면한다는 것을 예시하는 것인데, 그 절벽을 무사히 올라섰다면 천신만고 끝에 남이 하기 어려운 일을 성취한다는 암시다.

차·버스·전철 등에 관한 꿈

승차감이 어떠했느냐에 따라 해몽도 달라진다. 난폭한 운전으로 사고를 당할 것 같은 경우에는 인생의 목표, 목적지에 좀처럼 도달할 수 없다는 암시가 되어 실제로 일상생활에서 사고를 당하거나 건강을 해칠 우려가 충분히 있다. 지금의 방향대로라면 실패와 좌절이 기다리고 있다는 경고이거나 인간 관계에서는 어딘가 새로운 생활이 있는 곳에 데리고 가 주기를 바라는 소망도 간파할 수 있다. 승차감이 편한 차라면 새로운 가능성이 열린다는 행운의 암시가 되며, 운수도 상승하고 있음을 엿볼 수 있다. 여하튼 그때의 상황, 느낌이 크게 좌우하는 꿈이다.

◉ 기분이 좋아서 자가용을 운전하는 꿈

어떤 기업체를 운영해 나가거나 지휘권을 갖게 된다.

◉ 차를 탄 채 하늘을 나는 꿈

자신이 하는 사업에 세인의 관심이 쏠려 번창하며, 현실에 만족한다.

◉ **많은 사람이 차 주위에 몰려 있는 꿈**

어떤 기업체에 많은 사람이 청원하거나 시비가 있게 된다.

◉ **자기 집 분뇨를 분뇨차가 퍼 간 꿈**

어떤 재물의 손실이 있거나 세금을 납부하게 된다.

◉ **차 바퀴가 펑크 나서 고친 꿈**

하고 있는 일을 다시 한 번 재검토하고 방향을 바꾼다.

◉ **자신이 승차한 차가 수렁에 빠진 꿈**

사업이 운영난에 빠져 허덕이게 된다.

◉ **버스에 서서 있다가 빈 자리가 생기자 앉았던 꿈**

외근 관계직에서 내근을 맡게 되거나 완전한 책임을 부여받는다.

◉ **여러 대의 자가용이 자기 집 마당에 정차되어 있는 꿈**

사업상 협조가 많이 있음을 나타낸다.

❈ 분뇨차가 냄새를 풍기면서 옆을 지나간 꿈
어떤 기관에서 좋지 않은 소문을 퍼뜨리거나 자기 신변에 관한 소문이 난다.

❈ 차가 가 버려서 승차하지 못한 꿈
취직 · 입학 · 현상 모집 등에서 탈락하게 된다.

❈ 차가 강물에 떠내려가 사라진 꿈
어떤 강한 세력의 압력에 밀려 사업 기반을 잃게 된다.

❈ 교통사고가 나서 죽거나 다친 것을 본 꿈
자기와 밀접한 관계에 있는 사람에게 평범 이상의 일이 생기게 된다.

❈ 차 앞이 밖으로 향해 있는 꿈
자기의 일이 계획성 있게 조속히 잘 추진된다.

❈ 운전사와 자신만 버스를 타고 간 꿈
어떤 방해적인 여건, 시비의 대상이 없이 자기 권한을 마음대로 과시하게 된다.

❈ 차를 탄 채 자기 집으로 들어온 사람을 본 꿈
어떤 단체의 대표가 자기와 여러 가지 일로 타협하게 된다.

❈ 방에 버스가 들어와 있는 것을 본 꿈
어떤 기관의 추대를 받거나 기관 내에서 단체 항의에 부딪혀 권세가 흔들린다.

◈ 차를 도중에서 탄 꿈

직장에 취직되거나 어떤 단체에 가입하게 된다.

◈ 사이렌을 크게 울리며 소방차가 달리는 것을 본 꿈

데모 사건으로 군대, 경찰 등이 동원하여 진압할 일이 있다.

◈ 나무 사이로 검은 화물차가 달리거나 서 있는 것을 본 꿈

방비가 소홀한 틈을 타서 범죄 집단이 침범할 우려가 있다.

◈ 고장이나 사고로 인하여 차가 멈춘 꿈

계획한 어떤 일이나 모임 등이 좌절된다.

◈ 강물에 차가 빠진 꿈

어떤 일이나 소원의 결과가 큰 기업체에 흡수되거나 억압받게 된다.

◈ 검은 택시가 방으로 들어와 있는 꿈

미혼자는 결혼을 서두르고, 집안 사람 중에 누군가 사망하게 된다.

※ 차에 송장을 싣고 달린 꿈

오랫동안 재운이 트이게 되고, 입신 출세를 하게 된다.

※ 큰 붓을 쥐고 차를 타고 가다 내린 꿈

어떤 잡지사에 작품을 연재하거나 문학 작품을 출판하게 된다.

달리는 꿈

기력이 넘치고 하고자 하는 마음이 가득한 당신을 반영하는 꿈이다. 의욕적으로 인생을 대하고 있는 것은 좋지만 약간 무모한 것이 결점이다. 올바른 방향을 향하고 있는지 항상 자기의 마음을 중립 상태로 하고 안전 확인을 하면서 돌진하기 바란다. 그것만 주의하면 더할 나위 없는 운세다.

※ 자신이 달리기를 하는데 전력을 다해 마침내 최종 결승점에 도착하는 꿈

결승점은 목적지나 일의 성과를 의미한다. 따라서 계획한 대로 목적이 달성될 행운의 꿈이다.

※ 자신이 육상선수가 되어 달리고 있는데 아무리 오래 달려도 최종 결승점에 도달하지 못해 힘들어 하는 꿈

계획이 수정되어야 함을 암시한다. 현재 자신이 세운 일의 방향이나 방침이 잘못되어 있다.

발광하는 꿈

신경이 발끈해 있는 꿈이다. 꿈의 암시가 더욱 강해진 꿈이라고 생각해야 한다. 그러므로 당신의 콤플렉스는 폭발 직전에 있다. 이렇게 되면 운세는 최악이다. 중요한 것은 자기의 장점을 발전시키도록 힘써야 한다. 그리고 좋은 친구를 가져야 한다. 그것이 자신감 회복으로의 첫걸음이다.

인사하는 꿈

꿈속에서 누군가 당신에게 인사를 했다면 당신에게 좋은 소식이 오거나 지위가 상승하는 암시이다. 당신 쪽에서 인사를 했다면 그 반대의 의미가 된다. 인사라는 것은 사회적으로 높은 위치, 타인보다 우월한 위치에 서고 싶은 마음을 나타낸다. 일상생활에서는 상사나 훌륭한 사람에게는 자기 쪽에서 인사를 한다. 꿈속에서 인사를 받는다는 것은 그같은 지위가 자기 것이 된다는 예고가 되는 것이다.

❂ 병상에 있는 환자가 큰절을 받은 꿈
병이 더욱 악화되거나 운명의 날이 며칠 남지 않은 징조이다.

❂ 죽음 전에 있는 사람의 손을 잡아서 구해 준 꿈
어떤 사람을 도와 줄 일이 생기나, 그 일로 인해 재정적으로 큰 손해를 입게 된다.

❂ 누군가에게 공손히 절을 한 꿈
꿈속의 사람에게 부탁을 할 일이 생기며, 원했던 결과를 얻게 된다.

❂ 신랑 신부가 서로 바라보고 맞절을 한 꿈
하는 일마다 계속 꼬이기만 하고 뜻대로 되는 일이 없다.

❂ 상대방의 손을 두 손으로 감싸는 꿈
형제나 연인·친구 등의 도움을 받게 된다.

❂ 집안 어른에게 큰절을 한 꿈
직장이나 학교에서 상을 받거나, 아니면 부탁할 일이 생긴다.

❂ 누군가와 손을 맞잡고 걷는 꿈
일을 함에 있어서 손발이 척척 잘 맞는 사람과 만나게 된다.

❂ 절을 하는데 상대방이 외면해 버리는 꿈
청탁한 일이 무산되고 다른 사람으로부터는 전혀 도움을 받지 못한다.

🌼 신령적 신상에게 절을 한 꿈
부탁을 하면 반드시 이루어진다.

🌼 상대방에게 절을 하자 그가 미소를 지은 꿈
상대방에게 부탁할 일이 있어 청탁은 하지만 그 후에 서로 좋지 않은 감정이 생긴다.

🌼 대통령에게 거수 경례를 한 꿈
정부나 권력이 있는 사람에게 도움을 청할 일이 생긴다.

🌼 어딘가를 향해 큰절을 한 꿈
주위 환경에 큰 변화가 생긴다.

🌼 악수를 하고 손을 강하게 흔들었던 꿈
대인 관계에서 시끄러운 일이 생긴다.

🌼 국기를 향해서 경건한 마음으로 목례를 한 꿈
국가에 이익이 되는 일을 하게 되거나, 국가기관으로부터 신임장이나 위임장 등을 받게 된다.

사랑하거나, 사랑받는 꿈

사랑하는 꿈과 사랑받는 꿈에서는 암시가 반대가 되므로 주의를 요한다. 남을 사랑하는 꿈은 유감스럽지만 좋지 못하다. 당신이 고독해질 암시다. 현실에서 채울 수 없는 생각을 꿈속에서 만족시키고 있는 것에 불과하다. 반대로 남에게서 사랑받는 꿈은 좋다. 당신은 현실 생활을 불만 없이 즐기고 있는 사람이다. 그 평온함이 남에게 신뢰를 주어 좋은 인간 관계가 싹트는 것이다.

악수하는 꿈

상대의 손의 감촉에 따라서 의미가 달라진다. 예를 들면 매우 차갑다고 느꼈다면 당신이 세상 사람들의 차가운 시선을 받고 있거나 누군가의 미움을 받고 있음을 알려주고 있다.

따뜻하게 느껴졌다면 당신이 남으로부터 사랑받고 있음을, 주위로부터 원조를 받고 있음을 표현한다. 악수의 감각이 없거나 맥없이 자기 손 안에서 찌그러지는 꿈은 당신이 무기력하고 폐쇄적이라는 표시이다.

❀ 악수하면서 맞잡은 손을 흔드는 꿈

상대와의 결연이나 연합에 있어 우여곡절이 생긴다.

놀고 있는 꿈

꿈속에서 열심히 놀고 있는 꿈은 해방되고 싶다, 다른 환경에 있고 싶다는 마음의 발로이며, 현실적으로 그것이 가능해진다는

좋은 암시이다. 단순히 법석을 떨고 있는 꿈은 스트레스를 발산할 따름이므로 현실 생활에 있어서는 주의가 필요하다. 좀더 정신을 바싹 차리라는 경고다.

❂ **아무도 없는 놀이터에서 혼자 놀고 있는 꿈**

현실로부터의 도피 심리, 자위에 대한 죄악감 등이 반영된 꿈이다.

❂ **어린 시절로 돌아가서 딱지치기를 하거나 소꿉놀이를 하는 꿈**

그 시절로 돌아가서 아무 근심 없이 살고 싶다는 현실 도피적인 심리가 이런 유형의 꿈으로 나타난다.

❂ **두뇌 게임, 즉 낱말 맞추기나 숫자 맞추기, 끝말 잇기 등을 하며 놀고 있는 꿈**

꿈을 꾸면서 자신의 생각을 정리하고 있다. 기획직이나 사업상 구상이 필요한 사람들에게는 문제를 해결한 아이디어가 떠오르게 되고 실마리나 단서가 제공된다. 꿈속의 상황에 주의를 요한다.

사죄하는 꿈

누군가에게 열심히 사죄하고 있는 꿈은 상당히 좋은 꿈이다. 당신의 겸허한 자세, 타인을 존중하는 행동이 남에게서 사랑을 받는다는 암시이다. 겸손한 인간성이 강조된 꿈이다.

- **죽이려는 괴한에게 무릎 꿇고 애걸하여 그가 사라지는 꿈**
  중병이나 교통사고, 일의 실패 등을 체험한다. 그러나 용서를 받았기 때문에 고통에서 벗어난다.

- **신이나 우상 앞에 사죄하는 꿈**
  권세가나 유명인에게 어떤 일을 청원해서 이루어질 가능성이 있다.

- **죄를 뉘우치고 눈물을 흘리거나 크게 우는 꿈**
  자기가 이룩한 사업·업적·행적 등에 주위로부터 만족한 반응을 얻는다.

씻는청소 꿈

단순한 암시다. 씻고 있는 것이 깨끗해졌다면 운세는 상승 중이고 마음이 평온한 나날이 계속되리라는 암시이다. 아무리 씻어도 더러움이 씻어지지 않았다면 운세가 하강하여 앞으로 며칠간은 행운에게서 버림받는 나날이 계속된다는 것이다.

● 집 안을 광택이 나도록 깨끗하게 청소하는 꿈

그간 속을 썩이던 문제가 깨끗이 해결되어 앞날에 광명이 비치고 있음을 나타낸다.

● 몹시 화를 내며 물건을 정리하거나 신경질적으로 청소를 하는 꿈

문제를 안고 있는 고민 그 자체에 문제가 있는 것이 아니고 대처 방법에 있다는 것을 상징한다. 자신의 대인 관계, 직장에서의 습관, 가정 내에서의 모습을 다시 한 번 검토하는 것이 좋겠다.

● 집 안의 물건이 끝없이 널려 있어 아무리 청소를 해도 먼지가 계속 쌓이는 꿈

고민이 해소되려면 다소 오랜 시간이 필요하리라는 암시다. 심리적으로도 자기 정리가 되어 있지 않은 불확실한 상태다.

걷고 있는 꿈

한 걸음 한 걸음 대지를 힘주어 딛으며 걷고 있는 모습은 야단스러움은 없지만 목적을 향한 착실한 진보를 예감케 한다. 사실

꾸준히 노력하고 있는 사람이 자주 꾸는 꿈이다. 업무의 운기도 상승하고 활력이 넘치고 있으므로 끈기있게 장래의 기반 만들기를 거듭해 두자.

❂ **가시덤불이나 질척거리는 길을 걷다가 옷이 찢어지거나 더럽혀지는 꿈**
질병이 생기거나 관재수, 구설수가 생길 징조다.

❂ **새로이 난 길을 걷는 꿈**
만사 형통할 길몽이다.

❂ **처음에는 좁고 울퉁불퉁한 길을 걷다가 나중에 넓고 평탄한 길을 걷는 꿈**
처음에는 난관에 봉착했다가 뒤에 일이 순조롭게 진행될 것이다.

❂ **처음에는 넓고 평탄한 길을 걷다가 나중에 좁고 울퉁불퉁하며 막히거나 끊어진 길을 걷는 꿈**
처음에는 매사가 순조롭다가 뒤에 어려움에 봉착하여 좌절될 것이다.

❂ **밝은 대낮에 길을 걷는 꿈**
추진하는 일에 장애가 없이 순조롭게 진행된다.

❂ **하늘의 길이라 생각되는 길을 걷는 꿈**
취직·승진·합격·횡재·결혼 등 모든 것이 좋은 결과를 볼 것이다.

◉ 들판이나 숲속을 걷는 꿈

　무슨 일에나 진행이 순조로울 것이다.

◉ 넓고 곧은 길을 유유히 걷는 꿈

　기쁜 일이 많고 앞길이 트여 가업, 사업 등이 번창하며, 승진, 출세에 장애가 없다.

◉ 좁고 구불구불하거나 비탈길을 걷는 꿈

　진행 중인 일에 힘든 장애가 따르고 가정 형세가 기울어져 간다.

아르바이트하는 꿈

　대수롭지 않은 유혹, 대수롭지 않은 바람기를 나타내므로 꿈속에서 아르바이트를 하고 있다면 당신에게 그런 마음이 있거나, 그런 기분을 충족시킬 사건이 일어난다는 얘기다.

허둥대고 있는 꿈

꿈속에서 허둥대고 있는 것은 현실 생활에서 무엇인가 잊고 있는 일이 있다는 경고이다. 잠재의식이 그것을 알아차리고 있기 때문에 꾸는 꿈으로 당신의 의식에 그것을 기억시키려 하고 있는 것이다.

누군가를 안내하는 꿈

당신 자신이 타인의 인도에 의해서 현실의 여러 문제를 해결해 간다는 암시. 당신을 도와 주는 사람은 당신보다도 손윗사람, 지위가 높은 사람임을 가르쳐 주고 있다. 반대로 당신이 안내받는 꿈은 인생을 자신의 손으로 개척하라는 암시이다. 의지할 사람이 없다는 것으로 서글프고 쓸쓸한 예고라고 할 수 있다.

장난을 치는 꿈

마음의 미혹을 훈계하는 꿈이다. 당신이 누군가에게 장난을 치는 꿈은 대수롭지 않은 마음의 미혹으로부터 실수나 불화를 일으킬 것이라는 암시이다. 일이나 공부 등에서 한눈팔기는 금물이라는 얘기다. 반대로 장난을 당하는 꿈이라는 것은 매사를 척척 잘 진행시키거나 남을 꿰뚫어 볼 수 있는 눈을 가지고 있다는 의미이다.

자기 의사를 발표하는 꿈

당신의 강압적인 성격, 거만한 태도가 주위의 반감을 사고 있다. 그것을 금하고 있는 꿈이다. 자기 중심의 생각을 고치고 태도

를 신중히 해야 한다. 주위와 협력하여 일을 추진해 나가도록 하지 않으면 모든 운수도 저하되어 버린다. 고립된 쓸쓸한 인생이 되지 않기 위해서도 내 자신을 객관적으로 다시 바라보기 바란다.

이사하는 꿈

지금의 방침·자세·사고 방식·생활을 변경하지 않으면 안 된다는 의미다. 그렇게 하지 않으면 이대로 생활이 막다른 벽에 부딪치고 인생은 최악의 상태가 된다. 이제까지의 생활을 새롭게 할 시기가 왔다는 것이다. 또 업무면에서는 계약하는 일에 뭔가 달콤한 함정이 있다는 경고 신호가 되므로 안이하게 남을 믿지 말고 냉정한 판단력으로 대처하기 바란다.

❀ 이삿짐을 새끼와 가마니로 꾸리는 꿈

상당한 시간이 소요된 후에야 일의 교섭 또는 계약이 성립된다.

❀ 이사 가기 위해 짐을 밖으로 내가거나 차에 싣는 꿈

사업·전환·청탁·이전·새로운 환경 조성 등이 있게 된다.

❀ 새 집으로 이삿짐을 들여 놓는 꿈

사업이 융성하거나 청탁한 일이 이루어진다.

❀ 새 집으로 이사가야겠다고 말하는 꿈

사업 계획, 새 직장, 새로운 배우자를 얻으려고 노력하게 된다.

❀ 짐을 여러 차례 나르는 꿈

근심·걱정이 끊임없이 계속된다.

❀ 이사 전후에 집이 폭삭 무너지는 꿈

큰 행운이 찾아오나, 일부가 무너지는 것은 불길한 징조다.

❀ 새 집의 여러 방을 살펴보는 꿈

동료나 상사, 부하의 이모저모와 그 인물됨을 살피고 알아볼 일이 생기게 된다.

❀ 새 집으로 이사하는 꿈

전학·입학·전직이나, 새로운 사업·학설 등이 이루어진다.

누군가의 집을 방문하는 꿈

앞으로 새로운 가능성의 문을 연다는 의미이다. 그것이 이성의 집이면 새로운 로맨스가 찾아옴을, 동성의 집이면 소망의 실현이나 새로운 일의 전개를 의미한다. 방문한 집이 훌륭한 집으로 아름다운 장소에 세워져 있었다면 이런 운세들의 행운 정도가 보다 높아진다는 것이다.

땀에 관한 꿈

운세가 하강 중이다. 땀은 긴장, 스트레스의 상징. 땀이 강조되는 꿈을 꾸고 있을 때는 실제로 땀을 흘리는 일이 많고 몸의 상태가 좋지 못한 때이다.

체력이 저하되고 운세도 하강이 예고된다. 일이 호전될 때까지는 잠시 시간이 걸릴 것이다. 지금은 참는 시기이다. 좀더 계속 분발하라고 꿈이 가르쳐 주고 있다.

🌑 **땀을 많이 흘리는 꿈**

사업에 의욕을 잃거나 정력 또는 기력이 쇠퇴하여 부모에게 걱정·근심을 끼친다.

🌑 **이마에 땀방울이 솟아 흐르는 꿈**

돈을 헛되이 소비하거나 상처를 입어 피를 흘릴 일이 생긴다.

새로운 생각이 떠오르는 꿈

정신 문화·진리·선과 악·지혜의 샘·지적 발달·이성의 산실·창조·이념·사상·감정 표현·유무의 실체·희로애락 등을 상징한다. 이 꿈은 새로운 아이디어로 사물 속의 깊은 소재를 발견하게 된다.

🌐 **물고기를 잡아야겠다고 생각하는 꿈**

어떤 재물을 소유하기 위해 일을 계획한다.

🌐 **자기 어깨가 유난히 커 보였으면 하는 꿈**

운수 대통하고 입신 출세하며, 머지않아 자기를 사랑하는 연인이 나타날 징조이다.

🌐 **자기가 어떤 큰 문제를 저지른 것 같은 생각이 드는 꿈**

많은 사람이 생각지도 못한 일을 해내거나 깜짝 놀랄 사건을 터뜨린다.

🌐 **화가 나서 소리를 질렀으면 하는 꿈**

친구의 도움을 받아 소원했던 일이 이루어지고, 경쟁하던 사람을 물리치고 직장에서 책임자가 된다.

🌐 **이유 없이 몹시 기뻐하는 꿈**

현실로도 아주 기쁜 일이 일어날 것을 예시한다.

🌐 **이유가 분명한 경우 몹시 기뻐하는 꿈**

예시성이 약간 다를 뿐 이 경우도 길몽이다.

⊛ 자기가 미치광이가 되는 꿈

괴롭고 어려운 현재의 상황에서 벗어날 수 있게 됨을 의미한다. 즉 지금까지와는 다른 자유스러움이 현실생활 속으로 찾아든다.

⊛ 시간이 늦었다고 생각하는 꿈

어떠한 일이 목표에 도달하지 못함을 암시한다.

⊛ 상대방을 측은하게 생각하거나 불쌍해서 위로하는 꿈

사업 · 청탁 · 소원 등이 이루어지기 힘든 상태에 놓인다.

⊛ 자신의 일을 고통스럽게 생각하는 꿈

진행하는 일마다 장애물이 생겨 방해를 받거나 난관에 봉착하게 된다.

⊛ 몹시 배고픈 생각이 들거나 아깝다는 생각이 드는 꿈

부족함 · 불만 · 미수 · 고통 등이 생긴다.

⊛ 물건이 헌것이라고 생각되는 꿈
과거, 쇠퇴 등과 관련된 일을 암시한다.

⊛ 상대방이 흐느껴 울고 있다고 생각되는 꿈
상대방에 대한 의혹을 가지게 되고, 가환家患·신병·불행 등을 경험하게 된다.

성교性交에 관한 꿈

꿈에서 이성과의 성교는 다음 날이나 미래의 일, 즉 사전 계약·계획·점유·소망 등을 가늠해 볼 수 있는 요소다. 꿈에서 오르가슴에 이르기까지의 성교는 몽정이 아니면 가능할 수 없으므로 원하는 성교를 했다거나 성교에 돌입한 정도라면 성교의 완료로 보아야 할 것이다. 모든 일의 성패 여부는 성교가 시작될 수 있었느냐 아니느냐에 따라 판단하면 된다. 어떤 사람들은 남자의 꿈에 여자가 보이면 재수가 없다고 하지만, 그런 것이 아니고 자신이 그 여성을 성교로 정복했다면 재운이 열려 재물이 들어오거나 바라던 일이 뜻대로 이루어질 것이다.

⊛ 부부간에 정상적으로 성교를 하는 꿈
사업상 계약이 성립되거나 집안의 일이 순조롭게 진행된다.

⊛ 사람들이 보는 곳에서 거리낌없이 성교를 하는 꿈
많은 사람들이 관심을 가지고 있는 일을 성사시킨다.

◈ 성교시 불만이 없거나 최고의 만족감을 체험하는 꿈

대인 관계 · 직업 · 경영 등에서의 일이 만족스럽게 성취된다.

◈ 선남 선녀가 키스를 하고 성교하는 꿈

기다리던 일이 소식과 더불어 이루어지며 계약이 성립된다.

◈ 성교시 잠이 깨는 꿈

어떤 일의 교섭이 있거나 계약이 진행된다.

◈ 과거에 사랑했던 사람과 재회하여 성교를 하는 꿈

미결 상태의 묵은 일, 또는 포기했던 일을 재시도한다.

◈ 유부녀와 거리낌없는 성교를 하는 꿈

남의 일에 간섭을 하여 눈총을 받기는 해도 금전적으로 큰 이익을 본다.

◈ 잠자던 중 성기가 발기하는 꿈

그 자극이 꿈의 표상 재료를 이끌어 올 수는 있으나, 다만 상징적 표상에 불과하다.

● 혼전의 애인이나 이별한 아내와 성교하는 꿈
오래 끌어온 일이나 다시 시작한 일이 성취된다.

● 키스와 성교를 동시에 같이 행하는 꿈
한 번에 두 개의 일을 성취시키고, 실업자에게는 여러 곳에서 취직의 알선이 있다.

● 남의 부인을 애무하는 꿈
좋은 일이 있을 징조이다. 바라고 있던 욕망과 행운이 사뿐히 다가온다.

● 인기인과 입맞추고 성교하는 꿈
생애 최고의 명예가 될 만한 일에 관계하게 되고, 결실 역시 자신이 직접 취한다.

● 신선이나 선녀와 성관계를 하는 꿈
신선은 쾌락의 경지에 도달하고, 바라고 있던 욕망과 소망의 성취가 이루어진다.

● 남녀가 정상적인 자세로 성교를 하는 꿈
자연적 순리이자 합리적인 사고로 어려운 일들을 척척 해낸다.

● 남자는 밑에 여자는 위로 한 자세로 성교를 하는 꿈
성실한 공처가 노릇을 하게 된다. 여자 상관을 둔다. 마누라 기세가 당당하다.

❂ 남녀가 반대 방향을 보고 성교를 하는 꿈
부부지간에 이상이 안 맞고 수시로 말다툼이 생겨 심지어는 별거를 하거나 이혼을 하게 된다.

❂ 여자는 한 명인데 남자 둘이서 줄줄이 성관계를 하는 꿈
세 남녀가 삼각관계로 사랑이 산산조각 부서져 상처만 남긴다. 궁핍한 생활 등 불운이 닥친다.

❂ 유부녀가 은밀한 곳에서 성관계를 하는 꿈
현재의 생활 통제 권한을 벗어나 호젓한 곳에서 이성과의 불꽃을 지핀다.

❂ 유부남이 유부녀와 성관계를 하는 꿈
아리따운 애첩을 두고 이따금 단꿈을 꾼다.

❂ 성교를 하다가 중단하는 꿈
모든 계획과 일이 제대로 되지 않고 와르르 무너진다.

처녀가 두 사람 이상과 차례로 성교하는 꿈
처녀작 혹은 새로운 일감을 차례로 성사시킨다.

여성이 면식 없는 남성과 성교하는 꿈
남편이나 자식, 본인 일이 성취되어 기쁨을 얻는다.

졸고 있을 때 성기가 발기한 꿈
일을 해도 결과가 의욕을 뒤따르지 못하며, 질병에 걸리기 쉽다.

성교의 좌절, 미수 또는 불만족스러웠던 꿈
계획했던 일이 좌절되어 실망하거나 불쾌한 일과 접하게 된다.

다른 사람의 성교 장면을 열심히 보는 꿈
다른 사람의 일에 참견하여 창피당할 징조이다.

강간의 성공으로 흡족한 꿈
자신에게 주어진 일을 강행하여 성취시키기는 하나 만족감을 크게 얻지 못하고 마음의 고통을 받게 된다.

다수의 여성과 순서대로 성교하는 꿈
자신의 전공 분야와는 관계없는 일거리가 주로 생긴다.

성교하던 중 사람이 갑작스럽게 출현해 목적 달성에 실패하는 꿈
하는 일마다 훼방꾼이 생기고 심지어는 계약 상태도 해약이 된다.

나는꿈

현실에서는 불가능한 일이지만 꿈에서는 자주 날기도 한다. 이러한 꿈은 정신적으로 욕구 불만이 있는 사람에게 많이 꾸어지므

로 반드시 해몽의 가치가 있는 것은 아니지만 상징적인 의미는 자유·승급·과시·환경에서의 탈피, 원대한 꿈과 이상 등으로 볼 수 있다.

❀ 자신이 나비가 되어 공중을 날아다니는 꿈
성적인 욕구나 죽음을 암시한다.

❀ 꿈에서 자신이 날 수 있다고 생각되어 실제로 날아다니는 꿈
현재는 갈등이 풀리지 않고 있으나 가까운 장래에 반드시 소망이 이루어질 것이다.

❀ 날아서 하늘 높이 올라가는 꿈
장차 높은 자리에 등용되거나 큰 사업을 성취할 것이다. 그러나 중환자나 노인의 경우는 진짜 하늘나라로 갈 수 있으니 주의를 요한다.

- **자신이 공중을 날아다니며 땅 위의 사람들을 내려다보고 있는 꿈**
  지배하고 싶다는 야심과 보통 사람보다 자신이 뛰어난 존재라고 여기고 싶은 자아도취적 소망이 깃들어 있다. 보통 그 배후에는 무의식적 열등감이 숨겨져 있다.

- **날아서 높은 산 위에 오르는 꿈**
  순서나 절차를 밟지 않고 전격적으로 채용, 승진되거나 어떤 목적을 달성하게 된다.

- **몸에 날개가 돋아 공중으로 훨훨 나는 꿈**
  시험이나 취직·승진·사업 등 모든 일에 소원을 성취한다.

- **날아서 공중으로 높이 도망치는 꿈**
  당면한 어려운 고비를 무사히 넘길 것이다.

- **날아서 나무 위에 올라서는 꿈**
  연애나 혼담이 이루어지고, 실직자는 취업을 할 것이다.

건물과 관계된 행동에 관한 꿈

- **방이 넓거나 길다고 생각됐던 꿈**
  자기의 사업장을 큰 곳으로 옮기게 되거나 세력이 점점 막강해진다.

- **툇마루에 올라갔던 꿈**
  외국과 관계된 일 즉, 수출 등과 관계를 맺게 된다.

❂ 어떤 건물의 4층에서 무슨 일인가를 했던 꿈
4년 정도의 선배와 동업 등을 하게 되며, 그로 인해 이득을 취하게 된다.

❂ 허허벌판에서 배설을 한 꿈
자신의 모든 것을 직접 공개하게 되거나 타의에 의해 공개하게 된다.

❂ 일곱 계단을 내려온 꿈
7년 동안 사업이 부진하거나 불행을 겪게 된다.

❂ 차로 들이받아 담을 무너뜨린 꿈
능력 있는 사람이 나타나서 자신의 사업 진로를 제공해 준다.

❂ 그릇에 물을 떠다 놓고 방에서 세수를 한 꿈
밀폐된 장소로 안내되어 어떤 지시를 받거나 훈계를 듣게 된다.

◉ **암벽에 글씨가 새겨져 있는 것을 본 꿈**
누군가 자기의 이름을 참고해서 책의 제목을 짓거나 승진을 하게 된다.

◉ **까마득하게 보일 정도로 높은 돌계단을 오른 꿈**
그동안 자기가 쌓았던 업적이 발표되거나 그로 인한 표창장 등을 받게 된다.

◉ **물을 몸에 끼얹은 꿈**
횡재할 일이 생기거나 작품의 입선 등으로 세상에 돋보이게 된다.

◉ **사다리를 타고 올라갔는데 내려올 수 없었던 꿈**
직장을 옮기려던 계획이 수포로 돌아가거나 진행중이던 일이 중단된다.

◉ **자신이 지하실로 들어갔던 꿈**
암거래를 하게 되거나 비밀단체 등에 가입 유혹을 받게 된다.

◉ **상좌인 아랫목에 손님을 모셨던 꿈**
평소 존경하던 사람이나 보호해 줘야 할 사람을 만나게 된다.

◉ **학생이 담 위에 올랐던 꿈**
시험에 응시했으면 합격 통지서를 받게 되고, 일반인에게는 좋은 소식이 답지하게 된다.

◉ **벽면에 그림을 그리거나 글씨를 써 두었던 꿈**
자기의 업적·명성 등이 문서로 기록되어 영원히 남게 될 것이다.

❀ 크고 호화로운 저택의 마루에 올라선 꿈

남들이 자신을 고귀한 인품의 소유자로 평가해 준다.

우는 꿈 · 웃는 꿈

울고 웃는 것은 어떤 극적인 결과에 따른 감정 반사에 의해 이루어지는데, 꿈에서 자기 자신이 우는 것은 좋지만 남이 우는 것을 보면 좋지 않다.

반대로 자신이 웃는 것은 허무, 허탈감 등을 의미하지만 남이 웃는 모습을 보면 기쁨과 평화 등의 의미가 있다.

❀ 자신이 꿈에서 엉엉 우는 꿈

소리가 크고 작은 것을 막론하고 모두 길한 징조로서 장차 기쁜 일이 생길 것이다.

❀ 큰 소리를 내지 않고 흐느끼는 꿈

남이 모르는 기쁜 일이 생기거나 바라마지 않던 소원을 성취할 것이다.

◉ 여러 사람과 함께 슬피 우는 꿈
　가정에 기쁜 경사가 생겨 많은 축하객들이 모여들 길조다.

◉ 집안 식구 중 누군가 죽었다 하여 슬피 우는 꿈
　근심·걱정이 깨끗이 사라지고 경사가 있게 된다.

◉ 시원스럽게 울지 못하는 꿈
　섭섭해 하거나 답답한 일이 생긴다.

◉ 상대방이 엉엉 우는 것을 보는 꿈
　상대방에게 압도당하거나 자기에게 불행한 일이 닥친다.

◉ 알지 못하는 여성이 흐느껴 우는 꿈
　집안 또는 자기 신상에 불길한 일이 생긴다.

◉ 우는 어린아이를 달래는 꿈
　벌여 놓은 일을 수습할 수 없어 고통을 당한다.

◉ 많은 사람들이 모여 우는 꿈
　재산 분배나 권리 쟁탈에서 시비와 분쟁이 생긴다.

◉ 서로 마주 보고 우는 꿈
　시비를 벌이다가 결국 화해한다.

◉ 시체 앞에서 딴 사람과 같이 우는 꿈
　유산이나 사업 성과를 놓고 쟁탈전을 벌인다.

◉ 울음을 그쳤다가 또다시 우는 꿈
　두 번 이상 또는 그 울음의 횟수만큼 기쁜 일이 계속 생긴다.

❀ 돌아가신 부모님이 빙그레 웃고 있는 꿈

기쁜 소식을 듣게 될 징조이다. 이미 죽은 사람이 꿈에 나타나 웃고 있는 것은 모두 길몽으로 행운·병세·호전 등을 가져온다.

❀ 친척이나 가족 중의 누군가 웃고 있는 꿈

웃고 있는 사람의 신상에 좋지 않은 일이 생길 징조다. 그 사람이 친구나 동료라도 마찬가지다. 특히 부상·사고·죽음 등의 예시가 강한 꿈이므로 꿈속의 그 인물에게는 각별한 주의가 요구된다.

❀ 누군가와 즐겁게 웃으면서 얘기를 나누는 꿈

상대방이 아는 사람이라면 그 인물과의 다툼, 논쟁, 대립에 주의를 요한다. 알지 못하는 사람이었다면 머지않아 꿈을 꾼 자기 자신에게 걱정거리가 생긴다.

❀ 자신이 누군가를 보면서 미친 듯이 웃고 있는 꿈

인생에 대한 절망, 비탄이 깊어진다. 그 누군가로 인해 슬픔이 커질 가능성도 높다.

취미 · 오락에 관한 꿈

취미와 오락에 관한 꿈이란 스포츠, 게임, 미술, 음악 등에 관한 꿈으로 보면 된다.

◉ 남의 그림을 감상하는 꿈
남의 청원 · 연애편지 · 신용장 등을 읽거나 검토할 일이 있다.

◉ 고적이나 풍경을 사진 찍는 꿈
사건이나 업적을 기록에 의해서 남겨 둔다.

◉ 상상화를 그리는 꿈
현재나 미래에 전혀 예기치 못한 일을 상징한다.

◉ 여러 가지 그림이 담긴 사진첩을 넘겨본 꿈
사람을 추적하거나 도서 목록 · 이력서 · 프로그램 등을 보게 된다.

◉ 추상화를 그린 꿈
오래 전에 계획했던 일을 추진해 나간다.

◉ 풍경화 한 폭을 감상한 꿈
자기 소원이나 계획한 일을 그 한 폭의 그림 내용에서 알 수 있다.

◉ 음악소리에 도취되어 감격한 꿈
정신적으로 남에게 도움을 받거나, 선전 광고에 매혹되어 물건을 구입한다.

❋ 합창단의 합창을 듣는 꿈

어떤 단체가 압력·선전 등을 통해서 마음의 혼란과 동요를 가져온다.

❋ 상대방이 흥겹게 춤추며 노래한 것을 본 꿈

상대방이 지상을 통해서 자기 주장을 내세워 공박하고 시비할 일이 생긴다.

❋ 무당이 꽹과리를 치며 굿을 한 꿈

몸담고 있는 언론사나 출판사에서 대대적인 광고를 한다.

❋ 노래를 하는데 반주가 맞지 않거나 가사를 잊어버려 제대로 부르지 못한 꿈

어떤 청원이나 선전 등이 개인이나 단체에 의해서 승인되지 않는다.

❋ 대중 앞에서 노래를 부르는 꿈

자기의 사상을 피력하거나 선전·호소를 하여 많은 사람들을 따르게 할 일이 생긴다.

● 천지가 진동하면서 울려 퍼지는 소리를 들은 꿈

　사회적으로 지위가 높아지나, 때로는 헛소문에 시달리게 된다.

● 악기를 연주하는 것을 본 꿈

　상대방이 애정 표현을 하거나 자기 선전, 종교적인 전도를 한다.

● 자신이 살려 달라고 비명을 지르고 고함을 친 꿈

　자기의 신변이 남을 통해서 전달되고, 고귀한 물건을 보고 감동한다.

● 현악기를 가지고 있는 꿈

　애인을 만나거나 협조자의 도움을 받는다.

● 우승을 해서 많은 사람 앞에서 상장을 받은 꿈

　사회적으로 손꼽힐 만한 회사로 취직되거나 전근을 가게 된다.

● 검도나 펜싱 시합을 한 꿈

　상대방과 열띤 논쟁을 벌일 일이 생긴다.

● 운동 경기에서 선두로 나선 꿈

　도모하는 일에 실패하기 쉽고, 마음이 항상 불안하다.

● 외국팀과 축구시합을 하는데 우리 선수들이 승리한 것을 본 꿈

　자기가 내세운 주장이 목적을 달성한다.

● 경기장에서 맨손체조한 것을 본 꿈

　사업이나 학문적 발표 등에 잘 호응해 줄 사람들을 보게 된다.

공을 상대편 코트로 공격하지 못한 꿈
패배 의식을 느끼고 일에 대한 불안감을 체험한다.

공을 서로 주고받는 꿈
상대편 마음과 서로 엇갈린다.

경기장에 많은 관중이 모인 꿈
자기 일이 커다란 난관에 부딪히게 된다.

야구 경기에서 자기편 선수가 홈런을 때린 꿈
하는 일이 장애물 없이 잘 해결된다.

자신의 구령에 맞춰 여러 사람이 체조를 하는 꿈
자기의 지휘 능력에 호응해 여러 사람이 협조를 잘 한다.

다른 사람이 넘겨 준 릴레이 배턴을 받아 힘껏 뛴 꿈
어떤 단체나 개인의 사업·학문 등을 인수받아 잘 운영한다.

반주에 맞춰 노래한 꿈
어떤 단체에서 주도권을 잡고 리드해 나간다.

❈ 상쾌한 기분으로 산꼭대기에서 노래한 꿈

자기를 남 앞에 과시하거나 권세와 명예를 얻는다.

❈ 피리를 분 꿈

라이벌의 마음을 동요시키고 남을 부추기어 소문을 내게 된다.

❈ 피아노를 힘 있게 쳐서 멜로디가 울려 퍼진 꿈

자신이 소원했던 일이 충족되고 명성을 얻게 된다.

❈ 방 안에 화투가 여기저기 흩어져 있는 꿈

어떤 일을 마무리 짓지 못하고 심적 갈등을 크게 겪는다.

❈ 낚시 도구를 얻는 꿈

사람을 판단하는 방법과 일에 대한 방도를 찾게 된다.

❈ 화투를 치려다가 그냥 옆으로 밀어 놓은 꿈

남이 청원한 서류를 뒤로 미루어 둔다.

❈ 동갑 나이의 사람과 장기를 둔 꿈

자기와 동격이거나 상대가 될 만한 사람과 사업상 승부를 가린다.

❈ 노름 도구를 사용해서 돈을 잃거나 딴 꿈

일의 흥망성쇠를 단번에 가름하게 된다.

❈ 등산 장비를 짊어지고 산을 정복한 꿈

사회적 지위를 얻고 자기의 소원이 뜻대로 이루어진다.

❈ 상대방과 함께 화투를 친 꿈

시비가 생겨 옥신각신할 일이 생긴다.

❀ **자신이 술래가 되어 숨어 있는 사람을 찾아 다닌 꿈**

시험이나, 뭔가를 잊어버린 일로 심적 고통을 겪게 된다.

❀ **운동 경기를 하는데 자신이 차거나 던진 공이 골인하는 꿈**

소원이 성취될 길몽이다. 물론 꿈에서도 경기에 이기면 길하고, 지면 좋지 않다.

❀ **사람들이 모여서 노래하며 춤추는 꿈**

구설수가 따를 징조다.

❀ **농악기를 얻거나, 연주하는 것을 보거나, 자신이 연주하는 꿈**

모두 길한 꿈으로서 이름을 크게 날릴 징조다.

❀ **바둑을 두는 꿈**

고귀한 신분의 사람을 만날 수 있다.

❀ **내기 바둑이나 내기 장기를 두는 꿈**

남과 시비가 일어나거나 소송 사건이 생길 징조다.

◉ 어떤 사람과 마주 앉아 화투를 치거나 포커를 하는 꿈
무언가 상대방과 맞서서 경쟁을 한다.

◉ 산에 올라가 노래를 부르는 꿈
머지 않아 부귀를 누릴 길몽이다.

◉ 낮은 언덕에서 노래를 부르는 꿈
부모상 등을 당하여 곡을 할 일이 생기는 흉몽이다.

◉ 병든 사람이 노래를 부르는 꿈
그 사람은 머지않아 불행한 일을 당할 것이다.

◉ 남이 즐거워하는 꿈
소송중일 경우 자신에게 불리한 판결이 나온다.

싸움·살상에 관한 꿈

'때리다, 맞다, 죽이다' 등의 꿈과 함께 싸우는 동작은 다분히 성적인 내용이 예시된다.

◉ 남과 더불어 서로 치고 받고 때리면서 크게 싸우는 꿈
길한 꿈으로서 남의 덕을 입고 재물이 생길 징조다.

◉ 서로 욕을 하면서 말로만 싸우는 꿈
근심거리가 생기고 현실에서도 구설 시비가 일어날 징조다.

❀ 주먹으로 사람을 때리는 꿈

　미혼 남녀는 연애나 결혼이 성립되고, 불화가 있었던 부부 사이라면 다시 화목해질 것이다.

❀ 싸우면서 상대방을 곤봉이나 몽둥이로 시원스럽게 두들겨 패는 꿈

　어려운 일이 어떤 협력자의 도움을 받아 수월하게 성취될 것이다.

❀ 꿈에 남한테 실컷 얻어맞는 꿈

　뜻밖의 돈이 생기거나 훌륭한 음식을 대접받게 된다.

❀ 싸우다가 물리거나 자신이 남을 무는 꿈

　경영하는 사업체에 이익이 많을 것이다.

❀ 남에게 큰소리로 호통을 치는 꿈

　뜻밖의 큰 이익이나 권세를 얻을 수 있다.

❀ 남이 자신에게 호통을 치는 꿈

　일이 순조롭지 못하고 남의 지시대로 따르거나 남에게 복종해야 될 처지에 놓이게 된다.

❀ 타고 가던 차가 사람을 치어 죽인 꿈
사업체나 직장이 자신으로 말미암아 크게 번창한다.

❀ 사람을 죽이고 정당방위를 주장했던 꿈
목표를 달성하지만 충분한 대가를 받지 못한다.

❀ 달려드는 맹수를 죽인 꿈
수사기관에 근무하는 사람은 미궁에 빠진 사건을 통쾌하게 처리하게 되고, 임산부는 유산할 가능성이 있다.

❀ 자신을 해치려는 괴한을 죽인 꿈
처리하기 힘든 일에 방해자까지 나타나도 결국은 무난히 성공을 거두게 된다.

❀ 독충이나 해충을 죽인 꿈
방해자가 스스로 물러나거나 근심·걱정이 깨끗이 사라지게 된다.

❀ 누군가에게 피살당한 꿈
자신이 처리해야 할 몫의 일거리가 다른 사람에 의해서 이루어진다.

❀ 총 한 방으로 두 사람을 동시에 죽인 꿈
한 가지의 방법에 의해서 두 가지의 일이 성취된다.

❀ 자기와 가까운 사람을 무자비하게 죽인 꿈
어떤 일이나 사건을 연속해서 떠맡아도 속시원하게 처리한다.

❀ 살인하는 장면을 목격한 꿈

자기와 연결된 갖가지 일이 빠짐없이 이루어진다.

❀ 자살을 한 꿈

하던 사업의 진로를 바꾸거나, 직장을 옮겨 새로운 기분으로 일을 시작하게 된다.

❀ 칼로 사람을 찔러 완전하게 죽이는 꿈

운이 열리고 재수가 대통하므로 뜻하는 바가 모두 이루어질 것이다.

❀ 한 칼로 두 사람을 한꺼번에 죽이는 꿈

일석이조의 효과를 얻는 행운이 따른다.

❀ 사람을 베자 피가 튀어 자신의 몸을 더럽히는 꿈

큰 재물이 생기는 재수꿈이라 할 수 있다.

❀ 사랑하는 아내나 애인을 무자비하게 죽이는 꿈

가장 아끼고 애착을 느꼈던 일이 드디어 성취된다.

● 남이 살인하는 것을 보는 꿈

자기를 대신해서 다른 사람이 간접적으로 복수해 주거나 어떤 소원을 이루어 줄 것이다.

● 칼로 가슴을 찔렸는데도 아픈 기분만 나고 피가 나오지 않는 꿈

중병에 걸릴 우려가 있는 흉몽이다.

● 남에게 매를 실컷 얻어맞는 꿈

뜻밖의 재물이 생기는 재수꿈이다.

● 사람을 죽였는데 그 사람이 다시 살아나 자기에게 덤비는 꿈

조만간에 근심거리가 생길 징조다.

빠지는 꿈

물이나 늪, 구덩이에 빠지는 꿈은 실제 생활에서도 곤란에 빠져 허우적거릴 미래를 암시한다. 따라서 도모하는 일이 장애를 만나 전혀 진척되지 않기 쉽다. 또한 지나치게 내성적인 성격인 탓에 사회생활에 적응하기 힘든 것을 상징하는 경우도 있다.

● 강물이나 바닷물에 빠지는 꿈

물에 빠지기만 할 뿐 죽는 내용이 없다면 대개 정신적인 문제를 암시한다. 자신감 상실, 정신적인 가치관의 무너짐을 나타낸다. 다만 물에 빠져서 가라앉으면 흉조이고, 뜨면 도움을 받거나 구제받게 될 징조다.

❀ 물에 빠져 죽는 사람을 보는 꿈

익사자를 꿈에 보면 큰 이득이나 행운이 찾아올 암시다.

❀ 구덩이에 빠지는 꿈

진흙, 구덩이에 빠지는 꿈은 위장에 병이 있음을 암시한다. 길을 걷다가 갑자기 구멍에 빠지는 꿈이라면 다른 사람의 음모나 비난에 빠져 곤란을 겪을 징조다.

손을 흔드는 꿈

어떤 상황에서, 어떤 태도로 손을 흔들고 있느냐에 따라서 해몽의 의미가 달라진다.

❀ 즐겁게 웃으면서 손을 흔드는 꿈

웃음을 지으면서 손을 흔드는 사람이 환자라면 병이 더욱 악화될 예시다. 그 사람이 먼 곳에 있는 친한 친구나 친척, 그 밖의 중요한 사람이라면 그 사람 신변에 중대한 위기가 닥쳐올 가능성이 있으므로 각별한 주의를 요한다.

- **자신이 누군가에게 손을 흔드는 꿈**

  헤어진 사람과 우연히 재회하게 된다. 그 누군가가 헤어진 연인이나 가족이라면 더욱 확실한 예지몽이다.

- **부모가 멀리 여행을 떠나면서 손을 흔드는 꿈**

  죽음을 암시하는 꿈이므로 부모님의 신상에 세심한 주의를 요한다.

- **버스를 타고 막 출발하려는데 어머니가 손을 흔들며 내려오라는 몸짓으로 뭔가를 얘기하는 꿈**

  자신에게 어떤 주의를 끌기 위해 손을 흔드는 꿈은 대개 예지몽으로서 현재의 방침이나 사고방식, 계획 등을 바꾸거나 중지하는 것이 좋다는 경고를 뜻한다.

추락하는 꿈

- **높은 곳에서 아래로 떨어지는 꿈**

  직위나 신분의 몰락, 의욕 상실 등의 일을 체험한다.

- **고의로 아래로 뛰어내리는 꿈**

  소원 충족을 가져올 일과 상부에서 하부로 시달하는 일이 성취됨을 뜻한다.

- **추락 도중에 잠이 깨는 꿈**

  애정·희망 등을 상실하거나 신상에 위험이 닥쳐 온다.

● **나무에서 떨어져 팔다리가 부러지는 꿈**
　직위·세력이 꺾이거나 치명적인 과오를 범하고 낙제·실격 등의 일을 체험한다.

● **떨어지다가 중간에 나뭇가지에 걸리는 꿈**
　몰락 직전에 간신히 구원된다.

● **고층건물에서 뛰어내려 구조되는 꿈**
　실직 상태에서 복직되거나 여러 사람의 추대를 받아 중요한 자리에 앉는다.

신이나 영적 존재에 관한 꿈

꿈에 등장하는 신이나 신령, 영적인 존재는 대부분의 경우 꿈을 꾼 사람의 성격이나 감정, 마음을 상징한다고 여기지만, 예지몽의 차원이라면 신적인 힘이나 강한 암시 그 자체로 해석한다.

따라서 신신령·부처·예수·하느님·성모 마리아, 그 밖의 영적인 존재을 보았다든가, 신의 소리를 들었다거나, 신의 존재를 의식하는 종류의 꿈은 만족과 번영·횡재·승진 등을 가져다 준다고 풀이한다. 그러나 꿈풀이에서는 일반적인 '신'의 의미로 꿈을 풀이하고 유추하기 때문에 특정 종교나 종파가 받드는 신의 개념만을 꿈풀이의 범위로 포함하지 않고 있다.

하느님·옥황상제에 관한 꿈

종교에 따라 호칭은 다르지만 어떻게 부르거나 우주 만물의 최고의 존재로서 하느님의 의의는 마찬가지라고 하겠다. 그러므로 하느님이라 생각되는 분의 경고나 계시는 그만한 가치가 있으며 절대적일 수 있다. 어쨌든 하느님의 꿈은 꾸지람이나 경고받는 일 이외는 모두 대길몽이다.

♣ **하늘에 올라가 직접 하느님을 만나 보는 꿈**

자신의 능력과 인격에 따라 다르겠으나, 하여튼 최대의 소원, 최대의 성공을 이룰 수 있다.

♣ **하느님의 계시를 받는 꿈**

하느님의 모습은 볼 수 없더라도 하느님이라고 생각되는 분으로부터 우렁찬 음성의 계시나 예언을 들었다면 성직자라면 진리를 깨우치거나, 일반인이면 그 계시에 의해 현실과 부합될 수 있다.

♣ 하느님께 도움을 청하는 꿈

현실에서 어떤 절박한 상태에 놓여 그 누군가의 도움이 있기를 갈망하는 심리 상태에서 꾸어지는 꿈이라고 하겠다. 만일 하느님이라 생각되는 분이 나타나 자신의 요청을 허락했다면 기적적인 구원을 얻을 수 있을 것이다.

♣ 하느님께 정성들여 절하고 비는 꿈

장차 자신이 간절히 바라던 소원이 이루어진다는 예시일 수 있다.

♣ 초월적인 존재로부터 약을 건네받는 꿈

병환 중인 환자가 이 꿈을 꾸었다면 곧 쾌차하게 될 것이다. 건강한 사람이 이 꿈을 꾸었다면 직위상 승진운이 있고, 실업자라면 곧 일자리가 생겨 근심이 해소될 징조다.

♣ 신이나 신적인 존재가 아닌 일반 성직자나 승려 등과 사찰이나 교회에서 이야기를 하고 있는 꿈

신상에 우환이 생길 징조다. 혹은 금전적인 손실이 따를 수 있다.

♣ 신이나 신령·부처·성현으로부터 꾸지람을 듣거나 그 자신을 노려보는 꿈

금전적인 손해가 따르거나 일에 심각한 장애가 겹쳐 좌절될 징조다. 일신상으로도 우환이 겹치게 되므로 주의를 요한다.

♣ 신이나 부처 · 성현 · 신령 · 예수 · 성모 마리아 등의 초월적 존재들과 이야기를 하고 있는 꿈

그 무엇과 비교할 수 없을 정도로 기쁜 일이 생길 징조다. 재물운이 들어 풍족해지고 널리 명성을 떨치게 된다.

♣ 신이나 부처, 신적인 어떤 존재로부터 모종의 지시나 명령을 하달받아 자신이 실행에 옮기는 꿈

지시나 명령을 받은 것만으로도 원하는 일이나 금전적인 면에서 큰 행운이 따르게 된다. 여기에 그 지시에 따라 실행에 옮기기까지 했다면 장차 이름을 빛낼 징조이므로 길몽 중의 길몽이다.

♣ 웅장한 궁궐문을 지키고 있는 병사 차림의 문지기를 보거나 만나는 꿈

궁궐문이건 성문이건 문을 지키는 문지기를 보거나 만나는 꿈은 예지몽으로서 병에 걸리거나 생활 환경이 악화될 우려가 있으므로 주의를 요한다.

♣ 옥황상제를 만나는 꿈

장차 복록을 누리게 될 길몽이다.

♣ 옥황상제에게서 하늘 나라에서 열린다는 복숭아를 받는 꿈

재물을 얻거나 장수를 누릴 길몽이다.

♣ 옥황상제 앞에서 절을 하는 꿈

벼슬을 얻거나 지위가 높아지고, 경영자는 재운이 열리며, 기타 가장 소원했던 바가 이루어질 것이다.

성인에 관한 꿈

공자·석가모니·예수 등 인류의 빛이 된 이러한 분들의 꿈은 대개 절실한 염원이나 소망이 있을 때 많이 나타난다. 공자·석가·예수 등이 꿈속에 나타나면 성인이란 의의만 취하면 된다. 다시 말해 특정한 종교의 대상과 불가피한 인연이 있는 것으로 생각할 필요는 없다.

♣ 성인에게 가르침을 받는 꿈

실제로 성적이 오르거나 지금까지 모르고 있던 지혜를 얻게 된다.

♣ 성인과 대화를 나누는 꿈

소원이 성취될 길몽이다.

♣ 성인 앞에서 무릎을 꿇는 꿈

점차 운이 열려 세운 뜻이 이루어지고, 부귀 영화를 누리게 될 길몽이다.

♣ 성인으로부터 약을 얻는 꿈

병자는 병이 낫고, 사업이 고난중에 있으면 해결책이 나오며, 명이 길어지고 오래도록 부귀 영화를 누리는 길몽이다.

부처 · 보살에 관한 꿈

부처나 보살은 꿈에 여러 가지 불상으로 보일 수 있고, 부처님이나 보살이라 생각되는 다른 모습으로 보일 수도 있다. 하여튼 어떻게 보이건 의의는 일반적이며, 위대한 인물 · 학자 · 은인 · 다른 신앙의 대상 · 성직자 · 거룩함 등을 상징한다.

♣ 스님이 주문을 외우면서 자기 집안으로 걸어오는 꿈

가족 중에 질환으로 고생할 사람이 생기거나 뜻밖의 우환이 생길 징조다.

♣ 비구니_{여승}가 검은 개를 데리고 자기 집 마당에 들어와 뱅뱅 돌고 있는 꿈

승려나 비구니가 자신의 집에 들어오는 꿈은 대부분 흉몽이다.

더구나 검은 개를 데리고 왔으니 개는 부하·충성·복종의 의미를 가지므로 자기 아랫사람이나 부하 직원 중에 자신을 배반할 사람이 나타날 징조다. 혹은 가까운 사람에게 보증을 잘못 서주거나 사기를 당해 큰 곤란을 겪게 된다.

♣ 스님이 목탁을 두드리면서 미친 사람을 위해 주문을 외우고 있는 꿈

부하 직원의 실수로 자신이 곤란한 상황에 처하게 된다.

♣ 관음보살이 자신에게 미소를 지으며 다가와 얼굴을 자세히 보니 자신이 아는 어떤 여인과 비슷하여 깜짝 놀란 꿈

관음보살은 남성의 꿈에서는 신적인 존재가 아니라 인간적인 측면을 상징하는 것으로 나타나는 경우가 많다. 대개 마음속의 여성상이나 어머니, 현재 사귀고 있는 연인이 관음보살의 꿈으로 나타난다. 꿈속의 그 여인 관음보살로 보인 이야말로 자신의 이상적인 여인상이므로 과감하게 자기 의사를 표시해 보는 것도 좋다.

♣ 지장보살이 자신의 이마를 짚어 주며 어떤 얘기를 했는데, 그 내용이 잘 생각나지 않는 꿈

지장보살은 어린 아이들의 수호신, 지옥의 고통을 구제해 주는 신이므로 이 꿈의 내용도 그런 것들과 관련되어 있다. 자신이 정신적으로 갈등하고 있었다면 곧 해결될 징조다. 또한 어린 자식 중의 하나가 몸이 아파 고생하고 있다면 멀지 않은 시기에 쾌차하게 될 것이다.

♣ 영험하고 신적인 어떤 존재가 자기를 부르는 꿈
그 신의 존재가 보이건 보이지 않건 간에 이 꿈은 길몽이다. 이제 고생은 끝나고 앞으로 행운과 기쁨이 넘치는 생활이 귀하를 기다리고 있다.

♣ 자신이 불단에 올라가 있거나 성직자가 오르는 단상에 서 있는 꿈
좋지 않은 꿈이다. 갑작스러운 사고나 창피를 당하게 되고, 재산상의 손해가 날 우려가 있다.

♣ 예불을 올리고 있는데 그 불상이 움직이며 뭐라고 말을 하는 꿈
길몽으로 직업상 좋은 일이 생기거나 재물이 들어오거나 명예가 상승할 일이 생긴다.

♣ 자기 자신이 꿈에 신선이나 부처, 성직자가 되어 있는 꿈
장차 자수성가하여 집안을 일으키고 부귀 영화를 누리게 된다.

♣ 스님이 경전을 읽고 있거나 목사가 설교하는 것을 보고 있는 꿈
집안에 근심이 생기거나 재물을 잃게 된다.

- ♣ 목이 말라 갈증으로 시달릴 때 신불이 나타나 물을 전해 주며 마시라고 권하는 꿈

  병환 중의 환자가 이 꿈을 꾸면 곧 쾌차하게 된다. 일반인은 근심·걱정이 사라지고 행운이 뒤따른다.

- ♣ 남자인 자기 자신이 절에 불공을 드리러 갔는데 불상 앞에 서자 갑자기 비구니여승로 변하는 꿈

  매우 불길한 꿈이다. 교통 사고 같은 뜻밖의 사고에 당황하게 되고, 재물의 손실이 따르게 된다. 자기 자신이 갑자기 수녀로 변하는 꿈 역시 마찬가지로 해석한다.

- ♣ 비구니여자 승려 옆에 스님이 나란히 앉아 불경을 읽고 있거나 이상한 시선으로 비구니를 바라보고 있는 꿈

  주변에 예기치 않은 말썽이 생겨 화를 당하게 되거나 구설에 휘말려 수치를 당하게 된다.

- ♣ 연로하고 박식한 고승이 참선하고 있는 것을 보는 꿈

  연로한 노승이나 학식이 해박한 고승은 높은 덕, 지적인 능력, 정신적 후원자를 상징한다. 그러므로 운세가 호전되어 행운이 따르게 될 징조다.

- ♣ 부처님이나 보살이 꿈에 보이는 꿈

  귀인의 도움을 받아 어떤 일이든지 순조롭게 진행될 것이다.

- ♣ 부처님이나 보살 등에게 절을 올리거나 기도를 하는 꿈

  평소 바라던 소원이 성취될 길몽이다.

♣ 부처님을 찾아 절에 들어가는 꿈

현실에서 신의 가호를 받게 되고, 특히 자손에게 좋은 일이 있을 징조다.

♣ 움직이는 부처님을 향해 절을 하는 꿈

큰 재물이나 자신에게 매우 소중한 것을 얻을 것이다.

♣ 부처님과 어떤 사람이 이야기를 나누는 것을 보는 꿈

대길한 꿈이므로 장차 복록을 누릴 것이다.

♣ 불상이나 불탑을 세우는 꿈

장차 운수가 크게 트여 하는 일마다 순조롭게 이루어지고, 가정이 화목해지며 여러 사람들로부터 존경받을 일이 생길 것이다.

♣ 절에 가서 불상 앞에 앉아 설법을 듣거나 경을 외우는 꿈

장차 운이 활짝 트일 징조다.

♣ 불상을 얻는 꿈

운수가 트여 행운이 따르며 재물이 크게 모이고, 공무원이나 회사원은 지위가 오를 것이다.

♣ 금불상을 얻는 꿈

대길한 꿈으로 소원이 성취되고, 여성은 크게 될 귀자를 잉태할 태몽이다.

♣ 석가모니의 피라고 생각되는 것을 마시는 꿈

위대한 인물을 만나 그에게서 정신적인 감화를 받게 된다.

예수 · 성모 마리아 · 천사에 관한 꿈

꿈에서의 예수는 위대한 인물 · 능력자 · 철학자 · 학교에서의 은사 · 스승 · 지도자 · 교육자 등을 상징할 수 있고, 성모 마리아는 자비로운 사람, 어머니, 애인, 복지사업가 등으로 상징될 수 있다. 천사도 대동소이하다고 보면 된다.

♣ 무릎을 꿇고 기도를 하고 있는데 그리스도(예수)가 나타나 자신의 머리를 쓰다듬어 주면서 환한 미소를 짓고 있는 꿈

꿈의 내용 그대로 위로와 평안을 상징하는 꿈이다. 동시에 소원이 성취될 꿈으로 풀이한다.

♣ 추기경이 행렬의 맨 앞에 서서 어떤 축복의 기도를 올리는 꿈

직위상 요직에 오르게 되거나 상사로부터 인정을 얻게 될 징조의 길몽이다.

♣ 여러 명의 사람들이 모여 있는데 추기경이 갑자기 자신에게 와서 손을 잡아 주며 축복의 얘기를 하는 꿈

자신이 추진하고 있는 일에 협력자가 나타나 잘 풀린다.

♣ 목사나 신부님이 자신의 목에 걸고 있던 금십자가를 벗어 건네 주는 꿈

요즘 추진하는 일에 주의를 하라는 의미가 담겨 있다. 경우에 따라서는 임신·출산의 징조로도 풀이한다.

♣ 하늘에서 예수님이 구름을 타고 내려오는 것을 보는 꿈

명예와 직위와 재물이 생기고, 애타게 바라던 소원이 이루어질 길몽이다.

♣ 예수님 앞에서 영세를 받는 꿈

소원을 성취할 길몽이다. 특히 입학 시험이나 고시, 취직 시험을 앞둔 수험생에게 대길할 꿈이다.

♣ 예수님의 동상이나 초상화가 선명하게 보이는 꿈

만사 대길하여 계획된 일이 척척 맞아 들어갈 것이다.

♣ 예수님이 걸어가는 모습을 본 꿈

어떤 협력자의 도움을 받아 세운 뜻이 쉽게 달성될 것이다.

♣ 예수님이 교회에 나타난 것을 본 꿈

귀인의 도움을 받아 세운 뜻이 쉽게 달성될 것이다.

♣ 성모 마리아 상을 본 꿈

현실에서 갈망해 오던 어떤 꿈이 이루어질 것이다.

♣ 하늘에서 천사가 내려와 자신을 데려가는 꿈

높은 관청이나 대기업에 채용될 것이다. 그러나 중환자나 노인이 이러한 꿈을 꾸면 사망할 징조이니 주의를 요한다.

♣ 성모 마리아가 자신 앞에 가까이 다가오거나 품에 안기는 꿈

훌륭한 지도자나 권력자 밑에서 일을 하게 되거나 평소의 소원이 무난히 이루어질 것이다.

♣ 천당이라 생각되는 곳을 구경하는 꿈

취직이 되어 큰 관청이나 기업에 출근하거나 평소의 소원이 이루어질 길몽이다.

신령에 관한 꿈

신령은 영적 존재를 칭하는데 고인이나 귀신, 도깨비 등과는 의미가 전혀 다르다. 신령이라 지칭할 수 있는 것은 산신령·용왕·백발 노인·신선 등으로서 모든 영적 존재의 상징인 위인·권력자·지도자·스승·학자·은인의 의미로 풀이될 수 있다.

♣ 백발에 하얀 수염을 기른 산신령이 나타나 자신에게 잔잔히 미소를 짓고 있는 꿈

농사를 짓고 있는 사람이 이 꿈을 꾸면 풍년으로 큰 수입을 올리게 되고, 장사꾼 역시 마찬가지다.

♣ 신이나 영적인 존재가 배가 고프다며 음식을 달라고 주문하는 꿈

장차 가문이 번성하고 일신상에 광명이 찾아들어 이름을 세상에 널리 떨치게 된다.

♣ 자신이 신이나 신령 등에게 밥을 얻어먹는 꿈

이 꿈은 위와 반대로 흉몽이다. 밥이나 국 등은 흔한 음식이므로 이런 것을 얻어먹는 종류의 꿈을 꾸면 상업에 장애가 따르고 뜻밖의 근심거리가 생긴다.

♣ 백발의 신선과 자태가 아리따운 선녀가 나란히 앉아 얘기를 주고받는 꿈

소원이 성취되고 집안에 경사가 겹칠 길몽이다.

♣ 백발에 나무 지팡이를 든 신령이 나타나 어디론가 자신을 데리고 가는 꿈

귀인이 나타날 징조. 고위직에 있거나 우연히 알게 된 사람이 큰 도움을 주어서 입신 양명하게 된다.

♣ 신령이나 산신이 나타나 구두나 신발류를 건네주면서 신어 보라고 권하는 꿈

만약 소송 문제로 그간 속을 끓였다면 장차 순조롭게 해결된다. 아울러 직업상의 변동이나 환경의 변화를 도모하면 이로운 결과를 얻게 된다.

♣ 신령에게 계시를 받는 꿈

그 계시대로 따라 하면 반드시 좋은 결과가 나타날 것이다.

♣ 신령을 모시거나 섬기는 꿈

신의 가호를 받아 어려운 일이 쉽게 성취되고, 기타 모든 일에 전망이 밝다.

♣ 신령 앞에 소원을 말하는 꿈

평소의 소원이 이루어지고 뜻밖의 재물이 생길 것이다.

♣ 신령이 공중에서 어떤 계시를 내리거나 예시를 하는 꿈

능력자의 도움을 받아 소원을 이루거나 장차 출세할 꿈이다.

♣ 신령이 주는 음식을 먹는 꿈

높은 신분이나 직책을 얻거나 일거리를 맡게 된다. 여성의 꿈이면 귀자를 임신할 태몽이라 보겠다.

♣ 신령에게 재물이나 돈을 바치는 꿈

청탁한 일이 순조롭게 잘 이루어질 것이다.

♣ 신령이 약이라고 주는 것을 받아 먹는 꿈

일반인은 소원이 성취되고, 환자의 경우 치료 방법이 새로 발견되어 병이 완치될 것이다.

♣ 산신령이 나타나 위험이 있을 것이라고 경고한 꿈

그 말을 깊이 새겨 현실에서도 세심하게 주의를 해야만 액을 면하게 될 것이다.

♣ 백발 노인에게 무엇인가를 받는 꿈

장차 일신이 영예로워지거나 부귀 영화를 누리게 될 것이다.

신선·선녀에 관한 꿈

신선에는 두 가지 형태가 있는데, 본래부터 하늘에 있으면서 하느님의 보좌역을 하는 하늘의 신선과, 인간이 도를 깨우쳐 불로장생의 경지에 이르면 신선이라 한다.

그러나 꿈의 상징은 동일한 것으로 보아야 한다. 꿈에서의 신선은 현실에서는 훌륭한 학자·권력자·고귀한 신분·성직자·골동품 등의 상징이고, 선녀는 수석 비서·인기 배우·가수·무용가·훌륭한 결혼 상대자의 상징이라 하겠다.

♣ **꿈에서 자신이 신선이 된 꿈**

관계하는 단체에서 융숭히 대접받게 된다.

♣ **하늘에서 신선이나 선녀가 내려오는 꿈**

최대의 이상을 실현할 수 있다.

♣ **도를 닦고 있다고 생각되는데 신선을 만나는 꿈**

우연히 고귀한 신분의 사람과 인연을 맺게 된다.

♣ **하늘에서 신선과 동자가 학을 타고 내려오는 꿈**

훌륭하게 될 귀자가 태어날 태몽이다.

♣ **신선에게 가르침을 받는 꿈**

장차 운이 활짝 열려 경영하는 일이 순조롭게 진행될 것이다.

♣ **신선이 자기 집으로 들어오는 꿈**

능력자의 도움을 받아 소원을 성취할 길몽이다.

♣ 선녀를 보는 꿈

앞으로 여러 가지 좋은 일이 생길 징조다.

♣ 선녀가 아기를 안겨 주는 꿈

장차 큰 인물이 될 귀자를 잉태할 태몽이다.

♣ 선녀가 하늘로 오르는 것을 보는 꿈

최대의 소원을 성취하고 입신 출세할 기회가 온다.

♣ 하염없이 길을 가고 있는데 갑자기 길이 없어지고 산이 막혀서 당황하고 있을 때 선녀가 홀연히 나타나 자기와 결혼해 달라고 해서 약속을 하고 함께 하늘로 올라가려 했던 꿈

남성이 이런 종류의 선녀 꿈을 꾸는 경우에는 이웃의 도움으로 입신 출세하거나 소원을 성취하게 될 징조다. 선녀뿐만 아니라 신선, 용왕 등이 등장하는 꿈은 대개 길몽으로 간주하여 건강과 장수·재물운·입신·권력으로 풀이한다.

♣ 신선이나 선녀와 결혼을 하거나 성관계를 맺는 꿈

만사 대길한 꿈으로서 집안에 계속 복록이 이어질 것이다.

♣ **신선과 마주 앉아 바둑을 두는 꿈**

고귀한 신분과 교제가 이루어지거나 직장에서 중요한 일에 함께 참여하게 될 것이다. 산에서 신선을 만나면 질병이나, 근심, 액운이 말끔히 사라질 것이다.

♣ **자신이 신선이 되어 하늘로 올라가는 꿈**

젊은이는 만사 형통하나, 나이 많은 노인은 진짜 하늘나라로 갈 수도 있다.

배설물·분비물에 관한 꿈

대변·소변에 관한 꿈

꿈은 가끔 본래의 가치나 의미를 뒤집어 나타내는데, 이 대변 꿈도 그 사례에 해당한다. 즉, 사회적으로 최고의 가치를 지닌다는 돈금전이 가장 혐오하는 것 중의 하나인 대변과 동일하게 간주되는 것은 꿈의 반대 가치 기능에 의해 나타나는 현상이다.

또한 대변이나 소변은 감출 수 없을 정도로 커진 추한 생각이나 감정, 태도를 상징하는 경우도 있다.

▼ **수북이 쌓인 대변을 손으로 마구 주무른 꿈**
뜻밖에 막대한 재물을 얻게 된다.

- 화장실에서 대변을 쳐 가는 꿈

  고민이 깨끗이 해소되고, 때로는 재물의 손실을 가져온다.

- 대변을 말려서 걸어 놓은 꿈

  남에게 자기의 일을 뽐내거나 관청에 소청할 일이 생긴다.

- 자기가 배설한 대변이 수북이 쌓여 가는 꿈

  여러 방면으로 사업이 점차적으로 번창하기 시작한다.

- 전신이 인분통이나 소변통에 빠진 꿈

  머지않아 큰 횡재수가 생긴다.

- 화장실을 찾아다녀도 마땅한 곳이 없어 들어가지 못한 꿈

  자기가 소원하고 있던 일이 뜻대로 이루어지지 않는다.

- 색깔이 탁하고 묽으며 극히 소량의 대변을 손으로 만진 꿈

  모든 일에 불만을 느끼고 있다는 상징이다.

- 집 안에 쌓여 있는 대변을 삽으로 뒤적인 꿈

  수중에 상당한 자본을 다루게 된다.

- 신체 일부분에 자기가 배설한 대변이나 남의 것이 묻은 꿈

  남에게 진 빚으로 몹시 고통을 받거나 창피를 당한다.

- 수북이 쌓인 대변을 삽으로 옮긴 꿈

  사업 자금을 남에게 부탁하게 되거나 예술가라면 작품을 다시 창작할 일이 생긴다.

❖ 배설하려고 화장실에 갔는데 변비로 인해 배설이 잘 되지 않거나, 남의 대변이 여기저기에 널려 있어 발 디딜 틈이 없어 한참을 망설이고 있는 꿈

현실에서도 이루고자 하는 일이 뜻대로 이루어지지 않는다.

❖ 솥 밑에 대변이 있는 것을 본 꿈

신변에 구설수가 생길 징조다.

❖ 오줌이나 대변을 밖으로 내다 버리는 꿈

손재수를 당할 조짐이며, 누가 훔쳐 가지 않아도 재산이 줄어들기 시작할 것이다.

❖ 오줌이나 대변이 땅에 가득 널려 있는 것을 본 꿈

장차 재물이 생길 것이다. 오줌이나 똥을 손으로 만져 보아도 돈이 생길 재수꿈이다. 단, 오줌·똥의 빛이 검거나 묽거나 그 분량이 몹시 적으면 만족스러운 결과를 얻지 못한다.

❖ 대변이나 오줌 벼락을 맞는 꿈

널리 소문날 만큼 크게 횡재할 것이다.

❖ 대변 냄새가 몹시 구려 숨을 쉴 수가 없는 꿈
주위에 좋은 일로 크게 소문이 날 것이다.

❖ 대변이 옷이나 발에 약간 묻는 꿈
명예나 체면이 깎일 일이 생길 것이다.

❖ 많은 분량의 대변을 그릇에 담는 꿈
남으로부터 욕을 먹거나 모욕, 창피를 당할 일이 생긴다.

❖ 대변을 가져다가 자기 집 가까운 곳에다 묻는 꿈
장차 많은 돈을 저축하게 될 징조다.

❖ 대소변이 잘 나오지 않는 꿈
어떤 일에 장애가 생겨 일의 진행이 느리고 답답한 상태가 좀처럼 풀리지 않을 징조다.

❖ 변소에 대변이 넘치는 것을 보거나 변소의 대변을 치우는 꿈
재수가 대통할 길몽이다.

❖ 대변이나 소변을 보기 위해 화장실에 앉아서 근심을 하는 꿈
취직·승진·특채의 기쁨이 있을 것이다.

❖ 자기의 소변이 큰 강을 이루거나 한 마을을 덮은 꿈
자기에게 큰 권력이 주어지거나, 자기 사상을 남에게 강력히 주장한다.

❧ **소변이 그득한 구덩이나 비료통에 소변을 본 꿈**
문필가는 잡지사에 새 작품을 투고하고, 사업가는 사업의 성과를 크게 올린다.

❧ **소변을 자기 집 화장실에서 본 꿈**
자기 집안 일이나 직장 일에 걱정거리가 생긴다.

❧ **세면장·물이 흐르는 개천에서 소변을 본 꿈**
자신에 관한 소문이 주위에 널리 퍼진다.

❧ **남이 소변 보는 것을 본 꿈**
남이 어떤 소원을 충족시킴을 보거나 남의 작품이 지상에 발표된 것을 감상한다.

❧ **재래식 화장실에 빠지거나 똥통에 빠져 대변 속을 걷는 꿈**
손실과 산재, 금전 피해를 입을 징조다.

❧ **대변을 자기 집으로 가지고 돌아오는 꿈**
큰 목돈을 만질 기회가 올 행운의 꿈이다.

❖ 화장실에 빠진 꿈
빠진 후 기어 올라올 수 있었다면 이득이 생긴다. 그러나 빠진 채 그대로 있으면 혼자 좋아 들뜨는 실수를 저지른다.

❖ 화장실의 변기에 발을 잘못 디뎌 오물이 묻었던 꿈
사업적인 이득과 가운이 번성할 재수 좋은 꿈이다.

❖ 자기 남편혹은 아내이 대변을 보는 것을 지켜 본 꿈
남편혹은 아내에게 뜻밖의 돈이 들어올 것을 암시한다.

❖ 소변을 보고 나서 심신이 가뿐해지는 꿈
생리적으로 소변을 보고 싶을 때 대개 이런 꿈을 꾼다. 그러나 예지몽이라면 재물운이 왕성해지고 행운이 겹칠 징조인 길몽이다. 이때는 소변량이 많을수록 행운의 정도도 높아진다고 본다. 여성의 경우에는 소변을 보는 꿈이 임신 예지몽일 수도 있다.

❖ 화장실 바닥에 대변이나 오줌이 깔려 있어서 불결하게 느껴졌던 꿈
재물이 쌓이고 집안에도 경사가 겹칠 암시다.

❖ 대소변을 퍼담는 차가 자기 집 마당에 들어와 오히려 대소변을 흩뿌려 놓는 꿈
마당이 오물들로 가득 덮였다면 엄청난 재산을 얻을 징조인 대길몽이다. 땅값이 갑자기 올라 거부가 되거나 유산 상속으로 일시에 거금을 거머쥐게 된다.

❖ 화장실 바닥에 쓰러져 대소변이 묻는 꿈
화장실에서 넘어진 것은 흉몽으로 장차 직위를 잃거나 명예가 떨어질 일이 발생한다.

▼▼ 대소변이 파도처럼 자기 몸을 향해 덮치는 꿈

소망 성취의 대행운몽이다. 관직으로 출세하거나 명예를 온 나라에 떨치고 부귀를 누릴 징조다.

▼▼ 화장실을 반들반들하게 청소하는 꿈

화장실 바닥이나 변기에 묻은 묵은 때를 완전히 벗겨내고 윤이 날 정도로 깨끗이 청소하는 꿈은 신분 상승의 기회를 맞게 되고 재물이 모일 길몽이다.

▼▼ 재래식 변소에서 대소변을 거름통에 퍼담아 논이나 밭에 뿌리는 꿈

자기 집 화장실에서 자신의 논밭에 거름을 주기 위해 퍼 나르는 꿈은 증권 투자, 사업상의 투자 등에서 더 많은 이득과 이권을 챙길 징조다. 또한 다른 사람의 화장실에서 거름을 퍼담아 자기 논이나 밭에 뿌리는 것도 길몽으로 다른 사람의 도움으로 큰 부귀를 손에 넣게 된다.

- **전기밥솥이나 냄비, 그릇에 똥이나 오줌이 가득 들어 있어서 당황하는 꿈**

    나쁜 일이 발생할 흉몽이다. 구설수에 올라 심리적으로 불안하고 예기치 않은 일로 재물을 잃게 된다.

- **대소변을 누려고 화장실을 여기저기 찾아다니는 꿈**

    대소변을 보려고 이곳 저곳을 찾아다니지만 사람들이 있거나 개 등의 동물이 지키고 있어서 끝내 해결하지 못하는 꿈은 원하던 일이 타인의 방해나 장애를 만나 좌절될 암시다. 사업적으로도 신임이 깎이고 사업 확장 계획은 중단된다. 매사에 막힘이 많아 심리적으로 불안, 초조해질 암시이기도 한 흉몽이다.

- **소변을 보기 위해 화장실에 들어가던 중 잠이 깬 꿈**

    자기가 바라고 있는 일이 좀처럼 이루어지지 않는다.

- **소변이 옷에 묻은 꿈**

    친척간이나 이웃간에 사소한 감정으로 다퉈 마음이 불쾌해진다.

- **자기가 소변을 누니까 주위가 갑자기 온통 바다가 된 꿈**

    자기의 작은 도움으로 큰 세력을 움직이게 만들어 소원 성취한다.

- **남이 보고 있어 소변을 누지 못하거나 잘 나오지 않은 꿈**

    무슨 일이든 자기의 소원이 만족하게 충족되지 않는다.

- **음식점 화장실에 들어간 꿈**

    유흥업소와 관련된 사업에 손을 대게 된다.

❦ 여러 군데를 두리번거리다가 화장실을 찾은 꿈

여러 기관을 이리저리 물색한 다음 한 곳에서 자기의 소원을 충족시킨다.

피에 관한 꿈

피는 오줌이나 대변과 마찬가지로 더럽게 생각되어 현실에서는 꺼림칙하고 거부감이 들지만 꿈에서는 재물로 상징되어 왔다. 또한 분량이 많을수록 좋게 여긴다. 그러므로 자신의 몸이나 남의 몸에서 나오는 피를 막론하고 콸콸 쏟아져 나오는 것을 보았다면 큰 재물을 거머쥘 대길몽이라 하겠다.

❦ 손이나 발에서 피가 계속 흘러 나오는 꿈

앞으로 재수가 대통할 것이다.

❦ 코에서 피가 많이 나오는 꿈

재수가 대통하여 재물이 생기고 경영중인 사업은 이익을 많이 남긴다.

🔻 **자신의 몸이 크게 다쳐 피가 줄줄 흘러 나오는 꿈**

모든 재난이 사라지고 장차 좋은 일이 생긴다. 특히 생각지 않았던 돈이나 재물이 생긴다.

🔻 **사람의 목을 쳐서 피가 흐르는 것을 본 꿈**

현재나 앞으로 경영하는 사업이 비약적인 발전을 하거나 많은 이익을 얻게 된다.

🔻 **한 방울 한 방울 적은 분량의 피가 나오는 것을 본 꿈**

재수가 꽉 막혀 수입은 답답할 정도로 적을 것이다.

🔻 **자신의 옷에 적은 양의 피가 묻는 꿈**

괜히 오해받을 일이 생기거나 누명을 쓰고 궁지에 빠질 우려가 있으니 주의 요망.

🔻 **칼에 맞아 피가 흐르는 꿈**

술과 음식과 돈이 생기는 재수꿈이니 무조건 외출하시기를.

🔻 **침상에 피가 묻어 있는 것을 본 꿈**

연인이나 배우자가 딴 사람과 몰래 정을 통하고 있음을 알려주는 꿈이다.

🔻 **온몸에서 피가 빠져 나가 한 방울도 남아 있지 않게 된 꿈**

경제적으로 큰 손실을 입게 될 징조다. 사업 관계로 요주의가 필요함.

▼ 칼에 손이 베이거나 몸이 베어도 피가 흐르지 않는 꿈

운수가 몹시 악화된 것을 상징한다. 신규 사업을 착수할 예정이었다면 당분간 뒤로 미뤄 둬야 할 것이다.

▼ 코피가 쏟아지기 시작하더니 멈추지 않아서 병원에 실려 갔지만 출혈 과다로 사망하는 꿈

큰 손실을 당할 징조다. 투기에 관한 계획은 얼른 중지하는 편이 좋다.

▼ 몸의 어딘가가 잘려서 피가 흐르는 꿈

행운이 암시되는 길몽이다. 그러나 그 피가 더럽고 검은색이었다면 좋지 않은 꿈으로서 불행을 당할 조짐이다.

▼ 붉은 핏물을 한 사발 가득 마시고 있는 꿈

생명력을 보충받는다는 상징 행위이므로 허약자는 요양의 기회가 마련될 징조다.

▼ 뱃속에 피가 고여 불룩해진 꿈

장차 많은 재물을 모으게 된다.

❖ 남이 코피난 것을 본 꿈

상대방으로부터 물심 양면으로 도움을 받는다.

❖ 사람이 죽어 피가 낭자한 것을 본 꿈

사회적으로나 집안 일로 얻어진 막대한 재물을 취급하게 된다.

❖ 자기가 찌른 사람의 몸에서 피가 나고 그 피가 자기 몸에 묻은 꿈

상대방에게 돈을 요구할 일이 있거나 그의 사업을 거들어 많은 재물이 생긴다.

❖ 상대방 몸에서 피가 나는 것을 본 꿈

여러 방면으로 남에게 피해를 입게 된다.

❖ 호숫가나 강이 핏빛으로 물든 꿈

진리·사상 등으로 많은 사람들을 영도하여 감동을 받게 된다.

❖ 항문에서 피가 흐른 꿈

사업상 생산품의 판매나 거래상 손실을 크게 입게 된다.

❖ 자기의 몸에서 피가 난 것을 본 꿈

여러 방면으로 자기에게 손실이 있게 된다.

❖ 사람을 칼로 찔렀는데 피가 나지 않는 꿈

자기의 일이 뜻대로 성사되지만 왠지 모르게 마음이 개운치 않다.

❖ 남의 몸에서 피흘리는 것을 보고 도망친 꿈

횡재의 기회가 있으나 그만 놓치고 만다.

🌿 상대방 옷에 더러운 피가 온통 묻어 있는 것을 본 꿈

상대방이 갑자기 죽는 것을 보거나 듣게 된다.

🌿 몸에 묻은 피를 닦아내거나 옷을 세탁한 꿈

성사 직전의 일이 그만 수포로 돌아간다.

🌿 코피가 터져서 온통 얼굴에 묻은 꿈

재물의 손실을 크게 입는다.

🌿 신령적인 존재의 손가락 피를 마신 꿈

위대한 학자나 성직자가 펴는 참된 교리·지혜 등을 배우게 된다.

눈물에 관한 꿈

꿈에서 우는 행위는 기쁨의 표현이다. 흐르는 눈물은 마음속에 굳어 있던 문제가 눈 녹듯 풀려 사라지는 것을 의미한다.

그러나 종종 예지몽으로서 현실에서도 정말로 눈물을 흘리며 슬퍼할 일이 발생하는 경우도 있다.

- **자신이 창 밖을 하염없이 바라보며 눈물을 흘리는 꿈**

  마음에 맺혔던 응어리나 현실적인 곤란, 병이 제거되는 것을 의미한다. 집안에 경사가 생기거나 축하받을 일이 생긴다.

- **누군가 멀리서 찾아와 울고 있거나 자기를 붙들고 하소연하며 우는 꿈**

  머지않아 친척 중에 죽을 사람이 생길 가능성이 높은 예지몽이다.

- **자기 자신이 너무나 슬퍼서 울부짖고 있는 꿈**

  대길몽으로 실타래처럼 엉켜 있던 문제가 깨끗이 해결될 징조다. 한탄과 슬픔이 클수록 큰 기쁨을 기대할 수 있다.

가래침·고름에 관한 꿈

가래침이나 고름은 대변과 마찬가지로 불길하고 더러운 것의 상징과 같이 생각되지만 해몽에서는 반대로 운기의 호전, 질환의 완쾌, 일의 성공을 뜻한다. 따라서 자기 몸이 고름투성이가 되어 있는 꿈은 꿈에서의 불쾌감과 비례하여 그만큼 행운이 커지는 길몽이다.

- **남이 뱉은 가래침이 옷에 묻는 꿈**

  상대방에게 큰 모욕과 불쾌함을 당하고 그 일로 서로 싸우게 된다.

- **입에 침이 마르는 꿈**

  정신적 또는 물질적인 자본이 고갈되거나 벗어날 방도가 없어 고통받게 된다.

❦ 상대방 얼굴에 침을 뱉는 꿈

상대방에게 정신적 혹은 물질적인 공격을 가해서 마음에 상처를 입힌다.

❦ 가래침을 시원스럽게 뱉는 꿈

오랜 숙원이 마침내 달성된다.

❦ 가래침에 피가 섞여 나오는 꿈

정신적인 고통이 해소되지만 약간의 물질적인 손실이 수반되기도 한다.

❦ 온몸에 고름이 흐르고 악취가 나서 사람들이 자신을 피하는 꿈

큰 재물이 들어올 징조이거나 명예를 세상에 떨치게 될 암시다.

음식물·취사 도구에 관한 꿈

음식물에 관한 꿈

흔히들 음식을 먹는 꿈, 특히 남에게 음식 대접을 받는 꿈은 감기 등 유행성 질환에 걸릴 징조라고 한다. 그러나 그것은 음식을 꺼림칙하게 먹은 경우에 그렇게 해석할 수 있고, 마음 놓고 맛있게 실컷 먹었다면 소원의 성취·일거리·저축·청탁을 받는 일 등과 깊이 관계될 수 있다.

❋ **남에게 음식 대접을 받는 꿈**
직장에서 책임 있는 일을 맡게 될 것이다.

❈ 초대를 받아 음식을 먹는데 마지못해 젓가락으로 끄적거리며 먹는 꿈

좋지 않은 구설수가 따를 징조다.

❈ 들에 나가 음식을 먹는 꿈

집에서 멀리 떨어진 장소에서 사업을 경영하거나 외근을 하거나 여행지에서 어떤 청탁을 받는다.

❈ 세계 여러 나라의 각료들이 모인 만찬회 석상에 자신이 참석하여 함께 음식을 먹는 꿈

저명 인사나 예술 단체에서 행하는 파티나 세미나 등에 초대받을 일이 생긴다.

❈ 부엌에서 음식을 열심히 만든 꿈

하고 있는 일을 재점검하거나 무언가를 새로 만들 일이 생긴다.

❈ 애인과 함께 중국집에서 음식을 먹는 꿈

현재 진행 중인 일이 잘 풀리지 않는다.

❈ **음식물을 전혀 씹지 않고 삼킨 꿈**

일거리가 쇄도하게 되며, 뜻밖에 많은 재물이 생겨 저축을 하게 된다.

❈ **야외에서 식사를 한 꿈**

대외적인 일을 맡거나 외근을 해야 하는 부서로 발령을 받게 된다.

❈ **진수성찬으로 차려진 음식상을 대한 꿈**

자신이 제시한 의견이나 아이디어 등이 주위에서 좋은 평판을 받게 된다.

❈ **음식상 옆에 똥이 있었던 꿈**

빚 보증을 섰던 일에 사고가 생겨 빚을 대신 걸머지게 되거나, 심하게 창피당할 일이 생긴다.

❈ **어떤 집에 가서 밥을 먹는데 주인은 쌀밥이고 자신은 잡곡밥이었던 꿈**

어떤 사람과 똑같은 일을 했는데도 상대방은 후한 대접을 받는데 자신은 그 반대가 되는 일을 경험하게 된다.

❈ **찌개가 냄비 속에서 요란하게 끓는 꿈**

자기의 이상형을 만나 열렬히 사랑하게 되나 상대방의 불분명한 태도로 짝사랑으로 그치고 만다.

❋ 여러 사람이 모여서 음식을 먹는데 자기의 그릇이 유난히 고급스러운 꿈

직장에서 진급을 하게 되고 남보다 뛰어난 사람으로 평가를 받게 된다.

❋ 잔칫집에서 음식을 맛있게 먹는 꿈

자신의 일 성과에 만족하게 되고, 정부기관에 부탁한 일이 이루어진다.

❋ 어두운 곳에서 식사를 한 꿈

혼자서만 알고 있어야 할 비밀이 생기고, 자신 없는 일을 맡아 책임지게 된다.

❋ 음식을 만드는 데 설탕을 사용한 꿈

작품이나 일의 결과가 자기 외에 다른 사람들에게도 큰 만족감을 준다.

❋ 집 안 구석구석에서 식초 냄새가 진동한 꿈

자신과 관련된 일이 구설수에 올라 고심하게 된다.

❋ 우유가 들어 있는 깡통이 공중에 둥둥 떠다니는 걸 본 꿈
자기 능력을 발휘할 좋은 기회가 온다.

❋ 화학 조미료나 기타의 조미료를 사용해서 음식을 만든 꿈
무슨 일을 하든 기분 좋게 처리가 되며, 그로 말미암아 자신의 능력을 널리 인정받게 된다.

❋ 소금이 넓은 들판에 산더미처럼 쌓여 있는 꿈
감당할 수 없을 정도의 사업을 벌이게 되어 많은 부채를 짊어지게 된다.

❋ 여러 가지의 과자류가 그릇에 넘치도록 들어 있는 꿈
누가 보아도 고급스럽다고 할 만한 일거리를 맡게 되거나 진행 중인 혼담이 성사된다.

❋ 반찬거리가 부엌에 가득 쌓여 있는 꿈
자금난으로 실행 못했던 사업 계획이 비로소 이루어진다.

❋ 산더미처럼 많은 파나 마늘을 소유한 꿈
충분한 사업 자금으로 세인이 놀랄 정도의 대규모 사업을 벌인다.

❋ 정육점에서 고기를 사 온 꿈
금전 거래에 있어 예상했던 만큼의 액수보다 적은 액수의 거래밖에 이루어지지 않는다.

❋ 파나 마늘 등을 사는 꿈
태몽이라면 아이가 성장해서 성직자나 교육자 등 정신적인 지도자가 된다.

❋ 된장이나 고추장 항아리에 구더기가 득실거린 걸 본 꿈

사업 자금으로 마련한 돈이 엉뚱한 일에 투자되어 손해를 본다.

❋ 어떤 형태로든 소금과 연관된 꿈

뜻밖의 고민거리가 생겨 마음 고생이 심하다.

❋ 음식을 먹는데 그 맛이 너무 신 꿈

자신있게 처리했던 일이 잘못되어 드러난다.

❋ 고추를 원료로 해서 만든 음식을 먹는 꿈

활동적이고 추진력이 요망되는 직업을 얻게 된다.

❋ 큰 시루에 가득 담긴 떡을 한꺼번에 남김없이 먹어 버린 꿈

모든 면에서 부족한 것이 없으며 세상에 이름을 떨칠 아이가 태어날 태몽이다.

❋ 우유를 벌컥벌컥 마신 꿈

책임 맡을 일이 생기고, 다른 사람과 상의해서 일을 추진하면 성과가 좋다.

❈ **밥상을 받았는데 밥은 없고 반찬만 즐비한 꿈**

무슨 일이든 주인공이 되지 못하고 겉돌게 된다.

❈ **고깃국에 건더기는 한 점도 없고 국물만 있는 것을 먹는 꿈**

정열적으로 일을 해 놓고도 거기에 대한 대가를 충분히 보상받지 못하게 된다.

❈ **국수와 같이 가닥으로 되어 있는 밀가루 음식을 먹는 꿈**

심한 라이벌 체제로 운영되어 오던 어떤 단체가 결합을 하는데 크게 기여하게 된다.

❈ **냉면을 맛있게 먹는 꿈**

해결 방법이 없어 미루어 놓았던 일이 말끔히 해결된다.

❈ **유난스럽게 매끄러운 미역국을 먹는 꿈**

계획대로 되는 일이 하나도 없다.

❈ **음식의 종류도 모르면서 닥치는 대로 먹어 치우는 꿈**

어떤 일이든 시원스럽게 해결해 내는 능력을 가진 아이가 태어날 태몽이다.

❈ **남에게 음식을 대접한 꿈**

남에게 부탁하거나 지시할 일이 생기며, 자신의 뜻대로 일해 줄 사람을 얻게 된다.

❈ **누군가와 겸상을 해서 음식물을 먹는 꿈**

혼담이나 계약 등이 시원스럽게 이루어지고, 여러 사람이 모여 무슨 일을 의논해도 의견이 일치된다.

❋ 남이 따라 주는 술을 받아 단숨에 마셔 버린 꿈

상대방의 교활한 계교에 빠지거나 명령한 일에 복종한 후 정신적으로 시달리게 된다.

❋ 썩어서 심한 냄새가 나는 음식물을 먹는 꿈

하는 일마다 결과는 헛수고가 되어 심한 좌절감을 느낀다.

❋ 큰 길 한복판이나 시장통에 앉아서 유유자적하며 술을 마시고 노는 꿈

사업으로 크게 성공하고 애타게 바라던 소원이 속히 성취될 암시로 행운의 길몽이다.

❋ 술을 거나하게 마시고 길거리에 쓰러져 자거나, 몸을 가누지 못하고 아무 데나 눕는 꿈

현재 신경을 과도하게 써서 마음이 매우 불안정한 상태에 있음을 나타낸다. 건강 악화·구설수·재물 손실이 우려될 뿐만 아니라 다른 사람들과 시비를 걸어 손해만 입게 되는 흉몽이다.

❋ **단란 주점이나 룸살롱에서 여자를 마구 희롱하며 술을 마시는 꿈**
부부관계에 큰 문제가 생기거나, 건강이 악화되어 질병에 시달릴 징조이다. 몸의 컨디션 조절에 주의를 요한다.

❋ **술을 얻어 마시며 즐거워하는 꿈**
대외적인 일로 몹시 곤란을 겪을 암시이다. 그리고 여러 명의 사람들에게 따돌림을 받거나 고립되어 소외감을 느끼게 된다. 또한 재물 손실의 우려도 있다.

❋ **남에게 술을 따라 주는 꿈**
말다툼이나 불화를 암시한다. 자신이 술을 따라 준 그 사람과 어떤 문제로 심각한 대립을 겪을 수 있다.

❋ **자기 집에서 술을 만들어 담그거나 양조장이나 주류 회사에서 술 만드는 일을 하는 꿈**
많은 이득과 경사가 있음을 나타내는 행운몽이다.

❋ **술지게미를 손으로 주무르고 있거나 먹는 꿈**
불쾌한 일이나 수치스러운 일에 휘말릴 암시다. 혹은 불명예스러운 일에 말려들어 현재의 직위를 상실할 조짐이다.

❋ **잔칫집에서 술 대신 식혜를 마시는 꿈**
식혜는 술과 비슷한 꿈의 의미를 갖는다. 따라서 대인 관계에 주의를 요한다.

❋ **어린아이들이 좋아하는 사탕 종류를 먹는 꿈**
평소에 하고 싶었던 일을 하게 되거나, 작은 소원이 이루어지게 된다.

❋ **어두운 방에서 음식을 먹는 꿈**

남 모르게 할 일이 생긴다. 그렇기 때문에 일의 진행이 느릴 것이다.

❋ **초대를 받아 술을 대접받는 꿈**

부귀와 장수를 누릴 꿈이다.

❋ **사람들을 모아 놓고 잔치를 베푸는 꿈**

장차 재산이 크게 늘어날 재수꿈이다.

❋ **음식을 보고 먹지 않는 꿈**

누구의 청탁이나 골치 아픈 일을 회피하게 된다.

❋ **국을 마시는 꿈**

감기 등 유행성 질환에 걸릴 징조다.

❋ **고깃국을 먹는 꿈**

골치 아픈 일을 혼자 떠맡게 된다.

❋ **미역국을 먹는 꿈**

계획한 일이 와해되고 시험이나 계약 따위가 불길하다. 단 소송 사건 및 피의자로 되어 있는 입장에는 도리어 좋은 꿈이다.

❋ **음식을 만드는 꿈**

손님이 오거나 어떤 복잡한 일에 손을 대어 많은 노력이 있은 뒤에야 성과를 얻게 된다.

❋ **고귀한 신분이라고 생각되는 사람과 함께 음식을 먹는 꿈**

능력 있는 사람의 도움을 받아 현재 진행중인 일이 만족스럽게 달성된다.

❋ **생선 및 날짐승으로 만든 고기 요리를 먹는 꿈**

길한 꿈으로 바라던 소원이 성취된다.

❋ **날고기를 먹는 꿈**

장차 흉한 일이 생길 징조다. 반대로 익은 고기를 먹으면 아주 길하다.

❋ **닭이나 오리고기를 먹는 꿈**

질병을 앓을 징조다.

❋ **대추·오디·참외를 먹는 꿈**

귀자를 탄생시킬 태몽이다.

❋ **밤을 먹는 꿈**

신변에 구설수가 생긴다.

독·뒤주에 관한 꿈

꿈에서의 독과 뒤주의 상징은 사업의 규모, 재산의 많고 적음, 창고, 금고 등 재물과 관련된 것을 의미한다.

❈ **독 안을 들여다보니 독 속에 물이 가득 차 있는 꿈**

재물이 늘게 될 길몽이지만, 독 안에 아무것도 없이 텅 비어 있으면 생활이 궁핍하거나 사업 자금이 딸릴 징조다.

❈ **독이 열려 있는 꿈**

무슨 일이나 속히 진전되고, 반대로 독이 닫혀 있으면 일의 진행이 느리지만 결국에는 그 일을 성취할 수 있다.

❈ **뒤주 안에 쌀이 가득 차 있는 꿈**

대길몽으로 재물·사업·가세가 는다. 반대로 뒤주 속이 텅 비어 있으면 장차 재산이 바닥나거나 빈궁한 상태가 오래 지속된다.

❈ **장독대에 독이 가득 있는 꿈**
　살림이나 사업이 번창하며, 독을 새로 사 오면 새로운 사업이 시작된다.

❈ **어떤 집 또는 공터에 독이 많은 것을 본 꿈**
　앞으로 할일이 많아진다.

❈ **독을 수레에 잔뜩 실어 놓는 꿈**
　여러 가지 사업을 하거나, 재산을 이곳 저곳에 축적할 일이 생긴다.

❈ **독 안에 간장이 가득 들어 있는 꿈**
　뜻밖의 재물이 많이 생긴다.

❈ **독 뚜껑을 열어 놓은 것을 본 꿈**
　가까운 시일 안에 직업·재물 등이 생긴다.

❈ **독 뚜껑이 덮인 것을 본 꿈**
　상당히 오랜 시일이 지난 후에야 사업 성과를 얻거나 재물을 얻는다.

솥에 관한 꿈

　솥은 취사 도구 가운데 가장 소중한 물건이다. 그러므로 꿈에서의 솥의 상징은 사업 기반·두뇌·회사·생산 본부·기획처·주모자·협조 기관·자금·재물·생명력 등에 비유될 수 있으므로 꿈에서 솥이 새거나 깨져 보였다면 매우 불길한 징조다.

❋ 솥 밑에서 물이 솟아 나오는 꿈

　고정 수입 이외의 재물이 생기는 재수꿈이라 하겠다.

❋ 솥이 엎어져 있는 것을 본 꿈

　장차 사업이 도산되거나 파직될 우려가 있으니 주의 요망.

❋ 솥을 밖으로 내가는 꿈

　이사를 하게 되거나 사업의 변동이 있다.

❋ 매우 큰 솥을 보거나 솥의 빛이 찬란해 보이는 꿈

　장차 경영하는 일이 날로 발전할 길몽이다.

❋ 솥에 음식 재료를 넣고 불을 때는 꿈

　어떤 사업을 지금 시작하고 있음을 뜻한다.

❋ 솥에 밥이 다 되어 있는 꿈

　하고 있는 일이 성취 단계에 있다.

❋ 밥이 설거나 타는 꿈

　사업 성과가 탐탁하지 못함을 나타낸다.

❈ 솥의 밥이 넘치는 꿈

지나친 사업 확장을 의미하니 주의 요망.

❈ 여러 그릇에 솥의 밥을 퍼 담는 꿈

이윤을 분배하거나 많은 고용인을 두게 된다.

❈ 솥이 크거나 고급인 꿈

사업체·기관 등이 크고 든든한 재력을 가졌음을 의미한다.

❈ 솥이 깨지는 꿈

벌여 놓은 사업이 실패로 돌아가거나, 집안에 뜻하지 않은 우환이 생긴다.

❈ 솥에 음식을 푹 삶는 꿈

연구·생산 등 일을 성사시키기 위한 노력의 경향을 의미한다. 음식이 설익으면 물론 성과가 나쁘다.

식기·소반에 관한 꿈

식기는 사업 방법, 사업 조건, 사업 자금 등을 상징하는 바 그릇의 품질에 따라 차이가 있다. 밥그릇을 얻으면 지위가 오르고 재물이 늘며, 혹은 귀자가 탄생할 태몽일 수도 있다.

❈ 그릇이나 냄비 등에 음식이 가득 담겨 있는 꿈

그릇에 담겨진 음식의 양이나 상태에 따라서 꿈의 의미가 달라진다. 음식이 가득 담겨 있고 더군다나 김이 모락모락 나며 보기만 해도 맛있어 보이는 꿈은 재물이 쌓여 가세가 넉넉해질 징조다.

❋ **밥그릇에 밥이 하나도 없거나 조금밖에 없는 꿈**

가정 형편이 몹시 궁색해질 징조다. 밥그릇뿐만 아니라 접시·냄비·솥 등의 식기에 음식이 없거나 조금밖에 없는 꿈은 돈에 쪼들릴 징조로 흉몽이다.

❋ **밥그릇이나 주전자 등을 사거나 선물받는 꿈**

생활 환경이 자꾸만 어려워지고 재산 피해가 따를 조짐이다.

❋ **젓가락을 들고 있거나 뭔가를 집어먹는 꿈**

젓가락은 음식을 입으로 운반하는 도구다. 그래서 수입의 수단이나 재산 축적의 예지몽으로 행운의 꿈이다. 떨어뜨리면 손재수의 꿈이다.

❋ **젓가락이 한 쪽밖에 없어 음식을 집을 수 없는 꿈**

배우자와 별거하거나 이혼할 위기에 부딪힌다. 혹은 가정 형편이 궁색해질 징조다.

❀ 냄비나 솥 안의 음식물이 빈약한 꿈

냄비와 솥은 집의 재산, 생활비, 가족의 건강을 나타낸다. 그런데 조리하는 음식물이 거의 없어서 빈약했다면 가정 형편이 곤궁해지고 생활이 힘들어질 징조다. 그러나 조리한 요리가 냄비나 솥에 넘치고 있으면 가족이 건강하고 재물운이 풍부해질 것을 암시하는 길몽이다.

❀ 숟가락을 들고 국을 떠 먹거나 그냥 들고 있는 꿈

숟가락은 젓가락과 거의 같은 의미를 나타낸다. 즉 부귀를 축적하는 수단을 암시한다. 이 외에도 정부를 암시하는 경우가 있다. 숟가락이 여러 개 나란히 늘어서 있는 꿈은 아내나 연인 외의 상대를 사귀고 싶다는 소망을 무의식중에 나타낸다.

❀ 쟁반에 음식물이 담겨 있는 꿈

쟁반은 여러 개의 음식을 들고 가거나 음식을 나르는 도구이므로 수저와 마찬가지로 재물이 쌓이는 예지몽으로 풀이하는 것이 일반적이다. 쟁반에 과일이나 음식이 가득 올려져 있으면 큰돈이 들어오거나 경사가 따르는 길몽으로 해석한다.

❀ 새로 산 그릇이나 냄비가 깨지거나 없어져 버리는 꿈

가족 중 누군가에게 곧 불행이 닥칠 징조다. 혹은 부부간에 마찰이 커져서 이혼, 별거할 수가 생길 징조이니 주의를 요한다.

❉ 접시나 반찬 그릇 등이 무척 더러워져 있는 꿈

반찬 찌꺼기나 음식 쓰레기가 묻어 더러워져 있는 식기는 가정 환경에 좋지 않은 변화가 나타날 흉몽이다.

❉ 식기를 엎어 놓은 꿈

불경기가 오래 가고, 식기가 더럽거나 녹슬면 종업원이 파업하거나 나태해진다.

❉ 접시를 깨는 꿈

계약·혼담 등이 깨지는데, 고의로 깨면 소원이 성취된다.

❉ 컵에 물이나 술이 가득한 꿈

정신적·물질적 소원이 충족되고, 그 일부만 차면 성과가 그리 만족스럽지 못하다.

❉ 나무 접시를 본 꿈

재수가 길하여 나날이 저금통장의 액수가 불어날 것이다.

❀ 수저가 많이 쌓인 것을 본 꿈
나이 많은 노인과 관련된 일이 생기거나 밥식구가 부쩍 늘어날 징조다. 식당을 하는 경우라면 매우 좋은 꿈이다.

❀ 녹슬거나 부러진 수저를 보거나 잃어버리는 꿈
재물이 줄어들 손재꿈이다. 그렇지 않으면 가족이나 가까운 친척에게 좋지 못한 질병이 이른다는 예시다. 또는 부부간에 이별할 수도 있는 흉조다.

병·쟁반·함지박·주전자에 관한 꿈

❀ 병을 얻는 꿈
자녀를 임신하거나 장차 임신될 태몽이다. 많은 병을 사거나 얻으면 병의 수요만큼 재물이나 돈이 생길 것이다.

❀ 방 안에 빈 병들이 가득 쌓여 있는 것을 본 꿈
근심이 생기거나 빚을 얻어 써야 할 일이 생기고, 장차 부채를 짊어지게 된다.

❀ 빈 병들을 내다 버리거나 누구에게 팔아 버린 꿈
빚을 갚게 되거나 근심거리가 깨끗이 사라질 징조다.

❀ 큰 쟁반을 얻는 꿈
좋은 혼담이 이루어지거나 바라던 일이 이루어질 것이다.

❋ 큰 쟁반을 보거나 얻는 꿈

좋은 가문에서 혼담이 들어오거나 사업 기반을 얻는다.

❋ 주전자에 물이 없어 마시지 못하는 꿈

기관을 통해 소원을 달성하기 어렵다.

❋ 바구니에 봄나물이나 반짝이는 보석이 가득 담겨 있는 꿈

보석이나 봄나물은 생명력의 활기를 의미한다. 따라서 활기가 넘치고 금전운이 대길하여 많은 이득과 행운을 얻게 될 예지몽이다. 그러나 바구니에 들어 있는 물건이 쓸모없는 것, 상하거나 시든 것, 불필요한 것 등의 잡동사니라면 자신에게 아무 도움도 되지 않는 것을 움켜쥐고 있다는 주의 촉구의 꿈이다.

❋ 바구니에 값비싼 물건들이 가득 차 있는 꿈

행운의 예시다. 금전상의 소득이 급증하고 건강상에도 매사에 활력이 넘친다.

❋ 바구니가 텅 비어 있는 꿈

금전·손실·불운·걱정거리를 암시하는 흉몽이다.

❀ **바구니가 망가져 있어서 물건을 담을 수 없는 꿈**
생활에 아주 쪼들리게 될 조짐이다. 여성의 꿈에서는 성적인 상징이 되어 부부관계에 대한 불안이나 두려움을 은연중에 나타낸다.

죽음에 관한 꿈

꿈꾸는 일이 두렵다고 말하는 사람들 중 대부분은 죽음이라든가 사고를 예지하는 꿈을 잘 꾸고 있으며, 또한 그대로 실현되고 있음을 체험을 통해 확인하고 있다.

대부분의 사람이 꿈의 실증적 체험에 대해 믿게 된 직접적인 동기가 죽음이나 질병, 또는 교통 사고 등을 예지해 주는 꿈을 자신이 직접 꾸었거나, 부모님 등 가까운 친지나 친구·이웃으로부터 꿈이야기를 듣고 현실에서 그대로 실현되는 일을 경험한 데서 비롯하고 있다.

꿈속에서 죽음으로 표현되는 것에는 여러 가지 형태가 있고, 또 각각 상징하는 바가 다르다. 또한 현실에서의 죽음이란 두렵

고 무서운 일이지만, 꿈에서의 죽음은 새로운 삶이다. 즉, 부활로 낡은 껍질을 벗고 새롭게 태어나는 최고 최대의 길몽에 속한다. 마찬가지로 남을 죽이는 꿈도 그 사람을 뜻대로 좌지우지하게 됨을 예지케 해주고 있다.

사망에 관한 꿈

죽는 것은 최대의 길몽이다. 이때 피를 온통 뒤집어쓰고 죽는 꿈이라면 더욱 좋다. 꿈에서 죽는 것은 낡은 껍질을 훨훨 벗고 새롭게 태어나는 부활의 의미를 지니고 있다. 이러한 꿈을 꾸게 되면 현실에서는 보다 발전적이고 진취적인 새로운 세계로 나아가게 된다. 또한 사업운도 대길이다.

- 부고를 받은 꿈
  통지나 편지 따위의 서류를 받게 된다.

- 확실하지는 않지만 누군가가 죽었다는 생각이 든 꿈
  자신과 연결되어 있는 어떤 일이 뜻대로 이루어지게 된다.

- 막연하게 누가 죽게 될 것이라는 생각을 가졌던 꿈
  뜻밖의 일이 이루어지고 미궁에 빠졌던 일의 실마리가 풀리게 된다.

- 병원에서 수술을 받다가 죽은 꿈
  어떤 물건·부동산 등의 매매가 이루어지고 축하할 만한 소식을 전해 듣게 된다.

부모상을 당하고 대성 통곡을 한 꿈
물심 양면으로 안정을 누리게 되고 계획을 실행하게 된다.

죽은 사람의 소지품이나 유서 등 그와 관련된 물건이 자기에게 배달된 꿈
대중 매체를 타서 이름을 떨치게 된다.

사람이나 짐승 등 움직이는 생명체가 죽은 꿈
자신이 없었던 일, 꺼려했던 일이 잘 해결된다.

자기가 죽은 사람의 영혼이라는 생각이 들었던 꿈
물질적인 만족감을 얻지 못하나 정신적으로 큰 만족감을 맛볼 일을 처리하게 된다.

자신이 잘 모르는 사람의 죽음을 슬퍼하는 꿈
장차 행운과 기쁨이 찾아올 징조다. 아울러 건강에 대한 자신감을 나타낸다.

잘 아는 사람이 죽었다고 해서 몹시 슬퍼하는 꿈
평소 그 사람과의 사이가 좋지 않았을 경우에 그 사람이 없어져 줬으면 하고 바라던 소망이 이런 꿈으로 나타난다.

동물을 죽여서 먹고 있는 꿈
큰 세력을 얻게 되거나, 자신을 이롭게 하는 협력자를 얻게 된다.

누군가에게 자신이 무참히 살해당한 꿈
자신의 인생 혹은 마음속에 자리잡고 있던 뭔가가 청산되어 새로 대이남을 나타낸다. 운수가 호전되고 건강과 장수를 누린다.

부모님이 강도나 흉악범에게 살해당하는 꿈
예지몽이라면 부모님에게 경사가 겹친다. 또한 가정적으로 화목과 번창을 누릴 징조다. 그러나 단순히 상징몽이라면 권위적인 부모님과의 관계를 청산하고 싶다는 소망이 담겨 있다.

자신의 애인이 누군가에게 살해되어 강물에 버려진 꿈
애인에게 행운이 찾아올 암시다. 그러나 상징몽이라면 자신이 요즘 애인이 부담스러워져서 그만 눈앞에서 없어져 주기를 바라는 소망이 담겨 있다.

자신이 부모님을 죽이는 꿈
꿈 그 자체는 대단히 끔찍하지만 꿈 해석은 이와 반대로 앞날에 대한 밝은 희망을 제시한다. 이런 꿈은 대개 사춘기의 청소년층이 많이 꾸는데, 그들이 정신적으로 부모에게서 독립할 준비가 되어 있음을 무의식 중에 나타낸 것이다.

❌ 자신이 잘 모르는 누군가를 죽이거나 죽여서 먹는 꿈

소원 성취의 행운을 암시한다. 특히 생활 전반에 걸쳐 적극적인 변신을 시도함으로써 사업상, 건강상 큰 이익을 얻게 된다.

❌ 예리한 칼로 스스로 상처를 내며 자해하는 꿈

이 꿈 역시 대길몽으로 행운과 명예의 상징이다. 그러나 자해를 했으나 피가 흐르지 않으면 오히려 좋지 않다. 얻는 것이 있다고 해도 빈약해지거나 큰 불행이 찾아올 암시가 된다.

장례 · 제사에 관한 꿈

결혼 · 사업 · 재출발 · 재생, 마음의 찌꺼기를 청산함 등의 의미로 장례식에 관한 꿈을 풀이한다. 물론 예지몽이라면 꿈 그대로 장례식에서 주인공이 되었던 사람의 죽음을 암시한다.

❌ 집에 초상이 난 꿈

직장이나 자기가 관련된 사업장에서 평소 생각했던 문제가 이루어진다.

상여 앞에 수없이 많은 만장이 늘어서 있는 것을 본 꿈
하는 일마다 실패를 거듭하게 되나 멀지 않은 때에 권력자의 협조를 받아 세상 사람들이 놀랄 만한 일을 성사해 명성을 얻게 된다.

조상에게 제사를 지낸 꿈
권력가나 손윗사람에게 청탁할 일이 있다.

초상집에 조의금을 낸 꿈
자기의 사업과 관계된 기관에 청탁할 일이 생기게 된다.

혼사가 며칠 앞으로 다가왔는데 상대편 집에 초상이 난 꿈
결혼식이나 집안의 대사를 연기해야 할 일이 생긴다.

제사를 지내다가 자기가 퇴주를 한 꿈
어느 기관에 부탁한 일이 마무리되거나, 아니면 취소되는 등 확실한 결말을 보게 된다.

상여가 나가는데 그 뒤를 따르는 조문객이 상상 외로 많은 꿈
숫자만큼 꿈 속의 망자를 숭상하거나 생전의 그의 정신을 기리는 사람이 많이 있어 도움을 준다.

조상의 묘에 성묘를 한 꿈
자기를 도와 주려는 사람이나 평소 가깝게 지내던 사람에게 부탁할 일이 생긴다.

상여가 나가는데 많은 만장이 만국기처럼 펄럭이고 조객이 헤아릴 수 없이 많은 꿈

사회에 이바지한 일이 많을 만큼 훌륭하여 그가 죽은 뒤에도 그 이름이 사람들의 입에 오르내릴 만한 인물이 태어날 태몽이다.

제삿상에 직접 술을 따라 올린 꿈

자기 힘으로는 도저히 해결할 수 없었던 일을 정부의 도움으로 해결하게 된다.

남의 집에 초상난 것을 본 꿈

꿈 속의 초상집에 애사나 경사가 일어나 많은 사람이 모이게 된다.

대통령이나 정부 고관이 죽어 국장 행렬을 구경한 꿈

생애 최고의 명예스러운 일을 맞게 된다.

집에 초상이 나서 울음소리가 천지를 진동할 정도인데 상여를 들여온 꿈

먼 곳까지 소문이 날 정도로 사업이 번창하거나 좋은 일이 생기게 된다.

장례식이 진행되는 것을 보거나 거드는 꿈

사업적인 교류가 확대되고 재산상의 이득을 얻을 징조다. 다만 예지몽인 경우에는 친척 등의 죽음을 암시하므로 꿈속에서 죽은 인물이 누구인가에 신경을 써야겠다.

장례식장에 가거나 초상집에서 죽은 사람을 본 꿈

명문댁과 혼담이 있거나 경제적으로 부유해질 조짐이다.

영안실에서 제단 위에 놓여진 사진을 본 꿈

그 사진 속의 인물에 대한 관계 청산을 소망하는 꿈이다. 즉 사진 속의 인물에 대한 거부감·증오·꺼림칙함을 나타낸다. 그러나 예지몽이었다면 사진 속의 인물이 실제로 죽음을 맞이할 암시일 수도 있다.

자신의 장례식이 치러지는 꿈

인생의 새로운 무대에 진출하게 될 길몽이다. 승진·독립·결혼·신규 사업·관직으로의 등용이 암시된다.

상여가 나가는 것이나 장례식이 치뤄지는 것을 우연히 보거나 만나게 되는 꿈

우연한 계기로 생각지도 않은 큰 이득을 얻게 된다.

자신이 잘 모르는 사람의 장례식에 참석한 꿈

예기치 않은 이득을 얻거나 뜻밖의 유산 상속을 받을 암시로 물론 길몽이다.

송장·해골에 관한 꿈

송장과 죽은 사람은 의미가 다르다. 죽은 사람이란 실제 죽은 사람이 꿈에서 나타나는 것이고, 송장은 그 신분을 막론하고 말 그대로 죽어 있는 사람이다. 송장꿈은 재수꿈이란 것을 누구나 다 알고 있지만 송장꿈을 꾸었다 해서 무조건 재수가 좋은 것이 아니다. 어떤 형태로 꿈이 꾸어졌느냐에 따라 재수가 좋을 수도 있고 나쁠 수도 있다.

시체를 염하거나 목욕을 시킨 꿈
앞으로 재운이 활짝 열려 많은 돈을 벌게 될 것이다.

시체를 들거나 등에 짊어지거나 가슴에 안은 꿈
재수가 대통할 길조인 바 가까운 시일 안에 돈벌이가 좋은 일거리를 얻게 될 것이다.

송장을 내다 버리거나 묻는 꿈
모처럼 얻은 재물을 다시 잃게 될 우려가 있는 흉몽이다.

관 속의 송장에서 썩은 물이 흐르는 것을 본 꿈
재수가 대통할 길몽 중의 길몽이다.

시체에서 구더기가 우글거리는 것을 본 꿈
이는 재수꿈 중에서도 가장 좋은 꿈이므로 회사를 차리면 장차 큰 재벌이 될 수 있다.

송장을 불에 태우는 꿈
적은 자본으로 성공해서 큰 사업을 경영할 것이다.

관 속에 누워 있던 시체가 스스로 일어나 관 밖으로 나오는 꿈
일이 중도에서 실패하거나 자금줄이 끊긴다.

시체를 발로 차 굴리는 꿈
자금을 여러 차례 활용할 일이 생긴다.

시체가 되살아나는 꿈
계획한 일이 수포로 돌아가거나 필요한 사업 자금을 되돌려 주게 된다.

시체를 맞아들이거나 걸머지고 오는 꿈
오랜 소원이 성취되고 돈·재물 등이 생긴다.

시체를 내다 버리는 꿈
모처럼 얻은 일의 성과나 재물을 헛되이 상실한다.

시체를 길가에 내놓는 꿈
일의 성과를 세상에 널리 광고할 일이 생긴다.

시체를 무덤 속에 묻는 꿈
재물의 보관이나 일의 성과를 타인에게 위탁하게 된다.

자기가 죽인 시체를 땅을 파고 묻는 꿈
어떤 사건을 깨끗이 처리하거나 비밀에 부칠 일이 생긴다.

누군가 시체를 운반하는 것을 보는 꿈
남이 자기 일을 대신 깨끗이 처리해 준다.

시체가 무서워 도망치는 꿈
모처럼 돈이 생기려 해도 얻지 못하거나 일의 성과가 자기 것이 되지 않는다.

시체가 몇 배, 몇십 배로 불어나 방 안에 가득 차는 꿈
장차 큰 부자가 되거나 사업이 크게 증진된다.

시체에 절을 하며 우는 꿈
뜻밖의 유산을 상속받는다.

❈ 시체가 불어나 커지면서 뒤를 쫓아오는 꿈

많은 빚을 걸머지고 심적 고통을 받거나, 극심한 생활고에 허덕이게 된다.

❈ 죽인 시체에서 소지품을 빼앗아 가지는 꿈

어떤 일을 성취한 후 큰 소득이 생긴다.

❈ 마루 밑에서 해골을 파내는 꿈

특허권·졸업장·학위증·상장·표창장 등을 받는다.

❈ 밭을 갈다 해골을 발견하는 꿈

뜻밖의 재물을 얻는다.

관에 관한 꿈

관이란 시체를 넣어 장사를 지내기 위한 물건이지만 꿈속에서 보았을 때 시체가 없는 빈 관과 시체가 있다고 생각되는 관은 의의상 큰 차이가 있다. 꿈에서의 관의 상징은 가방·돈지갑·비밀·신비·은행·금고 등을 나타내지만 꿈의 형태에 따라 각기 달리 풀이할 수 있다.

❈ 시체가 들어 있다고 생각되는 관을 집으로 들여오는 꿈

벼슬과 재물을 얻는 길몽이다.

❈ 관이 물 위로 떠오르는 것을 본 꿈

장차 재물이 생길 길조다.

※ 관 속에 시체가 없이 텅 비어 있는 것을 본 꿈
  장차 실속이 없는 일에 관여하게 되거나, 현재 진행중인 일이 힘만 들지 실속이 없음을 예시한 것이다.

※ 관을 열고 그 안에 들어 있는 시체와 말을 나누는 꿈
  좋지 않은 일이 생길 징조이니 주의 요망.

※ 누군가 관을 만들 재목을 가져다 주거나 자신이 가지고 들어오는 꿈
  재수가 열릴 징조이므로 사업에 운이 활짝 트이고, 혹은 예상치 않았던 재물을 얻게 된다.

※ 관을 가지고 집으로 들어오는 꿈
  취업이나 승진에 좋은 일이 있고, 재물이 생기는 길몽이다.

※ 죽은 사람이 관 뚜껑을 열고 살아서 나오고 있는 꿈
  뜻밖의 반가운 손님이 찾아올 징조다.

누군가의 옆에 관이 놓여 있는 꿈
그 누군가에게 불행한 일이 발생할 징조다. 그러므로 그 인물이 누구인지 잘 생각해 볼 것.

관 속에 자신이 누워 있거나 관에 들어가는 꿈
자기 신변에 불쾌한 일이 일어날 징조로서 예지몽이다. 그러나 반드시 죽음과 결부되는 것은 아니므로 크게 염려할 필요는 없다.

죽은 사람을 관에 넣고 있는 꿈
재산 획득이나 이득이 생길 행운의 예지몽이다.

관을 운반할 사람들이 오고, 밖에는 영구차나 상여가 대기하고 있는 꿈
부모님에게 불행한 일이 닥칠 징조. 특히 노환 중이라면 죽음이 곧 닥친다는 예지몽이다.

시체가 들어 있지 않은 빈 관이 놓여진 꿈
그 관에 누군가 들어가게 된다는 암시, 즉 죽음을 암시한다.

무덤에 관한 꿈
무덤 또한 송장이나 관과 마찬가지로 금전상의 이익이나 유산 상속, 소원 성취를 이룰 징조로 여긴다.

무덤의 둘레가 유난히 길다고 생각됐던 꿈
뒷배경이 든든한 사람을 만나고, 사업상의 일을 의논하게 된다.

무덤 옆에 아담한 정자가 있는 것을 본 꿈
명성을 온 세상에 퍼뜨릴 유명인이 태어나게 될 태몽이다.

무덤에 불이 활활 타는 것을 본 꿈
사업상 교제나 사업이 눈에 띄게 번창한다.

무덤의 한 곳에서 빨간 피가 철철 흐르는 것을 본 꿈
금융기관을 통해서 대출을 받거나 종교에 귀의해 정신적인 안정감을 얻게 된다.

무덤에 밝은 햇살이 비친 꿈
사업을 시작하게 되거나 혼담이 성사되고, 직장인은 진급을 하게 된다.

무덤에서 사람의 손이 나와 손짓을 한 꿈
빚쟁이에게 빚 독촉을 받아 시달리게 된다.

시체를 공동묘지에 매장한 꿈
사회 사업에 적극적으로 참여할 일이 생긴다.

무덤이 반쪽으로 갈라진 꿈
시험에 합격하거나 취직을 하게 되며, 잘 풀리지 않던 일이 속 시원히 풀어지게 된다.

시체를 대충대충 매장하는 꿈
자기의 일을 남에게 밝히기를 꺼려하며 혼자서 비밀로 한다.

바로 윗대(아버지 계열)의 무덤이 즐비하게 늘어서 있는 것을 본 꿈
거래 회사에 근무하는 직원에게서 많은 협조를 받게 된다.

오래 된 무덤 옆에 집을 짓거나 선조의 묘자리를 잡은 꿈
전근을 하거나 옛날 고향집으로 이사하게 된다.

무덤 앞에 서 있는 망주석을 본 꿈
중개인을 통해 거래할 일이 생긴다.

관을 넣고 무덤을 만드는 광경을 본 꿈
중요한 물건을 보관할 금고 등을 사들이거나, 자기 혼자만의 비밀로 간직해야 할 일이 생기게 된다.

유난히 봉긋한 묘를 본 꿈
사회적 저명 인사와 어울릴 만큼 자신의 지위가 향상된다.

묏자리를 선정한 꿈
생활에 안정이 되는 일을 찾게 되고, 많은 재물이 생기는 일거리를 맡게 된다.

▨ 비석에 새겨져 있는 비문을 자세히 들여다보고 읽은 꿈

번역이나 원고 청탁을 받게 된다.

▨ 무덤 속에서 밝은 빛이 새어 나온 꿈

금은 보화가 생기고, 자신의 명예와 관계되는 일을 말썽 없이 성취하게 된다.

▨ 무덤에 붙은 불이 꺼지지 않고 자꾸 번지기만 하는 꿈

자기가 행한 좋은 일들이 어떻게든지 소문이 나서 그로 말미암아 많은 협조자가 줄을 잇게 된다.

▨ 공동묘지가 있던 자리에 집을 지은 꿈

새로운 일거리가 생기거나, 새로운 거래처가 나타날 징조다.

색 · 숫자 · 소리 · 맛에 관한 꿈

색과 관련된 꿈은 여성들이 남성들보다 자주 꾼다고 한다. 이것은 일반적으로 여성이 남성보다 감정의 변화 폭이 크기 때문이다. 색깔에 관련된 꿈은 상징성과 자신의 감정적 의미를 종합해서 판단해야 한다.

꿈을 대개 흑백으로 꾸는 사람에게 있어서의 색깔은 정신적 혹은 정서적 의미가 풍부한 경우가 많다.

종종 흑백의 꿈속에 한 가지 색깔이 두드러지는 경우가 있다. 그런 경우에 그 색깔은 아주 특별한 의미를 갖는다. 그 의미는 이해하기에 그다지 어렵지 않다.

붉은 색은 분노, 녹색은 선망이나 울적한 기분, 자주색은 열정

등과 같이 공동의 비유적 표현으로부터 그 의미를 얻을 수 있다.

흰색은 모든 색깔이 하나로 융합된 것이다. 따라서 흰색은 완전성과 순수성, 무구성과 청결성을 의미한다. 흰색은 대체로 매우 긍정적인 의미를 가졌고, 좋은 함축성이 연관되어 있다.

하지만 어떤 문화권에서는 죽음을 새로운 시작으로 보기 때문에 죽음의 색깔을 의미하기도 한다.

검은 색은 일반적으로 미지의 색깔을 상징하기 때문에 미지의 것과 관련된 공포심을 의미한다. 꿈속에서 어둡게 보이는 물건은 글자 그대로 어둠 속에 있는 것이다.

빨간색은 원색들 가운데 으뜸으로 대체로 힘이나, 활력, 에너지를 의미한다. 그 해석은 모든 색깔의 경우와 마찬가지로 색조와 다른 색깔들과의 관계, 꿈속에서의 상징에 따라 다르다.

주홍색은 때때로 자기 중심성을 의미한다.

핑크색이나 산호색은 미숙성을 의미하는 색깔이다.

한편 빨간색이 간혹 전쟁과 희생을 의미하는 일도 있다.

풍성한 장미는 사랑의 색채이다. 같은 빨간색이라고 해도 색조

가 다르면 의미도 달라진다.

오렌지색은 우정의 색깔이고, 종종 욕망의 색채가 되기도 한다. 동양에서 오렌지색은 모든 욕망을 버린 사람이 획득하는 색깔이기도 하다.

황색이 많이 섞인 레몬 그린은 부러워하는 마음이 드는 것을 의미하여 속았다는 결과로 끝나게 되는 일도 있다.

녹색은 젊음과 다산성, 즉 봄에 싹트는 녹색과 계속되는 좋은 일들을 상징할 수 있다.

청색은 항상 정신·기도·하늘 등을 표현하는 색채이다. 엷은 청색은 성숙을 향한 투쟁을 의미하는 경향이 있고, 짙은 청색은 잘 되어 가고 있다는 더욱 실질적인 것을 의미한다. 이 색채는 영혼의 높은 성취와 관련되어 있다.

남색이나 진홍색은 우리가 에너지를 동원하여 침울한 상태를 유지하기 시작하는 과정을 상징한다. 그러므로 이런 상태를 극단적으로까지 몰고 가는 것을 일컬어 '진홍빛 열정'이라고 부르게 되었다.

금과 은도 꿈에 종종 나타나는 일이 있다. 금은 태양의 신비로운 측면과 대응하고, 은은 달과 대응한다. 황금색은 태양 광선의 이미지를 가지고 있기 때문에 신성神性의 지혜를 상징한다. 뿐만 아니라 풍부한 영성을 의미하는 우월성을 가지고 있으며, 신으로부터 오는 빛을 상징한다.

은색은 달과 마찬가지로 우리가 마음속으로 이 빛을 어떻게 반영하는가 하는 것을 상징한다. 은색은 정신 활동, 즉 수은 같은

민첩한 사고력과 관련이 있다. 은색은 수명이 짧고 자극적인 데 반해, 금색은 더욱 견고하며 비록 잽싸지는 않다 하더라도 치유력이 있고 안정적인 함축을 갖는다.

다음에는 **음향**에 관해서 이야기해 보자.

꿈속에 노래가 등장하는 일이 많으며, 그것을 풀이하는 작업은 재미있는 일이다. 대체로 꿈의 의미는 노래 제목이나 가사의 어딘가에 숨어 있거나, 우리가 그 노래를 들을 때 가지고 있던 특별한 연상과 관계를 가질 수 있다.

즉 '도'는 스펙트럼 속에서의 적색에 대응하고, '레'는 오렌지색에 대응하는 등의 방법으로 표시된다.

꿈속에서 **숫자**는 꿈꾸는 사람에 대해서 특별한 의미를 가진다. 종종 숫자는 5일 후에 무슨 일이 일어날 것 같은 경우 꽃 다섯 송이를 보는 것으로 상징되는 처럼 비교적 단순한 경우가 많다. 이런 종류의 계산이 꿈꾸는 사람에게는 가장 중요한 메시지를 갖는 것일 수도 있다.

'1'은 통일성 · 자아 · 행동력 · 시작이나 기원을 의미한다.

‘2’는 최초의 분할을 의미하며, 양쪽 모두 강할 수 있다. 만약에 양쪽이 합세하여 일할 때 그들끼리 대립적인 태도를 취한다면 약화된다.

‘3’은 정신적인 창조의 결과이다. 이것은 ‘1’을 가진 아이디어와 약한 ‘2’가 합쳐진 것이다.

‘4’는 그 아이디어나 개념을 섭취하여 물질적으로 실체화시킨다. 이것은 사물들이 4각형이 되는 경향을 나타내는 물질 세계의 수이다.

‘5’는 물실 세계를 탐색하기 시작하여 변화의 능력을 개발하고 물질 세계의 상황에 적응하는 수이다.

‘6’은 정신적 측면과 신체적 측면 사이의 균형수이다.

‘7’은 정신적 각성의 수이다. 이것은 우리가 정신적 발전 속에서 배우는 사물을 의미하는 수이다.

‘8’은 힘과 허약함을 나타내는 또다른 수이다. ‘8’은 ‘7’에서 얻은 영적 지식과 물질적, 정신적 지식을 균형잡는 능력을 상징한다.

‘9’는 사람이 신체·정신·영의 세 가지 측면에서 성취한 균형과 기능이 완성되는 것을 의미하는 수이다.

‘10’은 우주의 숨은 의미를 더욱 잘 자각하게 되는 또 다른 수준의 새로운 시작이다.

꿈에 나타나는 수들을 풀이할 때는 대개 1에서 9까지의 수로 제한하는 것이 최선이며, 특별한 경우에만 높은 숫자들을 동원한다.

꿈에 ‘0’이 나타나면 그것이 숫자의 끄트머리에 있을 경우에

는 일반적으로 강조를 위한 것이다. 즉 꿈에서 '5000'이 나타났다면 그것은 단순히 '5'가 나타나는 경우보다 더욱 중요할 것이다. 왜냐하면 '0'이 강조의 역할을 하고 있기 때문이다.

전체적으로 밝게 빛나고 기분 좋게 느끼는 색의 꿈

행복한 암시라고 생각하면 된다. 연애운·건강운·성공운 등이 순조롭게 상승하고 있다고 해석하기 바란다. 기본적으로 색의 꿈이라는 것은 선명할수록 좋은 암시이며, 선명할수록 영적으로 고차원적인 꿈이다. 바로 그 점으로 전세의 단서 등 근거도 간파할 수 있다.

꿈 전체가 어두운 색, 탁하고, 희미하게 느끼는 꿈

가라앉은 기분을 연상케 한다. 이런 경우에는 기본적으로 좋지 못한 암시이다. 연애운·건강운·인기운·성공운 등이 하강을 나타내고 있고, 실생활이 정돈 상태에 있음을 알리고 있다. 여러 가지 면에서 주의하는 시기다.

금색에 관한 꿈

금색은 미지의 능력을 암시한다. 이른바 계시가 내려지는 일이 많은 것이 특징이다. 특별한 능력을 하사받을 때 꾸는 꿈으로 인생에 한 번 있을까말까 할 것이다. 좀처럼 꾸는 일이 없다.

은색에 관한 꿈

은색은 마음의 만족감을 나타낸다. 교양, 지성에 대한 자신이 넘치고 운세도 자기 힘으로 가까이 끌어당길 수 있는 사람일 것이다. 인생의 성공이 꽤 높은 확률로 약속될 것 같다.

빨간색에 관한 꿈

빨강은 정열의 상징이다. 붉은 옷을 입은 당신이 꿈에 나타나거나 붉은 꽃이 강조되는 꿈은 당신이 정열가라는 신호이다. 혹은 지금이야말로 정열적·행동적이 될 시기임을 꿈이 가르쳐 주고 있다.

파란색에 관한 꿈

파랑은 지성의 색으로 침착한 성격, 지성적인 인생관을 가진 사람이 꿈에서 보기 쉬운 책이다. 꿈속의 연인이 푸른 셔츠를 입고 있다면 그 연애는 정열적이 아니라 담담한 친구 관계에 가까운 것임을 나타낸다.

노란색에 관한 꿈

응석·버릇없음·자기 주장의 색이다. 꿈속에서 당신이 노란 옷을 입고 있다면 남의 눈에 띄고 싶어 하는 표시이다. 또 그런 두드러진 직업에 종사하고 싶다는 마음의 발로이기도 하다. 만일 이성이 노란 옷을 입고 있었다면 그 사람에게 응석부리고 싶다는 신호이다.

흰색에 관한 꿈

결벽·순결·엄격함·산뜻함을 의미하는 색이다. 아름다운 의미뿐이지만 그 때문에 보답받지 못하는 현실이 강조된다. 예를 들면 연애를 동경하고 있는데도 시작할 수 없다. 자기를 지키고 싶은 심리가 소심함과 관련되어 행운을 멀리하고 마는 것이다.

검은색에 관한 꿈

강함·권력·더럽혀진 마음의 상징이다. 강한 운수를 가지고 있으므로 목적을 이루어 힘이 뛰어나다. 스스로의 힘으로 사랑이

나 권력을 손에 넣을 만한 매력도 갖추고 있다는 얘기이다. 다만 거무스름한 색이라는 막연한 색인 경우는 운수가 약해지고 고통이나 슬픔 쪽이 강조되므로 주의해야만 한다.

보라색에 관한 꿈

고귀한 마음·도도함·이상 등을 나타내는 색이다. 당신이 높은 이상의 타입임을 가르쳐 주고 있다. 무슨 일에 있어서나 높은 이상을 쫓음으로 주위 사람이 사귈 수 없는, 접근하기 어려운 면이 있는 것 같다.

녹색에 관한 꿈

초록은 생명력·성장·풍요로운 정신생활을 암시하는 색이다. 특히 연애면에 있어서 이상적인 사랑의 발전이 약속될 것이다. 그 애정은 단계를 거쳐 깊어져 가는 타입의 애정이다. 대체적으로 행운의 예고라고 해석하면 틀림없다.

분홍색에 관한 꿈

분홍은 고향이나 의뢰심을 나타내는 색이다. 남에게 응석부리고 싶다, 의지하고 싶다는 약하고 어린 감정이 특징이다. 다행스러운 것은 그런 당신을 감싸 주고 싶어지는 상대와 틀림없이 만날 수 있는 예고라고 해석하면 된다.

감색에 관한 꿈

이성·논리적 사고·의무감 등을 나타낸다. 당신에게는 완수해야만 될 일이 있다고 알려주는 꿈이다. 사명을 잊지 말라는 얘기다. 사업운은 그런 대로 순조롭지만 좀 놀고 싶다든가 지쳐 있다든가 긴장감을 잃은 시기에 꾸는 꿈일 것이다.

크림색에 관한 꿈

평화·가정적 기쁨·어머니의 애정 등을 나타내는 온화한 색이다. 인생의 행복기에 있는 사람이 좋아하는 가정적인 색이라고 할 수 있다.

중간색에 관한 꿈

오렌지색·연보라·황록색 등의 중간색의 경우는 그 색을 합성하고 있는 본래의 색의 의미가 겹쳐져 있다고 생각해야 한다. 다만 단색일 때보다는 암시는 상당히 약해진다.

소리에 관한 꿈

아름답게 조화된 화음이라면 행복의 전조이다. 귀에 거슬리는 불협화음의 경우는 대인관계에 성가신 사건이 일어날 것을 예고하고 있다. 또 음악에 가사가 실려 있는 경우는 그 가사가 일종의 예언이 되는 사례도 많으므로 잘 살펴보아야 한다.

음악에 관한 꿈

그것이 아름다운 음악이었거나 좋아하는 음악이었다면 머잖아 어지러운 마음이나 불안에서 빠져나올 수 있다는 신호이다. 즉, 터널 탈출이다. 또 새로운 친구와 교류가 시작되는 전조이기도 하다. 그러나 혐오감이 있는 음악이었다면 대인 관계에서 성가신 일이 일어날 수 있다.

기하학 모양에 관한 꿈

기하학 모양처럼 불분명한 모양이 나오면 정신이 몹시 혼란해 있다고 생각해야 한다. 게다가 분열 기미가 보이는 위험한 상태에 가깝다고 말해도 좋을 것이다. 이 꿈을 꾸었다면 당신은 상당히 지쳐 있는 상태이다. 충분한 휴양을 취하든지 정신 안정제를 먹든지 의식적으로 치료에 전념할 것을 권한다.

오후에 관한 꿈

오후는 낮도 아니고 저녁도 아닌 역시 애매한 상황이기에 나른한 기분을 느꼈다면 이것은 집중력이 떨어져 일이 생각하는 것처

럼 진척되지 않으므로 휴식하라는 의미이다. 당신의 공부나 일은 심신의 회복, 휴양이 요망된다는 얘기다.

오전에 관한 꿈

아침도 아니고 낮도 아닌 약간 애매한 상황이지만 오전중에 상쾌한 기분을 느꼈다면 이것은 집중력이 늘고 활동적이 되어 일이 발전한다는 암시. 공부나 일의 능률이 향상되는 좋은 예고다.

사이렌에 관한 꿈

생명에 위험이 다가오고 있다. 게다가 긴급한 일이므로 주의를 요한다. 어떤 사건·사고·재해 등에 휘말릴지는 알 수 없다. 그러나 어떠한 사건에 의해서 생명이 위기에 처해질 가능성이 크다.

행동은 부디 신중하게 한다. 며칠간 여행은 금물. 사고가 일어날 가능성이 있는 곳에는 나가지 않는 것이 현명할 것이다.

외침소리에 관한 꿈

당신에게 주는 어떠한 경고라고 받아들여야 한다. 그 외침소리는 가까운 미래에 당신 자신이 낼 것이라는 얘기다. 그것을 각오하도록 하는 꿈이 되는 것이다. 사고·질병·싸움·불운한 일·당신의 신상에 무슨 일이 일어날지는 불분명하지만 지금부터 생활을 견실하게 고치고, 미연에 운수가 바뀌도록 노력해야 할 것이다.

웅성거리는 소리에 관한 꿈

누군가 무슨 얘기를 하고 있지만 알아들을 수 없을 정도로 술렁대는 소리를 꿈속에서 느꼈을 때는 당신이 자기를 아직 분석하지 못했다. 요컨대 자기를 알지 못하는 마음의 상태라는 것이다. 궁합이 잘 맞는다고 생각하던 상대가 실은 궁합이 나쁘다거나, 머잖아 그런 실패를 체험하게 될 것 같다. 스스로 자신을 재확인케 하는 꿈이다.

사계절에 관한 꿈

봄에 싹이 트고 여름이 자라고 가을에 열매를 맺어 겨울에 떨어진다. 이 자연계의 법칙이 바로 인생에 그대로 적용된다고 생각하면 된다. 감정면·건강면·행동면 등 인간의 육체적, 정신적 활동의 모든 것이 이 계절에 따라 변화해 간다. 따라서 꿈속에서 어느 계절이 강조되느냐에 따라 당신의 현재 운세, 미래 운세가 암시되는 것이다.

◯ 봄에 관한 꿈

사랑의 움틈, 이성과의 만남을 암시하는 행운의 꿈인 반면, 너무나 한가롭기 때문에 공부나 일의 능률은 내리막길로 가는 운수다. 마음이 나태해지는 면이 강조되는 꿈이라고 할 수 있을 것이다. 바쁜 사람이 꾸었을 때는 나태한 마음이 일어나고 있다는 증거이다. 운세는 전체적으로 상승 기미다.

◯ 여름에 관한 꿈

에너지가 높아지고 행동적이 되어 가는 암시다. 활동적인 기분으로 무슨 일이든 붙들고 씨름하여 다소의 곤란, 싸움 등을 강한 힘으로 본래대로 되돌려 버릴 것이다. 연애도 활발히 진전되고, 운수가 가장 절정이 되는 순조로운 시기다.

◯ 가을에 관한 꿈

절정에 오른 운수가 하강 기미를 보이기 시작하는 계절이다. 연애면에는 실연, 이별, 슬픔을 암시하는 좋지 못한 꿈이다. 공부나 업무면에서도 커디션이 나빠 인생의 슬픔을 맛보게 됨을 암시하고 있다.

● 겨울에 관한 꿈

인간 관계의 불화, 트러블을 암시하고 운수도 나빠 정체 중인 상태이다. 당신의 인기도 좀 부족해서 오히려 나쁜 풍문이 나돌 우려도 있다. 상대방과 시비가 일어나게 될 확률이 높으므로 이 꿈을 꾸었다면 두드러진 행동, 타인을 자극하는 행동을 삼가하는 것이 현명하다.

신디사이저음에 관한 꿈

신디사이저, 또는 연주가 들려 오면 당신의 정신 세계가 넓어지고 있는 증거다. 잘 연마된 순수한 정신이 영적으로 전화하면서 깊고 풍부하게 넓어지고 있다고 생각하면 될 것이다. 우주 파동이 당신 안에서도 들려오는 것 같다. 잠재 의식이 활발히 움직여 영감이나 아이디어가 솟아 나오는 때이기도 한다.

숫자 0에 관한 꿈

과거를 의미한다. 0이 꿈에 나타났을 때는 과거에 묶여져 있는 신호이다. 예를 들면 새로운 내일로 발을 내딛을 수 없는 것은 과거의 애인을 잊지 못하기 때문이다. 만났을 무렵의 추억이 지금도 머리에서 떠나지 않고 구애받고 있는 것이다. 이것이 숫자 0이 의미하는 바이다.

숫자 1에 관한 꿈

일의 시작을 나타낸다. 새로운 생활이 기다리고 있다는 암시로 새 친구가 생기거나 일이 변하거나 또는 고민하는 문제가 해결될 가능성이 크다. 상당한 행운의 숫자다.

숫자 2에 관한 꿈

숫자 2는 협력, 조화를 의미한다. 행복한 인생은 원활한 인간관계가 있기 때문이다. 그 조화가 무너졌을 때에 나타나는 숫자라고 생각하기 바란다. 연애면에서는 두 사람의 조화가 행복한 미래를 부르는 것이라고 가르쳐 주고 있다.

숫자 3에 관한 꿈

발전적, 행동적인 숫자. 즉 당신의 소극적인 성격, 정체해 있는 운수를 지적하고 있다. 일, 연애면에서 적극적으로 행동에 옮기면 결실을 얻을 수 있다는 얘기다. 여하튼 무기력하고 적극적이지 못한 성격을 충고하고 있는 것이다.

숫자 4에 관한 꿈

숫자 4는 일이 벽에 부딪쳐 있는 상태, 한계점에 다다른 상황을 알려주고 있다. 별로 좋지 않은 암시다. 일·연애·대인관계, 어느 것을 보더라도 약간 부족한 상황이다. 이런 때는 누구에게든 있다. 참는 시기라고 태도를 바꾸고 기회를 기다리자.

숫자 5에 관한 꿈

특히 좋은 것도 나쁜 것도 없는 상태를 나타내고, 운세적으로도 그다지 큰 의미는 없다. 다만 복권이나 도박의 이미지와 함께 숫자가 떠올랐을 경우에는 당신의 행운의 숫자가 될 것이다.

숫자 6에 관한 꿈

숫자 6은 애정을 의미한다. 더욱이 섹시한 의미가 짙으므로 당신의 성적 매력의 향상을 보이고 있다. 남자를 사로잡는 시기, 애정이 고조되는 시기가 오고 있다.

숫자 7에 관한 꿈

예술적 섹스, 영감, 영적인 감성 등을 나타내는 숫자. 창조적인 일을 하는 사람, 예술가에게 있어서는 풍부한 감성, 기발한 발상 등을 암시하게 하는 행운의 숫자가 된다.

숫자 8에 관한 꿈

업무상의 성공이나 실패를 암시하고 있다. 출세운, 성공운이 상승하느냐 하강하느냐는 그 꿈의 상황에 따라서 운세가 갈리지만 기본적으로는 꿈의 느낌이 좋으면 성공을, 반대이면 실패를 암시한다고 판단하면 된다.

숫자 9에 관한 꿈

숫자 9는 변화를 나타낸다. 생활, 인생이 평온하고 무사한 것이 아니라 시시각각 변하고 있는 상황을 가리키고 있다. 요컨대 지금의 상태는 길게 계속되지 않고 새로운 전개가 당신을 기다리고 있다는 것이다. 단순히 지금의 상황이 좋으면 나빠지고, 나쁘면 좋아진다는 얘기다.

숫자 10에 관한 꿈

새로운 출발을 의미한다. 결단을 내려 마음의 방향이 확고히 정해진 상태이다. 생활이나 인생이 종래의 방법이 아니라 새로운

리듬으로 시작해 갈 것이라는 암시다. 원기 왕성하고 운수도 상승해 가는 시기다.

숫자 11에 관한 꿈

이것은 둘이 짝이 되어 뭔가를 한다는 암시로서. 서로 친해져 함께 한다는 것이 아니라 서로의 특색을 살리고 서로의 개성을 존중하면서 협력하여 일을 성공시킨다는 행운의 암시다.

숫자 12에 관한 꿈

12는 일상적으로도 많이 쓰인다. 1년12개월, 12띠십이지, 12별자리, 밤과 낮의 각 12시간 등을 나타내는 바, 이것들은 일정한 사이클로 순환되므로 꿈에서의 의미도 순환성, 회귀성 등을 나타낸다.

숫자 13에 관한 꿈

죽음과 불행을 상징한다. 서양에서는 특히 '13일의 금요일'을 꺼릴 정도로 13이라는 숫자에 대해 불길한 인식을 가지고 있다.

숫자 22에 관한 꿈

이것은 대단한 행운의 수다. 물질과 금전운도 풍부하며 권력의 자리가 가까워진다는 신호. 물론 권력, 지위를 손에 넣는다는 행운의 암시다.

숫자 100에 관한 꿈

큰 획을 긋는다는 의미에서 당신의 운세가 큰 행운을 맞이하게 된다는 신호. 이제까지의 생활과 인생에는 없었던 형태의 행운이 앞으로의 인생에는 약속될 것이라는 얘기다. 이것이 만약 1,000이라면 행운의 정도가 더욱 강해진다. 만자리라면 재물을 얻는다는 가장 큰 행운이 약속될 것이다.

연속 숫자에 관한 꿈

예를 들면 333이라든가 777 등의 수이다. 본래 숫자의 꿈이 의미하는 것은 미래의 시간이나 날짜이기도 하지만 세 자리의 똑같은 수가 되면 그것들의 의미 정도가 더해져 더욱 행운이 강조되는 꿈이라고 생각하면 좋을 것이다. 다시 말해서 333이면 숫자 3의 의미가 강조됨과 동시에 강한 행운이 뒤에서 더욱 후원한다는 것이다.

도형에 관한 꿈

○ 동그라미에 관한 꿈

예를 들면 둥근 도형이 꿈속에 나타난 경우 동그라미라는 것은 안전한 상태, 안정되어 있는 상태에 있음을 알리고 있다. 삼각형의 경우는 자아의 눈뜸, 이상을 향한 모습, 행동성을 나타낸다. 당신이 이상을 향하여 목적을 이루고 있다는 행운의 신호이다. 만일 원 안에 삼각형이 있으면 신성한 자아와의 결합으로 마음의 위치가 높아진다. 인가의 수준이 높아진다는 신비적인 암시가 된다. 그 밖에 직선 꿈은 나아가야 할 방향을 의미한다. 곡선은 화합이나 협조를 의미하고 있다.

○ 사각형에 관한 꿈

균형 잡힌 인생을 나타낸다. 경제 상태, 대인 관계, 또 능력면 등 모든 것에 있어서 균형이 잡히고 그것을 유효하게 인생에 활용해 갈 것이라는 행복의 암시다.

○ 나선 모양에 관한 꿈

이것은 당신이 눈에 띄게 발전하는 것은 아니지만 착실하게 성공하고 있다는 신호이다. 실생활도 지금과 같이 꾸준하고 착실하게 계속해 나가는 것이 최선이라고 가르쳐 주고 있다.

○ 그 밖의 도형에 관한 꿈

만다라, 당초 등 각종 무늬, 도형의 꿈. 그 도형이 갖는 특징을 충분히 생각하여 꿈의 의미를 찾을 필요가 있다. 예를 들면 밝

은 색이 더해져 있다면 기본적으로 재수 좋은 사건을 만날 암시라고 판단할 수 있다. 이와 같은 색, 모양, 그것을 본 느낌 등을 종합적으로 분석하면 된다.

◯ **줄무늬에 관한 꿈**

생기 발랄하고 행동적이 될 수 있다는 좋은 암시이다. 특히 건강면에서 운수가 상승하고 있으므로 스포츠의 테크닉이 향상되며 지속성이 길러지는 등 반가운 성장을 기대할 수 있을 것 같다.

◯ **체크 무늬에 관한 꿈**

혼란스러운 상황을 가리킨다. 일이 곤란한 상태에 빠져 끝없이 확대되어 수습할 수 없는 상태가 되어 있어 당신의 머리가 혼란해져 있다. 이런 시기는 일에 대해서 거리를 두어야 한다. 과감히 휴가를 갖는 것도 방법이다.

이름이 불리는 꿈

당신이 유명해진다는 암시이다. 어떤 화재로 그렇게 될 수 있을지는 분명치 않지만 당신이 바라는 형태로 실현될 것이다. 다만 당신이 남의 이름을 부르는 꿈은 좋지 않다. 다른 사람에게 행운이 옮겨지는 암시이기 때문이다.

괴로움에 관한 꿈

인생의 고통을 아는 꿈이다. 인생이란 곤란한 것임을 알려주는 것이다. 그런 사건이 머잖아 일어나므로 마음의 준비를 하라는 예고다. 결코 피해서는 안 된다. 괴로움을 앎에 따라서 당신은 성장할 수 있기 때문이다.

하프소리에 관한 꿈

애정의 신성화를 의미하는 꿈이다. 남과 서로 사랑하는 가운데서 풍요로운 마음의 교류를 가지고 상대방도 자신도 높여 가는 성격이라고 가르쳐 주고 있다. 애정상에 인생의 행복이 성립되어 인생의 가치도 그것에서 발견하고 싶어하는 심리. 정신 세계가 풍부한 사람이 꾸는 꿈이다.

판토마임에 관한 꿈

누군가 말을 하지 않고 뭔가를 전하려는 꿈이다. 이것은 당신이 욕구 불만 상태에 있으므로 해소의 힌트를 받는 것이라고 해석하기 바란다. 예를 들면 손을 크게 움직이고 있다면 행동하라

는 신호이며, 발을 올리고 있으면 더욱 행동하라, 실제로 부딪쳐 보면 도와 줄 사람이 있다. 그 사람에게로 나아가라는 충고가 되는 것이다.

살이 찌는 꿈

비만해지는 암시는 아니다. 이것은 교제 범위가 넓어지는 암시이다. 인맥이 넓어지면 당연히 여러 가지 가능성이 확대되어 간다. 행운을 얻고 좋은 친구도 늘어 간다는 것이다. 다시 말해서 이것들은 내용이 알차고 즐거운 시기가 찾아온다는 것이다.

방향에 관한 꿈

운세의 상태를 아는 단서가 된다. 꿈속에서 당신이 오른쪽으로 돌았다면 소원이 현실로 다가오는 신호이다. 왼쪽이면 도피의 마음, 방황을 지닌 마음의 신호이다.

그 밖에 정면으로 향하다 위로 향하는 것은 일이 순조롭게 진척될 암시이다. 반대로 아래를 향하고 뒤로 향하는 것은 운세의

하강, 후퇴를 암시한다.

경사진 방향은 오른쪽인지 왼쪽인지에 따라서 의미가 달라진다. 오른쪽 경사이면 소원은 현실로 다가오는 것이지만 다소 역량 부족이라는 의미가 된다.

◯ **동쪽 방향에 관한 꿈**

새벽, 일출의 의미에서 새로운 생활의 시작을 암시한다. 취미·스포츠·연애·일 등 이 꿈을 꾸면 모든 면에서 계획을 행동에 옮기면 된다고 해석할 수 있다.

◯ **서쪽 방향에 관한 꿈**

일몰 방향인 점에서 일에서 해방되어 자기의 시간을 되찾는 것을 나타낸다. 다시 말해서 앞으로는 자유롭고 쾌적한 기분이 될 수 있는 시기라고 알리는 것이다.

◯ **남쪽 방향에 관한 꿈**

사교적인 면이 강조되어 화려한 존재가 될 수 있다는 암시이다. 인기도 더할 나위 없이 좋아 주위가 반갑게 당신을 맞아줄 나날의 시작이다.

◯ **북쪽 방향에 관한 꿈**

모든 운수가 최악인 채 정체중이다. 이 꿈을 꾸었다면 이 시기는 무엇을 해도 잘 진척되지 않을 것이라고 알리는 꿈이다.

방향의 지시에 관한 꿈

이쪽으로 나아가라, 서쪽으로 가라 하고 누군가에게 지시받는 꿈. 이것은 선조나 당신을 뛰어넘는 영적인 존재가 당신을 인도하는 영몽이라고 생각하면 된다. 꿈에서 받은 지시를 현실의 인생에서 살려 보기 바란다. 반드시 갖가지 문제 해결에 도움이 될 것이다. 그 때 지시받은 방위가 갖는 의미도 잘 확인해 보는 것이 중요하다.

물방울 무늬에 관한 꿈

애정에 굶주린 마음이 반영되어 있다. 당신의 마음이 쓸쓸함으로 넘치고 있다는 것이 이것의 대답이 된다. 물방울 무늬라는 것은 실은 꿈을 꾸는 자의 쓸쓸함, 고독감의 상징인 것이다. 당신이 타인의 사랑을 필요로 하고 있는 증거로 물방울의 사랑스러움 속에 애정의 향기를 연상시키고 있기 때문이다.

미래에 있는 꿈

거의 예지 꿈이라고 할 수 있다. 이 꿈에서는 당신이 어떤 감정을 품고 있었는지가 꿈 해몽에 큰 핵심이 된다. 예를 들면 당신이 미래에서 즐거운 감정을 품고 있다면 미래는 즐거운 것이 된다는 것. 괴로운 상태이면 고통스러운 미래를 맞게 된다. 또 어떤 일을 하고 있었는지도 미래의 당신의 진로와 적성을 가르치는 중요한 의미가 된다.

여위는 꿈

자기가 여위는 꿈은 교제 범위가 좁아지는 암시이다. 운도 약해지고 친구도 떠나간다. 부딪치는 시기가 도래한다는 것이다. 타인이 여위는 꿈을 꾼 경우는 좋은 꿈이다. 이것은 자기 업무면에서 성공하여 여러 가지 의미에서 충실해져 간다는 신호이다. 덧붙이자면 늘 살이 빠졌으면 하고 바라는 사람이 이 꿈을 꾼 경우는 단지 소망에 지나지 않는다.

꿈을 꾸고 있는 꿈

꿈이다 싶어 문득 눈을 떴더니 실은 그것도 꿈이었다는 꿈. 이것은 깨닫지 못한 또 다른 자기가 있어 여러 가지를 꿈에서 가르쳐 주고 있는 것이다. 예를 들면 인생에 부정적임을 깨닫게 하거나 먼 미래의 사건 힌트를 알려주기도 한다. 꿈속의 당신이 어떤 꿈을 꾸고 문득 눈을 떴는지 점검해 두는 것이 꿈 해몽의 열쇠다.

달다고 느끼는 꿈

꿈속에서 느끼는 단맛은 인생의 즐거움 바로 그것이다. 즐거운 사건이 당신을 기다리고 있는지도 모른다. 또는 즐거운 일을 바라고 있는 심리를 반영하고 있을 뿐인지도 모른다. 어쨌든 약간 타인에게 의존하기 쉬운 성격이라는 것만은 확실하다.

암호에 관한 꿈

당신에게 무엇인가를 전하려 하고 있다. 암호, 기호의 나열 등 의미가 분명치 않은 것을 봤을 때는 미래에 관한, 또는 당신의 영혼에 관한 중요한 경고라고 인식하기 바란다. 단 의미가 불분명한 만큼 해독할 수 있는지 어떤지가 열쇠다. 중요한 것은 현실 생활 중에 부합되는 패턴이나 리듬을 발견해 가는 것이다. 반드시 뭔가 힌트가 숨겨져 있다.

맵고 짜다고 느끼는 꿈

꿈속에서 짜다고 느꼈다면 새로운 일을 시작할 기회가 온 것이다. 짠 것이 아니라 고추 냄새나 겨자 같은 톡 쏘는 매운 맛을 느꼈을 경우는 인생이 달콤한 것이 아님을 알게 되는 사건이 찾아올 것이라는 암시다.

시다고 느끼는 꿈

꿈속에서 음식이나 과일이 시다고 느꼈다면 심술궂은 사람을 주의해야 한다. 인간 관계에서 오해를 주의하라는 신호이다. 만일 당신이 결혼했다면 부부싸움, 고부간의 말다툼 등을 암시한다.

제 2 부
태몽

태몽胎夢에 관한 꿈

민속으로 전해지는 태몽
- 임신한 여자가 숟가락·젓가락을 가지는 꿈은 딸을 낳는다.
- 여자가 금을 줍는 꿈은 아들을 낳는다.
- 돌을 가지고 장난하는 꿈은 아들을 낳는다.
- 대추를 먹는 꿈은 아들을 낳는다.
- 참외를 먹는 꿈은 아들을 낳는다.
- 오이씨를 먹는 꿈은 아들을 낳는다.
- 하늘이 맑은 꿈은 아들을 낳는다.
- 아내가 남자옷을 입은 꿈은 아들을 낳는다.
- 아내가 비단옷을 입은 꿈은 아들을 낳는다.

- 도장을 가지는 꿈은 아들을 낳는다.
- 꿈속에서 아들을 낳으면 실제로는 딸을 낳는다.
- 뱀을 본 꿈은 딸을 낳는다.
- 옥살이를 하는 꿈은 딸을 낳는다.
- 호박을 따는 꿈은 딸을 낳는다.
- 꽃이나 과일을 보는 꿈은 딸을 낳는다.
- 달을 보는 꿈은 딸을 낳는다.
- 우물을 보는 꿈은 딸을 낳는다.
- 감을 줍는 꿈은 딸을 낳는다.
- 조개를 잡는 꿈은 딸을 낳는다.
- 꿈에 빨간색을 보면 아들, 푸른색을 보면 딸을 낳는다.
- 해가 보이는 꿈은 아들, 달이 보이는 꿈은 딸을 낳는다.
- 꿈에 익은 고추를 보면 아들, 풋고추를 보면 딸을 낳는다.

✤ **고구마를 쌓아 놓고 먹는 꿈**

건강한 아이를 얻으며, 그 아이가 장차 훌륭한 인물이 되어 집안의 기둥이 된다.

✤ **고구마를 품안에 안고 있는 꿈**

장차 예능이나 체육 방면에서 유명한 프로가 될 수 있다.

✤ **고구마 밭을 걸어다니는 꿈**

조각이나 공예에 뛰어난 재능을 지닌 인물이 나온다.

❖ 고목나무에 꽃이 피는 꿈

많은 사람을 계몽하고 깨우칠 지도자나 명인을 낳게 된다.

❖ 고추밭에서 고추를 보는 꿈

아들을 낳을 징조이다.

❖ 과일밭에서 과일을 따는 꿈

생산, 낙농업에 종사하는 아들을 임신한 징조이다.

❖ 과일을 수확하여 광에 쌓아 놓거나 담는 꿈

장차 아이가 사업체를 운영하면서 사람들로부터 존경을 받게 된다.

❖ 꼭지가 있는 사과나 배를 따는 꿈

아들을 낳을 태몽이다. 지금까지 바라고 있던 소망이 이루어진다.

❖ 꽃을 꺾어 향기를 맡는 꿈

심오한 학문을 탐구하여 이름을 떨칠 자식을 출산한다.

✤ **활짝 핀 꽃을 남이 꺾는 꿈**

집안에 우환이 있어 유산이 되거나 아이가 위험을 당할 징조이다.

✤ **난초나 죽순을 보는 꿈**

자손이 귀한 집에서 어렵게 자손을 얻게 된다.

✤ **노란색 국화꽃을 한 다발 꺾는 꿈**

행운의 복을 받은 아들, 딸 상관 없이 예쁜 자식을 얻게 된다.

✤ **대추를 따서 먹는 꿈**

우수하고 명석한 자식을 출산한다.

✤ **떨어지는 포도 송이를 받아 먹지 않고 쳐다만 보는 꿈**

마음이 깨끗하고 청정하여 현대판 청백리가 되는 지도자로 크게 이름을 떨칠 아이를 출산한다.

✤ **나무 밑에서 열매를 따는 꿈**

평범한 서민으로 살아가거나 물질적으로 풍요롭지 못한 자녀를 출산한다.

✤ **밤이 광에 가득 차 있는 것을 보는 꿈**

아름다운 딸이 태어날 징조이며, 많은 재물이 생긴다.

✤ **벚꽃이 만발하여 화려함을 보는 꿈**

부모에게 효도하는 아름다운 여아를 출산한다.

✤ **아카시아꽃이 활짝 핀 오솔길을 걸어가는 꿈**

집에 점진적으로 희망을 가져다 주는 아이가 태어난다.

✤ **가지가 앙상한 나뭇가지를 흔들어서 과일을 따는 꿈**
  태아를 출산할 때 산모가 수술을 하여 출산할까 걱정됨을 나타내는 꿈이다.

✤ **앵두나무 꽃을 벽장 안에 넣어 두는 꿈**
  직계 자손에게 아들이 생길 징조의 꿈이다.

✤ **싱싱한 오이를 먹는 꿈**
  미인대회에 나갈 만한 예쁜 딸을 출산한다.

✤ **임산부가 무덤 위에 꽃이 피어나는 것을 보는 꿈**
  자수 성가, 입신 출세하여 명성을 얻을 태아를 출산한다.

✤ **푸른빛을 내는 열매를 보는 꿈**
  명예를 얻고 스타가 되는 아들을 출산한다.

✤ **임산부가 과일을 낳는 꿈**
  귀한 딸을 낳는다. 만약 아들이면 똑똑하다.

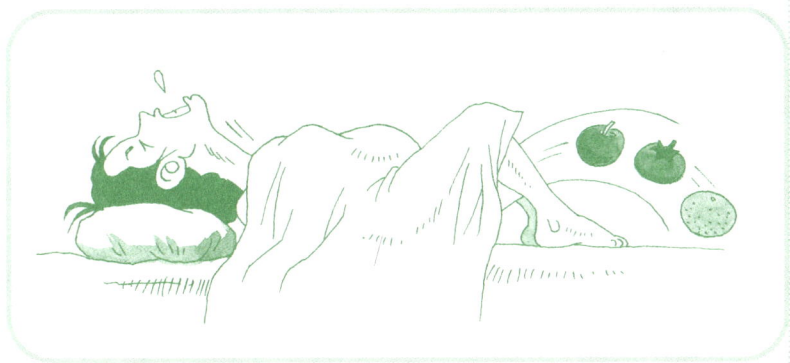

♣ **곤충의 표본을 보는 꿈**
　장차 아이가 크게 출세를 하거나 혹은 성직자가 될 수 있다.

♣ **곤충이 날으는 것을 보는 꿈**
　연예인으로 이름을 날리는 귀한 자식을 낳는다.

♣ **쥐구멍으로 구렁이가 들어가는 것을 보는 꿈**
　기형아를 낳거나 태아가 유산되거나 유아기에 사망한다.

♣ **구렁이가 즐비하게 늘어져 있는 꿈**
　훌륭한 지도자, 정치인 혹은 기업인이 될 인물이 태어난다.

♣ **구렁이가 마루를 통해 지붕으로 올라가는 꿈**
　장차 아이가 외교관이나 수출업에 종사하면서 큰 일을 성취하게 된다.

♣ **금붕어가 서로 뒤엉겨 있는 것을 보는 꿈**
　인류 문화의 발전을 가져다 주는 큰 기업가가 될 아이를 잉태하게 된다.

♣ **마당 앞 나무에서 까치가 우는 꿈**
　수까치는 남자, 암까치는 여자를 상징하며, 기쁜 소식이 온다.

♣ **꾀꼬리가 방 안으로 날아드는 꿈**
　양 어깨에 계급을 다는 직업으로 성공하거나 연예계 스타가 되어 출세할 자식을 출산한다.

✤ 나무 아래에 커다란 동물이 앉아 있는 것을 보는 꿈

사업가로 대성할 자식을 출산한다.

✤ 누런 암소가 얼룩 무늬 송아지를 낳는 것을 보는 꿈

아이가 문제아가 될 수 있으나 나중에는 입신 양명하여 대중의 스타가 된다.

✤ 달리는 말을 보는 꿈

정치인 또는 기업의 간부가 될 아들을 출산한다.

✤ 개천에서 용을 보는 꿈

신분이 높아지고 입신 출세하여 지도자적인 인물이 될 아이를 출산한다.

✤ 동자가 학을 타고 내려오는 것을 보는 꿈

신분이 귀하고 이름난 학자 또는 영예로운 지도자가 될 아이를 출산한다.

✤ 돼지의 새끼를 어루만지는 꿈

재물의 운세가 많지만 부모나 배우자에게는 근심거리가 생긴다.

✤ 돼지 우리에 돼지 새끼가 우글거리는 꿈

작가나 교육자, 사업가가 되어 이름을 날리게 된다.

✤ 떡시루에 있던 떡을 다 먹어 치우는 꿈

장차 정신적인 지도자나 창작 활동으로 이름을 떨칠 아이를 출산한다.

✤ 물 속에서 잉어나 용, 뱀이 안개를 헤치며 나타나는 꿈

감동적인 문예 작품을 만들거나 법조계의 수장, 경찰 총수로서 명성을 떨칠 아들을 낳는다.

✤ 방 안이나 마루에서 물고기가 노는 것을 보는 꿈

문예 창작을 하거나 국가에 공헌하게 될 인물을 출산한다.

✤ 뱀이 우글거리는 것을 보면서 미소를 짓는 꿈

정신적 지도자로서 사람을 계몽·선도할 훌륭한 인물을 출산한다.

✤ 뱀이 덤벼들어 물어뜯으려는 것을 밟아 죽이는 꿈

태아를 유산하게 되며, 집안에 질병과 우환이 생긴다.

✤ 큰 뱀이 지붕 위로 오르는 꿈

효심이 지극한 아리따운 여아를 출산하고, 사랑과 행복을 누리게 된다.

♣ **별이 떨어진 자리에 나비가 날아드는 꿈**

매스컴에 오르내리는 인기인 혹은 유명인이 될 자식을 출산하나 스캔들이 복잡해질 수 있다.

♣ **봉황새 한 쌍을 보는 꿈**

한 분야의 장이 되거나 지도자가 되는 자식을 출산한다.

♣ **비둘기가 날아가는 것을 보는 꿈**

자유, 평화, 사랑 등의 복음을 전파하는 여자 아이를 출산한다.

♣ **빨간 실뱀이 치마 폭으로 들어오는 꿈**

가냘프고 아름다운 여자 아이를 출산한다.

♣ **빨간 나비가 푸른 산 계곡을 날아다니는 꿈**

장차 행운의 줄을 잡아 높은 관직에 오르고 세상에 이름을 떨칠 아이를 출산하게 된다.

♣ **상어를 그물로 잡아 배에 싣는 꿈**

신분이 높아지고 휘하에 부하를 거느릴 아이를 출산한다.

♣ 상한 음식을 얻거나 먹는 꿈

태아가 유산되거나 몸이 허약한 아이를 출산한다.

♣ 새가 많이 날아가거나 앉아 있는 것을 보는 꿈

많은 집단을 뜻하며, 장차 커서 많은 사람을 거느릴 지도자적 인물을 출산한다.

♣ 새 떼가 날아오는데 그 중 가장 큰 새 한 마리가 방으로 날아드는 꿈

하늘이 내려준 대업을 받고 날로 일취월장한다.

♣ 오색 찬란한 빛이 나오는 사슴을 보는 꿈

예술적 재능이 뛰어나서 명예를 얻을 옥동자를 얻게 된다.

♣ 오색 찬란한 물고기를 앞치마에 받쳐드는 꿈

장래에 유명한 작가 혹은 예술가가 될 아이를 출산한다.

♣ 용이 손가락을 무는 꿈

아들을 낳으나 그 아들이 근심·걱정을 끼친다.

♣ 용이 죽어 있는 것을 보는 꿈

가까운 사람의 아기가 유산될 수 있고, 살아 있으면 액덩어리나 근심덩어리로 변한다.

♣ 우물가에서 뱀과 지네가 어울려 노니는 꿈

장래에 사회 사업가나 정치가로서 놀라운 재능을 나타내어 명성을 떨치게 될 아이를 출산하게 된다.

✤ 우물가에서 용과 구렁이가 어울려 하늘로 날아오르는 꿈

정치적으로나 사회적으로 주위의 도움을 받아 권력을 가질 아들을 출산한다.

✤ 월척 붕어를 두 팔로 안고 있는 꿈

장래에 확실한 실력자를 만나 지도를 받아 작가가 되거나 명예와 재물을 얻을 아들을 출산한다.

✤ 은수저를 얻게 되는 꿈

인격이 높고, 입신 출세하여 명인이 되는 아들을 낳는다.

✤ 임신중에 구렁이에게 물리는 꿈

사회와 국가를 위해 몸과 마음을 바칠 아이를 낳게 된다.

✤ 작은 실뱀이 우글거리는 꿈

장래에 교수나 군인, 경찰이 되어 많은 사람을 거느릴 인재를 출산한다.

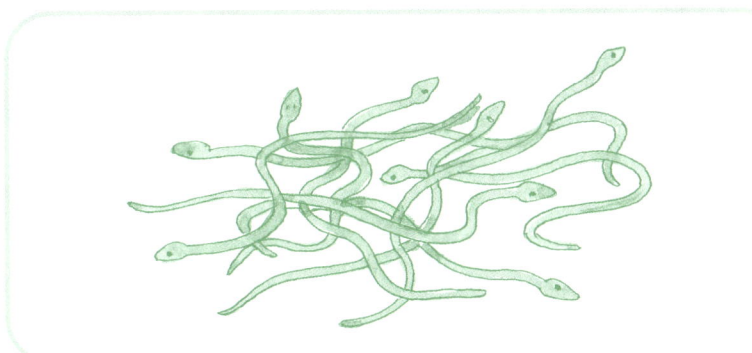

✤ **잔디밭에서 풀을 뜯고 있는 말을 보는 꿈**
진리를 탐구하고 성실한 교육자로서 사회에 공헌할 아들을 출산하게 된다.

✤ **제비가 날아가다 가슴으로 안겨드는 꿈**
재주가 비상한 똘똘한 아이를 출산한다.

✤ **조상과 함께 소가 보이는 꿈**
주위 친척의 도움을 많이 받아 사업가로 성공할 아이를 출산하게 된다.

✤ **죽은 잉어를 보는 꿈**
태아를 유산할 우려가 있거나 수술로 출산할 수도 있다.

✤ **집안에 호랑이가 앉아 있거나 들어오는 것을 보는 꿈**
정치적 대·중·소권을 장악하는 지도자나 사업가가 될 아들을 출산하게 된다.

✤ **구렁이가 산 아래를 향해 긴 몸을 늘어뜨리고 있는 꿈**
장래에 지도자가 되어 국가 발전에 크게 기여할 아이를 출산한다.

✤ **큰 잉어가 연못에서 놀다 갑자기 없어지는 꿈**
집안에 우환이 있거나, 정신적으로 불안정하여 지금 하고 있는 일이나 사업에 장애가 생긴다.

✤ **학이 가슴에 안기는 꿈**
정신 문화의 발달에 기여하는 학자나 성직자가 될 딸을 출산한다.

- **호랑이의 눈이 안개 속에서도 번뜩여 보이는 꿈**

  인기인, 유명인이 되거나 사업체를 경영하여 세상에 이름을 떨칠 자식이 태어난다.

- **화려한 공작새가 날개를 펴는 꿈**

  멋진 예술 작품을 전시회에 출품하여 일약 대중의 스타로 떠오르는 자식을 출산한다.

- **청룡이 여의주를 물고 뱃속으로 들어오는 꿈**

  사업을 크게 성취하는 훌륭한 인물을 낳는다.

- **신불이나 코끼리가 뱃속으로 들어와 임신을 하는 꿈**

  훌륭한 성인이나 성직자를 낳는다.

- **벌레나 곤충이 뱃속으로 들어와 임신을 하는 꿈**

  임산부는 기형아를 출산하거나 사산을 하게 된다. 질병, 수술, 액덩어리 등의 불운이 닥친다.

✤ **황금덩어리가 뱃속으로 들어와 임신을 하는 꿈**
귀동이나 재동이를 낳아 직업적 스타가 된다.

✤ **임산부가 불구가 된 기형아를 낳는 꿈**
임산부는 실제로 기형아를 낳거나 사산을 하게 된다.

✤ **임산부가 용을 낳는 꿈**
훌륭한 자식을 낳아 장차 사회 지도자, 정치가, 재벌가, 유명인, 스타 등으로 출세시킨다.

✤ **강가나 바닷가에서 게를 잡는 꿈**
아이가 장차 교수직이나 연구직에 종사하여 유명하게 된다.

✤ **강가나 개울가에서 빛나는 수석을 줍는 꿈**
장차 높은 관직에 오르고 사회 지도자로 크게 성공하는 아이를 낳는다.

✤ **강에서 해가 떠오르는 것을 보는 꿈**
재물은 많이 얻을 수이나 아들을 얻어 일찍 잃게 된다.

✤ **금빛 태양이 자신을 향하여 이글거리는 꿈**
문제아 자식을 낳지만 후에 꿈같은 기쁜 소식을 듣게 된다.

✤ **무지개를 향하여 달려가는 꿈**
장차 부귀 공명하고 인기인이나 유명인이 되어 일취 월장하게 되는 아이를 출산한다.

❖ **천둥과 번갯불을 보는 꿈**

자손이 귀한 집에 자식이 생긴다. 경사가 겹친다.

❖ **별이 품속으로 떨어지는 꿈**

학문과 진리를 탐구하거나 성직자가 될 인물을 출산한다.

❖ **산신령이 동자를 데리고 나타난 꿈**

학자로 명성을 떨칠 아이를 출산한다.

❖ **살고 있는 집의 우물물이 넘쳐 흐르는 꿈**

집안에 경사가 넘치고 돈과 재물을 많이 모으는 아들을 출산한다.

❖ **산 속에서 샘물을 마시는 꿈**

학식과 지식이 높은 작가나 예술가로서 크게 성공할 자녀를 출산한다.

❖ **서산으로 해가 지는 것을 보며 안타까워하는 꿈**

여자 아이를 출산한다. 처음에는 길하다가 나중에는 불길하게 된다.

✤ 우박이 갑자기 지붕을 온통 뒤덮는 꿈
부귀 공명하고 입신 출세할 아들을 출산한다.

✤ 자기의 몸에서 빛이 나오는 꿈
군인·경찰관·공무원 등 높은 관직에 오를 아이를 출산한다.

✤ 조약돌을 손에 쥐고 주물럭거리는 꿈
똘똘한 쌍둥이 옥동자를 낳아 출세시킨다.

✤ 창문에서 집 안을 들여다보는 꿈
어려운 환경에서 출산하게 되어 산모와 태아의 건강이 우려된다.

✤ 침실에 빛이 스며드는 꿈
귀여운 아들을 출산하게 되고, 집안에 경사가 생긴다.

✤ 파도가 거세게 몰아치는 꿈
명석한 두뇌를 가진 용감하고 행동적인 아들을 출산한다.

✤ 해를 손으로 만지거나 따는 꿈
신분이 높아지고 권세와 재물을 얻게 될 아들을 출산한다.

✤ 해가 강에서 떠오르는 것을 계속 지켜 보는 꿈
아들을 출산하게 되나 직업상 헤어질 우려가 있다.

✤ 두 개의 해가 붙어 보이는 꿈
쌍둥이나 두 개의 사업을 동시에 이룩할 자식을 출산한다.

✤ **해를 치마 폭에 받는 꿈**

아이가 장차 사업이나 학문적, 종교적인 일로 사회에 이름을 떨치게 된다.

✤ **해와 달이 뱃속으로 들어와 임신하는 꿈**

훌륭한 지도자나 예・체능의 명인을 낳게 된다.

✤ **집안의 가구의 위치를 바꾸거나 돌려 놓는 꿈**

임산부는 유산을 하게 될 우려가 있으니 매사에 몸조심을 해야 한다.

✤ **어린 아이가 책을 가지고 놀며 말하는 꿈**

태어날 아이가 장차 교육자가 되거나 연구직에 종사하여 유명해진다.

✤ **남에게서 거울을 얻는 꿈**

귀동이와 재동이를 낳아 자신을 평생 받들어 모실 자식을 얻는다.

✣ 금불상을 얻게 되는 꿈

훌륭한 성직자나 진리를 탐구할 인재가 태어난다.

✣ 금반지를 얻는 꿈

장차 사회적으로 유명한 여류 명인이 될 귀한 딸을 낳는다.

✣ 금비녀를 보는 꿈

입신 출세하여 공무원이 되거나 집안의 대들보가 될 귀한 자식을 얻는다.

✣ 먹은 음식을 토해 내는 꿈

유산할 우려가 있고, 일시적인 실수로 인해 명예와 이익을 모두 잃을 아이를 출산한다.

✣ 물건을 안고 산에 오르는 꿈

어렵게 아들을 얻게 되지만 큰 것을 잃어버리고 작은 소망만 이루어진다.

✣ 법회에 들어가서 경을 읽는 꿈

정신적 지도자나 나라에 크게 공헌할 귀한 아들을 출산한다.

✣ 직장에서 승진하거나 인정을 받는 꿈

사업을 확장하거나 가문을 빛낼 자녀를 출산한다.

✣ 새 집에 문패를 다는 꿈

똘똘한 자식을 낳고 새로운 일들이 시작된다.

✤ **선녀가 아이를 안아다 주는 꿈**

사업 발전, 신상품 개발, 무역 수출 등 중요한 일을 맡아 수행하게 될 아이를 잉태하게 된다.

✤ **속이 빈 짚이나 나무가 물에 떠다니는 꿈**

빛 좋은 개살구로 별볼일 없는 여자 아이를 출산한다.

✤ **스님이 염불하는 것을 보고 시주를 하려고 뛰어나가는 꿈**

학문 연구, 문예 작품 창작으로 유명해질 남자 아이를 출산한다.

✤ **아내가 남편의 의복을 걸치는 꿈**

아들을 출산하게 되고, 집안에 경사가 생긴다.

✤ **열심히 공부하는 꿈**

아이가 장차 자연과학을 연구하게 된다.

✤ **왕궁에서 도포 자락을 잡고 매달리는 꿈**

신분이 높아져 세계적으로 명성을 떨칠 남자 아이를 출산한다.

✤ **절에 살고 있는 자신이 임신하는 꿈**
　성직자의 신분이 될 자식을 얻게 되고, 신의 보호를 받는다.

✤ **큰 장독 여러 개가 뒤집혀 있는 것을 보는 꿈**
　산모의 건강이 좋지 않고, 태아가 유산될 우려가 있다.

제3부
예언몽 · 예지몽

예언몽 · 예지몽에 관한 꿈

꿈은 예언한다. 꿈은 아마도 생활 속의 중요 사건 때마다 마치 우리가 정말로 초능력 경험을 한 것처럼 생각될 정도로 명료하고 정확하게 사건을 시연하는 일이 있다.

이런 종류의 경험에 대한 적절한 용어를 예지몽豫知夢이라고 한다. 하지만 거의 매번 우리의 꿈들은 우리가 취할 행동을 스스로 예측하는 경우와 마찬가지로 일어날 일을 예측한다. 말하자면 우리는 수중에 있는 자료를 가지고 미리 사건을 인지하는 것이다.

임신한 여성들에게서 자주 듣는 예는, 꿈에 태어날 아이의 성별을 정확하게 예지한다는 것인데, 이것은 꿈속에서 붉은 색에 초점이 모아지는가 푸른색에 초점이 모아지는가를 보고 간단히 알 수 있다.

　매우 흔한 예지몽은 만약 여러분이 특별한 태도와 행동을 유지하려 한다면 그것은 아마 어떤 특정한 사건이 일어날 가능성이 매우 높다는 것을 여러분에게 일러주려고 하는 예지몽이다. 덧붙여 말하자면, 예측의 목적은 미래를 바꾸려는 데 있다고 생각된다. 미리 경고를 받는 것은 미리 무장을 하는 것과 같다.
　꿈은 재앙만 예견하는 것은 아니다. 때로는 좋은 결심을 하도록 다독거려 주기도 하고, 일이 잘 되어 갈 것 같으니 계속 노력하라고 격려하는 경우도 많다.

복권 당첨자들이 꾼 꿈

- 회사의 사장님이 논밭을 사 준다는 꿈을 꾸었다.
- 호랑이와 싸운 꿈을 꾸었다.
- 꿈에 호랑이가 나타나 집을 지켜 주었다.
- 막 떠오른 달을 잡으려고 달려가는 꿈을 꾸었다.
- 아들의 발이 가시에 찔려 피가 옷에 빨갛게 물들었다.
- 꿈에 남편의 옷에 묻은 대변을 닦아내다가 자기 옷에까지 흠뻑 묻었다.
- 화장실 안이 누런 대변으로 가득 찬 꿈을 꾸었다.
- 꿈에 자기 집이 몽땅 타 버렸다.
- 이마에 총알을 맞는 꿈을 꾸었다.

※ 절에 다녀오는 길에 일행 네 명이 차례로 죽고 본인이 죽을 차례일 때 잠을 깼다.

※ 박정희 대통령이 준 명함 두 장을 가지고 집에 돌아온 꿈을 꾸었다.

※ 꿈에 돌아가신 아버지가 나타나 집안 걱정을 하셨다.

※ 꿈에 자신이 죽어서 온 집안이 곡성으로 가득 찼다.

※ 누군가 지폐 다발을 품에 안기는 꿈을 꾸었다.

※ 번쩍거리는 동전을 많이 줍는 꿈을 꾸었다.

※ 용을 타고 하늘로 올라가는 꿈을 꾸었다.

※ 꿈에 여러 사람과 함께 시험을 치렀는데 1등으로 합격했다.

※ 꿈에 시체를 여럿 보았다.

※ 길에서 주운 수표에 동그라미가 너무 많아 헤아릴 수 없는 꿈을 꾸었다.

- 꿈에 소금을 한 수레 가득 싣고 친정집에 다녀왔다.
- 밖에서 소를 몰고 와 자기 집에 매두는 꿈을 꾸었다.
- 비행기를 타고 날아다니며 몹시 즐거워하는 꿈을 꾸었다.
- 백발 노인이 약을 주길래 받아 먹는 꿈을 꾸었다.
- 호수에서 어마어마하게 큰 물고기를 잡는 꿈을 꾸었다.
- 꿈에 아들이 돼지와 싸워 이겼다.
- 지하실에서 돼지들이 난동을 부리는 통에 지붕이 들썩이는 꿈을 꾸었다.
- 자기 집 마당에 파릇파릇 돋아난 풀을 본 꿈을 꾸었다.
- 꿈에 주먹만한 포도를 따 먹었다.

무지개가 번쩍이는 꿈

그저 무지개가 아니라 번쩍이는 무지개의 꿈이다. 이것은 장래 대단히 좋은 일이 일어날 암시이다. 그 밖에 불가사의한 체험을 하거나 영감이 풍부해지는 암시도 포함된 영몽의 하나다.

또렷한 색이 보이는 꿈

부옇게 된 색, 어두운 색에는 기본적으로 영적인 의미는 없다. 아름다운 극채색인 것, 화려한 조명색인 것이 영적인 교신을 가리키는 예지 꿈이나 영몽의 조건, 메시지 내용은 제각각이나 중

요한 정보인 것은 확실하다. 꿈의 상태, 느낌 등의 힌트 중에서 당신 자신이 분석하는 수밖에 없다. 기본적으로 정신이 고양되고 충족감이 있는 꿈은 행운의 암시라고 생각하면 좋을 것이다.

빛나는 보석의 꿈

보석은 신의 돌. 빛나는 보석 꿈을 꾸었다면 확실하게 행운이 돌아온다. 행운이 가까이 온다는 것은 당신이 신비한 힘을 내재하고 있기 때문이다. 그 힘으로 운을 자유자재로 조정하여 소망을 실현한다. 이것이 보석 꿈의 신호이다.

별이 총총한 하늘 아래 피어 있는 꽃의 꿈

별이 총총한 하늘 아래에 꽃이 피어 있는 꿈은 대단한 행운으로 멋진 이성과 만나는 대길몽. 당신에게 있어서 최고의 연애운을 암시하고 있다.

근간 이상형의 등장을 크게 기대해도 좋으리라고 본다. 단순히 별이 총총한 하늘뿐인 꿈이라도 길몽이다. 이것도 로맨틱한 사랑의 체험을 예고하고 있다.

만월을 바라보는 꿈

달 꿈은 본래 환경의 변화나 생활의 변화를 알리는 것이다. 만월이면 당연히 그것들이 호전한다는 좋은 예지 꿈이라고 해석된다. 다시 말해서 당신이 바라듯이 생활이 호전된다는 것이다. 바라는 환경을 손에 넣을 수 있는 것이다.

본 적이 없는 옷을 입는 꿈

꿈속에 있는 자신은 전세의 자신일 가능성이 높다고 생각된다. 그러므로 어떤 의상이었느냐에 따라서 전세의 시대, 국가적 특색 등도 판단할 수 있다고 생각한다.

분명히 본 적이 없는 이상한 의상이라면 환상의 대륙이라는 아틀란티스나 무우 대륙의 의상인지도 모르고 아직 존재가 확인되지 않는 나라의 것인지도 모른다. 또는 내세에 당신이 입게 될 의상인지도…. 이리하여 미지의 또는 다른 자신으로 생각하는 것은 흔히 정화되어 대단히 좋은 것이다.

유령, 죽은 사람의 꿈

꿈을 꾼 후 공포심이 있었던 경우는 전세의 원한을 가진 영혼이 당신에 대해 경고나 보복을 하고 있다고도 볼 수 있다. 이 경우는 마음을 강하게 하고, 정신을 정화시켜 둘 필요가 있다. 공포심을 느끼지 않는 경우라든가 유령과 꿈속에서 만나서 이야기하는 경우는 그 사람의 혼과 당신의 혼이 교신하고 있는 신호. 그 사람이 당신에게 뭔가를 전하려 하고 있다.

새벽을 맞는 꿈

이것도 예지 꿈의 하나다. 당신의 운세 상태가 새벽을 맞고 있는 암시로 마음의 파동이 영혼으로부터의 메시지를 받아들이고 있을 때라고 생각된다.

운세는 당연히 상승으로 전환되어 일이 순조롭게 발전해 갈 것이다. 메시지의 내용은 새벽의 의미, 분위기 등에서 힌트를 찾아보기 바란다.

이상형의 사람과 이야기를 주고받는 꿈

　이 이상형의 사람은 실재하는 이성이라는 의미는 아니다. 더욱 기품있는 마음의 이상형이라는 이미지의 꿈이다.

　그러한 이상형의 사람, 동경하는 사람과 이야기하는 꿈을 꾸었다면 그러한 인물이 마침내 나타나거나 그와 유사한 인물이 나타난다. 운이 손에 들어온다는 것을 암시하고 있다. 꿈속의 이상형의 인물은 당신을 초월하는 당신, 요컨대 당신을 지도하는 지도신이나 수호신이었을 할 경우도 있다. 여하튼 당신이 큰 존재에 의해 보호받는 것은 틀림없다.

혹성, 은하에 관한 꿈

- 금성 꿈은 애정과 인간 관계의 조화가 잘 진척되고 있는 신호이다.

- 화성은 행동력, 실행력으로 인생을 성공시키는 암시이다.

- 수성 꿈은 지적 호기심이나 정보 네트워크가 풍부해져 당신의 재능을 꽃피움을 나타낸다.

- 목성 꿈은 풍부한 번영과 권력이 약속된다.

- 토성 꿈은 대기만성 타입을 나타내고, 참고 견디는 시기를 지나면 머잖아 당신의 시대가 올 것을 알리고 있다.

- 해왕성 꿈은 예술적인 감성·영감을 의미하고, 당신에게 그러한 능력이 있음을 알려준다.

❀ 천왕성 꿈은 기발한 아이디어로 성공하는 것을 암시. 과장하여 말하자면 시대를 바꿔 만드는 사명을 가진 사람임을 가르쳐 주고 있다.

❀ 명왕성 꿈은 혁명가 · 사상가 · 철학자로서의 능력이 이후의 시대에 활개칠 것을 알리고 있다.

❀ 이상 혹성 꿈을 꾸었다면 기본적으로 그 위성의 영감, 파동을 충분히 파악하여 미지의 정보를 받아들이고 있다고 해석하기 바란다.

보물찾기하는 꿈

당신이 일간 재물을 이룰 것이라는 행운의 암시. 꿈속에서 발견한 보물과 같은 것이 손에 들어온다는 것이다. 따라서 재력의 크기는 그 보물 여하로 결정된다는 얘기가 된다.

천사의 꿈

신 꿈이 혼이나 운세의 기본적 방향을 결정하는 데 대해 천사는 지도령指導靈, 요컨대 당신의 재능이나 운세의 키잡이를 담당하는 영혼과 교섭을 취하는 역할이다. 그러므로 천사가 꿈속에 나타난 경우 기본적으로 능력 향상의 신호라고 생각하면 무리가 없는 길몽이다.

하늘로 오르는 꿈

자고 있는 사이에 당신의 혼이 천상계 입구까지 가 있는 것을 가르쳐 주고 있다. 이것은 하늘에 의해 지켜지는 존재, 인생임을 알 수 있다. 따라서 당신의 운세는 당연히 대길하다. 순조로운 인생을 걷는 것을 약속받고 있다.

천변지변이 일어나는 꿈

실제로 앞으로 일어날 일을 암시한다. 그것은 전쟁, 사회문제, 지구의 문제인지도 모르나 개인의 운명에 관해서 말하자면 무엇인가 충격적인 사건이 일어난다든가 커다란 환경의 변화가 일어나는 등 당신의 혼을 뒤흔드는 큰 변화가 있음을 예고하고 있다고 생각하기 바란다.

최근 천변지변의 꿈을 꾸는 사람이 늘고 있는 것 같다. 21세기를 향하여 세상은 동란에 싸여 1999년에는 지구가 멸망한다는 「노스트라다무스의 대예언」 등을 늘 듣던 중에 천변지변을 예감하는 사람이 늘고 있기 때문일 것이다.

새처럼 하늘을 나는 꿈

새처럼 하늘을 나는 꿈은 당신이 미래를 바꿀 수 있는 힘을 가지고 있음을 나타낸다. 어떠한 상태에서 어떠한 것이 보였는지가 포인트. 예를 들어 하계를 바라보았을 때에 보인 사건이 현실에서 당신이 일으킬 사건이라는 것이다. 또 당신이 자기보다 높은 존재, 요컨대 수호령이나 지도령, 또는 천상계의 인물로 올라가기 위한 의식이라고도 할 수 있다. 다시 말해서 당신은 「선택받은 사람」일 가능성이 높다는 것이다.

하늘이 붉게 타고 있는 꿈

프로포즈를 받는 암시. 대단히 좋은 꿈이다. 다만 새빨갛게 불타고 있다는 것은 어디까지나 저녁놀과 같이 빨갛고 아름답게 빛나고 있는 하늘을 말하며, 불이 타고 있다는 얘기는 아니므로 확실히 구분해야 한다. 이 꿈은 연애 중인 상대에게 결혼 신청을 받는 것을 암시하고 있다.

유적이나 명소에서 생활하는 꿈

실제로 당신이 그 장소에서 생활하고 있었을 가능성이 높은 꿈이다. 혹은 그 장소가 상징하는 것, 예를 들면 특정한 시대의 고분이 발굴된 장소라면 당신이 그 시대에 있었던 것을 나타낸다. 이 꿈은 그 무렵의 문화, 시대의 무엇인가를 받아들여 당신의 실생활에 유용하게 사용하라는 메시지라고도 생각할 수 있다.

우주에 있는 꿈

자고 있는 사이에 흔히 유체 이탈하여 우주 공간을 자유로이 오가고 있다고 생각된다. 흔히 우주 에너지와 교신하고 있는 증거여서 이 꿈을 꾸었다면 가까운 장래에 당신의 혼이 반드시 한두 차례는 고차원으로 나아갈 것을 약속받고 있다. 대단히 좋은 꿈으로 평소부터 마음의 파동이 높은 위치에서 정리되어 있다는 애기일 것이다.

아름다운 풍경 속에 있는 꿈

낙원이나 이상향과 같이 더할 수 없이 아름다운 풍경을 의미한다. 우주에 있는 꿈과 마찬가지로 당신의 혼이 영계에 유체 이탈해 있을 가능성이 높은 꿈이다. 육체는 현세에 있으면서 영혼만은 미래나 과거를 자유로이 오가고 있고, 정신이 실로 완전히 맑아져 있는 상태라고 말하면 좋을 것이다. 운세적으로는 대단히 좋다. 행운의 사건이 당신을 기다리고 있다.

아름다운 멜로디의 꿈

당신의 정신이 신성한 상태가 되어 있는 증거이다. 혹은 그러한 상태를 맞을 암시다. 물론 행운의 꿈으로 영감이 솟아난다. 신의 생각을 깨닫는 사건이 차차 일어날 것이 분명하다.

해저에 관한 꿈

해저 속에서 용궁과 같은 세계나 신화적 세계를 느꼈다면 이것은 영몽일 가능성이 크다. 영계의 파동과 당신의 파동이 일치되어 있다고 생각해야 한다. 당연히 영계에서 어떠한 메시지가 보내어지고 있는 것으로, 이 꿈은 그것을 간파하는 것이 운세를 아는 중대한 실마리가 된다. 행운을 받고 있는 것인지, 경고인지. 그 세계의 모습, 분위기, 느낌 등의 힌트 중에서 당신 자신이 찾아보기 바란다.

거울에 관한 꿈

꿈속의 거울에 비친 당신의 모습은 미래의 당신 모습이라는 얘기다. 그 안에서 어떻게 변신해 있느냐로 당신의 성장도와 운이

좋고 나쁨을 판단하기 바란다. 행운인지 불운인지는 꿈 여하로 결정된다. 만일 지금의 당신과 같은 모습이라면 앞으로도 성장이 없음을 의미한다.

태양이 한층 더 빛을 발하는 꿈

이것은 대단히 좋은 암시다. 하늘이 당신에게 편들어 주고 있다고 생각하면 된다. 당신은 인생의 꿈을 자신의 정열로 확실하게 실현해 갈 것이라는 얘기다. 사소한 곤란은 그때그때에 협력자가 나타나 해소된다. 하겠다는 마음 하나로 자꾸 인생을 향해 가면 길은 항상 행운의 방향으로 열리는 것이다.

과거로 돌아가는 꿈

그것이 과거의 언제인지, 어떤 장소인지를 주목하기 바란다. 전세에 당신이 살던 장소, 당신의 전세 혼과 어떠한 관련이 있는 장소이기 때문이다. 꿈이라는 것은 과거·현재·미래가 동시에 진행하고 있는 영계의 저장 창고와의 교신이기 때문에 과거로 돌아가 전세의 자기를 그리워하면서 그것이 미래와도 통해서 그 과거의 시대를 회상함에 따라 미래의 생활 태도를 시사하고 있는 것이다.

종소리에 관한 꿈

아름다운 종의 음색은 기쁜 대길몽이다. 일·건강·연애·인기 어느 것이나 운수가 상승 중으로 큰 행운을 얻는 암시이다. 여하튼 정신이 더 없는 행복감으로 가득 차게 될 것이다. 당신의 인

생을 인도하는 영몽이라고 생각할 수 있다. 자신이 종을 울리고 있는 꿈은 모르는 사이에 자기의 인기가 높아지거나 명예를 얻는다는 암시이다.

신과 대화하는 꿈

틀림없이 영몽이다. 거기서 듣게 되는 얘기는 진로, 생활 자세 그리고 미래에 대한 경고에 이르기까지 당신의 인생 지침에 관한 것뿐이다. 무엇을 이야기했느냐에 따라서 의미는 가지각색이며, 앞으로 당신이 취해야 할 길도 변하게 되지만, 신의 보호가 있다는 의미에서 미래는 일단 행복으로 인도된다고 해도 좋을 것이다.

맑게 갠 창공에 관한 꿈

대단한 길몽이다. 특히 인간 관계가 순조롭고, 친구나 회사 동료와 마음의 교류가 넓어져 가는 암시다. 밝은 마음으로 생활과 씨름할 수 있는 쾌적한 나날이 된다. 이것은 당신의 거짓없는 밝은

성격이 호감을 사고 있기 때문이다. 당신을 중심으로 하여 넓어지는 인간의 고리를 소중히 해 나가면 행복이 약속된다는 얘기다.

고층 건물 옥상에 있는 꿈

고층 건물이 실제의 빌딩이었거나 바벨탑과 같은 이 세상에 실재하지 않는 새로운 건축물이었거나 해도 마찬가지다. 높은 곳에서 하계를 내려다보는 행위는 당신의 자아가 고층 의식에 채널을 맞추고 있기 때문이며, 머잖아 영적인 진화를 거두기 위한 변화를 만난다. 구체적으로는 신과 만나거나 우주 에너지의 소리를 듣는 것 등이다. 그 밖에 예기치 않은 행복한 사건과 만날 수 있다는 암시도 있다.

시각에 관한 꿈

꿈에서 본 시각은 당신이 중대한 결정을 해야 할 시각이나 미래에 일어날 사건의 일시를 가리키고 있거나 미래의 애인의 생년월일이기도 하다. 꿈으로 본 시점에서는 의미를 알아차리지 못해도 나중에 잘 생각해 보니 의외로 부합되는 일이 많은 불가사의한 꿈이라고 말할 수 있을 것이다. 그 시각을 잘 기억해 두고 꼭 유용하게 보내기 바란다.

자기 이외의 이름에 관한 꿈

그 이름은 당신의 전세의 무엇인가와 관련된 이름이라고 생각된다. 또 언혼言魂이라고 하여, 그 소리의 어감이 당신에게 있어

서 특별한 의미를 가지고 있을 가능성도 있다. 꿈속의 이름을 깨어난 뒤에도 기억한다면 그 이름을 일상적으로 반복해 본다. 소망 실현의 기도인지도 모른다.

출산에 관한 꿈

새로운 혼이 꿈속에서 탄생하는 꿈이다. 이것은 새로운 자신, 고차원의 자신으로 변신할 수 있는 길몽. 운세는 물론 상승되며, 영적으로도 올라가고 있음을 가리킨다.

선조에 관한 꿈

선조가 나타나 무엇인가를 알리는 꿈은 선조의 말이나 분위기, 태도에 주목한다. 그 안에 중요한 메시지가 숨겨져 있다. 그것은 인생의 지침이기도 하고, 미래에 대한 경고이기도 하다. 중요한 내용이기 때문에 꿈속에 나타나는 것이므로 결코 내버려 둘 수 없는 꿈이다.

꿈해몽 대백과

초판 1쇄 발행 2009년 6월 10일
중판 1쇄 발행 2018년 7월 15일
중판 3쇄 발행 2019년 1월 20일

- 지은이　천운 이우영
- 펴낸이　박효완

- 기획편집　홍효진 · 이진희
- 디자인　김영미
- 마케팅　최용현

- 펴낸곳　아이템북스
- 등록　2001. 8. 7. 제2-3387호
- 주소　서울 마포구 서교동 444-15

* 잘못된 책은 교환해 드립니다.